AF469903

TRAITÉ
DES
SEIGNEVRIES
PAR
CHARLES LOYSEAV,
PARISIEN.

SEPTIESME EDITION.

A PARIS,

M. DC. LXVI.

AVEC PRIVILEGE DV ROY.

A TRES-ILLVSTRE ET TRES-EXCELLENTE PRINCESSE,

MADAME M. CATHERINE DE GONSAGVES,

DE CLEVES, DAME SOVVERAINE DE NEVF-Chastel en Suisse, Duchesse de Longueville, & d'Estoute-ville, Comtesse de Dunois, Baronne de Montreüil - Bellay, Partenay, Mouuans, & Meruans, Dame de Colommiers, &c.

MADAME,

C'est l'vnique fin de la Iustice, & l'Office du Iuge mesme, d'attribuër à chacun ce qui luy appartient : & cela ne s'appelle pas donner, mais rendre : ce n'est pas gratification, mais deuoir. C'est pourquoy, MADAME, quand ie vous dedie ce Liure *Des Seigneuries & Iustices*, que i'ay recueilly en estudiant, pour conseruer les droicts de la plus ancienne de vos Seigneuries, & de la plus belle de vos Iustices, ie ne pretens pas le faire vostre, mais seulement i'entens le declarer vostre. Vostre est-il, soit à l'égard de l'Autheur, duquel le labeur vous est acquis délors qu'il s'est rengé à vostre seruice : soit à cause de la matiere, entant que vous possedez toutes les sortes de Seigneuries qu'il traite : soit à raison de son dessein & project, qui n'est autre, sinon qu'il serue de memoire, pour la conseruation de vos droicts. Ie ferois donc, & contre mon deuoir, & contre le sujet du Liure, & contre le dessein d'iceluy, si ie l'adressois à d'autre qu'à vous. Et neanmoins, MADAME, comme Dieu mesme, à qui tout appartient, prend bien en gré, que nous luy fassions offrande d'vne petite portion des fruicts, que sa benediction fait naistre de nostre labeur : Aussi j'espere que vous aurez agreable, qu'à ce commencement d'année, je vous offre ce mien petit Ouurage, lequel je vous supplie tres-humblement d'accepter, pour vn public & permanent témoignage du zele extréme, que i'auray toute ma vie, de demeurer.

MADAME,

Vostre tres-humble & tres-obeïssant seruiteur,
C. LOYSEAV.

TABLE DES CHAPITRES DE CE LIVRE.

Liure

LIVRE DES SEIGNEVRIES,

Par CHARLES LOYSEAV, *Parisien.*

SOMMAIRE DE L'AVANT-PROPOS.

AVANT-PROPOS.

S'IL est ainsi (comme le diuin Platon a écrit) que ces mots, *tien & mien*, qui ne concernent que la Seigneurie priuée, dont la possession reelle & toute apparente, sont neantmoins cause des guerres, querelles, & procez : combien plus en doit causer & engendrer la Seigneurie publique, qui n'est qu'vn droict intellectuel, & vne authorité qu'on a sur les personnes libres, & sur les choses possedées par autruy ? Que si la possession de cette authorité est mal aisée à faire paroistre, son titre & son droict est encore plus difficile à fonder en raison : parce que les Seigneuries, ayant du commencement esté establies en confusion, par force & vsurpation, il a depuis esté comme impossible d'apporter vn ordre à cette confusion, d'assigner vn droict à cette force, & de regler par raison cette vsurpation. *1. La Seigneurie publique est mal aisée à regler.*

Ainsi se sont forgées confusément plusieurs fantasques especes de Seigneuries, dont les noms mesmes sont presque inconnus, & chacune d'icelles s'est attribué diuerses sortes de pretensions, plus en vn païs, moins en vn autre, selon qu'en chacun païs l'vsurpation a eu plus, ou moins de cours, & souuent qui plus, qui moins en mesme païs, selon que chaque Seigneur a esté plus ou moins entreprenant, ou ses suiets plus, ou moins endurans. *2. Pourquoy.*

Enfin, la confusion & varieté s'y est trouuée si grande, que depuis tant de siecles, que ces Seigneuries sont establies, on n'y a encore pû establir de droict certain & vniforme; mais comme aux nouuelles conquestes, on y a tousiours vescu à discretion, & s'est-on accordé à loge qui peut. Mesme toutes les fois qu'il s'en est presenté des differends en Iustice, on les a vuidez, non par le poinct de la raison, mais par celuy de la possession, ou vsurpation, & par la regle de conqueste, *qui tenet teneat*, & que *vis est ius* : donnant par ce moyen force à la force, & ne laissant aucun pouuoir à la raison, ny à la Iustice, au fait mesme des Iustices : & ainsi les plus entreprenans & auantageux l'ont emporté iusques-icy par dessus les plus retenus & modestes. *3. Elle n'a point encore esté reglée.*

Mesmement, quand on a redigé par écrit les Coustumes des Prouinces, combien qu'il n'y ait matiere aucune qui soit plus directement du droict coustumier & local, que celle des Seigneurs, neantmoins presque toutes les Coustumes l'ont passée sous silence, pource (à mon aduis) que le peuple ne s'en est pû accorder. Cinq ou six Coustumes, tout au plus, en ont traité assez maigrement, & dix ou douze autres ont parlé fort variablement des simples Iustices seulement, qui est la derniere espece des Seigneuries. Quoy qu'il en soit, elles ont toutes commencé par cette matiere, comme à la verité, c'est le premier, que de *4. Peu de Coustumes en ont parlé.*

fonder la iurisdiction,& il est bien raisonnable d'expliquer la Seigneurie publique auant la priuée.

5. *Articles secrets de la Coustume de de Paris.* Et de nostre temps, en cette celebre assemblée faite pour la reformation de la Coustume de Paris, où se trouua l'élite des Iurisconsultes François, les Reformateurs ébaucherent bien quelques articles touchant ces simples Iustices, dont Bacquet nous a fait part: mais encore ne les oserent-ils proposer à l'assemblée, craignant d'émouuoir autant de procez de reglement, qu'il y a de Iustices dans la Preuosté de Paris, & d'auoir autant d'oppositions que d'articles, comme il fust sans doute arriué Ainsi ces Seigneuries sont demeurées sans droict, ces droicts sans Iustice, & ces Iustices sans raison, & la raison sans pouuoir.

6 *Qu'il seroit besoin d'y apporter vn reglement.* Vaudroit-il pas mieux y apporter (qui pourroit) vn ordre asseuré, & y assigner vne regle vniforme, afin que les Seigneurs sceussent ce qui leur appartient, & les subiets ce à quoy ils sont tenus, sans parmy cette confusion & incertitude, permettre en cette matiere des Seigneuries & Iustices que la force domine, & maistrise la Iustice, & l'vsurpation la raison? Certes il y a moyen par tout, pourueu qu'on le vueille chercher: & combien que la verité soit souuent cachée au puits de Democrite, si la peut-on trouuer, pourueu qu'on la cherche iusques au fonds: & estant trouuée, elle doit demeurer la maistresse.

7. *Intention de l'Auteur.* Quant à moy, ie ne me vante pas de la pouuoir trouuer, car qui s'en pourroit asseurer en vn champ si ample, en vn endroit si obscur, & en vn gouffre si profond? Mais i'estime neantmoins qu'il y a du merite à la rechercher; *in magnis & voluisse, sat est.* Et si ie ne la trouue, peut-estre que sur mes brisées vn autre plus laborieux, plus clair-voyant, & plus penetrant que moy, la trouuera apres moy. De sorte qu'y estant engagé, pour auoir desia traité des Offices, & estant resolu de traiter des Ordres, qui sont les deux autres especes de Dignité; ce n'est pas sans raison que ie manque à expliquer la troisiesme, qui dépend plus particulierement de nostre Droict François.

SOMMMAIRE DV PREMIER CHAPITRE.

1 *Gageure fort notable.*
2 *Dispute celebre entre Martin & Bulgare.*
3 *Flaterie du Docteur Martin enuers l'Empereur Federic.*
4 *Effets mauuais de cette flaterie.*
5 *Que la gageure fut bien iugée.*
6 *Que cette gageure estoit sur la signification du mot de* Seigneurie.
7 *Difficulté de l'etymologie de ce mot.*
8 *Explication du mot de* Seigneurie.
9 *En toutes langues, vn mesme mot signifie l'Officier & le vieillard.*
10 *En Hebreu.*
11 Seniores populi.
12 *Vieillards de Suzanne.*
13 Honor senectutis.
14 Γέρας, πρέσβυς.
15 Presbyter Senior.
16 Γερουσία.
17 Senatus.
18 *Seigneur.*
19 Senior.
20 *Anciens Seigneurs des Gaules.*
21 *Que* Seigneur *vient de* Senior.
22 Sieur *vient de* sien.
23 *Pourquoy Seigneurie emporte proprieté.*
24 *Deux significations de* Seigneurie.
25 *Definition de Seigneurie.*
26 *Diuision de Seigneurie.*
27 *Seigneurie publique.*
28 *Seigneurie priuée.*
29 *Nom de Seigneurie publique & priuée.*
30 *Distinction d'icelles.*
31 Κύριος, Δεσπότης.
32 *Que la Seigneurie publique a lieu sur les personnes, & sur les biens.*
33 *Vsages diuers de ces deux Seigneuries.*
34 *Diuers effets d'icelles.*
35 *Que les Romains ont reconnu la Seigneurie publique.*
36 *Qu'ils n'en vsoient sur les Citoyens Romains.*
37 Ius libertatis.
38 *Ny sur les heritages d'Italie.*
39 Ius Quiritum.
40 *Opinion de Bodin.*
41 *Qu'ils en vsoient par tout ailleurs.*
42 Mancipium vnde.
43 Manus.
44 *Main en François.*
45 *Main de Iustice.*
46 Mancipium, quid.
47 Mancipes.
48 Mancipium opponitur vsui.
49 Ius Imperij.
50 Res mancipi & non mancipi.
51 *Subtilité d'Antonin pour oster les priuileges des Citoyens Romains.*
52 *Abolissement, ou* Ius Quiritum, *& de la difference* rerum mancipi & non mancipi.
53 *Tributs,* Census.
54 *Que les anciens François ont reconnu ces deux Seigneuries.*
55 *Seruitude des Gaulois vaincus par les Francs.*
56 *Gens de main-morte, ou de pôte.*
57 *Serfs de suite.*
58 *Franc, pourquoy signifie libre.*
59 *Franc, d'où vient.*
60 *Comment les terres furent distribuées apres les conquestes des Gaules.*
61 *Origine des Seigneuries.*

61 *Seigneurie directe.*
63 *Origine des Fiefs.*
64 Beneficium.
65 *Etymologie de Fief.*
66 *Origine des arriere-fiefs.*
67 *Feaux & soldats.*
68 *Pourquoy la guerre estoit autrefois continuellement en France.*
69 *Origine des Censiues.*
70 *Fiefs, pourquoy appellez Francs.*
71 *Autrefois les Seigneurs auoient la directe des personnes, aussi bien que des heritages.*
72 *Quelle puissance publique ils auoient.*
73 *Qu'ils auoient l'administration de la Iustice, aussi bien que des armes.*
74 *Que les Seigneuries estoient Offices & Fiefs ensemble.*
75 *Ressemblance de l'Office & du Fief.*
76 *Contre Bodin.*
77 Feuda Dignitatum.
78 *Tenir par Dignité.*
79 *Comment les Offices des Seigneurs ont esté changez en Seigneuries.*
80 *Difference de l'Office & Seigneurie.*
81 *Comment les Seigneurs ont vsurpé la Seigneurie publique.*
82 *Deux sortes de Seigneurie publique.*
83 *Deux sortes de Seigneurie priuée.*
84 *La Seigneurie priuée n'a plus lieu directement sur les personnes.*
85 *La Seigneurie publique n'a lieu directement que sur les personnes.*
86 *Contre Bodin.*
87 *Ce qui l'a trompé.*
88 *Que les Romains ne connoissoient qu'vn degré de chacune Seigneurie.*

CHAPITRE PREMIER.

L'EMPEREVR Federic Barberousse ayant vaincu les Milanois en champ de bataille, & reduit à son obeyssance toutes les Villes de Lombardie, leur assigna vne Diette à Roncaille, pour arrester les articles de Paix. Où allant, il rencontra en son chemin vn beau Chasteau, & ayant demandé à ceux de sa troupe qui en estoit le Seigneur, l'vn d'iceux luy nomma celuy auquel il appartenoit : dont vn flateur le reprit, disant, que c'estoit l'Empereur qui en estoit le Seigneur. Sur ce, l'vn & l'autre soustenant son dire, ils entrent en gageure, & d'icelle font l'Empereur Iuge, lequel ne la voulut iuger tout seul, mais aussi-tost qu'il fut arriué à Roncaille, il prit l'aduis de deux celebres Docteurs de Droict, Bulgare & Martin qui se trouuerent entre les deputez de la Diette. Bulgare condamna tout franchement le flateur, mais Martin non seulement tint pour luy, mais encore encherissant sur sa flaterie, & prenant cette occasion, pour faire le bon valet, soustint par vn long discours que l'Empereur estoit Seigneur de tout le Monde, & que les biens des particuliers luy appartenoient : de sorte qu'il luy persuada aisément ce qui concernoit son interest, & ainsi suiuant son aduis, la gageure fut vuidée : de laquelle la glose & les Docteurs font mention sur la loy *Benè à Zenone. C. De quadrienny prascrip.* & sur la Preface du Digeste. 1. *Gageure fort notable.* 2. *Dispute celebre entre Martin & Bulgare.*

Flaterie certes tres-pernicieuse, qu'vn homme de conseil & de reputation fournisse au Prince Souuerain victorieux vn pretexte de iustice, pour le porter à la tyrannie. Et de fait, l'Histoire nous apprend, qu'en consequence de ce mauuais & faux aduis, Federic imposa en cette Diette des loix & conditions fort rigoureuses à la Noblesse, & aux Villes de Lombardie, notamment leur defendit toutes assemblées & corps de ville, & sur tout leur osta leurs Iustices & Seigneuries, mettant en icelles des Officiers de sa part contre l'vsage accoustumé, comme il se collige du Bref de paix qu'il y fit, qui est la constitution *Hac Edictali. De pace tenenda, lib. 5. Feudorum.* A raison dequoy si tost qu'il fut retourné en Allemagne, la Lombardie se reuolta derechef, d'où procederent de grandes guerres, & d'où arriua enfin le rasement de l'ancienne ville de Milan. 3. *Flaterie du Docteur Martin enuers l'Empereur Federic.* 4. *Effect mauuais de toute flatterie.*

Aussi n'y a-t-il eu du depuis aucun Iurisconsulte qui ait approuué ny l'opinion de Martin, ny le iugement de la gageure. Et de verité, quant au dire de Martin, on ne le peut assez blasmer : mais quant à la gageure, qui prendra garde de prés aux termes d'icelle, trouuera peut-estre qu'elle a esté iugée iustement & veritablement. Car comme ainsi soit que les gageures se font ordinairement sur quelque ambiguité, & que toute ambiguité est ἢ λέξεως, ἢ διανοίας, comme disent les Rhetoriciens, & notamment Quintilian, liu. 9. chap. 1. c'est à dire, ou sur les termes de la proposition ou sur le sens & intelligence d'icelle, il n'y a gueres d'apparence que cette gageure fust sur la grande question d'Estat, à laquelle Martin la détourna, si les biens des particuliers appartiennent à l'Empereur : question qui dépend de l'établissement particulier de chacun Estat ou Republique, & particulierement à l'égard de l'Empire d'Allemagne & d'Italie, cela y estoit sans difficulté, quoy qu'en dist Martin, estant notoire, que l'esclauage du peuple entier n'y eut iamais lieu, ainsi qu'és Estats barbares, mais que les Citoyens & habitans d'iceluy estoient libres, & auoient la Seigneurie priuée de leurs biens. 5. *Que la gageure fut bien iugée.*

6. *Que cette gageure estoit sur la signification du mot de* Seigneurie. Mais il y a bien plus d'apparence que la difficulté fust sur les termes de la gageure, comme c'est la coustume en matiere de gageures, qu'elles sont fondées sur la subtilité des mots, par l'ambiguité, ou equiuoque desquels vne des parties tasche de surprendre l'autre. Donc la gageure estant, si l'Empereur estoit le Seigneur de ce Chasteau, l'ambiguité & subtilité consistoit au mot de *Seigneur*, qui en commun langage Italien, aussi bien qu'au François, signifie bien quelquefois le maistre & proprietaire de quelque chose, mais d'ordinaire, & plus proprement il est pris pour vn titre d'honneur, & vn nom d'authorité, signifiant celuy qui a l'authorité publique: laquelle nous appellerons desormais en ce Liure la *Seigneurie publique*: & de fait, Federic monstra bien qu'il l'entendoit ainsi, quand en consequence de l'aduis de Martin, il osta les Seigneuries & Iustices aux Villes & à la Noblesse de Lombardie.

7. *Difficulté de l'etymologie de ce mot.* Ce qui nous porte au discours, par lequel il faut commencer ce Liure, assauoir, d'expliquer l'etymologie & origine de ce terme de *Seigneur*, laquelle est aussi difficile à trouuer, comme son vsage est frequent parmy nous, & encore plus parmy les Italiens & les Espagnols, qui en leurs propos communs ne peuuent proferer trois mots sans y mesler le Seigneur, ou la Seigneurie. Difficulté, qui est procedée sans doute, de ce que dés long-temps
8. *Explication du mot de* Seigneurie. l'obseruance & pratique de tous les Estats du monde s'est totalement esloignée de l'ancienne, qui auoit produit sa signification primitiue, sçauoir est de signifier le Magistrat ordinaire de chaque lieu, ainsi que ie vay prouuer.

9. *En toutes langues, vn mesme mot signifie l'Officier & le vieillard.* Car c'est chose notable, que comme anciennement, presqu'en toutes les Nations les gens d'âge & d'experience estoient appellez aux Offices, (témoin l'exemple que Dieu mesme nous en donne au chap. 11. des Nombres, des septante Vieillards, ausquels il fit part de l'esprit de Moyse) aussi en toutes les langues anciennes, vn mesme terme signifie le Vieillard & l'Officier, la vieillesse & l'Office.

10. *En Hebreu.* En Hebreu זקנים & זקן qui signifie proprement *Senes & Seniores*, est pris pour les Conseillers & Magistrats en plus de vingt endroits de la Bible, notamment en ce Chapitre onziesme des Nombres, *Senes populi ac magnates*: ainsi voit-on dans le Nouueau Testament, que *seniores populi* ne sont pas les plus vieils du peuple; mais les Officiers ou Conseillers de la Synagogue: & dans Daniel, les vieillards de Suzanne n'estoient pas de simples Bourgeois d'ancien âge, mais c'estoient les Iuges de la Cité, *constituti erant duo senes iudices in illo anno*, dit le texte. Et de fait, quand le ieune Daniel voulut faire retracter le iugement donné contre Suzanne, ayant dit *reuertimini ad iudicium*, ils luy dirent, *Indica nobis quomodo dedit tibi Deus honorem senectutis*, c'est à dire, l'authorité affectée aux vieillards.

11 Seniores populi.
12. *Vieillards de Suzanne.*
13. Honor senectutis.

14 Γέρας, πρέσβυς. En Grec, il est notoire, que γέρας signifie la vieillesse & l'Office, & πρέσβυς, le vieillard & l'Officier, dont nostre Eglise a retenu le comparatif, πρεσβύτερος, & au Latin & au François, *Presbyter* (dit Isidore 1. *Etym. cap.* 12.) *Latinè Senior interpretatur, non modo pro ætate, sed propter honorem & dignitatem.*

15. Presbyter senior.

Pareillement du mot γέρας, presque toutes les Nations Grecques ont appellé leur Conseil d'Estat γερουσίαν, & de ce mesme nom, les premiers Magistrats de Grece estoient titrez,
16 Γερουσίαν. *apud Lacedæmonios, qui amplissimum Magistratum gerunt, vt sunt, sic etiam appellantur Senes*, dit Ciceron *in Catone*. Aristote au second des Politiques, dit qu'ils estoient vingt-huict en nombre, & les appelle γέροντες. Desquels Magistrats, parlant Demosthene πρὸς Λεπτίνην, dit qu'ils estoient comme Seigneurs & dominateurs du peuple, Ἐπεὶ κἄν τις εἰς τὴν καλουμένην γερουσίαν ἐγκριθῇ παραδεχθὼν ἑαυτὸν ἀξιῶσαι χρή, δεσπότης ἐστὶ τῶν πολλῶν. Ce qu'Aristote reprend au second des Politiques, disant qu'il n'est pas à propos qu'il y ait vn Magistrat perpetuel, ayant authorité entiere, dautant, dit-il, qu'il deuient enfin, comme Seigneur & dominateur: De mesme Hom. en cette belle description qu'il fait de la Iustice, Iliade 6. appelle les Iuges Γέροντες.

——οἱ δὲ Γέροντες
Εἵατ' ἐπὶ ξεστοῖσι λίθοις, ἱερῷ ἐνὶ κύκλῳ.

17. Senatus. Tout de mesme, en Latin, le Senat est dit, *à senio. Concilium*, dit Ciceron au mesme Liure, *ratio & prudentia nisi essent in senibus, non summum Consilium maiores nostri appellassent Senatum. Semper*, dit Calistrate, *in ciuitate nostra senectus venerabilis fuit. Namque patres nostri eundem benè honorem senibus, quem Magistratibus habebant, l. Semper. De iure immunit.*

18. Seigneur.

19. Senior. Finalement en nostre France tres-Chrestienne, nous nous sommes accommodez à la mode de l'Eglise, qui se sert du comparatif Grec πρεσβύτερος, pour signifier ses Officiers, & nous tout de mesme, empruntons le comparatif Latin *Senior*, pour signifier nos Magistrats Politiques, notamment le Magistrat ordinaire de chaque lieu, qui y a la charge du gouuernement
20. *Anciens Seigneurs des Gaulois.* & de la iustice. Ce que les Italiens & Espagnols font aussi à nostre exemple.

C'estoient donc les Seigneurs de l'ancienne Gaule, dont parle Cesar au 6. *de bello Gall. Principes regionum atque pagorum inter suos ius dicunt controuersiasque diminuunt*: charge qui residoit lors en leurs personnes, comme vray Office & non pas en leurs terres, comme nos Seigneurs d'à present.

21. Que Sei- De ce que dessus il s'ensuit, que le mot de *Seigneur*, vient du Latin *Senior*: Et de fait les

anciens Autheurs Latins, & les Italiens & Espagnols modernes le tournent tousiours ainsi, Etymologie qui me semble plus vray-semblable, que de le dériuer du pronom possessif *sien*, & dire, que celuy qui peut dire la chose sienne, en est le Seigneur. Car c'est à mon aduis le nom de *Sieur*, & non celuy de *Seigneur*, qui vient de *sien* : & de fait, il est tout notoire que le mot de *sien*, emporte & signifie proprieté, & celuy de *Seigneur*, authorité & superiorité : c'est pourquoy en nostre vsage vulgaire nous estimons le titre de *Monseigneur* plus honorable que celuy de *Monsieur*. *gneur vient de Senior.* 21. *Sieur vient de sien.*

23. *Pourquoy Seigneurie emporte proprieté.* Neantmoins pource que nos Seigneuries, qui de leur origine n'estoient qu'Offices, ont à succession de temps esté changées en proprieté : de là est venu qu'auiourd'huy le mot de *Seigneurie* emporte tousiours quelque proprieté : & que c'est auiourd'huy le terme plus vsité que nous ayons, pour signifier la proprieté de quelque chose, de l'appeller *Seigneurie*, qui deuroit estre appellée *Sieurie*, mais ce mot s'en va hors d'vsage, & desormais est trouué rude.

24. *Deux significations de Seigneurie.* De sorte que maintenant le mot de *Seigneurie* a deux significations : l'vne, de signifier *in abstracto* tout droict de proprieté, ou puissance proprietaire, qu'on a en quelque chose, qu'à l'occasion d'icelle on peut dire sienne : L'autre, de signifier *in concreto* vne terre Seigneuriale. Expliquons en premier lieu cette premiere signification, qui à la verité, comme plus generale, comprend aucunement la seconde que nous auons à traiter.

25. *Definition de Seigneurie.* Donc la Seigneurie en cette generale signification est definie, *Puissance en proprieté* : Definition bien courte, mais qui a, & son genre, à sçauoir *Puissance*, qui est comme aux Seigneuries & aux Offices ; & sa difference, à sçauoir *Proprieté*, qui distingue les Seigneuries d'auec les Offices, dont la puissance n'est que par fonction ou exercice, & non pas en proprieté, comme celle des Seigneuries.

26. *Diuision de Seigneurie.* Quant à sa diuision, la Seigneurie a deux especes, à sçauoir la Seigneurie publique & priuée. La publique consiste en la superiorité & authorité qu'on a sur les personnes ou sur les choses, qui toutefois est propre au Seigneur, au lieu que la superiorité qu'a le simple Officier, n'est que par exercice, comme i'ay prouué au commencement du second Liure *Des Offices*. Et cette espece de Seigneurie est appellée publique, pource qu'elle concerne & emporte le commandement ou puissance publique, & aussi qu'elle ne peut estre exercée que par personnes publiques. Et c'est la distinction de ces deux especes, qui vuide nettement la dispute d'entre Martin & Bulgare. 27. *Seigneurie publique.*

28. *Seigneurie priuée.* 29. *Nom de Seigneurie publique & priuée.* Quant à la Seigneurie priuée, c'est la vraye proprieté & ioüissance actuelle de quelque chose, & est appellée priuée, pource qu'elle concerne le droict que chacun particulier a en sa chose. Donc le Seigneur qui a la Seigneurie publique, a pour son relatif le suiet, & celuy qui a la Seigneurie priuée, l'esclaue. La Seigneurie publique est appellée en Grec κυριότης, ἐξουσία, ἀρχή : en Latin *Imperium*, *Potestas*, *Dominatio*, par nous *Domination*, & proprement *Seigneurie*. La priuée est dite en Grec δεσποτεία, en Latin *dominium*, & en François proprement *Sieurie*.

30. *Distinction d'icelle.* Ces deux especes sont nettement distinguées par Seneque en ces beaux passages du 1. Liure *De Benef.* *Ad Cæsarem potestas omnium pertinet, ad singulos proprietas.* Et peu apres, *Cæsar omnia imperio possidet, singuli dominio* : Voila en vn mot la decision de la gageure faite deuant Federic. Mais sur tout, ces deux mots Grecs κύριος & δεσπότης, les distinguent elegamment : κύριος signifiant celuy qui a la Seigneurie publique, τὸ κῦρος ἔχοντα, *auctoritatem habentem*, & δεσπότης ἀπὸ τοῦ δεσμοῦ, signifiant celuy qui la proprieté & Seigneurie priuée, *herum siue dominum*. Qui est ce que dit en propres termes Philon Iuif, au traicté Τίς ὁ τῶν θείων κληρονόμος ἐστί. Καίτοι, dit-il, συνώνυμα ταῦτα λέγεται κύριος, καὶ δεσπότης· ἐπινοίαις δ' αἱ κλήσεις διαφέρουσι. Κύριος μὲν παρὰ τὸ κῦρος, ὃ δὴ βέβαιόν ἐστιν, εἴρηται, καὶ ἐναντιότητα ἀβεβαίῳ, καὶ ἀκύρῳ. Δεσπότης δὲ παρὰ τὸν δεσμὸν ἀφ' οὗ δέος οἶμαι. 31. κύριος δεσπότης.

32. *Que la Seigneurie publique a lieu sur les personnes & sur les biens.* Qui voudra prendre garde de prés, trouuera que cette Seigneurie publique a lieu par effect, & sur les personnes & sur les biens. Quant aux personnes, c'est en vertu d'icelle, qu'on les contraint quelquefois d'aller en guerre, qu'on les emprisonne, qu'on les punit corporellement, qu'on les fait mourir, quand le cas y eschet. Quant aux biens, c'est en vertu de cette Seigneurie qu'on leue des subsides pour la necessité de l'Estat, qu'on les vend par authorité de Iustice, qu'on en éuince l'vn pour les adiuger à vn autre : bref, qu'on les confisque en cas de delit, vnissant la Seigneurie priuée à la publique.

33. *Vsage diuers de ces deux Seigneuries.* Il faut remarquer hardiment qu'il y a vne difference fort importante en l'vsage de ces deux Seigneuries, à sçauoir qu'on peut vser de la Seigneurie priuée à discretion & libre volonté, *quilibet enim est liber moderator & arbiter rei suæ*, dit la loy, *In re mandata. Cod. Mandati*, pource que consistant en ce qui est nostre, il n'eschet gueres que fassions tort à autruy en quelque façon que nous en vsions : mais pource que la Seigneurie publique concerne les choses qui sont à autruy, ou les personnes qui sont libres, il en faut vser auec raison & iustice. Et celuy qui en vse à discretion, empiete & vsurpe la Seigneurie particuliere qui ne luy appartient pas : si c'est sur les personnes, c'est les tenir pour esclaues : si c'est sur les

biens, c'est vsurper le bien d'autruy : chose que les Princes doiuent bien considerer, & se souuenir de la responſe que fit le Roy Antigonus au flateur, qui luy disoit, Que toutes choses sont iustes aux Rois, non pas aux Rois, dit-il, mais aux Tyrans : & du dire de Seneque, *Cæsari cùm omnia licent, propter hoc minus licet.*

34. *Diuers effets d'icelles.* Bref, ces deux especes de Seigneuries sont entierement differentes quant à l'effet. Car comme la Seigneurie priuée n'induit point de puissance publique, aussi la Seigneurie publique, qui consiste en la Iustice, n'attribuë aucune Seigneurie priuée, & ne diminuë aucunement la liberté parfaite du suiet, ou iusticiable, au contraire elle l'augmente & la conserue, comme dit fort bien du Molin sur le 2. art. de la Coust. glos. 3. nom. 4.

—Neque enim libertas tutior vlla est,
Quam Domino seruire bono, dit Claudian.

35. *Que les Romains ont reconnu la Seigneurie publique.* Pour dauantage approfondir la distinction de ces deux Seigneuries, & monstrer qu'elle n'est pas verbale & imaginaire, mais réelle & vraye, & pource aussi que c'est la clef de cette matiere, qui neantmoins iamais n'a esté traitée, ie veux prouuer à loisir, que, & les Romains, & nos anciens François ont distinctement pratiqué l'vn & l'autre, & sur les personnes, & sur les biens.

Au regard des Romains, ayans chassé leurs Rois, c'est bien la verité qu'ils se voulurent
36. *Qu'ils n'en vsoient sur les Citoyens Romains.* exempter tout à fait de cette Seigneurie publique, afin de joüir d'vne parfaite & absoluë liberté, & quant à leurs personnes, & quant à leurs biens. Quant à leurs personnes, ils ne dépendoient d'aucun Roy ny Monarque, mesme ne voulurent dépendre d'aucun Magistrat par droict de Seigneurie, & duquel ils peussent estre dits subjets, qui est ce qu'ils appellerent *Ius libertatis*, qui estoit l'vn des droicts & priuileges particuliers des Citoyens Romains,
37. Ius libertatis. doctement expliqué par Sigonius, *lib.* 1. *De antiquo iure ciuium Rom. cap.* 6. Mesme ne voulurent pas estre astraints tout à fait à la puissance publique des Magistrats, leur ayans osté le pouuoir de condamner à mort, mesme au foüet aucun Citoyen Romain : & est à croire, qu'ils se fussent passez tout à fait de Magistrats, s'ils eussent pû, tant ils auoient la Seigneurie publique en horreur, à cause de la tyrannie de leurs Rois qui en auoient abusé.

38. *Ny sur les heritages d'Italie.* Quant aux biens aussi, les Romains voulurent que leurs heritages fussent entierement libres, c'est à dire, qu'ils fussent exempts de cette Seigneurie publique, & qu'ils appartins-
39. Ius Quiritum. sent aux proprietaires d'iceux, *optimo iure, seu iure Quiritum*, comme ils parloient. Ce qui
40. *Opinion de Bodin.* a incité Bodin à dire, que la Seigneurie publique est vne inuention des peuples barbares, & que les Romains ne la connoissoient point, soit sur les personnes, ou sur les biens.

41. *Qu'ils en vsoient par tout ailleurs.* Ce qui est bien vray pour les personnes des Citoyens Romains, & pour les terres d'Italie. Mais il est bien aisé à prouuer qu'ils la reconnoissoient à l'égard des personnes de tous ceux qui n'estoient Citoyens Romains, & qui partant *non habebant ius illud libertatis, quod erat proprium ciuium Rom.* & sur les heritages situez hors l'Italie, *quibus non erat concessum ius Quiritum.*

Ce qui se connoist par cette ancienne diuision, *rerum mancipi, & non mancipi*, que ie me donneray le loisir d'expliquer en passant, pource que Iustinian en la loy vnique, *De iure Quirit. toll.* dit que c'est vn Enigme inexplicable.

Mancipium est quasi manu captum (dit Varro liu. 5) *quod manu ab hostibus capitur*, dit Iustinian
42. Mancipium, vnde. aux Institut. Or c'est chose notoire qu'en ces endroits, *manus* ne signifie pas la main, mais la
43. Manus. puissance, & encore non pas la puissance priuée, mais la publique, comme en la loy 2. *in princ. De orig. iur. omnia manu ab Regib. gubernabantur* : *An nescis longas Regibus esse manus? Inde manumittere, manum inijcere, in manu esse*, signifient & presupposent la puissance publique. Il est vray qu'en l'Estat populaire des Romains, ces termes sont quelquefois accommodez aux particuliers, pource qu'ils auoient part à l'Estat, & partant estoient capables de cette puissance publique.

44. *Main de François.* Mais en nostre France Monarchique, la main signifie communément la puissance publique, comme quand nous disons, *main-mise, main-leuée, conforte-main, main-tenuë, main-garnie*, nous entendons cette main, que nous appellons *la main du Roy* ou *de Iustice* ; c'est à dire la puis-
45. *Main de Iustice.* sance publique, qui a son effect en la Iustice, selon laquelle elle doit estre conduite, ainsi qu'il vient d'estre dit, & que partant nous representons par cette main de Iustice, que nos Rois, estans en leur habit Royal, portent particulierement, comme les plus grands Iusticiers du Monde, outre le Sceptre commun à tous Rois.

46. Mancipium, quid. *Mancipium* donc estoit proprement à Rome cette Seigneurie superieure, qui appartenoit à la Republique, sur les personnes & biens des Prouinces. Car, comme il vient d'estre dit, les Citoyens Romains en estoient exempts, *atque sui erant mancipij*, comme aussi estoient
47. Mancipes. toutes les terres d'Italie, *quæ habebant ius Quiritum.* Mais celles des Prouinces, *erant in mancipio Reipubl.* & estoient tributaires. D'où vient que ceux qui prenoient à ferme, ou faisoient party general des tributs des Prouinces, estoient appellez *Mancipes. Mancipes*, dit Asconius, *sunt publicanorum Principes, qui exigenda à sociis exigunt, & repræsentant suo periculo.*

Ainsi *Mancipium* est opposé à la ioüissance, témoin l'Epistre de Curtius à Ciceron, liu. 7. *Epist. ad famil. Sum χρήσει μὲν tuus, κτήσει δὲ Attici nostri : ergo fructus est, tuus mancipium illius.* A qui Ciceron répond, *Quando proprium Attici nostri te esse scribis mancipio & nexu, meum autem vsu & fructu, contentus illo sum. Id enim cuiusque est proprium, quo vtitur ac fruitur.* Et dans Lucrece liure 3. 48. Mancipium opponitur vsui.

Vitaque mancipio nulli datur, omnibus vsu.

Voila la propre & originaire signification de *Mancipium*, de signifier la puissance publique & superieure. Mais depuis que les Romains en leur Estat populaire se furent attribué ce droit de posseder, *optimo iure, seu iure Quiritum*, les heritages de toute l'Italie, c'est à dire sans aucune subiection, mais en parfaite liberté, & entiere Seigneurie, dont chacun particulier estoit capable, ayant part à l'Estat (ce qu'ils appelloient *Ius Imperij*, qui estoit encore vn autre des droicts propres aux Citoyens Romains) ils appellerent *res mancipi* les biens dont 49. Ius Imperii. les possesseurs *habebant mancipium*, c'est à dire cette Seigneurie superieure, conjointe à la 50. Res mancipi, & non mancipi. proprieté & ioüissance actuelle : *& res non mancipi*, celles dont les particuliers n'estoient capables d'auoir cette mesme Seigneurie publique, pource qu'elle auoit esté reseruée inseparablement à la Republique, à sçauoir les terres des Prouinces.

Et par apres, depuis que sous les Empereurs ils commencerent à perdre *eiusmodi iura libertatis & Imperij*, commençans aussi à estre reduits peu à peu à la Monarchie, l'Empereur 51. *Subtilité d'Antonin pour oster les priuileges des Citoyens Romains.* Antonin n'osant pas oster tout ouuertement ces droicts & franchises au Peuple Romain, les communiqua, par vn sage traict d'Estat, à tous les subiets de l'Empire, qu'il fit tous Citoyens Romains, par ce bel Edict rapporté en la loy *In orbe. D. De statu hominum :* & 52. *Abolissement du* Ius Quiritum, *& de la difference* rerum mancipi, & non mancipi. ainsi il abolit par effect les priuileges des Citoyens Romains, les reduisant en droict commun.

Et long-temps apres, Iustinian osta tout à plat cette difference des terres d'Italie, & des Prouinces. Quoy faisant, afin d'abolir toutes les traces & vestiges de cette liberté populaire, il dit finement, que ce *Ius Quiritum*, estoit vn nom vain & sans effect. Aussi à la verité luy ostoit-il lors son effect, en ostant la difference, *rerum mancipi, & non mancipi*, & ordonnant que *quisque rei suæ legitimus & plenissimus dominus esset. l. vnica. D. iure Quirit. toll. & l. vnica, De vsucap. transform. & sublata differentia rerum mancipi, & non mancipi.*

Neantmoins en effect les terres des Prouinces ne laisserent de demeurer en la Seigneurie 53. *Tributs* Census. publique de l'Empire Romain, & d'estre tributaires, comme auparauant : ainsi que les trois derniers Liures du Code font foy, & le titre de *Censibus* au Digeste. C'est pourquoy le vieil glossaire Grec dit, ὑποτελεῖά ἐστι τὰ ἐν ἐπαρχίαις κτήματα. Et ce tribut fut enfin appellé *Census*, Κῆνσος, *inquit Suidas*, ἐτήσιον τέλος, lequel tribut, ou Cens des Romains, estoit la marque de cette Seigneurie publique.

Voila quant aux Romains : & pour le regard de nos François, quand ils conquesterent les 54. *Que les anciens François ont reconnu ces deux Seigneuries.* Gaules, c'est chose certaine qu'ils se firent Seigneurs des personnes & des biens d'icelles, i'entends Seigneurs parfaits, tant en la Seigneurie publique, qu'en la proprieté ou Seigneurie priuée.

Quant aux personnes, ils firent les naturels du païs serfs, non pas toutefois d'entiere seruitude, mais tels à peu prés que ceux que les Romains appelloient, ou *Censitos, seu adscriptios*, 55. *Seruitude des Gaulois vaincus par les Francs.* ou *Colonos, seu glebæ addictos*, qui estoient deux diuerses especes de demy-serfs, s'il faut ainsi parler, dont les premiers sont appellez en nos Coustumes *Gens de main-morte, id est mortuæ potestatis*, ou *gens de pôte, id est alienæ potestatis* : comme il est interpreté en vn vieil Arrest de l'an 56 *Gens de main morte ou de pôte.* 1247. rapporté par Ragueau. Et les derniers sont appellez *Gens de suite*, ou *Serfs de suitte*, qui estoient subjets de demeurer dans le territoire du Seigneur, autrement pouuoient estre 57. *Serfs de suite.* poursuiuis & ramenez comme les serfs fugitifs.

Mais quant au peuple vainqueur, il demeura franc de ces especes de seruitude, & exempt 58 Franc, *Pourquoy signifie libre.* de toute Seigneurie priuée. D'où est venu que les François libres estans meslez auec les Gaulois, qui estoient demy-serfs, le mot de *Franc*, qui estoit le nom propre de la Na- 59. Franc, *d'où vient.* tion, a signifié cette liberté : ainsi que Pasquier a bien remarqué au 5 chap. du premier liure de ses Recherches.

Quant aux terres de la Gaule, les François victorieux les confisquerent toutes, c'est à dire 60. *Comment les terres furent distribuées apres les conquestes des Gaules.* attribuerent à leur Estat l'vne & l'autre Seigneurie d'icelles et hors celles qu'ils retinrent au domaine du Prince, ils distribuerent toutes les autres par climats & territoires aux principaux Chefs & Capitaines de leur Nation. Donnant à tel, toute vne Prouince à titre de Duché, à tel autre vn pays de frontiere à titre de Marquisat, à vn autre vne ville, auec son territoire adjacent, à titre de Comté : Bref à d'autres des Chasteaux ou villages, auec quel- 61. *Origine des Seigneuries.* ques terres d'alentour à titre de Baronnie, Chastellenie, ou simple Seigneurie, selon les merites particuliers de chacun, & selon le nombre de soldats, qu'il auoit sous luy ; car c'étoit tant pour eux que pour leurs soldats.

Mais ces terres ne leur estoient pas baillées *optimo iure*, pour en ioüir en parfaite Seigneurie : mais voulans establir vne Monarchie asseurée, ils en retinrent pardeuers l'Estat, non 62. *Seigneurie directe.*

seulement la Seigneurie publique, mais aussi se reseruerent vn droict sur la Seigneurie priuée, qui n'auoit point esté connu par les Romains, droict, que nous auons appellé *Seigneurie directe*, qui est vne espece ou degré de Seigneurie priuée.

63. *Origine des fiefs.* Car ils ne donnerent pas ces termes à leurs Capitaines, pour en ioüir en toute franchise & sans prestation ou redeuance aucune, mais les baillerent à titre de fief, c'est à dire à la charge d'assister tousiours le Prince Souuerain en guerre Inuention qui auoit esté commencée par les Empereurs Romains, lesquels pour asseurer leurs frontieres s'aduiserent de donner les terres d'icelles à leurs Capitaines & Soldats plus signalez par forme de recompense ou bien-fait, qu'aussi ils appellerent *benefice*, & à la charge de les tenir seulement pendant qu'ils seroient Soldats. Ce qui seruoit tant à les obliger à continuer la milice qu'à les rendre plus
64. Beneficium. courageux, lors qu'ils defendoient leur propre terre : *vt attentius militarent propria rura defendentes*, dit Lampride.

65 *Etymologie de Fief.* Ce que nos anciens François ayans appris lors qu'ils enuahirent sur les Romains les frontieres de Gaule le pratiquerent depuis, non seulement en la frontiere de leur Estat, mais par tout iceluy, appellant Fiefs les terres accordées à ce titre, à cause de cette confiance ou foy promise par le preneur d'icelles, d'assister son Seigneur en guerre : ce qui a fait croire à plusieurs qu'ils ont esté les premiers inuenteurs des Fiefs, estant eux à la verité qui en ont appris l'vsage aux Lombards.

66. *Origine des arriere-Fiefs.* Et non seulement le Prince Souuerain des François donna à ses Capitaines, tant pour eux que pour leurs Soldats les terres de leur partage à titre de Fief vers luy : mais aussi ces Capitaines baillerent à chacun de leurs soldats la part qu'ils leur en voulurent bailler à mesme titre de Fief vers eux, c'est à dire, à la charge qu'ils seroient tenus les assister en guerre, toutefois & quantes qu'il en seroit besoin, & par ce moyen leurs compagnies demeurerent entieres pour iamais.

67. *Feaux & soldats.* Ainsi ils auoient deux sortes de gens de guerre, à sçauoir les vassaux ou feaux, & les soldats: les feaux y estans obligez par leurs fiefs, & les soldats par leur solde Il y auoit en France anciennement si grand nombre de feaux ou vassaux qui estoient conuoquez par le ban & arriere-ban, qu'on n'vsoit presque point de soldats soudoyez : & sans cela nos Rois qui n'auoient presque aucun domaine, estans lors tous les Duchez & Comtez tenus par les Seigneurs, & qui d'ailleurs n'auoient aucune taille ny autre subside ordinaire, n'eussent pû soustenir les grandes guerres qu'ils supportoient presque continuellement. Mesme pource qu'en temps de paix leur puissance estoit fort petite, estant resserrée de si prés par tant de Seigneurs trop puissans, qu'ils estoient contraints pour se maintenir d'auoir tousiours quelque entreprise de guerre, afin d'auoir sujet de tenir tous ces Seigneurs obligez à les assister, & à demeurer auprés d'eux sous leur commandement militaire.

68. *Pourquoy la guerre estoit iadis continuelle en France.*

69. *Origine des Censiues.* Mais pour reuenir au partage que firent nos Conquerans François des terres de la Gaule, ces Capitaines, ausquels les territoires entiers auoient esté concedez outre la part qu'ils en donnerent à leurs soldats, rendirent aussi aux naturels du pays quelque petite portion de leurs terres, afin de ne les exterminer, mais pour s'en seruir au labourage. Mais ils ne la leur concederent pas au mesme titre de Fief, comme ils auoient fait à leurs soldats (car ils leur osterent l'entier vsage des armes, & par consequent des Fiefs:) mais à titre de cens, c'est à dire, à la charge de leur en payer la mesme rente annuelle, ou tribut, qu'ils auoient accoustumé d'en payer aux Romains : duquel tribut les Fiefs concedez aux François estoient
70. *Fiefs, pourquoy appellez Francs.* exempts, & pour cette cause furent appellez *Francs-Fiefs*, ou bien, parce qu'il n'y auoit que les Francs qui fussent capables de les tenir : ce qui sera examiné ailleurs.

Voila en passant l'origine de nos Fiefs, arriere-Fiefs & censiues. Or ces Capitaines ausquels
71. *Iadis les Seigneurs auoient la directe des personnes, aussi bien que des heritages.* les Prouinces, ou les Villes, où les amples territoires auoient esté accordez, tant pour eux que pour leurs soldats, n'auoient pas seulement la Seigneurie priuée, soit directe, soit vtile, des heritages de leur territoire; mais aussi ils estoient Seigneurs des personnes des anciens habitans du pays residens en leur destroit, selon la condition de seruitude qui leur auoit esté imposée lors de leur conqueste : laquelle Seigneurie ne se pouuoit estendre sur les François qui estoient francs & libres. Toutefois il faut noter que toute la Seigneurie qu'auoient ces Capitaines, soit sur les terres ou sur les personnes, n'estoit qu'vne Seigneurie priuée, demeurant iusques alors la Seigneurie publique entierement par deuers le Prince Souuerain, selon sa vraye nature.

72. *Quelle puissance publique ils auoient.* Il est vray qu'ils auoient le commandement & la puissance publique en qualité d'Officiers, estant tousiours demeurez en leurs charges de Capitaines, en tant que par le moyen
73. *Qu'ils auoient l'administration de la Iustice, aussi bien que des armes.* des vassaux qu'ils auoient sous eux, leurs compagnies & bandes estoient maintenuës à perpetuité : & de fait aux liures des Fiefs ils sont appellez *Capitanei Regis aut regni*.

Mais que non seulement ils auoient le commandement au fait de la guerre, comme Capitaines : mais ils auoient aussi l'administration de la Iustice, pource qu'en ces Nations belliqueuses, il n'y auoit point d'autres Officiers principaux, que ceux de la guerre, qui quant-&-quant exerçoient la Iustice en temps de paix, n'ayant mesme en aucune ancienne Repu-

blique, les Charges de la guerre & de la Iustice esté separées, comme il a esté dit au premier Liure *Des Offices*. Aussi Cesar au passage cy-dessus allegué, dit, qu'en l'ancienne Gaule c'estoient les principaux des Villes & Bourgs qui rendoient la Iustice. Et tout ainsi que ces Capitaines s'aidoient de leurs vassaux en la guerre, aussi faisoient-ils en la Iustice, principalement aux causes d'importance, qu'ils iugeoient par leurs aduis, & pour cette raison ils les appelloient *Pares curtæ*, c'est à dire, Pairs & compagnons de leur Cour & Iustice.

74. Que les Seigneuries estoient Offices & fiefs ensemble.

D'où s'ensuit que la charge de ces Capitaines estoit Office & Fief tout ensemble : Office, entant qu'ils auoient l'administration, & des armes, & de la Iustice : Fief aussi, entant qu'ils estoient Seigneurs de leur territoire, lequel ils tenoient en Fief du Prince Souuerain, à la charge de l'assister en guerre.

75. Ressemblance de l'Office & du fief.

Aussi n'estoient lors l'Office & Fief gueres dissemblables. Car outre l'affinité qu'ils ont encore de consister tous deux en fonction personnelle, & de subsister formellement en la foy, le Fief aussi bien que l'Office finissoit lors par la mort, mesme l'vn comme l'autre estoit reuocable par la volonté du concordant, comme il est dit au premier titre des Fiefs. Bref, l'Office & le Fief n'auoient lors autre difference, sinon que la fonction de l'Office estoit publique, & celle du Fief estoit priuée, à sçauoir, d'assister son Seigneur en guerre : en signe dequoy le serment de l'Office se fait publiquement, & la foy du Fief se rend en priué, & aussi la recompense de l'Office consiste ordinairement en gages perceptibles du public, & celle du feudataire en heritages, dont il iouït par ses mains.

76. Contre Bodin.

Donc ces charges de Capitaines qui sont les Duchez, Marquisats & Comtez, n'estoient pas lors de cette premiere institution simples Offices, comme a dit Bodin : puis qu'elles estoient conferées à la charge d'assister le Prince en guerre, qu'elles auoient des vassaux & censiers qui en releuoient, & que leur reuenu consistoit, non en gages, mais en heritages. Ce n'estoient pas aussi simples Fiefs, puis que d'iceux dépendoit la fonction publique, mesme le commandement, tant au fait des armes que de la Iustice. Partant il faut conclure que c'estoient Offices & Fiefs tout ensemble.

77. Feuda dignitatum. *78. Tenir par dignité.*

C'est pourquoy dans les Liures des Fiefs ils sont appellez *Feuda dignitatum, seu feudales Dignitates* : comme qui diroit Dignitez & Fiefs ensemble. Terme que Boutillier a bien sceu recueillir, *Tenir par dignité*, dit-il, au tit. des Fiefs, *si est tenir aucun Office en Fief par forme de dignité si comme de tenir Seigneuries & autres Offices à heritage & en Fief, & si comme Maieur heritier*, c'est à dire vn Maire hereditaire. Qui est l'occasion pourquoy nous les auons fort à propos qualifiez du nom de Seigneuries, qui par sa double etymologie de *Senior*, & de *Sien*, cy-dessus recitées, comprend l'Office & la proprieté des terres, κυριότητα καὶ δεσποτείαν, *imperium & dominium*, bref, tant la Seigneurie priuée que la publique.

79. Comment les Offices des Seigneurs ont esté changez en Seigneuries. *80. Difference de l'Office & Seigneurie.*

Car il faut noter, que quelque commandement ou puissance publique qu'eussent les Ducs, Marquis & Comtes de leur premiere institution, si est-ce qu'ils ne l'auoient que par forme d'administration, comme Officiers, & non pas en proprieté, comme Seigneuries : mais pour l'affinité qu'il y a entre la puissance des Officiers, & celle des Seigneurs (qui est si grande, que ny les Grecs, ny les Romains, n'ont sceu la distinguer par vn nom diuers : mais ont esté contraints appeller l'vne & l'autre d'vn mesme nom ἀρχὴν *Imperium*) il a esté facile à ces anciens Ducs & Comtes, de changer leur Office en Seigneurie : entreprenant premierement de faire exercer leurs charges par Commis & Lieutenans, ainsi que le droict Romain permet : puis ayant trouué moyen acortement de les rendre accessoires, & dépendantes de leurs Fiefs, qui desia auparauant auoient esté faits hereditaires & patrimoniaux.

81. Comment les Seigneurs ont vsurpé la Seigneurie publique.

Ainsi outre la Seigneurie priuée accordée à ces Seigneurs, tant des terres de leur détroit, que des personnes des Gaulois, ils ont encore vsurpé vne espece de Seigneurie publique, c'est à dire, vne proprieté de la puissance publique.

82. Deux sortes de Seigneurie publique.

D'où s'ensuit qu'en France, & en si peu qu'il y a d'autres pays, où la Iustice publique est laissée en proprieté aux particuliers, il y a deux degrez de Seigneurie publique, à sçauoir celle qui demeure inseparablement pardeuers l'Estat, nonobstant cette vsurpation, que nous appellons *Souueraineté* : Et celle qui a esté ainsi vsurpée par les particuliers, pour laquelle exprimer, il nous a fallu forger vn mot exprez, & l'appeller *Suzeraineté*, mot qui est aussi estrange, comme cette espece de Seigneurie est absurde.

83. Deux sortes de Seigneurie priuée.

Comme pareillement nous auons deux degrez de Seigneurie priuée, à sçauoir la directe, qui est celle des Seigneurs feodaux, ou censuels, & la Seigneurie vtile qui est celle des vassaux & suiets censiers, lesquels deux degrez de Seigneurie priuée reuiennent presque à la distinction que font les Grecs entre κτῆσις & χρῆσις.

84. La Seigneurie priuée n'a plus lieu directement que sur les personnes.

Or comme nous n'auons plus à present aucune sorte d'esclauage en France, qui est le païs des Francs, la Seigneurie priuée n'y a plus lieu sur les personnes, mais seulement sur les terres. Il est vray qu'elle redonde indirectement sur les personnes à l'occasion des terres comme on void que le vassal & censier doiuent quelques redeuances personnelles à leur Seigneur direct, mais ce n'est pas de leur chef, mais à cause de leur terre, qui estant inanimée ne peut rendre le deuoir dont elle est chargée, sans l'entremise du detempteur d'icelle, qui aussi se peut exempter de ce deuoir en quittant la terre: ce qui ne seroit pas, s'il estoit deu directement par la personne.

85. *La Seigneurie publique n'a lieu directement que sur les personnes.* Mais au contraire, la Seigneurie publique a lieu directement, & principalement sur les personnes qui sont capables de receuoir le commandement & non sur les choses inanimées. Que si elle s'estend sur les choses, c'est indirectement, & à cause de la personne à qui elles appartiennent: comme quand on saisit les meubles d'vn debiteur, ou qu'on confisque les biens d'vn condamné.

86. *Contre Bodin.* De ce discours (qu'il a esté besoin de faire vn peu long, tant pource que c'est le fondement de cette matiere, que pource que cette distinction de Seigneurie n'a iamais esté traitée) il appert assez, ce me semble, que Bodin se méprend, quand il dit que les Romains n'ont point reconnu de Seigneurie publique: & encore plus quand pour prouuer cette proposition il dit, que ces mots *Dominium directum & vtile*, ne se trouuent point dans le corps de leur Droict, pensant à mon aduis, que la Seigneurie directe fust la publique, & que l'vtile fust la priuée, bien que la directe & l'vtile soient deux especes de la Seigneurie priuée: au dessus desquelles est encore la Seigneurie publique. 87. *Ce qui l'a trompé.* Ce qui l'a trompé, est la grande affinité & ressemblance d'entre la Seigneurie priuée directe du Seigneur feodal & censuel, & la Seigneurie publique du Seigneur haut-Iusticier, qui se rencontrent ordinairement en mesme personne, & en mesme Fief. Et aussi que le cens, qui aux Romains estoit marque de Seigneurie publique, est à nous vne marque de Seigneurie directe des particuliers.

88. *Que les Romains ne connoissoient qu'vn degré de chacune Seigneurie.* Concluons donc des preuues cy-dessus rapportées, que les Romains reconnoissoient la Seigneurie publique & priuée: Mais ils n'en reconnoissoient qu'vne sorte de chaque espece, & non pas deux diuers degrez, comme nous: car premierement quant à la Seigneurie publique, ils ne connoissoient point la suzeraine subalterne, qui a esté en France vsurpée par les particuliers. Et quant à la Seigneurie priuée, ils ne reconnoissoient point le *Dominium directum & vtile*, qu'ont produit nos Fiefs & censiues, dont ils n'auoient l'vsage.

SOMMAIRE DV SECOND CHAPITRE.

1 *Seigneurie* in concreto, *ou terre Seigneuriale.*
2 *Deux especes de terres Seigneuriales.*
3 *Noms de Souueraineté.*
4 *Souueraineté est propre inseparablement à l'Estat.*
5 *La souueraineté est la forme de l'Estat.*
6 *Estat, d'où est dit.*
7 *Souueraineté reside en l'Estat, & se communique aux Seigneurs d'iceluy.*
8 *Ce que c'est que la puissance absoluë de souueraineté.*
9 *Bornes de puissance souueraine fort notables.*
10 *Marque de souueraineté.*
11 *Qu'il ne sera icy traité que de la souueraineté Monarchique.*
12 *Tous Monarques indifferemment appellez Rois.*
13 *Quatre sortes de Princes.*
14 *Simples Princes.*
15 *Prince, que signifie proprement.*
16 ἀρχὼν, ἀρχὴ.
17 Rex.
18 Βασιλεύς.
19 *Simples Princes plus anciens que les autres.*
20 *Origine des Princes.*
21 *Exemples des simples Princes de l'antiquité.*
22 *Rois de Lacedemone condamnez à mort.*
23 *Rois de la Gaule.*
24 *Rois de France de la premiere lignée.*
25 *Rois de Rome n'estoient que simples Princes.*
26 *Premiers Empereurs n'estoient que simples Princes.*
27 Empereur, *que signifioit du commencement.*
28 *Que les premiers Empereurs n'estoient vrais Monarques.*
29 *Passages pour confirmer la difference du simple Prince, & du Prince souuerain.*
30 *Exemples modernes des simples Princes.*
31 *Duc de Venise.*
32 *L'Empereur d'à present.*
33 *Le Duc Maurice és Pays-bas.*
34 *Princes sujets.*
35 *Rois sujets en Ethiopie.*
36 *Potentats d'Allemagne.*
37 *Princes d'Italie, autrefois sujets à l'Empire.*
38 *Ducs & Comtes de France autrefois Princes sujets.*
39 *Distinction des Princes sujets d'auec les souuerains.*
40 *Sujet du Prince souuerain, acquerant vne Monarchie, est souuerain.*
41 *Le territoire & demeurance fait la subiection de la personne.*
42 *Si les Principautez feudataires, tributaires, ou en protection peuuent estre souueraines.*
43 *Contre Bodin, que le Prince feudataire ne laisse d'estre souuerain.*
44 *De mesme.*
45 *La feudalité auilit, mais n'oste pas la souueraineté.*
46 *Inconuenient de l'opinion de Bodin.*
47 *Rois feudataires de l'Empire selon Bodin.*

DES SEIGNEVRIES SOVVERAINES.

CHAPITRE II.

C'EST assez parlé de la Seigneurie prise *in abstracto*, en tant qu'elle signifie toute puissance en proprieté, soit publique, soit priuée. Parlons maintenant de la Seigneurie prise *in concreto*, qui estant formée & creée de la rencontre de la Seigneurie publique & de la priuée (rencontre qui sera expliquée au chapitre 4.) signifie vne terre Seigneuriale, en laquelle ces deux Seigneuries se rencontrent, & principalement s'y trouue la publique, que nous auons dit estre la plus vraye & la plus propre Seigneurie. *1. Seigneurie in concreto, ou terre Seigneuriale.*

Proprement donc la Seigneurie, ou terre Seigneuriale est celle qui est doüée de Seigneurie publique, c'est à dire, de puissance publique en proprieté. Et comme il a esté dit au chapitre precedent, qu'il y a deux sortes de Seigneurie publique *in abstracto*, à sçauoir la souueraineté, & la suzeraineté: aussi y a-t-il deux sortes de Seigneuries *in concreto*, ou terres seigneuriales, à sçauoir les souueraines & les suzeraines. Les suzeraines sont celles qui ont puissance superieure, & non supréme, mais subalterne. Les souueraines, ausquelles ce Chapitre est destiné, sont celles qui ont la puissance souueraine, qui par les Hebreux est appellée חטר שבט, par les Grecs ἄκρα ἐξουσία, ἢ κυρία ἀρχή, par les Latins *suprema potestas*, *summumque Imperium*: & en vn mot *Majestas*: & par les Italiens *Signoria*, par vne certaine excellence, tout ainsi que les Romains l'appellent quelquefois simplement *Imperium*. *2. Deux especes de terres Seigneuriales.* *3. Noms de Souueraineté.*

Cette Souueraineté est la propre Seigneurie de l'Estat. Car bien que toute Seigneurie publique deust demeurer à l'Estat, neantmoins les Seigneurs particuliers ont vsurpé la Suzeraineté: mais la Souueraineté est du tout inseparable de l'Estat, duquel si elle estoit ostée, ce ne seroit plus vn Estat, & celuy qui l'auroit, auroit l'Estat, en tant qu'il auroit la Seigneurie souueraine, comme quand le Roy François quitta la souueraineté de Flandres, la Flandre fut par consequent distraite & ostée de l'Estat de France, & deuint vn Estat à part. Car enfin la Souueraineté est la forme qui donne l'estre à l'Estat, mesme l'Estat & la Souueraineté prise *in concreto*, sont synonimes, & l'Estat est ainsi appellé, pource *4. Souueraineté est propre inseparablement à l'Estat.* *5. La souueraineté est la forme de l'Estat.* *6. Estat, d'où est dit* que la Souueraineté est le comble & periode de la puissance, où il faut que l'Estat s'arreste & establisse.

7. Souueraineté reside en l'Estat, & se communique aux Seigneurs d'iceluy.

Et comme c'est le propre de toute Seigneurie d'estre inherente à quelque Fief, ou Domaine, aussi la Souueraineté *in abstracto*, est attachée à l'Estat, Royaume ou Republique. Pareillement comme toute Seigneurie est communiquée aux possesseurs de ce Fief, ou Domaine, la Souueraineté, selon la diuersité des Estats, se communique aux diuers possesseurs d'iceux, à sçauoir en la Democratie à tout le peuple, comme à Rome, où la Majesté estoit attribuée au peuple en general, & à chacun Citoyen en particulier, *dicebatur habere ius Imperij*, que nous disons auoir part à l'Estat. En l'Aristocratie, la Souueraineté reside pardeuers ceux qui ont la domination, qui pour cette cause sont ordinairement appellez Seigneurs. Finalement és Monarchies, elle appartient au Monarque, qui pour cette occasion est appellé *Prince souuerain*, ou *souuerain Seigneur*.

8. Ce que c'est que la puissance absolue de Souueraineté.

Or elle consiste en puissance absoluë, c'est à dire parfaite & entiere de tout poinct, que les Canonistes appellent *plenitude de puissance*; & par consequent elle est sans degré de superiorité; car celuy qui a vn Superieur ne peut estre supréme & souuerain, sans limitation de temps: autrement ce ne seroit ny puissance absoluë, ny mesme Seigneurie, mais vne puissance en garde, ou en depost: sans exception de personnes, ou choses aucunes, qui soient de l'Estat, pource que ce qui en seroit excepté, ne seroit plus de l'Estat. Et comme la couronne ne peut estre si son cercle n'est entier, aussi la Souueraineté n'est point, si quelque chose y defaut.

9. Bornes de la puissance souueraine fort notables.

Toutefois, comme il n'y a que Dieu qui soit tout-puissant, & que la puissance des hommes ne peut estre absoluë tout à fait: il y a trois sortes de loix qui bornent la puissance du Souuerain, sans interesser la Souueraineté. A sçauoir les loix de Dieu, pource que le Prince n'est pas moins souuerain pour estre suiet à Dieu: les regles de Iustice naturelles & non positiues, pource qu'il a esté dit cy-deuant, que c'est le propre de la Seigneurie publique, d'estre exercée par Iustice, & non pas à discretion: Et finalement les loix fondamentales de l'Estat, pource que le Prince doit vser de sa Souueraineté selon la propre nature, & en la forme & aux conditions qu'elle est establie.

10. Marques de souueraineté.

C'est donc la puissance absoluë qui est la difference specifique, & la vraye marque pour distinguer les Seigneuries souueraines d'auec celles qui ne le sont pas. Car les autres marques de souueraineté rapportées par Bodin au dixiesme chap. de son premier Liure, sont plustost droicts & dépendances que marques specifiques & certaines: & quiconque voudroit reconnoistre la souueraineté par chacune d'icelles, se méprendroit souuent. Mais on ne peut iamais se tromper en cette regle, que quiconque a la puissance & commandement souuerain, a la souueraineté, & quiconque ne l'a point, n'est pas Prince souuerain.

11. Qu'il ne sera icy traité que de la Souueraineté Monarchique.

12. Tous Monarques indifferemment appellez Rois.

13. Quatre sortes de Princes.

Or dautant que la souueraineté reluit plus parfaitement en la Monarchie, qu'en la Democratie ou Aristocratie, aussi que ie n'entends traiter que des Dignitez de nostre France Monarchique: ie ne parleray icy que de la Souueraineté residente dans les Monarques, qui presqu'en toutes les Monarchies sont indifferemment appellez Rois. Dont Aristote liure 3. *de Republ.* chap. 3. compte iusques à cinq sortes. Toutefois, pource que sa diuision a esté prouuée vicieuse par Bodin, i'en feray vne à ma mode, & afin de la rendre plus parfaite, ie n'vseray pas du terme de *Roy*, mais i'en prendray vn plus general, à sçauoir celuy de *Prince*, qui peut estre adapté à tous Seigneurs, qui participent à la Souueraineté.

Ie dis donc qu'il y a quatre sortes de Princes, à sçauoir, les simples Princes, les Princes suiets, les Princes souuerains, & les Princes Seigneurs: auquel compte ie ne mets point les Princes de race, pource que ce ne sont que Princes honoraires qui sont sous le genre de l'Ordre & non d'Office, ou Seigneurie, & il en sera traité au liure *Des Ordres*: Ny pareillement ceux qui ont des terres erigées en titre de Principauté, pource que ceux-là ne sont pas Princes, mais seulement Seigneurs de Principautez, desquels il sera parlé cy-apres au chap. 5. Mais de nos quatre sortes de Princes, les deux derniers sont parfaitement souuerains, les deux autres ne le sont qu'en partie, & par participation.

14. Simples Princes.

Ie mets au premier rang ceux que i'appelle simples Princes, c'est à dire, les premiers Magistrats qui exercent la souueraineté comme Officiers, mais n'en ont pas la proprieté, comme Seigneurs: pource que sans doute c'est la plus propre signification du mot de *Prince*, & aussi l'espece des Princes la plus ancienne, & plus selon nature. Car *Princeps* en Latin, & *Prince* en François, signifie proprement & originairement le premier chef, c'est à dire le premier Officier de l'Estat, qui y a le premier commandement & la puissance souueraine, mais non pas en proprieté, comme le Seigneur souuerain, mais en a seulement l'administration & exercice, comme tout Officier de ce qui dépend de sa charge.

15. Prince, que signifie proprement.

16. ἀρχὼν ἀρχή.

En Grec il est appellé ἀρχὼν, pource qu'ἀρχὴ signifie, & la primauté, & le commandement ou Magistrature: mais quand on veut exprimer le Seigneur souuerain, il faut l'appeller *Monarque*, pour exclure toute puissance égale à la sienne. Mesme le terme de *Roy* conuient mieux aux simples Princes qu'aux Princes souuerains, estant dit *Rex à regendo*, & en

17. Rex.

Grec

Grec Βασιλεὺς, *quasi* βάσις τοῦ λαοῦ, la base & l'asseurance, & non pas le Seigneur & dominateur du Peuple. Et l'Empereur mesme est vn nom d'Office, non de Seigneurie, signifiant celuy qui exerce le commandement. 18. Βασιλεὺς

19. *Simples Princes plus anciens que les autres.*

C'est aussi l'espece de Princes plus ancienne, & plus selon nature, pource que, comme dit Aristote, au commencement des Politiques, quand au commencement du monde plusieurs familles s'assemblerent pour faire vne cité, elles eurent incontinent besoin de Magistrats pour les gouuerner : puis quand plusieurs citez s'vnirent pour faire vn Estat, ou Republique, il leur fut besoin d'vn premier & souuerain Magistrat, qui commandast aux Magistrats particuliers des citez, afin de tenir en toutes vn mesme ordre, & vne parfaite intelligence pour viure en repos entr'elles : & en asseurance auec leurs voisins.

20. *Origine des Princes.*

Partant, elles esleurent celuy d'entr'eux qu'elles estimerent le plus digne de les bien gouuerner en paix & en guerre, en la personne duquel elles firent comme vn compromis, afin d'euiter la confusion qui se fut rencontrée, si en chaque affaire d'importance il eust fallu auoir l'aduis de tous les Citoyens. Mais pourtant ne luy donnerent elles aucune Seigneurie sur eux, & ne se rendirent par ses sujets ; mais il est à croire qu'elles voulurent conseruer entierement leur franchise & liberté naturelle.

21. *Exemples des simples Princes de l'antiquité.* 22. *Rois de Lacedemone condamnez à mort.*

Tels furent les Patriarches, puis les Iuges parmy le Peuple de Dieu. Tels furent les Rois de Lacedemone, qui comme dit Aristote, n'estoient que simples Capitaines en chef, sujets, au surplus à la Seigneurie, c'est à dire, à l'assemblée generale de tout le Peuple, pardeuers laquelle, en tels Estats, reside la pure Seigneurie, & parfaite souueraineté : Mesme les Rois de Lacedemone furent enfin assujettis aux Ephores, qui les condamnoient à l'amende, comme Agesilaus, & quelquefois à la mort, comme Agis & Pausanias.

23. *Rois de la Gaule.*

Tels estoient les anciens Rois de la Gaule, que pour cette cause Cesar appelle souuent *Regulos*, estant sujets & iusticiables des Estats de leur Prouince, qui mesme quelquefois les faisoient mourir par Iustice, comme a bien prouué Hotman en sa Francogallie, notamment au premier chapitre du premier liure, témoin le dire d'Ambiorix Roy des Liegeois, qu'il rapporte du cinquiéme liure des Commentaires de Cesar, *Sua esse huiusmodi Imperia, vt non minus haberet in se iuris multitudo, quàm ipse in multitudinem.*

24. *Rois de France de la premiere lignée.*

Le mesme Hotmant semble assez bien prouuer que les Rois de France de la premiere lignée, n'estoient pareillement que simples Princes & premiers Officiers du Royaume, & que la Souueraineté de la France residoit lors pardeuers les Estats. Dont il ne se faut émerueiller, ny en tirer vne consequence, que ceux d'apresent n'ayent point plus de pouuoir. Car il est vray de dire qu'en toutes les Monarchies qui ont esté establies par la volonté des peuples & non par la force, cela a eu lieu du commencement.

25. *Rois de Rome n'estoient que simples Princes.*

Mesme il y a grande apparence que les Rois de Rome, bien qu'ils se fussent establis d'eux-mesmes, n'auoient pas la pure souueraineté: témoin ce qui arriua à Romulus, lors qu'il voulut faire le Seigneur, la forme de gouuernement de Numa, l'appel de la sentence de Tullus, interietté pardeuant le peuple par Horatius, le dechassement de Tarquin, & plusieurs autres remarques. Quoy qu'il en soit, il est bien certain que les Rois de Rome n'auoient pas la souueraineté dans la Toscane, qui se donna aux Romains à condition expresse, que *non suprema potestas, sed tantùm Principatus penes Regem Romanorum esset*, dit Florus.

26. *Premiers Empereurs n'estoient que simples Princes.* 27. *Empereur, que signifioit du commencement.*

Aussi est-il bien asseuré que les premiers Empereurs n'estoient, ou pour mieux dire, ne faisoient semblant d'estre que simples Princes, laissans en apparence la souueraineté au peuple. C'est pourquoy ils se faisoient élire & continuer tous les ans aux Magistrats qui auoient le premier commandement en toutes sortes d'affaires, comme de Consuls, Censeurs, Tribuns du peuple: & outre cela, gardoient tousiours la qualité d'Empereurs, c'est à dire, de Capitaines generaux des armées, pource que de cette charge dépendoit le commandement militaire qui estoit plus libre, & moins adstraint aux loix, que celuy de tous autres Magistrats, mais pourtant n'estoit pas parfaitement absolu, quoy qu'il en soit, il n'appartenoit pas aux chefs d'armées en proprieté.

28. *Que les premiers Empereurs n'estoient vrais Monarques.*

Que ces premiers Empereurs ne fussent que simples Princes, cela se verifie bien par ce qui est écrit dans Suetone *in Caligula*, que cet Empereur oyant à sa table des Rois discourir de leur authorité & pouuoir, s'écria par ce traict d'Homere,

Οὐκ ἀγαθὸν πολυκοιρανίη, εἷς κοίρανος ἔστω,
Εἷς βασιλεὺς ——

29. *Passages pour confirmer la difference du simple Prince, & Prince souuerain.*

Nec multum adfuit, dit Suetone, *quin diadema sumeret, & speciem Principatus in Regnum conuerteret.* Ce qui sert encore pour confirmer la difference d'entre le simple Prince & le Roy ou Prince souuerain : comme aussi fait le passage de Florus qui vient d'estre cité. Il y en a encore vn autre dans Philon Iuif, qui rapporte que le peuple de Iudée se plaignoit, qu'Aristobulus auoit changé leur forme de Principauté en double Royaume, prenant vn Diademe pour luy, & en ayant enuoyé vn autre à son frere.

30. *Exemples modernes de simples Princes.*

On rapporte communement pour exemple moderne de cette espece de Princes le Duc de Venise, qui est comme Prince des Venitiens, & leur premier Magistrat, ayant tous les

31. *Duc de Venise.*

honneurs qu'il est possible d'imaginer, mais fort peu de pouuoir : enfin estant sujet & iusticiable de la Seigneurie, qui fit pendre autrefois le Duc Fallier, & qui a fait mourir iusques à douze autres Ducs, comme il se void dans Sabellic. Toutefois à cause du peu de pouuoir qu'a le Duc de Venise, qui ne peut rien ordonner seul, on peut dire qu'il n'est pas Prince tout à fait, mais seulement premier Senateur, ainsi qu'estoit à Rome le Prince du Senat, ayant la primatie & premier rang seulement, mais non pas l'exercice de la Souueraineté, comme ont les simples Princes en qualité de premiers Magistrats, & les Princes souuerains en proprieté, & comme les Princes Seigneurs ont encore plus parfaitement & absolument que tous les autres.

32. *L'Empereur d'apresent.*

Bodin nous donne vn autre exemple du simple Prince, à sçauoir l'Empereur d'Allemagne, qu'il soustient n'estre pas Monarque ny Prince souuerain ; mais estre seulement le premier Chef & Officier souuerain de l'Empire : pardeuers les Estats duquel, il dit, que la Souueraineté reside : & de fait, ils priuerent autrefois par voye de Iustice les Empereurs Adolphe & Vencesłas de leur dignité, comme ayans puissance & iurisdiction sur eux.

33. *Le Cõte Maurice és Pays de Flandres.*

Mais il n'en peut donner vn autre exemple plus certain au temps d'apresent, à sçauoir, le Comte Maurice parmy les Estats du Païs bas, au cas que nous les voulions admettre pour vn Estat formé & legitime. Car il a beaucoup d'exercice de la souueraineté, & neantmoins il est sujet au Conseil des Estats : & ne faut pas s'estonner s'il ne s'en peut donner d'autre exemple à present, pource qu'il n'y a point d'autre Estat nouueau, & que les anciens ne sont pas demeurez bien long-temps en cette forme.

34. *Princes sujets.*

La seconde espece de Princes est de ceux que nous auons nommé Princes sujets, qui ont bien les droits de Souueraineté sur le peuple, ou la plus part d'iceux (qui seront citez au chap. suiuant) & encore les ont, non comme simples Officiers par exercice : mais en proprieté comme Seigneurs, mais eux-mesme pour leur personne ont vn superieur, duquel ils sont sujets naturels, & partant ne sont pas vrayement Princes souuerains.

35. *Rois sujets en Ethiopie.* 36. *Potentats d'Allemagne.* 37. *Princes d'Italie autrefois sujets.* 38. *Ducs & Comtes de France autrefois Princes sujets.*

Tels sont les Roys sujets du grand Negus d'Ethiopie, que Paul Ioue dit estre cinquante en nombre, comme aussi presque tous les Roys qui sont sous le grand Seigneur des Turcs. Tels sont aussi tous les Potentats d'Allemagne, qui sont sujets de l'Empire. Tels aussi étoient anciennement les Princes d'Italie, qui reconnoissoient pareillement l'Empire : mais pour estre esloignez du Siege d'iceluy, ils ont secoüé le joug de cette sujetion, & se sont faits Princes souuerains. Tels pareillement ont esté autrefois les principaux Ducs & Comtes de France qui auoient vsurpé la plus part des droits de souueraineté, comme il sera dit au cinquiéme chapitre, ne reconnoissans les Roys que de l'hommage de leur Seigneurie, & de la sujetion de leurs personnes, ainsi que les Princes d'Allemagne reconnoissent aujourd'huy l'Empire, mais nos Roys ont trouué moyen de ruiner & de reünir à leur Couronne peu à peu ces Duchez & Comtez : de sorte que ceux qui sont à present en France ne sont plus Principautez souueraines, n'ayant plus ny la proprieté ny l'exercice d'aucun droict de Souueraineté, comme il sera dit cy apres.

39. *Distinction des Princes sujets d'auec les souuerains.*

Or les Princes sujets sont distinguez des Souuerains par la sujetion, qui est le correlatif de la Seigneurie publique : comme l'esclauage est le correlatif de la Seigneurie priuée : partant il faut conclure que ceux-là sont Princes sujets qui dépendent de la Seigneurie publique, c'est à dire, du commandement & iurisdicton d'autruy.

40. *Sujet du Prince souuerain, acquerant vne Monarchie souueraine.* 41. *Le territoire & demeure fait la sujetion de la personne.*

Quoy donc, si le sujet naturel d'vn Prince souuerain vient à acquerir vne Monarchie, sera-t'il par apres Prince sujet ? Non. Car la souueraineté se mesure par la Seigneurie, & non par le Seigneur ; pource que sa dignité reside directement en icelle, & par icelle se communique à la personne du Seigneur, comme il sera dit au quatriéme chapitre. Et d'ailleurs, le sujet naturel d'vn Prince souuerain, allant resider hors sa Souueraineté, n'est plus son iusticiable par effect, dautant que la Iustice & la Seigneurie publique suiuent le territoire & la demeure des personnes.

Comme au contraire, vn Prince souuerain venant demeurer dans la Souueraineté d'vn autre, deuient son sujet & iusticiable à cause de sa personne, tant qu'il y reside. Mais il ne laisse pas d'estre Prince souuerain, à cause de l'Estat souuerain, dont il est Seigneur.

42. *Si les principautez feudataires, tributaires, ou en protection, peuuent estre souueraines.* 43. *Contre Bodin, que le prince feudataire ne laisse d'estre souuerain.*

Mais on demande, si les Principautez qui sont tributaires ou en protection, sont souueraines, & sur tout, c'est vne grande question, si le Prince feudataire peut estre souuerain. Bodin ne fait point de doute, que le Prince tributaire ou en protection ne soit souuerain, mais il tient que le feudataire ne l'est pas, sous pretexte de cette maxime vulgaire, que le souuerain est celuy qui ne reconnoist point de Superieur : ce qui est bien vray en propres termes, mais proprement *Superieur*, signifie celuy qui a la Seigneurie publique : or est-il que le Seigneur de fief n'a que la Seigneurie directe, qui est l'vne des especes de la Seigneurie priuée, laquelle deuroit estre plustost nommée *Sieurie*, que Seigneurie, ou Superiorité.

44. *De mesme.*

Aussi y a-t-il grande difference entre le Seigneur, ayant la Seigneurie publique, auquel son sujet doit obeïssance parfaite, & le Seigneur de fief, auquel le vassal ne doit que la loy & l'assistance en guerre: ce qui ne diminuë, ny la liberté du vassal en soy, ny mesme la puissance absoluë, qu'il a luy mesme sur ses propres sujets, non plus (comme Bodin est d'accord) que la protection ne diminuë point la souueraineté, bien qu'elle regarde plus directement l'Estat, & soit encore plus personnelle, que le vasselage & feudalité, pource qu'elle concerne l'honneur qui est tres-personnel: ny pareillement le tribut, qui neantmoins entre les Romains estoit marque de sujetion, comme il a esté dit au chapitre precedent.

[45. *La feudalité auilit mais n'oste pas la souueraineté.*] Il est bien vray que la protection, le tribut, & la feudalité rabaissent & diminuent le lustre de l'Estat souuerain, qui sans doute n'est pas si pur, si souuerain, ny si maiestatif (s'il faut ainsi dire) quand il est suiet à ces charges: mais le Prince qui le possede ne laisse pas pourtant d'estre souuerain en effect, puis que pour sa personne il n'est iusticiable d'aucun, & que la puissance absoluë luy demeure sur ses suiets: esquelles deux choses consiste proprement & parfaitement la souueraineté: ne plus ne moins que celuy dont la maison est chargée de plusieurs seruitudes viles & incommodes, ne laisse pourtant d'en estre Seigneur vrayement & entierement, *l. Rectè dicimus. De verb. signif.*

[46 *Inconuenient de l'opinion de Bodin.*] Autrement qui tiendroit l'opinion de Bodin, & qui d'ailleurs croiroit ce qu'il dit au chap. 6. où il fait vn denombrement des Roys & Princes feudataires, il n'y auroit presque point de Souuerainetez au monde. Car à son compte, presque tous les Roys & Princes de la Chrestienté sont feudataires, ou du saint Siege, ou de l'Empire, attendu que (sans rapporter icy [47. *Rois feudataires de l'Empire selon Bodin.*] les vassaux de l'Empire) il tient que les Roys de Hierusalem, d'Angleterre, d'Hibernie, de Naples, de Sicile, d'Arragon, de Sardagne, de Corsegue, de Grenade, d'Hongrie, & des Canaries, sont feudataires de l'Eglise Romaine, & mesme la pluspart des Docteurs en Droict tiennent que toutes les Souuerainetez de la Chrestienté doiuent dépendre, soit du Pape ou de l'Empereur.

[48 *Le mesme contre Bodin.*] Or ce seroit contre le sens commun de tenir que nul des Royaumes que ie viens de nommer ne soit souuerain. Car comme tout païs habité & ciuilisé dépend de quelque Souueraineté (pource qu'autrement il seroit en Anarchie, & sans forme de gouuernement) quelle apparence y a-t-il de dire, que la souueraineté de ces Royaumes soit pardeuers le Pape, qui n'y a nul commandement au temporel, & qu'elle ne reside pas pardeuers les Roys, qui y commandent auec puissance absoluë, tant en paix qu'en guerre, & tant aux armes qu'en la Iustice?

[49 *Pourquoy on retient la souueraineté en créant les Principautés.*] Aussi void-on, que quand les Princes souuerains créent & érigent de ces hautes Seigneuries, dont les titres sont capables de Souueraineté, comme Duchez, Marquisats, Comtez & Principautez, ils ne se contentent pas d'en retenir la feudalité; mais par exprés ils s'en reseruent le ressort & souueraineté. Bien que la verité soit, que l'érection que feroit vn Prince de telles Seigneuries dans son Estat, sans cette reserue expresse, ne pourroit pas preiudicier [50. *Quand telle reserue est necessaire.*] à la Souueraineté, qui merite bien vne expression speciale: aussi que telles Seigneuries n'importent pas de leur propre nature la souueraineté ny le dernier ressort de la Iustice, mais sont proprement especes de Seigneuries subalternes. Toutefois cette reserue ne peut nuire en vne matiere si chatoüilleuse & importante, que la Souueraineté, où il ne faut qu'vn pretexte à celuy qui est le plus fort pour l'vsurper. Mais qui érigeroit vn Royaume, cette reserue du ressort & souueraineté, seroit du tout necessaire à exprimer, pource que le titre de *Roy*, de sa nature importe souueraineté, comme il sera prouué tout incontinent.

[51. *Les princes simples & suiets ne sont parfaitement souuerains.*] Voila les deux premieres especes de Princes expliquées, à sçauoir du simple Prince, & du Prince suiet, desquels ny l'vn ny l'autre n'est parfaitement souuerain, attendu que le simple Prince n'a que l'exercice, & non la proprieté de la souueraineté, & que le Prince suiet n'a pas la souueraineté toute entiere. Reste les deux autres especes, à sçauoir des Princes [52. *Princes souuerains & Seigneurs sont souuerains tout à fait*] souuerains, & des Princes Seigneurs, dont les vns & les autres sont Monarques & Souuerains tout à fait. Ce qui reuient à la diuision que fait Bodin des Monarques, dont il nomme les vns Royaux, & les autres Seigneuriaux. Il est vray qu'il en met encore vne troisiéme espece, à sçauoir des Tyranniques que ie ne mets point en compte, pource que ie ne parle que des [53 *Diuision de Bodin des Monarques, reprouuée.*] Seigneuries legitimes bien ordonnées, aussi que la Monarchie Tyrannique ne peut estre vne espece à part, pource qu'elle conuient aux Monarchies Royales & aux Seigneuriales, si les Monarques d'icelles sont des Tyrans, c'est à dire, s'ils sont vsurpateurs de l'Estat, ou oppresseurs du peuple.

[54. *Princes seigneurs pourquoy dits.*] Ceux que Bodin appelle *Monarques Seigneuriës*, ie les appelle *Princes Seigneurs*, sçauoir est *Princes*, afin de retenir le nom du genre, & *Seigneurs*, pource qu'ils ont toute espece de Seigneurie, & publique, & priuée. Et i'appelle *Princes souuerains*, ceux qui ont seulement [55. *Nom de Roy conuient à toute sorte de princes.*] la Souueraineté, qui est la Seigneurie publique, mais non la priuée: lesquels ie ne veux pas appeller Roys, comme Bodin, dautant que le nom de *Roy*, conuient, & aux Monarques Seigneuriaux (dont plusieurs ont pris le titre de Roy, comme il sera dit [56. *Nom de prince opposé à celuy de Seigneur.*] incontinent) & aux simples Princes, témoins les anciens Rois de Gaule, & ceux de Lacedemone, & finalement aux Princes suiets, témoins les 50. Roys suiets du Negus d'Ethiopie, ceux qui sont sous la domination du Turc, & le Roy de Boheme, qui est sujet & Officier de l'Empire.

Au contraire, le mot de *Prince* est souuent opposé specifiquement à celuy de *Seigneur*, comme en ce passage de Pline à Traian, *Principis locum obtines, ne sit Domino locus*, & en ce vers d'Ouide, où comparant Romulus à Auguste, il dit à Romulus,

Tu Domini, nomen Principis ille tulit:

où se voyent élegamment contrepointées nos deux especes de Monarques.

57. *Princes Seigneurs, qui sont.* Expliquons premierement les *Monarques Seigneuriaux*, que i'appelle *Princes Seigneurs*: pource qu'ils ont toute Principauté, & quand & quand toute proprieté & Seigneurie priuée, tant sur les personnes que sur les biens de leurs sujets, qui par consequent ne sont pas seulement sujets, mais esclaues tout à fait, n'ayans ny la liberté de leurs personnes, ny aucune Seigneurie de leurs biens, lesquels ils ne possedent qu'à droict de pecule, & par souffrance du Prince Seigneur.

58. *Principautez Seigneuriales sont contre nature.* D'où il s'ensuit que telle Monarchie Seigneuriale est directement contre nature, qui nous a tous fait libres; aussi est-elle tousiours introduite par la seule force, c'est à dire, ou par vsurpation intestine du citoyen, ou par conqueste de l'étranger, auquel le droict de guerre attribuë telle Seigneurie sur le vaincu, quand le pouuant tuer, il luy remet la vie à condition expresse de telle seruitude.

59. *Anciennes Principautez Seigneuriales.* Si est ce que l'vsage en est fort ancien. Car telles furent les quatre premieres Monarchies du monde, à sçauoir celle des Assyriens sous Nembrot, que l'Escriture appelle puissant *Veneur*, c'est à dire voleur, aussi son nom signifie en Hebreu *Seigneur terrible*. Celle des Medes, témoin Xenophon, qui dit, que leur Prince estoit Seigneur de toutes choses. Celle aussi des Perses, comme il se void apertement dans Quint-Curse: Finalement celle des Egyptiens que la Bible nomme souuent *Esclaues*. Et à present telles sont les Monarchies des Turcs,

60. *Principautez Seigneuriales d'apresent.* des Moscouites, des Ethiopiens & plusieurs autres, ainsi que nous enseigne Bodin. De sorte qu'à son dire il y a plus eu au monde par le passé, & il y a encore dauantage à present de païs en Monarchie Seigneuriale qu'en Principauté souueraine. Il dit mesme que l'Empereur

61. *Monarchie du Peru metoyenne.* Charles le Quint se fit Monarque Seigneurial au Peru, au moins pour le regard des biens, lesquels il ne conceda qu'à loüage, ou à vie au plus, aux habitans du païs: qui est vne Principauté metoyenne entre la pure Seigneuriale, & la pure souueraine.

62. *Principautez Seigneuriales sont contre le Christianisme.* Neantmoins il faut confesser que ces Monarchies Seigneuriales sont barbares & contre nature, & particulierement qu'elles sont indignes des Princes Chrestiens qui ont aboly volontairement l'esclauage en leurs pays, afin que ceux qui ont esté racheptez du sang de nostre Redempteur ioüyssent dés ce monde de leur pleine liberté, *vt potè non ancillæ filij, sed liberæ, quâ libertate Christus nos donauit.*

63. *Princes souuerains pourquoy dits.* Reste donc à expliquer la plus vraye & la plus commode espece de Princes, à sçauoir des Princes souuerains, qui sont ceux dont nous auons principalement à traitter, que i'appelle *Princes souuerains*, parce que non seulement ils sont premiers chefs, mais aussi ils ont parfaitement la Seigneurie souueraine.

64. *Quatre sortes de Princes souuerains.* Il y en a de quatre degrez, qui sont distinguez seulement par l'estenduë de leur domination, pour ce que *intensiuè* leur pouuoir est pareil, ayans tous la parfaite souueraineté & puissance absoluë, à sçauoir les Empereurs qui ont plusieurs Royaumes vnis ensemble, les Roys qui ont plusieurs Prouinces, les Ducs ou Comtes Souuerains qui n'ont qu'vne Prouince, & les simples Seigneurs qui n'ont pas vne Prouince entiere.

65. Imperator *que signifie.* Le mot d'*Empereur* qui est Latin, signifioit premierement parmy les Romains le Chef ou Capitaine general d'vne armée, qui estoit appellé *Imperator*, pource qu'il auoit *summum imperium*, le commandement en dernier ressort, comme il est necessaire en la discipline militaire, & ce principal Empire ou commandement s'appelloit par vne certaine excellence

66. Imperium. *Imperium* simplement, comme en ce passage de Ciceron aux Philippiques, *Demus Imperium Cæsari, sine quo res militaris geri non potest:* Ce qui est bien traité par Sigonius. *lib. 1. De antiquo iure ciu. Rom. cap. 21.* Ce commandement principal du Chef d'armée est encore mieux

67 Αὐτοκράτωρ. exprimé par le terme Grec Αὐτοκράτωρ, qui signifie celuy duquel la puissance & commandement ne dépend d'autre que de luy-mesme. Mais tant y a qu'en Grece & à Rome du commencement c'estoient titres, non de Princes souuerains, mais de simples Generaux d'armées.

68. *Autre signification d'Empereur.* Il est vray, qu'à Rome le mot d'*Empereur* auoit encore vne autre signification: car c'estoit vn titre honoraire qu'on donnoit aux Capitaines, qui auoient fait quelque grand fait d'armes, lequel titre ou surnom leur ayant esté premierement deferé par l'acclamation des soldats, puis estant confirmé par le Senat, leur demeuroit par apres toute leur vie. *Magnum numerum hostium cecidimus, Imperatores appellati sumus*, dit Ciceron *in Pis.* Appian liu. 2. dit, que de son temps c'estoit assez d'auoir fait mourir dix mil ennemis, pour estre surnommé *Empereur*: mais qu'au temps passé il en falloit bien auoir tué dauantage. Ce qui est expliqué par Brisson, *lib. 4. formul.* & par Rosinus *lib. 10. cap. 16.*

C'est pourquoy entr'autres honneurs que le Senat Romain, soit par crainte ou par flaterie defera à Iules Cesar apres les guerres ciuiles : celuy cy fut l'vn de le surnommer *Empereur*. Lequel surnom, ou titre d'honneur fut continué par apres à Auguste, puis à ses successeurs qui le trouuerent fort commode à leurs pretentions, le prenant à double enuers, en accumulant & joignant ensemble ses deux significations, dont la premiere leur attribuoit le pur commandement en dernier ressort, tel qu'est le commandement militaire d'vn General d'Armée, & l'autre rendoit leur charge perpetuelle & continuelle en tous lieux & pour toûjours : ce qui n'estoit pas aux autres Offices de la Republique Romaine.

69. *Nom d'Empereur pourquoy attribué.*

Et bien que du commencement ces Empereurs fissent semblant de se contenter de ce commandement militaire libre & exempt des formes, ausquelles les Magistrats ordinaires estoient astraints, & toutefois sujets à la Souueraineté de la Republique, si est ce qu'en effect ils commandoient absolument, & disposoient de la Republique, ainsi qu'ils vouloient : c'est pourquoy Suetone au passage cy-dessus allegué, appelle leur domination *speciem Principatus*, vne Principauté par apparence seulement.

70. *Empereurs Romains é[t]oiẽt souuerains en effect.*

Que si cela s'est dit des premiers Empereurs, à plus forte raison, apres que peu à peu la Souueraineté eut esté tout à fait vsurpée, faut-il tenir que les Empereurs Romains furent vrais Monarques & Princes Souuerains. Comme furent encore plus ceux qui se retirerent en Grece, qui estoit vn païs de conqueste : lesquels aussi prirent enfin pour armoiries & enseignes de leur souueraineté, quatre Ϲ (que le vulgaire appelle par erreur quatre fuseaux) signifians Βασιλεὺς Βασιλέων, Βασιλεύων Βασιλεῦσι : qui est à peu apres la qualité que prenoient les Rois de Babylone, tesmoin Ezechiel, qui est appellé מלך מלכים le Roy Nabucodonosor, & pareillement les Rois de Perse la prenoient, comme il se void dans Esdras : comme aussi les Rois de Parthe, comme Dion escrit de Phraates qu'il s'appelloit *Roy des Rois*. Toutefois c'est vne fausse opinion de nostre vulgaire, de penser que tous les Rois Chrestiens doiuent reconnoistre l'Empire, quoy que la pluspart des Docteurs étrangers l'ayent écrit, notamment Bartole, (qui pour fauoriser l'Empereur, en recompense de ce qu'il l'auoit annobly) s'est tellement passionné en cette proposition, que d'auoir laissé par écrit sur la Loy *Hostes. De Captiuis*, que ceux là sont heretiques, qui ne croyent pas que l'Empereur soit Seigneur de tout le Monde. Car comme dit tres-bien Couarruuias, *pract. quæst. cap. 1. num. 1.* puis que la Souueraineté procede originairement, ou de la conqueste ou de la soumission des Peuples, il est aisé à entendre qu'il faut qu'il y ait plusieurs Souuerainetez au Monde. Ce qui n'est pas de mesme en la Souueraineté Ecclesiastique qui procede de Dieu seul, duquel l'Eglise est vne, & ne doit auoir qu'vn Roy.

71. *Empereurs de Constantinople estoient purs souuerains.*
72. *Les 4 Ϲ des Empereurs de Constantinople que signifient.*
73. *Roy des Rois.*
74. *Fausse opinion de penser que tous Rois doiuent reconnoistre l'Empereur.*

Quant au nom de *Roy*, il vient d'estre dit en passant, qu'anciennement il a esté adapté à toute sorte de Prince, soit simple, soit sujet, soit Souuerain, soit Seigneur. Aussi estoit-ce le seul nom dont l'antiquité vsoit, & duquel tous Princes indifferemment estoient qualifiez, comme le verbe, *Regir*, leur conuient à tous : mais à parler proprement & specifiquement, nous appellons *Rois*, les Princes qui ont plusieurs Prouinces en leur Estat, & sur tous ceux qui ont la parfaite Souueraineté.

75. *Rois qui sont proprement.*
76. *Definition des Rois.*

Ce qui se iustifie fort bien par ce qui est remarqué par Plutarque *in Demetrio*, qu'apres la mort d'Alexandre le Grand, les Gouuerneurs des Prouinces de son Royaume qui s'estoient cantonnez & faits Seigneurs d'icelles, furent long-temps sans oser se qualifier Rois, & que le premier qui s'enhardit de prendre ce titre, & de porter le Diademe ou bandeau Royal, fut Antigonus, apres auoir vaincu Ptolomée : & que par jalousie les Egyptiens voulurent que Ptolomée s'appellast aussi Roy, ce que les autres firent en suitte.

77. *Preuue d'icelle.*

Et Tite-Liue au cinquiéme liure de la cinquiéme Decade escrit qu'apres que le Royaume de Macedoine eut esté reduit en la puissance des Romains, Paul Emile leur General s'offensa fort, & ne voulut faire réponse aux lettres que Perseus luy auoit escrites, à cause de la qualité de Roy inserée en la suscription d'icelles, bien, dit il, que les prieres contenuës en icelles ne ressentissent rien de la Royauté.

78. *Beau passage de Tite-Liue.*

Mais sans aller si loin, nous trouuons en nostre histoire, qu'aussi-tost que les Rois de Bourgogne & de Lorraine eurent perdu la Souueraineté de leur païs, ils quitterent aussi le titre de Rois, & furent desormais appellez *Ducs*.

79. *Rois de Bourgogne & Lorraine.*

Au contraire, par le moyen de ce que l'Empereur Federic enuoya l'espée & la Couronne Royale à Pierre Seigneur de Dannemarc, luy attribuant le nom de *Roy* pour titre honoraire seulement, auec reserue expresse de la Souueraineté de son païs à l'Empire (comme dit Tritemius chapitre 17.) les Rois de Dannemarc ont pris sujet peu à peu de s'exempter de la subiection de l'Empire, & se sont faits Souuerains en consequence du titre de Roy.

80. *Rois de Dannemarc comment ont vsurpé la souueraineté sur l'Empire.*

Il n'en arriua pas de mesme au Duc d'Austriche, qui ayant obtenu du mesme Empereur Federic le titre de Roy, auec pareille reserue de la Souueraineté, voulant trop tost trancher du souuerain, & ayant refusé d'obeïr à l'Empereur, fut priué douze ans apres de cette qualité de Roy, & contraint de se nommer seulement Archiduc.

81. *Archiduc d'Austriche, autrefois Roy.*

82. Roy de Boëme n'est qu'honoraire.

Le mesme Federic (car il n'y eut iamais que luy qui ait eu cette fantaisie d'ériger des Rois honoraires) donna encore ce titre au Duc de Boheme, auec cette mesme retention de la Souueraineté. En quoy il n'y a eu depuis aucune mutation, tant pour la petitesse de son Royaume, proche voisin du siege Imperial, que sur tout à cause que ce Roy est vn des Electeurs, & partant des principaux Officiers & Princes de l'Empire.

83. Les Royaumes de Naples & de Sicile.

C'est pourquoy le Roy François premier, dit Bodin, aduertit le Cardinal Bibienne Legat en France, que le Pape ne deuoit endurer que Charles le Quint se qualifiast Roy de Naples & de Sicile, attendu que la souueraineté en appartenoit au saint Siege. Ce qu'il voulut empescher, mais il se trouua que l'inuestiture ancienne estoit faite sous cette qualité. Aussi void-on qu'il en a maintenant entrepris la Souueraineté, bien que ce ne soient que des Royaumes honoraires, sujets au saint Siege, non seulement par droict de Fief, mais aussi par droict de Souueraineté : comme Bodin le prouue bien.

84. Le grãd Duc de Toscane.

85. Rois ne peuuent endurer de superieur.

Et pour cette mesme cause, le Pape Pie IV. ne voulut pas donner à Cosme Duc de Florence le titre de Roy, qu'il luy demandoit instamment, de peur qu'il ne s'accreust trop en Italie : dont l'Empereur estant aduerty, dit que, *Italia non habet Regem nisi Cæsarem*, ce dit Bodin : par ainsi le Duc de Florence se qualifie seulement grand Duc de Toscane. Bref, il est bien certain que si vn Roy ne peut endurer de compagnon, il endure encore moins de superieur, & comme Martial a dit,

Qui Rex est, Regem, Maxime, non habeat.

86. Rois ont facilement empieté la souueraineté sur les Estats.

Que si les Roys qui ont esté autrefois Princes sujets d'vn autre Monarque, ont trouué moyen d'empieter la Souueraineté, cela a esté encore plus aisé à ceux qui estoient simples Princes, lesquels n'auoient point de Monarque par-dessus eux, mais dépendoient des Estats d'vn Royaume, qui malaisement se peuuent assembler, & si souuent, & si promptement, comme il est besoin pour faire teste à leur Roy, lequel est tousiours tout prest à vser de sa puissance.

87. Vsurpation suiuie d'vne lõgue iouyssance, fait loy aux souuerainetez.

88. Principautez souueraines tout à fait sont les meilleures.

89. Guerre immortelle en Pologne, entre le Roy & les Estats.

Or puis que l'vsurpation estant suiuie par apres d'vne longue joüyssance volontaire & paisible, qui efface son vice, donne loy aux Souuerainetez, qui ne peuuent auoir aucun superieur en ce monde, dont elles la puissent receuoir, on ne doit reuoquer en doute la souueraineté des Roys qui sont en possession ancienne d'en vser. Et à la verité c'est bien la forme d'Estat la plus stable de toutes, & moins suiette à mutation que celle des Principautez souueraines tout à fait. *Ea est conditio imperandi*, dit Saluste dans Tacite, *lib. 1. Annal.*, *vt non aliter ratio constet, quàm si vni reddatur* : pource que tant qu'il y a quelque manquement à la Souueraineté, le Prince ne cesse de remuer, iusques à ce qu'il l'ait enuahie entierement. Et si les Estats du païs se trouuent forts pour luy resister, c'est vne guerre perpetuelle, comme il se void il y a long-temps au Royaume de Pologne, où tantost la Noblesse tient la Souueraineté, & tantost le Roy, selon que l'vn ou l'autre party se trouue le plus fort, & tousjours sont en debat à qui l'aura : de sorte que leur Estat n'est iamais, ny arresté, ny paisible.

90. Inconueniens des Estats electifs.

Inconuenient qui est ordinaire aux Estats électifs, principalement quand cette élection est deferée aux Princes du païs, qui ayans ce pouuoir de donner le Royaume à qui ils veulent, élisent souuent quelque Prince imbecile, auquel ils ne laissent que le nom de Roy, retenant à eux par capitulation qu'ils font auec luy auant que l'eslire, le principal exercice de la Souueraineté, comme il est arriué souuent à l'égard de l'Empereur d'Allemagne, qui (bien qu'il represente & tienne dans son pays la place des Empereurs Romains, lesquels en fin furent Souuerains, aussi bien qu'ont esté ceux de la maison de France, & generalement tous les Empereurs hereditaires) est auiourd'huy simple Prince, & la souueraineté de l'Empire reside en effect aux Estats d'iceluy, comme Bodin a bien prouué.

91. Prééminences de l'Empereur d'Allemagne.

Et ne faut pas trouuer estrange s'il precede neantmoins tous les Monarques Chrestiens, attendu que les Ambassadeurs, mesme les simples Proconsuls & Gouuerneurs des Prouinces Romaines, & les Generaux d'Armées qui n'estoient que simples Commissaires, precedoient tous les Roys étrangers, comme il se void dans Tite-Liue. Comme aussi il ne se faut pas étonner que l'Empereur érige des Royaumes. Car le Senat Romain entreprenoit bien cette puissance en l'Estat populaire, encore qu'il n'eust pas la souueraineté.

92. Grãdeur du Royaume de France.

De ce discours, ensemble de ce que i'ay dit au 2. liure des Offices chap. 2. il se collige que le Royaume de France est la Monarchie la mieux établie qui soit, & qui ait iamais esté au monde, estant en premier lieu vne Monarchie Royale, & non pas Seigneuriale : vne Souueraineté parfaite, à laquelle les Estats n'ont aucune part ; successiue, non électiue : non hereditaire purement, ny communiquée aux femmes, mais deferée au plus proche masle par la loy fondamentale de l'Estat. Occasion pourquoy ce Royaume a desia plus duré qu'aucun autre, qui ait iamais esté : & si est encore en son progrez & accroissement : n'ayant iamais

93. Loüange du Roy d'a present.

esté plus florissant qu'il est à present sous cét incomparable & ce miracle des Roys Henry IV. admirable en guerre & en paix, lequel Dieu a beny d'vne posterité qui nous donne sujet d'esperer encore vn plus grand accroissement à l'aduenir.

Il y a aussi des Ducs & Comtes ui sont notoirement Souuerains, de sorte qu'il faut distinguer trois degrez de Ducs & de Comtes: à sçauoir quelques vns qui sont Souuerains, comme ceux de Lorraine & de Sauoye : d'autres, qui sont Princes sujets, comme ceux d'Allemagne & les anciens de France, ainsi qu'il vient d'estre dit : & finalement d'autres qui ne sont point Princes pour tout, c'est à dire, qui n'ont aucun exercice ou participation de Seigneurie souueraine, mais sont simples Seigneurs suzerains, comme nos Ducs & Comtes d'apresent, desquels il sera traité au chap. 5. Bref, il y a de petites Seigneuries souueraines qui n'ont aucun titre particulier, & aussi n'ont pas des Prouinces ou païs entiers, mais sont ordinairement des terres de surseance, situées aux limites des grands Estats qui sont tolerées & maintenuës par le contrepoids & force égale de leurs voisins, lesquels s'empeschent l'vn l'autre de les assuiettir à soy, pource qu'elles leur seruent de bornes respectiuement. C'est pourquoy ceux qui possedent ces petites terres souueraines, bien qu'en effet ils vsent du mesme pouuoir que les Monarques, si est ce que hors leur territoire ils n'ont aucun rang d'honneur entre les Princes souuerains : mesme sont precedez ordinairement, non seulement par les Princes sujets ; mais aussi par les Ducs & Comtes qui ne sont point Princes.

94. Trois sortes ou degrez de Ducs & Comtes.

95 Seigneuries de surseance.

SOMMAIRE DV TROISIESME CHAPITRE.

1 *Liure de Samuel des droicts du Royaume.*
2 *Interpretation du huittiéme chapitre du premier liure des Rois.*
3 *Les droicts de Souueraineté mal-aisez à expliquer.*
4 *Trois sortes de droicts de souueraineté.*
5 *Du pouuoir des Souuerainetez.*
6 *Cinq cas de souueraineté.*
7 *Sixiéme cas de souueraineté.*
8 *Si ne tenir que de Dieu est vne marque de souueraineté.*
9 *Faire loix, comprend tous les autres cas de souueraineté.*
10 *A Rome ce droict n'estoit pas bien obserué.*
11 *Il n'y a que le Roy qui fasse loix en France.*
12 *Reglement des Magistrats.*
13 *Ils s'appellent proprement* Edicts.
14 *En quoy les Reglemens des Magistrats different de la loy du Prince.*
15 *Pourquoy les loix des Princes ont esté appellées* Edicts.
16 *Ce qui est compris sous le droict de faire loix.*
17 *Droict de faire des Officiers n'appartient qu'au Prince souuerain.*
18 *La puissance publique n'appartient qu'au Prince.*
19 *Comment elle est communiquée aux Officiers.*
20 *Pourquoy aux Republiques populaires les principaux Magistrats sont les petits Officiers.*
21 *Pourquoy le contraire a lieu aux Monarchies.*
22 *Deux cas esquels en France d'autres que le Roy font des Officiers.*
23 *Ce qui est compris sous le droict de faire Officiers.*
24 *Droict de faire la guerre & la paix, n'appartient qu'au Roy, & pourquoy.*
25 *Autre raison entre les Chrestiens.*
26 *Les charges militaires ne doiuent estre conferées que par commission.*
27 *Ce qui est compris sous le droict de guerre.*
28 *Le dernier ressort de la Iustice appartient au Souuerain.*
29 *Preuue.*
30 *De mesme.*
31 *Souueraineté signifie quelquefois le ressort de Iustice.*
32 *Compagnies souueraines.*
33 *Erection d'Echiquier dangereuse*
34 *Ce qui est compris sous le droict de Iustice.*
35 *Droict de forger monnoye.*
36 Numisma, *quasi* νόμος.
37 *Les Princes mettent leur image à leur monnoye.*
38 *Punition de ceux qui ont forgé monnoye.*
39 *Monnoye de Gennes.*
40 *Anciennement les Ducs & Comtes forgeoient monnoye.*
41 *Reuocation de ce droict.*
42 *Si leuer deniers est vn droict Royal.*
43 *Anciennement les Tailles n'estoient ordinaires en France, & les subsides ne se leuoient que par le consentement des Estats.*
44 *Aydes & subsides, pourquoy dits.*
45 *Esleus, Generaux des Aydes.*
46 *Les souuerains ont maintenant droict de leuer deniers.*
47 *Preuue.*
48 *Qu'autre qu'eux ne le peut faire.*
49 *Droict de tailles des Seigneurs aux quatre cas aboly.*
50 *Que nul Officier ne doit toucher aux deniers du Roy.*
51 *Peculat.*
52 *L'honneur mondain appartient au Prince souuerain.*
53 *Le Roy est le distributeur de l'honneur mondain.*
54 *Rang des Princes souuerains.*
55 *En leur pays.*
56 *Es pays d'autruy.*
57 *De la Majesté des Rois.*
58 *Que c'est le plus haut titre qui puisse estre.*

59 *Sacrée Majesté de l'Empereur.*
60 *Excellente Majesté du Roy d'Angleterre.*
61 *Majesté non communicable à autre qu'au Souuerain.*
62 Attributa Romanorum.
63 *Altesse.*
64 *Excellence.*
65 *Serenité.*
66 *Rois par la grace de Dieu.*
67 *Euesques & Abbez par la misericorde diuine.*
68 *Et du saint Siege Apostolique.*
69 Insignia Regia.
70 *Du sceptre Royal.*
71 *Matiere d'iceluy.*
72 *Forme d'iceluy.*
73 *Crosse des Euesques.*
74 *Diadesme.*
75 *Changement des Couronnes.*
76 *Droits vtiles & Souuerainetez.*
77 Regalia.
78 Publicum.
79 *Princes s'attribuent tout ce qui n'appartient à personne.*
80 *Les Communautez s'y opposent.*
81 *Comme aussi les Seigneurs Iusticiers.*
82 *Essay de vuider ces differends.*
83 *Ce qui n'est point en commerce ne peut appartenir à aucun.*
84 Res communes, publicæ, vniuersitatis & nullius.
85 Res singulorum *à qui appartiennent, quand sont vacantes.*
86 *Ce qui prouient des choses estans hors de commerce, à qui appartient.*
87 *Qu'il deuroit estre employé à l'entretien d'icelles.*
88 Prince, *que signifie dans nos Coustumes.*
89 *Signifie le Seigneur de la Prouince.*
90 *De mesme.*

DES DROICTS DES SEIGNEVRIES SOVVERAINES.

CHAPITRE III.

1. Liure de Samuel, des droicts du Royaume.

SI nous auions le liure que fit Samuel des droicts du Royaume, lors qu'il établit Saül, premier Roy du Peuple de Dieu, comme il est écrit au dixiéme chapitre du premier liure des Roys, il nous apprendroit asseurement les droicts de Souueraineté : mais les Rabins nous témoignent que les Rois subsequens le supprimerent, craignans d'estre controllez en vertu d'iceluy. Et partant, ceux-là se trompent, qui pensent que les droicts Royaux soient ceux que le mesme Samuel specifie au huictiéme chapitre du mesme liure, sous pretexte que la version commune porte, *Ius Regis* : car en cet endroict le terme Hebreu signifie coustume & façon

2. Interpretation du 8. chap. du 1. liu. des Rois. de faire, pource que Samuel voulant détourner le Peuple de demander vn Roy, luy remonstre de la part de Dieu, que la coustume des droicts estoit de prendre les biens du peuple pour en disposer, les filles pour en abuser, les fils pour s'en seruir comme d'esclaues : lesquelles iniustices & méchancetez, il n'y auroit point d'apparẽce de qualifier du nom de droicts. Mais apres l'electiõ de Saül, ce fut lors que Samuel specifia les vrais droicts du Roy, & en fit vn liure.

3. Les droits de souueraineté malaisez à expliquer. Or à faute d'auoir ce liure, il est bien mal-aisé de cotter asseurement les droicts de Souueraineté, pource que les anciens Philosophes n'en ont presque point parlé, à cause que de leur temps les Souuerainetez n'estoient pas bien nettement établies. Au contraire, nos Docteurs feudistes, & pareillement nos modernes Iurisconsultes en font vne grande liste : pour lesquels discerner, comme i'ay diuisé les droicts des Offices, en ceux qui concernent, ou le pouuoir ou l'honneur ou le profit ; ainsi faut-il faire de ceux des Seigneuries, & principalement des souueraines.

4. Trois sortes de droicts de souueraineté. Donc les droicts concernans le pouuoir des Seigneuries souueraines, qui peuuent estre

5. Du pouuoir de souueraineté. proprement appellez actes ou cas de souueraineté, sont cinq en nombre, à sçauoir, faire loix, créer Officiers, arbitrer la paix & la guerre, auoir le dernier ressort de la iustice, & forger monnoye. Lesquels cinq droicts sont du tout inseparables de la personne du souuerain, & tellement attachez à la souueraineté, que quiconque en entreprend quelqu'vn, entreprend

6. Cinq cas de souueraineté. quand & quand la souueraineté, & est coupable de leze-Majesté. Le premier d'iceux concerne l'instrument de la souueraineté : le second, les Ministres d'icelle, & les trois autres regardent les trois diuerses fonctions qui sont en tout Estat ; sçauoir est le troisiéme les armes, le quatriéme la Iustice, & le cinquiéme & dernier les finances.

7. Sixiéme cas de souueraineté. Il y en a qui auec raison en adioustent vn sixiéme, à sçauoir de leuer des deniers sur le peuple ; mais les plus retenus disent que ce n'est pas vn droict, mais vne entreprise & pouuoir déreglé, au moins de faire ces leuées à discretion, ce qui sera examiné en son ordre. Bo-

8. Si ne tenir que de Dieu est marque de souueraineté. din (duquel i'ay esté bien aise d'emprunter contre ma coustume, partie de ce chapitre, afin d'auoir vn garent en vne matiere si importante) en adiouste encore vn septiéme ; sçauoir, de ne tenir que de Dieu & de l'espée ; ce que ie ne puis aduoüer, pource que la feudalité concerne la Seigneurie priuée, & non la publique, comme il a esté dit au premier chapitre. Aussi qu'il a esté prouué au chapitre precedent, que le Prince feudataire ne laisse

d'estre souuerain, bien que sa souueraineté ne soit si excellente ny si parfaite, que celle qui ne releue d'aucun.

9. *Faire loix comprend tous les autres cas de souueraineté.*

I'ay mis à bon droit pour le premier acte de souueraineté, celuy de faire des loix, pource qu'il comprend aucunement sous soy tous les cinq autres. Car l'erection des Officiers, la denonciation de la guerre, l'establissement des Iustices souueraines, le reglement des monnoyes, & les leuées de deniers, se font notoirement en vertu de la loy, c'est à dire, de l'Ordonnance du Prince souuerain. Aussi le Prince & la loy sont comme relatifs, estant le Prince celuy qui fait les loix, & la loy l'œuure du Prince. Car il n'y a point de plus propre effect de la souueraineté, que de faire de sa propre authorité des loix qui obligent tous les sujets en general, & chacun en particulier, tout ainsi que le Prince a pouuoir & commandement sur eux tous sans exception.

10. *A Rome ce droict n'estoit bien obserué.*

Ce droict, comme tous les autres est bien mieux maintenu icy qu'à Rome, où la souueraineté n'estoit pas si bien reglée à beaucoup prés. Et comme le Senat, le menu peuple de Rome, mesme les simples Magistrats participoient aucunement à la souueraineté: aussi faisoient-ils certaines especes de loix, dont celles du Senat estoient appellées *Senatusconsulta*, celles du menu peuple *Plebiscita*, & celles des Magistrats *Edicta*: mesme les simples Iurisconsultes, bien qu'ils ne fussent que gens priuez, faisoient encore vne autre espece de loix qui estoient appellées *Responsa Prudentum*.

11. *Il n'y a que le Roy qui fasse loix en France.*

Mais aux pures Monarchies où les Princes maintiennent mieux leur souueraineté, dont ils sont extremément jaloux, & notamment en celle de France (qui est la plus pure & la plus parfaite du monde, comme il a esté dit au chapitre precedent) il n'y a que le Roy seul qui puisse faire des loix. Et bien que sa bonté permette au peuple des Prouinces coustumieres, de choisir certaines Coustumes, selon lesquelles il desire viure, si est-ce qu'il faut tousjours que ces Coustumes soient non seulement arrestées par le mandement du Roy, & pardeuant les Commissaires par luy ordonnez, mais encore qu'elles soient approuuées & verifiées par luy en son Parlement ainsi que ses autres loix. Et quant aux Arrests des Parlemens & autres Cours Souueraines, ce ne sont pas loix; mais plustost c'est l'obseruation & l'execution des loix.

12. *Reglemens des Magistrats.*

Il est vray que le Roy ne pouuant tout sçauoir, ny estre par tout, & par consequent ne luy estant pas possible de pouruoir à toutes les menuës occurrences qui arriuent en tous les endroits de son Royaume, & qui requierent d'estre reglées promptement, permet à ses principaux Officiers, soit des Cours souueraines, soit des Villes, de faire des reglemens, chacun au fait de leurs Charges, qui ne sont pourtant que prouisoires; & faits sous le bon plaisir du Roy, auquel seul appartient faire loix absoluës & immuables: mais ces reglemens n'ont point de force, sinon iusques à tant qu'ils soient reuoquez, soit par le Roy ou par les successeurs des Magistrats qui les ont faits, ou encore par eux-mesme.

13. *Ils s'appelient proprement Edicts.* 14. *En quoy les reglemens des Magistrats different de la loy.*

Ces reglemens s'appelloient proprement à Rome Edicts. *Est enim Edictum iussum Magistratus*, dit Varon. Τὰ διατάγματα τῶν Ἀρχόντων, Ἕλληνες μὲν διαγράμματα, Ῥωμαῖοι δὲ Ἔδικτα, προσαγορεύουσι, dit Plutarque *in Marcello*, & ne different de la loy qu'en deux poincts: L'vn, que la loy est faite par le Souuerain, & le reglement par le Magistrat: L'autre, que la loy est pour tous ceux de l'Estat, & pour tousiours, & le reglement n'est que pour ceux de la Iurisdiction du Magistrat, & n'auoit aucune force à Rome, sinon tant que sa charge duroit. C'est pourquoy lors que les Magistrats y estoient annuels, leurs Edicts n'auoient force que pour vn an. *Qui plurimùm Edicto tribuunt, legem annuam esse dicunt*, dit Ciceron, *de Præt. vrb.* au lieu que les Sentences des Magistrats subsistoient tousiours à Rome aussi bien qu'en France.

15. *Pourquoy les loix des Princes ont esté appellées Edits.*

Mais sous pretexte que le Iurisconsulte Iulian ramassa plusieurs Edicts des Preteurs, & les ayant interpretez & redigez en vingt-quatre heures, en fit present à l'Empereur Adrian, qui en recompense le fit grand Preuost de Rome, & auctorisa ces Edicts à tousiours, ordonnant qu'ils auroient force de loy perpetuelle, & que Iustinian fit le semblable des Edits recueillis & interpretez par d'autres Iurisconsultes, comme il est dit en l'auant-propos des Digestes, leur laissant neantmoins le nom d'*Edits*, comme aussi le liure de Iulian fut appellé *Edictum perpetuum*: de là enfin est venu, que, & à Rome, & en France, à l'imitation de Rome les Edits ont esté appellé *Loix*, & les loix *Edits*. Dont il y a encore vne autre raison possible plus pertinente, à sçauoir que les Empereurs Romains ne se voulans pas qualifier Rois ny Princes Souuerains du commencement, mais seulement simples Princes ou principaux Magistrats perpetuels, comme il a esté dit cy-deuant, appelloient leurs Ordonnances, Edits, ou Constitutions, ainsi que les Grecs διατάγματα ἢ διατάξεις, & non pas loix, feignant de vouloir laisser au peuple la puissance de faire des loix.

16. *Ce qui est compris sous le droict de faire loix.*

Sous ce droict de faire loix, ie comprends à plus forte raison les priuileges qui sont loix priuées & particulieres, plus difficiles à faire que les generales, qui aussi à Rome ne pouuoient estre faites, qu'en l'assemblée generale du peuple. Entre lesquels priuileges sont l'annoblissement des roturiers, la legitimation des bastards, la naturalisation des étrangers,

& l'amortissement des heritages. I'y comprens pareillement les dispenses de toutes sortes, soit en ciuil, ou en criminel, pource qu'il faut du moins autant de puissance pour délier, que pour lier. Il est vray que le Roy pour sa décharge, laisse aux Officiers de ses Chancelleries quelques legeres dispenses d'expedition ordinaire, comme les lettres d'âge, de benefice d'inuentaire, de restitution en entier aux cas de droict, & autres semblables, qui toutefois sont encore expediées sous le nom & sous le seau de France.

17. Droict de faire des Officiers n'appartient qu'au Prince souuerain.

Or comme la loy est l'instrument de la souueraineté, aussi les Officiers en sont les Ministres qui mettent la loy en œuure. C'est pourquoy il est vray en bonne Iurisprudence, que comme il n'appartient qu'au Souuerain de faire les loix, qui sont les Magistrats muets, aussi il n'appartient qu'à luy d'establir les Magistrats, qui sont les loix parlantes.

——*Solus*, dit Claudian,
Iura Magistratúsque facit.

18. La puissance publique n'appartient qu'au Prince.

Aussi est-ce à luy que la puissance publique appartient entierement & parfaitement, & en cette parfaite puissance consiste la Souueraineté, & il est vray qu'autre que luy ou de par luy, ne peut auoir ny exercer la puissance publique, ny ne peut auoir aucun commandement sur les sujets du Prince. Mais dautant qu'il ne peut estre par tout, ny donner ordre en tous lieux, il est contraint de communiquer l'exercice de cette puissance publique à ceux que nous appellons *Officiers*, à ce qu'au fait de l'Office à eux attribué, ils representent sa personne, & fassent sa fonction publique, comme ses Commis ou Procureurs.

19. Cõment elle est communiquée aux Officiers

De sorte, que comme on dit en Theologie, que toutes vertus resident parfaitement & essentiellement en Dieu, & aux hommes par participation seulement, entant qu'il luy plaist les leur communiquer: aussi en la science politique nous disons, que la puissance publique de l'Estat reside parfaitement & entierement aux Princes souuerains, & l'exercice d'icelle en leurs Officiers par leur communication, chacun au fait de sa Charge, & comme les representans en icelle.

20. Pourquoy aux Republiques populaires, les principaux Magistrats font les petits Officiers.

Aussi fut-ce la premiere loy qui fut faite à Rome, apres que les Rois en eurent esté chassez, que les Magistrats seroient éleus en assemblée generale par le peuple, auquel la Souueraineté residoit. Comme aussi lors de l'établissement de la Republique de Venise, ce fut la premiere loy qui y fut publiée, dit Contarin. Mais pource qu'aux Republiques populaires il est impossible, que le peuple s'assemble autant de fois, qu'il seroit besoin pour élire tant d'Officiers qui y sont necessaires: il a tousiours esté obserué en icelles, que les Principaux Magistrats, ayans esté deüement éleus & establis par le peuple, auoient pouuoir de choisir les petits Officiers dépendans de leur charge, ce pouuoir leur estant taisiblement attribué lors de leur establissement, ainsi que quand on donne puissance aux Procureurs de substituer.

21. Pourquoy le contraire a lieu aux Monarchies.

Mais aux Estats Monarchiques, où il est aisé d'auoir recours au Prince pour tous les Offices, il n'y a si petit Office qu'il ne vueille conferer luy-mesme, n'y ayant autre que luy qui puisse conferer, ou commettre l'exercice de la puissance publique. Car comme vn Procureur ne peut substituer, ou faire vn autre Procureur, si par exprés cette faculté ne luy est concedée par sa procuration, aussi vn Officier n'en peut faire vn autre, si expressement il ne luy est permis par le Prince: pource qu'il faut estre Seigneur pour faire vn Officier, & auoir la proprieté de la puissance publique pour en conferer & attribuer l'exercice.

22. Deux cas esquels en Frãce d'autres que le Roy font des Officiers.

Neantmoins, en consequence de ce que le contraire s'obseruoit à Rome, nous autres François qui auons esté aux premier temps obseruateurs trop exacts du Droict Romain, en auons retenu deux marques iusques à present, comme i'ay traitté plus amplement au troisiéme chapitre du premier liure des Offices: l'vn, que les Seigneurs de France, qui anciennement n'estoient qu'Officiers, ayant vsurpé la proprieté de leur charge, en conferent l'exercice aux Officiers de leur Iustice: l'autre, que les chefs d'Office de la maison du Roy ont gardé iusques à present ce droict, de pouruoir aux menus Offices, ou plustost Milices, ou places de compagnies, dépendantes de leur Charge.

23. Ce qui est compris sous le droit de faire Officiers.

Sous ce droict de créer Officiers, ie comprends le pouuoir d'ériger & conferer toutes autres Dignitez politiques, soit Ordres, comme faire des Cheualiers, annoblir les roturiers, & iusques à faire des corps de mestiers jurez: soit Seigneuries, comme d'ériger des Pairies, Duchez, Marquisats, Comtez, & autres telles Dignitez Seigneuriales, ainsi qu'il sera prouué en son lieu.

24. Droict de faire la guerre & la paix, n'appartient qu'au Roy, & pourquoy.

Quant au droict de guerre, puisque d'icelle peut arriuer la ruine & la cheute de l'Estat, mesme qu'elle ne peut aduenir sans icelle, il est bien raisonnable qu'autre que le Souuerain ne la puisse entreprendre pour mettre l'Estat en hazard. Mesme ce n'est pas vne iuste guerre; mais c'est vn brigandage punissable en Iustice, quand la guerre est entreprise, sans l'authorité de celuy auquel la souueraineté reside. Et bien qu'és Estats populaires, où elle reside pardeuers la multitude, ce seroit chose dangereuse de luy communiquer & diuulguer le secret & motif de la guerre, si est ce que l'aduis s'en peut bien donner par le Senat, mais la resolution s'en doit faire par le peuple. *Controuersia fuit*, dit Tite-Liue, *vtrùm populi iussu*

indiceretur bellum, an satis esset Senatusconsulto. Permisere Tribuni, vt Consul de bello ad Populum ferret: ce
que Bodin confirme par plusieurs authoritez.

Mais entre nous autres Chrestiens, nous auons encore vne autre consideration fort per- *25. Autre raison entre Chrestiens.*
tinente, que celuy qui tuë en guerre, ne peut-estre excusé d'homicide, si la guerre n'est
iuste, c'est à dire, authorisée par le Souuerain ordonné de Dieu, & descendu de race choi-
sie par le Peuple, afin de le garder de l'oppression des ennemis. Mais le sujet, auquel son
Prince a mis les armes à la main, pour vne iuste guerre, ne peche point en tuant l'ennemy.
Car comme il y a deux voyes pour repousser l'iniure : l'vne, de la Iustice : l'autre, de la force,
quand la Iustice ne peut auoir lieu, dit Ciceron, au premier des Offices, ainsi que celuy
qui fait mourir vn meschant par la voye de Iustice, & par le jugement du Magistrat, ne
peche point : aussi ne fait celuy qui fait mourir vn ennemy en guerre, par l'authorité du
Prince.

Mesmes le droict de guerre dépend tellement du Souuerain, que les Charges militaires *26. Les charges militaires ne doiuent estre conferées par commission.*
doiuent en vn Royaume bien estably, estre seulement conferées par commission reuocable
à sa volonté, afin que le commandement des armes, que les Romains appelloient le *pur
commandement*, (pource qu'il n'est point astraint aux formes de Iustice) demeure seul, & pour
le tout pardeuers luy, comme i'ay prouué au quatriéme liure des Offices, chapitre troisiéme. C'est pourquoy aussi le port d'armes est vn cas Royal en France, comme il sera dit en
son lieu.

Ce droict de guerre comprend les traitez de paix, d'alliance, les tréves, & iusques à la per- *27. Ce qui est compris sous le droict de guerre.*
mission de leuer la moindre compagnie de gens de guerre, mesme de faire aucune assemblée
de Peuple qui puisse tendre à sedition : il comprend mesme les lettres de marque, ou repres-
sailles, qui est la petite guerre.

Or comme la guerre est en la disposition du Prince souuerain, aussi est la Iustice, ayant le *28. Le dernier ressort de la Iustice appartient au souuerain.*
Prince souuerain esté estably pour deffendre l'Estat en guerre par les armes contre les enne-
mis, & pour le maintenir en paix par la Iustice entre les sujets. Il est vray que comme il ne
peut faire la guerre seul, & sans Capitaines, aussi ne peut-il rendre la Iustice seul, & sans
Iuges. Mais comme le souuerain commandement de la guerre luy demeure par dessus ses
Capitaines, aussi fait le dernier ressort de la Iustice par dessus ses Iuges. Ainsi lisons-nous
que par cette premiere loy faite à Rome, apres que les Rois n'y furent plus, appellée la loy
Valeria, le dernier ressort & l'appel de tous les Magistrats fut reserué au Peuple, & parce que
les Consuls y contreuenoient souuent, cette loy fut publiée par trois fois, & finalement par
la loy *Duilia*, la peine de mort fut indicte à celuy qui y contreuiendroit : loy que Tite-Liue
appelle *fondement de la liberté populaire*, bien qu'elle ait esté tousiours mal obseruée. Semblable
loy, mesme encore plus ample, estoit à Athenes, où le dernier ressort estoit reserué au Peuple, non seulement à l'égard des Citoyens, comme à Rome, mais aussi des alliez, comme dit
Xenophon au liure *De Repub. Athen.* & Demosthene en l'Oraison *pro Aphobo*. De mesme Con- *29. Preuue.*
tarin nous asseure que la premiere loy qui fut faite pour l'establissement de la Republique de
Venise, fut, qu'il y auroit appel de tous les Magistrats au grand Conseil, & Guichardin rapporte que Valery Duc de Florence ne fut tué pour autre sujet, que pour n'auoir pas deferé à
l'appel interietté de luy au grand Conseil du Peuple, par trois Florentins qu'il auoit condamnez à mort.

Mais en France, le dernier ressort de la Iustice est tellement droict de souueraineté, que *30. De mesme.*
mesme en commun langage il est appellé *souueraineté*, comme quand és concessions des fiefs
ou des appanages, le Roy reserue à la Couronne la foy & hommage, ressort, & souuerai- *31. Souueraineté signifie par fois le ressort de Iustice.*
neté : la foy & hommage regardent la feudalité & Seigneurie priuée & directe : le ressort
& souueraineté, concernent la Iustice & Seigneurie publique & souueraine. Aussi les Com-
pagnies des Iuges, qui sous le nom du Roy iugent en dernier ressort, sont appellées *souue-* *32. Compagnies souueraines.*
raines. Et a esté prouué au chapitre precedent, que les Princes qui ont parfaitement le
dernier ressort de la Iustice, sont mis entre les souuerains, bien qu'ils soient vassaux, tributaires, ou en protection, pource qu'en effect leur Peuple n'est sujet au commandement
d'autre que d'eux : consideration qui a esté bien representée toutes les fois que le Duc de
Lorraine a voulu obtenir du Roy ce dernier ressort en son Duché de Bar : & lors de l'ére- *33. Erection d'Eschiquier dangereuse.*
ction de l'Eschiquier d'Alençon, en l'an 1571. bien que ce ne fust pas vne Iustice tout à fait
souueraine, neantmoins l'vn de Messieurs les Aduocats generaux remonstra sagement au
Roy, qu'il eust mieux valu ériger douze Parlemens Royaux, qu'vn seul Eschiquier pour vn
Prince du Sang.

Sous ce droict, ie comprends l'octroy des Requestes ciuiles, des éuocations, interdictions *34. Ce qui est compris sous le droict de Iustice.*
de Iuges, des graces & remissions des condamnez, & autres semblables depesches. Et bien
qu'anciennement aucuns Gouuerneurs des Prouinces éloignées entreprissent de donner graces, si est ce que ce pouuoir leur a esté iustement osté par Edict du Roy Louis XII. de l'an
1499. mesme le Roy François l'ayant concedé à Madame sa mere, elle ayant sceu que le Parlement faisoit difficulté de le verifier, s'en desista volontairement.

35. Droict de forger monnoye.

Pareillement, le droict de forger monnoye dépend de la souueraineté, pource que c'est le mereau du commerce, qui partant dépend de la police generale du Royaume, laquelle appartient au seul Prince souuerain: mesme la monnoye dépend aucunement du droict des gens, & par consequent, il est necessaire que le Prince la proportionne auec ses voisins, autrement ses suiets ne pourroient trafiquer auec eux: & si, pour profiter sur ses sujets, il hausse trop sa monnoye, il leur fait iniustice, & est en effect faux-monnoyeur, comme le Poëte Dante appelle, bien qu'à tort, le Roy Iean. Quoy qu'il en soit, il est certain que la monnoye dépend entierement de l'authorité du Prince souuerain qui en prescrit la matiere, la forme, le cours, le poids, & le prix, ainsi qu'il luy plaist. C'est pourquoy la monnoye est appellée en Grec νόμισμα quasi νόμος dont aucuns veulent dire, qu'est deriué le Latin *nummus*, que François Hotman, au traitté *De re numaria*, soûtient deuoir estre écrit par vne seule *m*, & mesme en François nous appellons la monnoye *alloy*, & quelquefois simplement *loy*.

36. Numisma quasi νόμος.

37. Les Princes mettent leur image à leur monnoye.

Pour cette cause, les Monarques font ordinairement grauer leur image en leur monnoye, mesme aucuns l'ont nommée de leurs noms, comme les Philippus de Macedoine, & les Dariques de Perse: & nous voyons en l'Euangile, que l'image de Cesar s'estant trouuée en la piece d'argent qui fut presentée à Nostre Seigneur, il en fit la conclusion, qu'il falloit rendre à Cesar ce qui estoit à Cesar. Aussi lisons nous dans Herodote, que Darius fit trancher la teste au Gouuerneur d'Egypte Ariander, pour auoir fait grauer son image en la monnoye. Et pour mesme cause, l'Empereur Commodus fit mourir Perennius, son grand mignon, dit Herodian. Et le Roy Loüys XII. laissant la souueraineté à ceux de Gennes, voulut neantmoins que pour souuenance de ce qu'il les auoit remis en liberté, ils marquassent leur monnoye de son image, ce qu'ils n'ont pas entretenu, pource que c'eust esté déroger à leur Souueraineté, mais pour signe d'icelle, ils mettent vn gibet à leur monnoye, comme ils faisoient auparauant. Aussi fust-ce l'vne des principales occasions de la guerre, que fit le Roy Loüis XI. contre le Duc de Bretagne, pource que contre le traité de l'an 1465. il entreprenoit de forger de la monnoye d'or.

38. Punition de ceux qui ont forgé monnoye.

39 Monnoye de Gennes.

40 Anciennement les Ducs & Cõtes forgeoiẽt monnoye.

Et bien qu'anciennement en France, presque tous les Ducs & les Comtes, mesme plusieurs Euesques entreprissent de forger monnoye, les vns par vsurpation (ainsi qu'ils auoient vsurpé presque tous les autres droicts Royaux) autres par concession des Rois, qui par icelle en ordonnoient la matiere, la forme, le poids, & le prix, lequel par apres ne pouuoit estre changé, comme il fut iugé contre le Duc de Bretagne, en l'an 1274. & contre le Comte d'Angoulesme, en l'année 1281. ainsi que rapporte Choppin, liure 2. *De Dom. tit.* 7. neantmoins le mesme Choppin nous apprend que le Roy Loüis Hutin fut fort soigneux de remettre ce droict en son Domaine, & qu'il le rachepta à prix d'argent de plusieurs Ducs & Comtes, ce que firent aussi ses successeurs: & enfin le Roy François par Edict general, reuoqua toutes ces vsurpations, & cassa tous ces priuileges. Et à bon droict; car ces droicts de Souueraineté ne sont, ny prescriptibles par les sujets, ny communicables à eux: comme les Estats de Pologne soûtinrent particulierement, pour celuy de forger monnoye, que Sigismond Auguste auoit concedé au Duc de la Prusse, laquelle concession ils casserent par vn decret portant par exprés, que ce droict n'auoit pû estre donné, comme estant inseparable de la Couronne. Et par mesme raison, l'Archeuesque de Gnesne au mesme Royaume, & celuy de Cantorbie en Angleterre en furent priuez par les Estats de leur pays.

41 Reuocation de ce droict.

42. Si leuer deniers est vn droict Royal.

Finalement, à l'égard de faire des leuées des deniers sur le peuple, i'ay dit que le plus retenus Politiques tiennent que les Roys n'ont droict de les faire par puissance reglée, sans le consentement du peuple, non plus que de prendre le bien d'autruy, pource que la puissance publique ne s'étend qu'au commandement & authorité, & non pas à entreprendre la Seigneurie priuée des biens des particuliers, qui est le poinct auquel consiste la difference de la Monarchie Seigneuriale d'auec la pure Souueraineté, dautant que celle-là a la Seigneurie publique & priuée tout ensemble, des personnes & des biens de ses sujets, & celle-cy n'en a que la Seigneurie publique.

43 Anciennement les tailles n'estoient ordinaires en Frãce, & les subsides ne se leuoient que par le consentemẽt des Estats.

Qui est à peu prés la remonstrance que fit aux Estats de Tours ce sage Politique Philippe de Commines, comme il nous a laissé par écrit en ses Memoires. Et de fait, c'est chose bien certaine, qu'anciennement en France les tailles & autres subsides n'estoient pas ordinaires & perpetuels, comme ils sont à present, mais ils ne se leuoient que du consentement du peuple, & tant que la necessité duroit. Mesme que la principale cause d'assembler les Estats, estoit pour auoir leur consentement à quelque nouuelle leuée. Iusques-là que c'estoit le peuple qui élisoit ceux qui deuoient leuer ces subsides & aydes (ainsi les appelloit-on, pource que volontairement le peuple en aydoit & secouroit le Roy en sa necessité) & pour cette cause on appelle encore *Esleus*, ceux qui les font leuer en chaque Prouince, & Generaux, soit des Aydes, ou de la Iustice d'icelles, ceux qui sont Surintendans de ces leuées. Ce qui se pratique encore en Angleterre & en Pologne, où les Roys ne peuuent faire aucune leuée sans le consentement des Estats.

44. Aydes & subsides pourquoy dits.

45. Esleus, Generaux des Aydes.

Mais

Mais ie croy qu'à present le contraire s'obserue par tout ailleurs : & qu'il n'y a quasi plus *46. Les souuerains ont maintenant droit de leuer deniers.*
d'autres Princes souuerains, mesme de Princes suiets, qui n'ayent prescrit droit de leuer de-
niers sur leur peuple. De sorte qu'à mon aduis il ne faut plus douter qu'en France (qui est
possible auiourd'huy la plus pure & plus parfaite Monarchie du monde) nostre Roy n'ayant
d'ailleurs presque plus d'autre fonds de finance, ne puisse faire des leuées de deniers sans le
consentement des Estats, qui, comme i'ay prouué au chapitre precedent, n'ont aucune part
en la souueraineté.

Car puis qu'il a esté dit, que la puissance publique du Souuerain s'estend aussi bien sur les *47. Preuue.*
biens, que sur les personnes, il s'ensuit, que comme il peut commander aux personnes, aussi
peut-il vser des biens de ses subiets. Mais comme le commandement des personnes ne les
rend pas Esclaues, aussi cet vsage des biens ne les reduit pas en la Seigneurie priuée du Prince : pource que la Seigneurie priuée est la parfaite proprieté, dont on peut vser à discretion:
mais l'vsage de la Seigneurie publique doit estre reglé par Iustice, & estre dirigé à la propre
vtilité, & necessité du peuple : estant bien raisonnable que son Prince, à qui Dieu l'a baillé
en garde, le puisse tirer du peril, à mesme sa bourse, malgré qu'il en ait, comme le malade
qu'on medicamente contre sa volonté. Et de fait Dion *in Augusto*, nous apprend, que l'v-
ne des dépendances du pouuoir souuerain des premiers Empereurs de Rome, bien qu'ils
ne fussent que Princes subiets, estoit de faire des leuées de deniers.

Mais quoy qu'il en soit, il n'y a que le Roy seul qui puisse faire telles leuées, encore mes- *48. Qu'autre qu'eux ne le peut faire.*
me que ce soit du consentement du peuple (sauf & reserué tousiours le cas de l'extréme ne-
cessité, qui n'a point de loy. Ce qui est precisément contenu au 23. article de l'Ordonnance
de Moulins, dont les mots meritent bien d'estre icy rapportez : *Parce que à nous seul appartient*
leuer les deniers en nostre Royaume, & que faire autrement seroit entreprendre sur nostre Majesté, defendons
tres-expressément à tous nos Gouuerneurs, Baillifs, Tresoriers, & Generaux de nos Finances, & autres quel-
conques nos Officiers, d'entreprendre de faire leuer aucuns deniers, quelque authorité qu'ils ayent, & pour
quelque cause que ce soit, ne permettre qu'autres en leuent, soit en nom de particulier, ou de communauté, sinon
qu'ils en ayent nos Lettres Patentes precises & expresses, à peine de confiscation de corps & de biens, &c. En *49. Droict de tailles des Seigneurs aux quatre cas aboly.*
consequence de laquelle Ordonnance Bodin estime que le droict pretendu par plusieurs
Seigneurs, & qui est authorisé par plusieurs Coustumes, de leuer tailles aux quatre cas sur
leurs subiets, est maintenant aboly, c'est pourquoy i'ay mis à iuste cause le droict de leuer
deniers sur le peuple, pour vn sixiesme cas de souueraineté.

Mais pour le regard des deniers Royaux desia imposez, c'est bien sans doute, que puis- *50. Que nul Officier ne doit toucher aux deniers du Roy.*
que les particuliers sont Maistres de leur bien, à plus forte raison le Roy l'est du sien. De
sorte que les Gouuerneurs des Prouinces, ny mesme les Chefs des Armées, n'y peuuent
toucher, s'ils n'en ont exprés pouuoir, ou bien en cas d'extréme necessité, non plus que
les Procureurs ne peuuent disposer du bien de leurs Maistres, sinon entant qu'il leur est
permis par leur Procuration. Autrement ceux qui touchent aux deniers Royaux, commettent, non pas vn simple larcin, mais comme ceux qui dérobent les choses dédiées à Dieu, *51. Peculat.*
commettent sacrilege, qui est vne branche de leze-Majesté diuine, aussi ceux-là commettent peculat (qui est vne branche de leze-Maiesté humaine) qui dérobent ou diuertissent
les deniers du Prince.

Voila le pouuoir du Prince souuerain ; & quant à l'honneur, il faut tenir en vn mot, que *52. L'honneur du monde appartient au Prince souuerain.*
c'est en luy que reside tout l'honneur de ce monde : Dieu auquel il appartient essentielle-
ment, luy ayant laissé, & comme baillé en depost toute espece d'honneur mondain, duquel
il l'a rendu distributeur, comme il est escrit au sixiesme Chapitre d'Esther, *Honorabitur, quem*
voluerit Rex honorari. Partant c'est de luy que toute dignité procede, & comme dit Cassiodo- *53. Le Roy est distributeur de l'honneur mondain.*
re, *lib. 6. Variarum, Epist. 23. à Principe exeunt omnes Dignitates, vt à Sole radij*, & comme dit Balde
en la Preface des Fiefs, *ab eo, tanquam à fonte, profluunt omnes Dignitatum riuuli.*

Or il n'est question de parler du rang & seance des Princes souuerains, pource qu'elle ne
peut estre reuoquée en doute dans leur souueraineté, non seulement par leurs subiets, qui *54. Rang des Princes souuerains.*
commettoient crime de leze-Maiesté, s'ils le vouloient entreprendre, mais aussi par les Prin-
ces estrangers regulierement, pource que chacun est maistre en sa maison. Il est bien veritable que par honneur ils ont accoustumé en leur propre maison de ceder aux Princes de
plus haut titre, comme les Rois à l'Empereur, les Ducs aux Rois : mais sur tout ils doiuent *55. En leur pays.*
deferer & laisser le premier rang à ceux auec lesquels ils ont alliance inégale, ou de superiorité, comme à leur protecteur, Seigneur feodal, & à celuy duquel ils sont tributaires, *56. Es pays d'autruy.*
bref à tous ceux, *quorum Maiestatem comiter obseruare tenentur.* Car bien qu'ils ne soient pas leurs
subiets quant au pouuoir, si sont-ils leurs inferieurs quant à l'honneur. Et quant au rang
d'entre les Princes souuerains és pays d'autruy, on obserue que ceux de plus haut titre ont
la preseance : & entre ceux de mesme tiltre, on a égard à l'antiquité de l'establissement, qui
est vne matiere qui meriteroit bien vn plus grand discours.

Maintenant pour le regard du titre, ou pour mieux dire, de la qualité qu'on donne *57. De la Maiesté des Rois.*
aux Princes souuerains, il faut prendre garde que ceux qui sont parfaitement souuerains,

c'est à dire, qui ne sont en vasselage ny en protection, ny tributaires, & principalement les Rois sont qualifiez du titre de *Majesté*, qui signifie parfaite souueraineté, d'où vient que ceux qui l'offensent sont dits coupables de leze-Majesté, qu'Ouide au 5. des Fastes feint à sa mode, auoir esté engendrée du mariage d'Honneur auec Reuerence, & auoir esté grande dés l'instant de sa naissance.

58 *Que c'est le plus haut titre qui puisse estre.*

Ce titre est le plus haut & le plus Auguste qui iamais ait esté inuenté en ce monde; mesmement est si haut, qu'il appartient proprement à Dieu. Aussi Ouide au discours de cette Majesté, adiouste,

> *Assidet illa Ioui, Iouis est fidissima custos,*
> *Et præstat sine vi sceptra tenere Ioui.*
> *Venit & in terras.* ——

59. *Sacrée Maiesté de l'Empereur.*

Et certes il semble que ce soit vne entreprise que font les Rois sur l'honneur de Dieu, que de s'attribuer ce titre : de fait M. Pasquier nous apprend qu'on n'en vsoit pas autrefois si communément en France, comme on fait depuis la hantise des Espagnols. Toutefois c'est la verité qu'on en a vsé de tout temps à Rome & en France. Et encore les Allemans, pour

60. *Excellente Maiesté du Roy d'Angleterre.*

mettre leur Empereur par dessus les Rois, l'appellent *sacrée Majesté* : qui est à mon aduis vn blaspheme. Car c'est la Majesté seule de Dieu qui est sacrée. Et la vanité des Anglois les a portez à vouloir rehausser la Majesté de leur Roy d'vn epithete d'honneur, l'appellant *excellente Majesté*, comme dit Bodin.

61 *Maiesté non communicable à autre qu'aux Souuerains.*

Quoy qu'il en soit, ce titre est inseparable de ceux ausquels reside la souueraineté, estant és Estats populaires referé au peuple, és Aristocratiques aux Seigneurs, & és Monarchiques aux Monarques : aux femmes mesmes, ausquelles il ne peut estre proprement communiqué, non plus que le plein pouuoir de la souueraineté, bien que tous autres honneurs le puissent estre : comme il fut remonstré aux Estats d'Orleans, où pendant la minorité du

62. *Reine Mere n'a le titre de Maiesté.*

Roy, on ne voulut permettre à la Reyne la Mere d'vser de ce titre, ainsi qu'vn Autheur moderne a laissé par écrit. Et bien que les anciens Autheurs Romains l'attribuënt quelquefois aux principaux Magistrats, notamment Tite-Liue en plusieurs passages, & mesme le Iuris-

63. Attributa Romanorum.

consulte en la loy 1. *De Inst. & inl.* 9. *De iurisd. l.* 23. *De intur.* toutefois c'est improprement : car proprement à Rome *imperium erat Magistratuum, Auctoritas Senatus, Potestas plebis, & Maiestas populi*, comme distingue Ciceron *pro Rabirio perd. reo.*

64. *Altesse.* 65. *Excellence.* 66. *Serenité.*

Mais les Princes qui ne sont pas parfaitement souuerains, ne prennent pas le titre de *Maiesté*, mais ou celuy d'*Altesse*, comme les Ducs de Lorraine, Sauoye, Florence, Mantouë & Ferrare : ou celuy d'*Excellence*, comme les Princes des pays de surseance; ou finalement celuy de *Serenité*, comme les Ducs de Venise, dit Bodin.

67. *Rois par la grace de Dieu.*

Il y a encore vne autre marque d'honneur au titre des Princes souuerains, à sçauoir qu'ils se qualifient *Empereurs, Rois*, ou *Ducs* par la grace de Dieu, pour signifier qu'ils ne tiennent leur Estat que de Dieu & de l'espée. Et ce fut vne des trois choses que le Roy Louys XI. defendit au Duc de Bretagne par le traité qu'il fit auec luy de se qualifier *Duc par la grace de Dieu*. Bien qu'anciennement les Ducs & les Comtes de France qui auoient vsurpé vne maniere de souueraineté, ne manquassent iamais de se qualifier tels *par la grace de Dieu*, comme il se void aux titres des vieilles Coustumes, & és anciennes Chartes : mesme Bodin nous apprend que les grands Officiers de France vsoient de cette adionction, iusques à remarquer qu'vn Esleu

68. *Euesques & Abbez par la misericorde diuine.* 69. *Et du Saint Siege Apostolique.*

de Meaux s'estoit qualifié *Esleu par la grace de Dieu*. En quoy toutesfois il se méprend. Car ce n'estoit pas vn Esleu sur le faict des aydes & tailles : mais l'Esleu Euesque de Meaux. Et encore à present les Euesques & Abbez se qualifient tels *par la misericorde diuine*, pour monstrer qu'ils ne tiennent leur Benefice d'autre que de Dieu, & non pas des Seigneurs temporels : il est vray qu'en ces derniers temps que la prouision d'iceux a esté attribuée au Consistoire de Rome, ils mettent en leurs qualitez *par la misericorde diuine & du S. Siege Apostolique*.

70. Insignia Regis. 71. *Du Sceptre Royal.*

Finalement il y a encore vn autre honneur des Souuerainetez, à sçauoir les enseignes, ou ornemens d'icelles que les Grecs appellent σύμβολα τῆς ἡγεμονίας, & Virgile *Regis insigne : nimirum sceptrum, sacerque tiaras*, c'est à dire le Sceptre & la Couronne, qui sont tellement les enseignes des Rois, que dans les bons Autheurs, l'vn & l'autre signifie souuent la Royauté mesme.

72. *Matiere d'iceluy.* 73. *Forme d'iceluy.*

Le Sceptre est plus ancien que la Couronne, car Homere attribuë bien le Sceptre aux Rois, mais il n'attribuë la Couronne qu'aux Dieux. Il est fait mention en la Genese du Sceptre de Pharaon, & au liure d'Esther de la verge d'Assuerus, & Xenophon attribuë vn Sceptre à Cyrus. On le fit premierement de bois, comme il est décrit au 4. de l'Iliade, & au 7. de l'Eneïde, puis d'yuoire, ou d'ébene, comme il se void dans Iuuenal, & dans Tite-Liue. Et finalement on l'a fait d'or, qui est le metail souuerain. Et au bout d'iceluy on y a mis tantost la figure d'vn Aigle, tantost d'vne Cicogne, tantost d'vn Hippotame, & nos Rois n'y mettent qu'vne fleur de lys.

Le Sceptre est vn signe de puissance, comme la Couronne est vn signe d'honneur, & pour cette cause les Euesques qui ont la iurisdiction Ecclesiastique, ont leur Baston Pastoral, ainsi qu'Homere attribuë le Sceptre au Prestre Chryseis, & qu'en la Sainte Escriture il est fait mention de la verge d'Aaron, & les Augures de Rome auoient *lituum*, que A. Gelle de- 73. *Croce de Euesques.* finit *virgam breuem & curuam*, comme est le Baston de nos Euesques, appellé pour cette occasion *Croce quasi Croche*.

La Couronne est appellée par les Grecs *Diadesme*, bien que proprement Diadesme soit 74. *Diadesme.* vn simple bandeau Royal, dont autrefois vsoient seulement les Rois, laissant la Couronne aux Dieux. Ainsi les effigies des premiers Empereurs Romains se voyent ornées de ban- 75. *Changement des Couronnes.* deaux seulement, puis ils prirent des cercles de pur or, que par apres ils rayonnerent à la forme des Couronnes des Dieux, ausquelles les rayons estoient adioustez pour representer l'éclat de la Diuinité, comme nous faisons auiourd'huy aux peintures des Saincts. Apres encore au lieu de rayons, ils y mirent des fleurons ornez de pierres precieuses. Ce qu'estant fait commun à tous les Rois, les Empereurs de Grece voulans que leur Couronne fust plus Auguste, la fermerent par en haut, & finalement nos derniers Rois, pour monstrer qu'ils sont autant, ou plus souuerains que l'Empereur d'à present, l'ont voulu porter de mesme.

Reste de parler des droicts vtiles des Souuerainetez, lesquels ce ne seroit iamais fait de 76. *Droits vtiles des souuerainetez.* vouloir expliquer particulierement. Car bien que Choppin & Bacquet en ayent fait de gros Liures, si n'ont-ils pas encore tout dit. Or par ces droicts ie n'entends pas les droicts domaniaux, & qui appartiennent au Prince à cause de son Domaine, c'est à dire, à cause des terres & Seigneuries particulieres appartenantes à l'Estat, mais ceux qui luy appartiennent immediatement à cause de sa Souuerainété; & encore parmy ces droicts, ie n'entends point comprendre les leuées extraordinaires de deniers, que ie doute n'estre vrais droits, mais aydes & subsides, ou accordez volontairement par les peuples, ou exigez pour la necessité.

Les Feudistes appellent ces droits *Regalia*, & les ont ramassez dans le titre *Quæ sunt Rega-* 77. Regalia. *lia*, tenans vne proposition qui va bien loin, que tout ce qui est public ou qui n'appartient à personne, doit appartenir au Prince souuerain : dautant, disent ils, que ce que les Romains appelloient *publicum quasi populicum*, estoit ce qui appartenoit au peuple, pardeuers lequel residoit la souueraineté, & par consequent qu'és Estats Monarchiques, tout cela doit ap- 78. Publicum. partenir au Monarque, *cui populus omne ius suum transtulit*, dit la loy. Ainsi les Princes souuerains soustiennent communément, que tout ce qui n'appartient à personne, leur doit estre 79. *Princes se sont attribué tout ce qui n'appartient à personne.* estimé propre par le moyen de leur Seigneurie vniuerselle : de sorte que des cinq sortes de choses rapportées au tit. *De rerum diuis.* ils s'en sont attribué communément les quatre, *nimirum communes, publicas, vniuersitatis, & nullius*, & n'ont laissé aux particuliers que la cinquiesme espece, à sçauoir *res singulorum*.

Par ce moyen ils se sont voulu approprier la proprieté de la mer, des riuieres nauigables, des chemins, des champs, des ruës, murailles & fossez des Villes, & generalement de toutes choses qui sont hors du commerce : & encore de ce qui entre en commerce, ils s'en sont voulu attribuer tout ce qui n'a point de Maistre.

Tout cela neantmoins n'est pas passé sans contredit : car d'vne part les communautez des 80. *Les communautez s'y opposent.* peuples pretendent la plus part de ces choses, sinon en proprieté, au moins quant à l'vsage, soustenant qu'elles sont dites publiques, non pas pour estre dépendantes de la souueraineté du peuple (car la Seigneurie priuée dont nous entendons parler, n'a point de coherence ny correspondance à la publique, encore moins à la souueraine) mais pource que l'vsage en appartient à chacun du peuple.

Mais la plus forte contradiction a esté de la part des Seigneurs Iusticiers, ausquels la Sei- 81. *Comme aussi les Seigneurs Iusticiers.* gneurie du lieu, subalterne veritablement, mais immediate, a esté laissée. Car ils soustiennent que c'est celle-là qui attire & rejoint à soy la Seigneurie priuée quand elle est vacante, & n'appartient à aucun. Et de là sont prouenus de grands differends, & en grand nombre, qui ne sont pas encore bien vuidez, & dont le droit n'est encore certain & bien estably, mais à faute de les auoir pû regler par raison, on les a laissé establir par la force & par l'vsurpation, & chacun en a pris par où il a pû, de sorte qu'auiourd'huy on les termine par la possession & l'vsage, comme i'ay dit au commencement de ce Liure. Et pource que la possession ne peut estre vniforme par tout, de là vient la varieté des Coustumes, & la diuersité d'opinions de ceux qui en ont traité.

Pour tascher à y apporter vne regle, il faut rechercher la raison decisiue de tous ces dif- 82. *Essay de vuider ces differends.* ferends : ie dis donc, qu'il ne faut point demander à qui appartiennent les choses qui sont hors de commerce. Car puis que de leur nature elles sont incapables de Seigneurie 83. *Ce qui n'est point en commerce, ne peut appartenir à aucun.* priuée, c'est folie d'en attribuer la Seigneurie priuée à aucun. Nos Iurisconsultes Romains en ont fait de quatre sortes, à sçauoir les communes, qui sont communes à tous les animaux, comme les élemens, la mer, la pluye du Ciel : celles qui sont communes aux hommes seulement qu'ils ont appellées *publiques*, comme qui diroit *peuplíques*, c'est à 84. Res cõmunes, dire, dont l'vsage est commun aux hommes, & non aux bestes, à sçauoir les riuieres, les

publicæ, vniuersitatis & nullius.

chemins, & celles qui sont communes à certaines communautez d'hommes seulement, qu'ils ont appellé *res vniuersitatis: vt stadia, theatra*: & finalement celles, qui par vn respect particulier ne sont attribuées à aucun, *vt res sacræ, religiosæ, sanctæ*. Toutes ces choses sont incapables de Seigneurie priuée, & la proprieté d'icelles ne peut appartenir à aucun, ny au Prince souuerain, ny au peuple, ny au Seigneur Iusticier: mais l'vsage en demeure à vn chacun, selon la qualité particuliere de chacune: il est bien certain que la Seigneurie publique, c'est à dire l'authorité & direction par la voye de Iustice, en appartient au Prince souuerain en souueraineté, & au Seigneur haut Iusticier en Iustice primitiue.

85. Res singulorum *à qui appartiennent, quand sont vacantes.*

Mais pour le regard des choses qui sont en commerce, & capables de Seigneurie priuée, que le Droict appelle *res singulorum*, celles-là estant vacantes, & n'ayans point de Maistre, leur Seigneurie priuée vacante se ioint & reünit à la Seigneurie publique, comme l'vsufruict vacant se rejoint à la proprieté. Mais pource que la Seigneurie publique appartient tant au Prince souuerain, qu'au Seigneur haut Iusticier, la question est auquel des deux elles doiuent appartenir. Et certes il y a plus d'apparence de les attribuer au Seigneur public, primitif & immediat, qu'au dernier & souuerain: si ce n'est és matieres qui dépendent directement de la souueraineté, ce qui sera particularisé cy-apres, en traitant des droits des Iustices.

86. *Ce qui prouient des choses estant hors de commerce, à qui appartient.*

87. *Qu'il deuroit estre employé à l'entretien d'icelles.*

Le mesme doit estre dit, à mon aduis, des fruits & émolumens capables de commerce, & Seigneurie priuée, qui prouiennent des choses qui sont hors de commerce, comme de la pescherie des riuieres publiques, ensemble de celle des fossez des villes, mesme des rentes ou amendes qui prouiennent des saillies, ou autres entreprises faites sur les ruës & chemins: toutefois auparauant que ny le Souuerain, ny le Seigneur primitif y puisse rien prendre, il seroit raisonnable que ces émolumens ou fruits fussent employez à la refection & entretien des choses dont ils prouiennent, comme la pescherie des riuieres à l'entretien des leuées & guais d'icelle, celle des fossez à l'entretenement d'iceux: les deniers prouenans des entreprises sur les ruës à l'entretien du paué d'icelles. Et partant il seroit bien raisonnable que tous ces émolumens fussent attribuez aux Villes & Communautez, comme deniers d'octroy, à la charge de faire ces entretenemens: car de charger le peuple de cet entretenement, & que le Roy ou le Seigneur du lieu en prenne neantmoins le reuenu, il n'y a aucune raison.

88. Prince *que signifie dans nos Coustumes.*

89. Prince, *signifie le Duc ou Seigneur du pays.*

Pour conclusion, i'aduertiray le Lecteur, qu'en étudiant cette matiere dans les Coustumes, il prenne garde de se méprendre en l'equiuoque du nom de *Prince*: car maintenant quand nous parlons indefiniment du Prince, nous entendons le Roy, ainsi que font les loix Romaines. Mais és Coustumes il s'entendoit tout autrement: car dautant que la pluspart d'icelles ont esté ou redigées, ou pour le moins établies du temps que les Ducs & Comtes des Prouinces se qualifioient Princes, & ioüissoient par effect des droicts de souueraineté, quand en icelles il est parlé du Prince, ce n'est pas le Roy qui est entendu, mais le Duc ou Comte de la Prouince: de sorte que quand elles parlent des droicts du Prince, ce n'est pas des droits du Roy, mais des droicts du Duc. Que si le Duché appartenoit au Roy lors de la reduction d'icelles, elles entendent parler des droicts du Roy, non entant que le Roy, mais entant que Duc & Seigneur de la Prouince.

Ce qui est bien exprimé en l'inscription de la seconde partie de la Coustume d'Anjou, dont voicy les mots; *Pour la seconde partie est traité des cas esquels le Prince*, videlicet, *le Duc d'Anjou a preuention sur ses subjets*. Et en l'article suiuant il est dit, *Premierement le Roy comme Duc d'Anjou, a ressort & suzeraineté, &c.* En quoy, sauf l'honneur deu à ce grand personnage feu M. Choppin, il me sera permis de dire qu'il a vn peu manqué, comme le Poëte a dit, qu'il est permis de faillir en vn grand œuure. Car voicy comme il interprete ce passage, *Cùm hæc præfatio loquitur de Principe, intelligit de supremo rerum Domino, Galliæque moderatore maximo.*

90. *De mesme.*

Et en l'ancienne Coustume de Normandie chap. 12. *Le Duc de Normandie, ou le Prince est cil qui tient la Seigneurie de tout le Duché, dequoy le Roy de France a ores la Seigneurie & la dignité*: ainsi, bien que le chap. 10. soit intitulé *Du Seneschal au Duc*, ce Seneschal est dans le texte tousiours appellé *Le Seneschal au Prince*. Ce qui se void encore plus clairement en la Coustume de Niuernois, en l'art. 10. *Celuy qui a Iustice ne peut leuer signe patibulaire, sans authorité du Prince du pays, au refus duquel Prince il aura recours au souuerain Seigneur: Ce qui n'a lieu aux Iustices exemptes du Prince, &c.* qui est vn poinct fort remarquable.

SOMMAIRE DV QVATRIESME CHAPITRE.

1 *Deux sortes de Seigneuries.*
2 *Definition de la Seigneurie suzeraine.*
3 *Trois sortes de dignitez, l'Ordre, l'Office & la Seigneurie.*
4 *La Seigneurie reside directement au fief.*
5 *La Seigneurie ne peut estre tenuë qu'en fief.*
6 *Fran-aleu noble.*
7 *La proprieté de la Iustice appartient à la Seigneurie.*
8 *La Seigneurie n'a plus d'autre puissance publique que la Iustice.*
9 *La puissance des armes estoit autrefois aux Seigneurs.*
10 *Leur Banniere.*
11 *De l'assistance en guerre que les vassaux doiuent à leur Seigneur de fief.*
12 *Tout le fait des armes est à present reserué au Souuerain.*
13 *En quoy consiste la proprieté de la Iustice.*
14 *Pouuoir de la Iustice.*
15 *Honneur de la Iustice.*
16 *Profits de la Iustice.*
17 *La Seigneurie est composée du fief & de la Iustice.*
18 *Comment la Iustice est au fief.*
19 *Explication de ces mots*, Terre, Fief, & Seigneurie.
20 *De l'vnion du fief & de la Iustice.*
21 *Comment la Iustice a esté renduë accessoire au fief.*
22 *Explication de la question*, An iurisdictio adhæreat feudo.
23 *Cinq questions.*
24 An iurisdictio adhæreat castro.
25 *Comment la Iustice est inherente au Chasteau.*
26 *Comment la Iustice est inherente au Fief.*
27 *Comment elle peut estre separée du Fief.*
28 An iurisdictio adhæreat fundo.
29 *Comment la Iustice est inherente à la Seigneurie.*
30 *Comment elle est attribuée au territoire.*
31 *Resolution sommaire des cinq questions.*
32 *Quelle est l'vnion du fief & de la Iustice en la Seigneurie.*
33 *Pourquoy aux Benefices le reuenu est demeuré accessoire.*
34 *Les Benefices sont composez de deux parties, aussi bien que les Seigneuries.*
35 *Officiers de la Couronne ont tasché de rendre leurs Offices accessoires aux Fiefs.*
36 *Exemples.*
37 *Pourquoy ils ne l'ont pû faire.*
38 *Diuision des Seigneuries suzeraines.*
39 *Les grandes Seigneuries.*
40 *Les mediocres.*
41 *Les petites ou simples Iustices.*
42 *Qu'elles releuent les vnes des autres, de degré en degré.*
43 *Ce qui éleue les Seigneuries suzeraines.*
44 *Si les Seigneuries suzeraines peuuent ériger des Seigneuries inferieures à la leur.*
45 *Raisons de l'affirmatiue.*
46 *Resolution pour la negatiue.*
47 *Le Roy seul peut ériger des* Seigneuries.
48 *Premiere raison concernant le defaut de puissance.*
49 *Il y a bien difference entre establir des Officiers, & créer des Iustices.*
50 *Seconde raison concernant l'interest du Roy.*
51 *Opinion de* Io. Faber.
52 *Opinion de Du Molin.*
53 *Troisiesme raison concernant l'interest du peuple.*
54 *Remede à l'interest du Roy & du peuple.*
55 *Qu'il n'y a point d'inconuenient, que les Seigneuries soient érigées par le Roy, & neantmoins releuent des Seigneurs immediats.*
56 *Que l'vsage ne fait loy en telles matieres.*
57 *Que les Coustumes contraires sont iniustes.*
58 *Edict de Roussillon retranchant vn degré de Iustice.*
59 *Les Coustumes ne peuuent oster les droits du Roy.*
60 *Que la Iustice concedée par vn* Seigneur, *tient iusques à ce qu'on s'en plaigne.*
61 *Si les Iustices peuuent estre acquises par prescription.*
62 *Du moins la prescription immemoriale y a lieu.*
63 *Trois raisons de la negatiue.*
64 *Resolution pour l'affirmatiue.*
65 *Que la possession immemoriale se doit prouuer par preuue litterale en cette matiere.*
66 *Arrest pour ce regard.*
67 *Signes visibles des Iustices, ou Seigneuries.*
68 *Pilory, ou échelle.*
69 *Difference du Pilory & Gibet.*
70 *Marques des* Seigneuries *de* Dignité.
71 *Que les* Seigneuries *de* Dignité *sont composées des moindres.*
72 *Edict notable pour le reglement des* Seigneuries *de* Dignité.
73 *A quoy seruent ces marques.*
74 *L'erection d'vne* Seigneurie *de* Dignité *faite par autre que le Roy, est du tout nulle.*
75 *Qu'il vaut mieux s'ayder de la prescription, que d'vn mauuais titre.*

DES SEIGNEVRIES SVZERAINES, OV SVBALTERNES EN GENERAL

Chapitre IV.

1. *Deux sortes de Seigneuries.*

OMME les Dialecticiens ont deux sortes de genre : l'vn, qu'ils appellent generalissime, *γένος γενικώτατον* : l'autre subalterne ; aussi auons nous deux especes de Seigneuries publiques : l'vne souueraine, qui a esté expliquée au Chapitre precedent, l'autre subalterne, que nos Coustumes appellent *suzeraine*, qu'il faut expliquer icy.

2. *Definition de la Seigneurie suzeraine.* 3. *Trois especes de Dignitez, l'Ordre, l'Office, & la Seigneurie.*

Commençons par sa definition, que ie basty ainsi à ma mode, *Seigneurie suzeraine est dignité d'vn Fief, ayant Iustice.* En cette definition, *Dignité* est le genre, ainsi qu'en celle de l'Office. Car comme il a esté dit au premier Liure, il y a trois especes de Dignité, l'Ordre, l'Office, & la Seigneurie, qui sont les trois titres d'honneur desquels nous nous pouuons qualifier & accompagner nostre nom : dont l'Ordre & l'Office sont directement attribuez, mesme inherens à la personne, à sçauoir l'Ordre inseparablement, l'Office separablement : mais la Seigneurie est proprement attribuée & inherente au Fief, & indirectement communiquée à la personne qui le possede.

4. *La Seigneurie reside distinctement au fief.*

C'est pourquoy aux Liures des Fiefs, quand on demande, *Quis dicatur Dux, Marchio, aut Comes* ? on respond que c'est celuy, *qui de Ducatu, Marchia, aut Comitatu inuestitus est* : ce qui monstre bien que le titre & dignité de Duché, Marquisat & Comté reside proprement au fief. Or cela n'est pas de mesme au pur Office, qui ne peut resider réellement & actuellement qu'en la personne de l'Officier : que s'il est vacant, & qu'aucun n'en soit pourueu, ce n'est alors rien de positif, mais seulement vne table d'attente, *& qualitas sine subiecto.*

5. *La Seigneurie ne peut estre tenuë qu'en fief.* 6. *Franc aleu noble de la Coustume de Paris.*

I'ay dit *Du fief ayant Iustice*, pource qu'vne terre roturiere ne peut estre Seigneurie, ny auoir Iustice : que si la Iustice vient à estre concedée à vn franc-aleu, il deuient noble à cette occasion, pource que toute terre qui est en dignité est noble, & soit que la Iustice soit annexée à vne terre tenuë en franc-aleu : soit qu'elle subsiste de soy-mesme, & ne soit annexée à aucune terre (auquel cas neantmoins c'est plutost vne simple Iustice qu'vne parfaite Seigneurie) si faut-il tousiours que la Iustice soit vn Fief, & qu'elle soit tenuë en Fief, comme Du Molin a bien prouué sur le 46. art. de la Coustume, & apres luy Choppin.

7. *La proprieté de la Iustice appartient à la Seigneurie.*

I'ay dit, *ayant Iustice*, c'est à dire en proprieté, comme Seigneurie, & non pas en exercice comme simple Office. Car l'Officier de la Iustice n'est pas dit auoir Iustice, mais exercer la Iustice, aussi n'est-il pas qualifié Seigneur de la Iustice, pource qu'il n'en a que l'administration, & bien qu'originairement les Seigneurs n'eussent que l'administration de la Iustice, comme Officiers, & non pas la proprieté d'icelle, si est ce qu'à present c'est tout le contraire : car ils en ont la proprieté qu'ils ont vsurpée, & en ont laissé l'administration aux Officiers qu'ils y preposent.

8. *Seigneurie n'a plus d'autre puissance que la Iustice.* 9. *La puissance des armes estoit autrefois aux Seigneurs.* 10. *Leuer Banniere.*

Dauantage, i'ay dit *Iustice* simplement, & non pas *puissance publique* entierement, ainsi que i'ay dit en la definition de la Seigneurie : car la puissance publique comprend aussi bien le commandement des armes que celuy de la Iustice. Et de fait, les Seigneurs du temps passé auoient l'vn & l'autre commandement : mesme celuy des armes estoit la premiere & la plus vraye partie de leur Charge, comme il a esté dit au premier Chapitre. Car ils commandoient en guerre à leurs vassaux, dont chaque Seigneur faisoit vne Compagnie, qu'ils appelloient *Banniere*, à cause du Ban & euocation d'iceux : & encore ceux de leurs vassaux, qui auoient assez d'arriere-vassaux sous eux pour faire compagnie, leuoient aussi Banniere, & auoient leur bande à part : à laquelle le premier Seigneur commandoit par dessus eux, comme le Colonel, ou Mestre de Camp d'vn Regiment commande à plusieurs compagnies par dessus les Capitaines d'icelles.

11. *De l'assistance en guerre, que les vassaux doiuent à leur Seigneur de fief.*

Ce qui estoit cause que les Seigneurs estans perpetuellement asseurez de l'assistance de leurs vassaux, entreprenoient de faire la guerre de leur authorité, soit pour leurs querelles, soit pour celles de leurs amis : & de là sont procedées tant de questions, touchant l'assistance que doit le vassal à son Seigneur en guerre, dont les liures des Fiefs sont pleins, comme de sçauoir, si le vassal est tenu assister son Seigneur contre son frere, contre son pere, contre son autre Seigneur, & contre le Seigneur de son Seigneur.

12. *Tout le fait des armes est à present reserué au souuerain.*

Questions qui sont à present hors d'vsage en ce Royaume, dautant que nos Rois de la derniere race bien plus adroits que leurs predecesseurs, ont non seulement retranché aux Seigneurs cette licence de faire la guerre de leur propre authorité, comme estant l'vn des cinq cas de souueraineté, ainsi qu'il a esté dit au Chapitre precedent : mais encore ont reserué à eux & à leurs Officiers, sous leur nom & authorité, tout le commandement des armes sans exception, comme Du Molin a remarqué sur le premier art. de la Coust. glos. 6. *qui est*, dit-il, *la principale cause de la tranquillité & de la durée de ce Royaume*: de sorte que les vassaux ne marchent plus en guerre sous leur Seigneur de Fief, mais sous vn Capitaine estably par le Roy: & mesme l'arriere-ban, qui est la seule remarque qui nous reste de cette obligation premiere des Fiefs, n'est pas conduit par le Seigneur du territoire, mais par le Bailly Royal: le Roy mesme met des Capitaines & Gouuerneurs pour luy és Villes des Seigneurs, comme il sera dit en son lieu: d'où il s'ensuit que les Seigneurs n'ayans plus aucun commandement sur leurs vassaux au fait des armes, il ne leur reste plus que la proprieté de la Iustice, dont encore l'exercice demeure à leurs Officiers.

En consequence de laquelle proprieté de la Iustice, le pouuoir, l'honneur, & le profit dépendant 13. *En quoy consiste la proprieté de la Iustice.* d'icelle leur appartient. Le pouuoir consiste tant en ce qu'ils ont droict de pouruoir des Officiers pour l'exercice & administration de leur Iustice, aussi bien qu'aux commandemens & publications qui escheent à faire en icelle, se font en leur nom. 14. *Pouuoir de la Iustice.* L'honneur, en ce qu'ils joüissent de tous droicts honorifiques dépendans de leur Seigneurie, selon la diuersité d'icelles, 15. *Honneur de la Iustice.* qui seront cy-apres specifiez: & finalement ils ont tous les profits & émolumens 16. *Profits de la Iustice.* qui procedent de leur Iustice, comme les amendes, confiscations, desherences, biens vacans, reuenus des Greffes & Notariats.

Voila en quoy consiste la proprieté de la Iustice: que nous appellons simplement *Iustice*, 17. *La Seigneurie est composée du fief, & de la Iustice.* de laquelle & de la proprieté feodale des terres, que nous appellons simplement *Fief*, est composée de la Seigneurie. Car d'vne part, le Fief sans Iustice n'est pas la vraye & parfaite Seigneurie dont nous traitons, & d'autre part la Iustice ne peut estre sans Fief, c'est à dire, ou qu'elle ne soit annexée auec quelque terre feodale, ou, si elle subsiste à part soy, qu'elle ne soit tenuë en fief. Bref, la Seigneurie est composée du fief, pris *actiuè*, & de la Iustice, comme l'homme est composé de l'ame & du corps, & comme toute chose l'est de la forme 18. *Comment la Iustice est au fief.* & de la matiere. Le Fief est la matiere, & la Iustice est la forme qui anime & donne l'estre au corps de la Seigneurie. Qui est en effect, ce que nous auons dit cy-deuant, qu'elle est formée & creée de la Seigneurie priuée & publique.

Car nous auons accoustumé d'appeller nos terres de trois noms, Terres, Fiefs, & Seigneuries, 19. *Explication de ces mots*, Terres, Fiefs, & Seigneuries. noms que volontiers nous mettons ensemble: dont celuy de terre se refere au Domaine, ou Seigneurie vtile: celuy de fief (qui est lors pris *actiuè*, non *passiuè*) se refere à la Seigneurie directe: & finalement celuy de Seigneurie se refere à la Seigneurie publique, qui est la Iustice; de sorte qu'vne terre où il y a Domaine, directe, & Iustice, est à bon titre appelée terre, fief, & Seigneurie tout ensemble.

Expliquons donc cette vnion remarquable du fief & de la Iustice, & nous ressouuenans 20. *De l'vnion du Fief & Iustice.* que l'inuention en est deuë à nos anciens François, qui ayans conquis les Gaules, eurent pouuoir de disposer en mesme temps, & des heritages d'icelles, & des Offices. Aussi donnerent-ils les vns & les autres à mesmes personnes, comme il vient d'estre dit, que les Capitaines, ausquels ils donnerent les heritages à titre de fief, estoient ceux là mesmes qui auoient la puissance publique de leur territoire à titre d'Office: & du depuis le fief & la Iustice n'ont cessé de demeurer ensemble.

Il est vray que ces Capitaines ou Barons de France, que nous appellons maintenant *Seigneurs*, 21. *Comment la Iustice a esté renduë accessoire au Fief.* ayant gagné ce poinct, de rendre leurs fiefs patrimoniaux, afin de faire le mesme de leurs Offices (qui par vne si longue suitte d'années estoient demeurez joints auec iceux, qu'il sembloit que ce ne fust desia qu'vn) trouuerent moyen de comprendre leurs Offices, c'est à dire, leurs Capitaineries & Iustices dans les adueus de leurs fiefs, comme vn droict & dépendance d'iceux: mesme firent par exprez la foy & hommage de leurs Offices comme fiefs, & ainsi rendirent leurs Offices patrimoniaux, pource que le titre de fief emporte proprieté, & par consequent, on ne les appella plus Offices, mais Seigneuries.

Il est donc besoin de traiter icy cette fameuse question de l'escole, *An iurisdictio adhæreat feudo*, 22. *Explication de la question* An iurisdictio adhæreat feudo. que nos Docteurs ont tellement broüillée, qu'ils ne s'entendent pas l'vn l'autre, pource qu'ils ont confondu & pris pour synonymes cinq termes de signification fort differente, à sçauoir, *castrum*, *feudum*, *fundum*, *dominium* & *territorium*, lesquels appliquant & distinguant à chacun d'iceux la question separément, il est aisé d'en venir à bout. 23. *Cinq questions.*

Premierement, en la question, *An iurisdictio adhæreat castro*, 24. An iurisdictio adhæreat castro. la plusspart des Docteurs Vltramontains, entendent *per castrum*, ce que nous appellons la *Seigneurie*, n'ayans autre terme Latin plus commode pour l'énoncer: partant à leur égard, c'est demander si la Iustice est adherente à la Seigneurie, question qui sera expliquée en son ordre. Mais nous autres François, qui *per castrum* entendons le Chasteau, ou chef lieu de la Seigneurie, nous pratiquõs tout notoirement que la Iustice n'y est point tellement inherente, qu'elle suiue tousiours le Chasteau, 25. *Comment la Iustice est inherente au Chasteau.* quand bien mesme elle y seroit exercée. Car encore que la Iustice éclate principalement au Chef-lieu, & paroisse particulierement au lieu où elle a son auditoire, si est-ce qu'elle subsiste, & a sa force en tout son territoire, ainsi que l'ame subsiste & exerce sa force en toutes les parties du corps, bien que son principal exercice & siege soit au chef. C'est pourquoy nous obseruons par toute la France Coustumiere, que l'aisné, auquel appartient par preciput la maison Seigneuriale entierement, n'a pourtant en la Iustice, que telle part qu'au fief: ce que Du Molin a traité sur le 10. art. de la Coustume.

26. Comment la iustice est inherente au fief. Est-ce donc au Fief que la Iustice est inherente? Oüy d'ordinaire, à cause de cette conionction ancienne du Fief & de la Iustice. De sorte, que *à communiter accidentibus*, il est à presumer s'il n'appert du contraire, que la Iustice releuë du mesme Seigneur que le Fief: & que l'enclaue du Fief est celuy de la Iustice, & au contraire. Toutefois cette presomption n'est pas necessaire, mais vray-semblable, pource que la Iustice est d'autre nature que le Fief, c'est à dire, que la Seigneurie directe & feodale: qui est ce que nous disons, que *Fief & Iustice n'ont rien de commun*, qu'il faudra expliquer en son lieu. *27. Comment elle peut estre separée du fief.* C'est pourquoy il se void quelquefois que la Iustice releue d'vn Seigneur, & le Fief d'vn autre: mesme encore qu'ils soient tenus d'vn mesme Seigneur, & à vne seule foy & hommage, comme ne faisans qu'vn seul fief, si est-ce qu'ils peuuent estre separez l'vn de l'autre; comme si le vassal vend à l'vn sa Iustice, & à l'autre sa terre & Seigneurie feodale, ou s'il vend l'vne & retient l'autre. Mais s'il vend ou donne son fief sans faire mention de sa Iustice; la question est, si la Iustice suit quant-&-quant. En quoy il faut dire en vn mot, que si la Iustice est du mesme fief, elle suit, mais non, si c'est vn fief separé.

28. An iurisdictio adhæreat fundo. Au contraire, si vn Seigneur vend ou donne sa terre, la Iustice y est comprise indistinctement. Car le mot de *terre* (ainsi que le Latin *fundus*) estant énoncé simplement, comprend non seulement les terres en Domaine, mais tous droicts, soit Seigneuriaux ou de Iustice; bref, la masse entiere du reuenu que le pere de famille a voulu joindre ensemble sous ce mesme nom, *l. Locus. cum simil. De verb. signif.* Quand donc on vend sa terre, il n'est point necessaire de dire *appartenances & dépendances*, pource que le mot de *terre* les comprend en soy: mais qui vend vn Chasteau, doit dire, qu'il le vend auec les appartenances & dépendances, autrement en nostre langue, il ne signifie que le manoir. Que si en vendant vne terre on adiouste ces mots, *auec les appartenances & dépendances*, c'est par vne precaution surabondante.

29. Comment la iustice est inherente à la Seigneurie. Ce qui a lieu à plus forte raison en la Seigneurie, en laquelle la Iustice est inherente, non seulement separablement comme au fief: mais inseparablement, comme vne partie integrante d'icelle. Car si on separe la Iustice d'vn Chasteau, d'vn fief, ou d'vne terre, le Chasteau, le fief & la terre ne laissent pas de subsister en leur entier, & de retenir leur nom & leur estre: mais si on l'oste de la Seigneurie, ce qui estoit Seigneurie, n'est plus qu'vn fief ou terre, pource que la vraye & parfaite Seigneurie est composée de deux parties necessaires à son estre, le fief & la Iustice. D'où il s'ensuit, que semblablement celuy auquel la Iustice est venduë separément, n'acquiert pas non plus la parfaite Seigneurie, mais deuient simplement Seigneur Iusticier: & l'autre, qui retenant son fief a vendu sa Iustice, deuient simple Seigneur du fief: mais ny l'vn ny l'autre, en bon langage, ne se peut qualifier Seigneur absolument, indefiniement & sans queuë, pource qu'il n'a pas la vraye & parfaite Seigneurie.

30. Comment elle est attachée au territoire. Encore plus estroitement la Iustice est elle liée au territoire, prenant ce mot pour le détroit de la Iustice, ainsi que le Iurisconsulte en la loy *Pupillus. §. Territorium. De verb. signif.* & non pas pour l'estenduë du fief. Car bien que la Iustice ne laisse de subsister, quand elle est separée de la Seigneurie, si est-ce qu'elle perit & s'esteint si tost qu'elle est separée de son territoire: mesme la Iustice ne peut estre imaginée sans territoire, non plus que l'agent sans le patient, & vn correlatif sans l'autre. Si le territoire est diuisé entre plusieurs, la Iustice est diuisée par mesme moyen: si partie du territoire est attribuée à vne autre Iustice, celle dont elle est ostée diminuë d'autant.

Bref, la Iustice est au Chasteau, comme en son siege: en la terre, comme vne annexe ou *31. Resolution sommaire des questions.* piece attachée à icelle: au fief, comme vne dépendance separable: en la Seigneurie, comme vne partie inseparable, & suit le territoire comme son correlatif.

32. Quelle est l'vnion du fief & de la iustice en la Seigneurie. Reuenant donc à l'vnion du fief & de la Iustice, c'est bien vne vraye vnion des deux ensemble, en vn seul corps & titre de Seigneurie. Mais neantmoins les deux parties vnies retiennent à part leur diuerse nature. D'ailleurs, cette vnion n'est pas de celles que les Canonistes appellent *égales*, mais inégale, pource que la Iustice est comme accessoire & dépendante du fief. Car bien que lors de la premiere institution des Seigneuries, le fief ait esté attribué à l'Office au lieu de gages, & partant luy fust accessoire: si est-ce que les Seigneurs voyans qu'il leur estoit plus vtile, que leur Seigneurie suiuist la nature du fief, que celle de l'Office, ont trouué adroitement moyen de rendre l'Office accessoire au fief.

33. Pourquoy aux Benefices le reuenu est demeuré accessoire. Il n'est pas ainsi arriué des Offices Ecclesiastiques, que nous appellons *Benefices*, ainsi que nos fiefs s'appelloient originairement, auant que le nom de fief eust esté receu en vsage, comme prouue bien M. Pasquier en ses Recherches. Car bien que ces Benefices Ecclesiastiques, ainsi que les Seigneuries, ayent deux parties ensemble, à sçauoir l'Office & le reuenu, *34. Les Benefices sont composez de deux parties, aussi biẽ que les Seigneuries.* comme Duarein a bien remarqué au traité qu'il en a fait, si est-ce qu'on y a obserué tout le contraire, qu'aux Seigneuries : pource qu'au lieu que nos Seigneuries ont pris leur denomination de l'Office, les Benefices l'ont prise de leur reuenu : & aussi, au lieu qu'aux Seigneuries l'Office a esté rendu accessoire au fief, ou reuenu : tout au contraire, aux Benefices le reuenu a esté rendu accessoire à l'Office, & dépendant d'iceluy, qui est ce qu'on dit, *Beneficium datur propter Officium*. C'est pourquoy, comme l'accessoire suit tousiours la nature de son principal, les Benefices Ecclesiastiques sont demeurez en leur premiere nature & qualité d'Offices personnels, non transmissibles par contract ny par succession, encore qu'ils ayent plusieurs heritages, mesme des Iustices & Seigneuries temporelles annexées : & au contraire les Seigneuries ont perdu tout à fait leur premiere nature d'Offices, à vie, & sont deuenuës propres & patrimoniales, encore qu'elles ne dépendent d'aucun fief ou terre.

Par cette mesme raison, que l'accessoire suit la nature de son principal, les Officiers de la *35 Officiers de la Couronne ont tasché de rendre leurs Offices accessoires aux fiefs.* Couronne, & autres grands Officiers de France ont esté empeschez du dessein qu'ils auoient, & qu'ils ont opiniastré par plusieurs siecles, de rendre leurs Offices hereditaires & patrimoniaux, & les conuertir en Seigneuries par le moyen des petites Iustices & menus droicts qu'ils auoient annexez de temps en temps, & de la foy & hommage qu'ils auoient pris coustume d'en rendre au Roy.

Ainsi les Connestables, Mareschaux grand Maistre, grand Chambrier, grand Panetier, *36 Exemples.* grand Eschanson de France, & autres semblables, se sont pretendus par vn long temps Seigneurs hereditaires de leurs Offices : comme du Tillet l'a traité, qui mesme est de cette opinion, que ces Offices estoient lors en partie Offices & en partie fiefs : à sçauoir Offices, en ce qui estoit de leur exercice, & fiefs en ce qui estoit des Iustices & menus droicts qui en dépendent : de sorte, dit il, que comme Officiers ils doiuent estre receus solemnellement en Iustice, & comme possesseurs de fiefs, ils doiuent la foy & hommage au Roy.

Mais tant-y-a que ces grands Offices n'ayans pû estre rendus accessoires, à ces petites Iu- *37. Pourquoi ils ne l'ont pu faire.* stices & menus droicts qui en dépendent, il a fallu enfin que le plus fort ait attiré le plus foible, & que l'accessoire ait suiuy son principal, & ainsi ils sont demeurez simples Offices à vie : ce qui a esté iugé par plusieurs Arrests du Parlement, rapportez par Du Tillet : mesme les fiefs annexez à ces grands Offices, sont en tout & par tout, comme les Offices mesmes.

Or toutes ces Seigneuries sont impropres & bastardes, mesme sont plutost Offices fief- *38. Diuision des Seigneuries suzeraines.* fez que Seigneuries : & partant, il n'est pas besoin d'en traiter icy, mais ie me contenteray de ce que i'en ay écrit au second liure des Offices. Mais quant aux propres & vrayes Seigneuries dont nous traitons, on les peut diuiser en trois classes, rangs, ou degrez, à sçauoir des grandes, des mediocres, & des petites Seigneuries. Les grandes sont celles qui ont vn ti- *39 Les grandes Seigneuries.* tre capable de souuerain eté, comme les Duchez, Marquisats, Comtez & Principautez : les mediocres sont celles qui ont bien vn titre de Dignité, mais qui n'est pas capable de souue- *40. Les mediocres.* raineté, comme les Baronnies, Vicomtez, Vidamez, & Chastellenies : bref, les simples Seigneuries sont celles qui n'ont aucun titre de Dignité, autre que simple titre de Seigneuries, *41. Les petites ou simples iustices.* sçauoir est les hautes, moyennes & basses Iustices.

Et il faut remarquer que les grandes Seigneuries doiuent de leur propre nature releuer *42 Qu'elles releuent les vnes des autres, de degré en degré.* immediatement des Souueraines, & les mediocres des grandes le plus communément, & les petites des mediocres. & ainsi successiuement de degré en degré. Car bien qu'il ne puisse y auoir qu'vn degré de Seigneurie souueraine, comme il n'y a qu'vn genre generalissime en Dialectique : si est-ce que comme il y a souuent plusieurs genres subalternes les vns sous les autres, & tous dépendans du generalissime : aussi il peut bien y auoir plusieurs Seigneuries subalternes, les vnes au dessus des autres, & toutes dépendantes mediatement de la souueraine. Car *Io. Faber ad §. Adeò. Inst. de Locato*, & Du Molin sur le premier article de la Coustume glos. 6 nous témoignent qu'il n'y a point d'inconuenient que plusieurs soient Seigneurs de mesme chose, non seulement par diuerses especes de Seigneurie, mais aussi par mesme espece, & par diuers respects & degrez. Toutefois il faut remarquer en ces diuers *43. Ce qui éleue les Seigneuries suzeraines.* degrez, que comme vn corps est d'autant plus illuminé que plus simplement il est opposé au Soleil : aussi toutes les Seigneuries suzeraines n'estans que des rayons & des éclats de la puissance souueraine du Prince, s'en ressentent d'autant plus, qu'elles en approchent de plus prés.

Mais quoy, comme les petites Seigneuries releuent des mediocres, & les mediocres des *44 Si les Seigneuries suzeraines peuuent eriger des Seigneuries inferieures à la leur.* grandes, les Seigneuries des grãdes Seigneuries peuuent-ils en ériger de mediocres, & ceux des mediocres de petites ? Comme par exemple, vn Duc & vn Comte peuuent-ils eriger vne Baronnie, ou vne Chastellenie, & vn Baron, & vn Chastelain peuuent-ils ériger vne haute, moyenne ou basse Iustice ? Qui en doute ? dira quelqu'vn, veu que cela est tout notoire en vsage, & qu'il y a quelques Coustumes, comme celles de Tours & de Lodunois,

45. *Raisons de l'affirmatiue.* qui permettent aux Barons d'eriger des Iustices. Autrement il y auroit peu de Iustices en France qui ne fussent abusiues : & d'ailleurs, comment pourroient les petites Seigneuries releuer en fief, & ressortir par appel és mediocres, & les mediocres aux grandes, si elles n'auoient esté concedées par les Seigneurs d'icelles ?

46. *Resolution pour la negatiue.* Neantmoins ie tiens pour certain, que le contraire est veritable en bonne Iurisprudence, & qu'autre que le Roy ne peut créer des Seigneuries, ny eriger des Iustices nouuelles. C'est ce que dit le grand Coustumier liure premier chapitre 3. où parmy les droicts Royaux & de souuerainete il met celui-cy : *Item, au Roy seul appartient de donner & créer nouuelles Iurisdictions*

47. *Le Roy seul peut eriger des Seigneuries.* *par tout son Royaume, & nul autre ne le peut faire sans son congé.* Qui est aussi le dire de *Io. Faber*, & de Du Molin, dont les termes seront cy-apres rapportez. Ce qui est fondé principalement sur trois raisons, que i'ay estenduës plus amplement au petit Liure *Des Iustices de village*.

La premiere regarde le défaut de puissance des concedans, à sçauoir, que la Iurisdiction

48. *Premiere raison concernant le defaut de puissance.* estant definie, *potestas de publico introducta cum necessitate iuris dicendi*, il s'ensuit qu'elle ne peut estre introduite par autre que par le Prince, *ad quem omne Imperium, omnisque potestas pertinet*, dit la loy 1. *De Constit. Princip.* & par consequent autre que luy ne peut démembrer de son Estat cette puissance publique, pour la conferer à perpetuité à vne terre, en telle sorte que les possesseurs d'icelle ayent à iamais la proprieté du commandement, & la puissance perpetuelle d'establir des Magistrats & Officiers qui puissent iuger des biens, de l'honneur & de la vie de tout vn peuple. Car ce qu'on permet à vn Seigneur subalterne d'establir des

49. *Il y a bien difference entre establir des Officiers, & creer des Iustices.* Officiers en sa Iustice, est à cause de la consequence, que la loy nous apprend, que *cum iurisdictio nata est, ea quoque concessa esse videntur, sine quibus explicari non potest* : chose pourtant qui est fort exorbitante, qu'vn particulier puisse conferer l'exercice de la puissance publique ; mais ce seroit encore bien plus d'en conceder la proprieté. Aussi que ce n'est point chose necessaire à vn Seigneur, pour l'exercice de sa Iustice, d'en conceder de nouuelles : qui n'est pas exercer & maintenir l'ancienne, mais la rompre & destruire.

50. *Seconde raison concernant l'interest du Roy.* La seconde raison concerne l'interest du Roy, à sçauoir que les Seigneurs subalternes, donnans des Iustices au dessus des leurs, esloignent d'vn degré le ressort du Roy, en sorte, que ce qui ressortissoit immediatement en la Iustice Royale, n'y reuient plus qu'en second degré d'appel : ce qui est vne diminution de son pouuoir, & quant & quant vn dommage à ses droits, & de ses Officiers, dommage dont luy ny eux ne sont indemnisez ou recompensez en aucune façon. C'est ce que dit Faber sur le titre des Institutes, *De vulg. substit. Ba-*

51. *Opinion de Io. Faber.* *rones non possunt plures gradus Iudicum sub se constituere, quia ex hoc posset reperiri via, quod nunquam appellaretur ad Principem, si Seniores plures gradus facerent : cum non liceat tertio prouocare, sicque hoc esset in praeiudicium Reipublicae & superiorum, ad quos cognitio appellationum deuolui debet.* Et Du Molin sur le premier article de la Coustume, glos. 5. nomb. 50. & suiuans. *Infe-*

52. *Opinion de du Molin.* *rior habens iurisdictionem non potest constituere aliam sub se, vt ipsemet cognoscat de iure appellationis, frustrando superiorem iure suo, hoc est in fraudem appellationis ad superiorem deuoluendae : & hoc non valeret, etiamsi fieret per viam statuti ab habente potestatem statuendi* : ce qu'il prouue par plusieurs authoritez.

La troisiesme raison qui est, à mon aduis, la plus forte, quoy que la moins prisée, regarde

53. *Trois raisons concernantes l'interest du peuple.* l'interest du pauure peuple. Car quelle apparence y a-t-il sous pretexte qu'vn Seigneur aura voulu gratifier son vassal d'vne nouuelle Iustice, que les pauures subiets, qui releuoient directement deuant le Iuge Royal, n'y ressortissent plus que mediatement, & en seconde instance d'appel, & ainsi soient surchargez d'vn nouueau degré de iurisdiction, sans leur faict & consentement ? Aussi la Coustume de Tours qui est l'vnique, auec celle du Lodunois, qui permet aux Seigneurs subalternes l'erection des Iustices, pour remedier à ces deux dernieres raisons, dit que les Barons peuuent donner Iustice à leurs vassaux, mais non au preiu-

54. *Remede de l'interest du Roy & du peuple.* dice de leurs subiets, ny des droits du Roy, de sorte que la Iustice par eux donnée ne ressortit pas en la leur, mais en la superieure. Encore les Coustumes d'Anjou & du Maine ne permettent qu'aux Ducs, Comtes, & Barons l'erection des simples Iustices, mais non aux moindres Seigneurs. Concluons donc par les termes du Iurisconsulte, que *is demum iurisdictionem dare potest, qui eam solo iure, non alieno beneficio habet, l. More. De iurisdict.*

55. *Qu'il n'y a point d'inconuenient que les Seigneuries soient erigées par le Roy, & neantmoins releuent des Seigneurs immediats.* Aussi n'y a-t-il point d'inconuenient, que les moindres Seigneuries releuent en fief, & ressortissent par appel des plus grandes, bien qu'elles ne puissent estre concedées par autre que par le Roy : ainsi qu'vn Preuost Royal, bien que pourueu par le Roy, & receu au Parlement, reconnoist neantmoins le Bailly de la Prouince pour son superieur immediat, deuant lequel ses appellations ressortissent. Tout de mesme aussi, quand le Roy accorde Iustice au vassal d'vn Seigneur, de son consentement, & à la charge que les appellations d'icelle ressortiront en la Iustice de ce Seigneur (car autrement le Roy ne le peut faire, ne pouuant par puissance reglée, oster ou diminuer le droit du Seigneur sans son consentement) alors il n'y a nul inconuenient, que cette nouuelle Iustice, bien que donnée par le Roy, releue neantmoins en fief, & ressortisse par appel en celle dont elle a esté distraite & démembrée.

56. Que l'vsage fait loy en cette matiere.

Et ne faut pas opposer à des raisons peremptoires l'vsage contraire, qui est plutost vne corruption qu'vne Coustume, ny tirer en consequence de l'aduenir l'abus des siecles passez, ausquels la force & l'ignorance commandoient : mais lors que l'erreur estant découuert, la verité paroist toute claire, il faut se ranger de son costé, & se conformer à icelle : autrement si on se vouloit opiniastrer aux erreurs du passé, on ne donneroit iamais lieu à la reformation, & iamais les bonnes loix ne corrigeroient les mauuaises mœurs.

57. Que les Coustumes contraires sont iniustes.

C'est pourquoy i'estime que les Coustumes particulieres qui permettent aux Barons & Chastelains de conceder des Iustices de leur propre authorité, & sans qu'il soit besoin de la confirmation du Roy, ne doiuent plus estre tolerées ny suiuies : aussi à la marge de celle de Tours Du Molin a mis ces mots fort à propos, *In istis, quæ non solum per errorem emerserunt, sed etiam sunt contra ius Regis, & bonum publicum, non valet consuetudo : & certum est, post edictum Regis Caroli de optando* (qui est l'Edict de Roussillon) *quod hæc consuetudo est abolita.* Il est vray neantmoins que cet Edict de Roussillon ne retranche que l'vn des degrez de iurisdiction appartenans à mesme Seigneur, & non celuy qui appartient à diuers Seigneurs, quoy que Du Molin l'ait autrement entendu : comme à la verité il y a encore plus d'apparence qu'vn Seigneur puisse auoir à soy deux degrez de iurisdiction, que d'en donner le deuxiesme à vn autre moindre que luy, de sa seule authorité. Le mesme Du Molin au passage cy-dessus allegué de la Coustume de Paris, dit aussi, que *non valet statutum in contrarium, licet fiat ab eo, qui habet potestatem statuendi.*

58 Edict de Roussillon retranchant vn degré de Iustice.

59. Les Coustumes ne peuuent oster les droicts du Roy.

Aussi est-ce vne maxime que les Coustumes des lieux ne peuuent oster les droits du Roy, auquel elles ne peuuent preiudicier, n'obligeant pas mesme le peuple *in vim statuti, sed tantùm in vim pacti*, à cause du consentement volontaire qu'il y preste ; c'est pourquoy les Officiers du Roy, & notamment son Procureur, assiste à la redaction d'icelles, & pour la solemnité de l'acte principalement, & pour la manutention de ses droits, mais non pas pour preiudicier au Roy par sa simple presence, attendu qu'il ne le pourroit pas par vn consentement exprés, *l. 1. § 1. D. De offic. Procur. Cæsar.* comme Bacquet a bien dit au traité des Droicts d'Aubaine chapitre 29. & Choppin au commencement de la Coustume d'Anjou. Toutefois i'estime qu'on peut pardonner cela à l'ancien vsage : que quand vn Seigneur a concedé Iustice à son vassal, il en peut vser, & la faire exercer sans hazard de tomber au cas de la loy 3. *D. Ad l. Iul. maiest.* disant que, *Qui priuatus pro potestate se gessit, lege Iuliæ maiestatis tenetur* : mesme que cette Iustice subsiste licitement, & n'est point nulle, tant qu'elle est tolerée par le Roy, ses Officiers, le Seigneur immediat, si aucun y en a, & le peuple du territoire d'icelle, qui tous ont interest de l'empescher : mais cette tolerance n'a effet, que tant qu'elle dure, & ne l'establit pas incommutablement & à tousiours, s'il n'y a expresse confirmation du Roy.

60. Que la Iustice concedée par vn Seigneur, tient iusqu'à ce qu'on s'en plaigne.

61. Si les Iustices peuuent estre acquises par prescription.

62. Si du moins la prescription immemoriale y a lieu.

Partant, c'est vne grande question, si cette tolerance & ioüissance d'vne Iustice concedée par vn Seigneur subalterne sans confirmation ou approbation du Roy, donne cause legitime de prescrire, qui est en effect la question, si les Iustices peuuent estre acquises par prescription. En premier lieu, chacun est bien d'accord que les prescriptions ordinaires n'y ont point de lieu, non plus qu'aux seruitudes, mais on fait doute de la prescription centenaire, ou possession immemoriale.

63. Trois raisons de la negatiue.

Et il semble qu'il y a trois fortes raisons entr'autres, qui excluënt mesme cette prescription, tout ainsi que la Coustume de Paris l'a excluse des seruitudes, contre l'opinion de Du Molin. La premiere, que le particulier n'estant habile à posseder la puissance publique, ne la peut par consequent prescrire. La seconde, que les droicts du Roy, & principalement ceux de souueraineté (comme il vient d'estre prouué, que le droict de conceder des Iustices en est l'vne) ne peuuent estre aucunement prescrits par ses subiets. La troisiesme, que ce qui est contre le bien public, à la foule du peuple, & contre l'ordre & discipline de la Iustice, ne peut estre introduit par aucune prescription.

64. Resolution pour l'affirmatiue.

Toutefois dautant que l'vsurpation a donné origine & commencement presque à toutes les Iustices de France, & que par consequent il les faudroit toutes abolir, si on y rejettoit la prescription immemoriale, n'y ayant mesme gueres de Iustices dont on puisse monstrer auiourd'huy la concession du Roy, nous sommes contraints de nous accommoder à l'ancien vsage des siecles passez, & d'admettre cette prescription immemoriale, qui fait presumer vn titre & vne constitution legitime, *& iure constituti loco habetur*, dit la loy *Hoc iure. §. Ductus aquæ. D. De aq. quot. & æst.*

65. Que la possession immemoriale se doit prouuer par preuue literale en cette matiere.

Ie ne suis pas pourtant de l'opinion de Bacquet, qui au cinquiesme Chapitre *Des Droicts de Iustice*, tient que cette possession immemoriale se peut prouuer simplement par témoins, sous pretexte d'vn Arrest interlocutoire qu'il rapporte, par lequel il fut dit, que tant le Roy que les Chanoines de Paris informeroient tant par titres, que par témoins touchant la prescription immemoriale de la Iustice sainct Laurens : car si tout ce qui excede la valeur de cent liures, dont on a coustume de faire Contracts, doit estre verifié par escrit, suiuant l'Ordonnance de Moulins : si d'ailleurs la moindre procedure iudiciaire ne peut estre verifiée que par actes publics, *cap. Quoniam contra. ext. De probation.* comment en matiere odieuse reccura-t-on la preuue par témoins, pour vne Iustice toute entiere, & pour l'exercice d'icelle pendant plus de cent ans, veu que si la Iustice a esté continuellement exercée tant de temps, on ne peut manquer d'en auoir quelques registres du Greffe, que l'Ordonnance enioint estroitement de garder, des grosses des Sentences, ou actes des adueus, ou receptions de foy, des extraicts des assises de Iuge superieur, où cette Iustice ait esté appellée, bref, des appellations receuës d'icelles : & si on manque de piece pour prouuer cent années d'exercice continuel & public d'vne Iustice, qu'est ce qu'on pourra au monde verifier par écrit?

66. Arrest pour ce regard. Aussi Bacquet rapporte vn bel Arrest à ce suiet de l'an 1588. que l'information de témoins touchant la Iustice pretenduë par le Prieur Nostre-Dame des Champs lez Paris, ne suffit pas s'il n'y a titre. Que s'il se trouue quelques Arrests qui ayent admis en ce cas la preuue testimoniale, i'estime que ç'a esté apres la representation, ou production des titres, pour suppléer par la preuue vocale ce qui défailloit à la literale, & sur tout pour verifier la continuité de l'exercice.

67. Signes visibles des Iustices ou Seigneuries. Or il y a deux marques & signes visibles de la possession publique des Iustices, à sçauoir le Pilory, soit tournant, ou en simple pillier, auquel y a vn carcan attaché ; ou bien vne échelle, comme celle du Temple à Paris, le tout selon la mode des lieux : signe qui est commun & vniforme à tous les Seigneurs subalternes quels qu'ils soient, iusques aux hauts Iusticiers. *68. Pilory, ou échelle.* Car les moyens & bas n'ont pas droict d'auoir Pilory ny échelle, qui est signe de haute Iustice, comme dit le grand Coustumier au titre *De la haute Iustice*, & plusieurs Coustumes le disent aussi, parce que veritablement c'est le signe de la Seigneurie publique du territoire, lequel n'appartient, ny aux moyens ny aux bas Iusticiers.

Mais l'autre, qui est le gibet, est different, selon la qualité de chacune Seigneurie. Car ordinairement celuy du haut Iusticier est à deux pilliers, celuy du Chastelain à trois, du Baron à quatre, du Comte à six, & du Duc à huict. En quoy toutefois, & les Coustumes & les anciens Liures sont fort variables, si selon la diuersité des Seigneuries, les gibets doiuent estre liez par dedans ou par dehors, pattez, enfestez, ou surfestez, chose qui est de petite importance, & d'ailleurs est de droict positif ou volontaire.

69. Difference du Pilory & gibet. Tant-y-a que le Pilory sert pour les punitions corporelles, non capitales, qui de tout temps ont pû estre faites dans les Villes: c'est pourquoy il est tousiours mis au principal carrefour ou endroit de la ville, bourg, ou village de la Seigneurie. Mais le gibet ne sert que pour les supplices capitaux, dont autrefois les executions n'estoient faites, sinon hors les villes, comme Lipsius a bien prouué au liure *De cruce*, c'est pourquoy le gibet est tousiours planté dans les champs.

70 Marques des Seigneuries de dignité. Mais il y a d'autres marques particulieres pour les Seigneuries de Dignité, notamment pour les Baronnies & Chastellenies rapportées par les Coustumes, à sçauoir, d'auoir forests, College, ou Eglise Collegiale, Abbaye ou Prieuré Conuentuel, Hospital ou Maladerie, Foires ou Marchez, Ville close, ou Chasteau, Peage, ou trauers, & seel à contracts : En quoy toutesfois il faut distinguer les marques d'auec les droicts Car la Forest, le College, Prieuré, Hospital, sont plutost marques que droits, & encore marques equiuoques & incertaines : mais les autres sont plutost droits que marques, bien qu'ils puissent estre l'vn & l'autre tout ensemble. Partant ie reserue d'en traiter cy-apres, en expliquant les droicts des Barons & Chastelains.

71. Que les Seigneuries de dignité sont composées des moindres. Mais la plus certaine marque des Seigneuries de dignité, c'est d'en auoir plusieurs sous elles de moindre qualité, soit vnies & annexées à elles-mesmes, soit releuans simplement d'elles. Comme par exemple, la marque de Baronnie est d'auoir plusieurs Chastellenies en soy, ou sous soy : celle du Comté d'auoir plusieurs Baronnies, & celle du Duché d'auoir plusieurs Comtez : & la raison de cela est, que le superieur est presumé estre en plus grande dignité que son inferieur. Et touchant ces marques des Seigneuries de dignité, il fut fait vn *72. Edict notable pour le reglement des Seigneuries de dignité.* bel Edict par le feu Roy, en l'an 1579. qui n'a esté verifié qu'au Parlement de Bretagne, portant, que suiuant l'Arrest du Priué Conseil du 10. Mars 1578. il est defendu de publier aucunes erections de Seigneuries en nouuelles dignitez, sinon que les Seigneuries, ausquelles sera attribué nouuelle dignité, soient de la qualité requise. A sçauoir, que la terre qui sera erigée en Chastellenie, ait d'ancienneté Iustice haute, moyenne & basse, droict de Foire, Marché, Preuosté, Peage, & preeminence sur tout és Eglises estans au dedans de ladite terre. Que la Baronnie sera composée de trois Chastellenies pour le moins, qui seront vnies & incorporées ensemble, pour estre tenuës à vn seul hommage du Roy. Que le Comté aura deux Baronnies & trois Chastellenies pour le moins, ou vne Baronnie & six Chastellenies, aussi vnies & tenuës du Roy. Que le Marquisat sera composé de trois Baronnies, & de trois Chastellenies pour le moins, ou deux Baronnies & six Chastellenies vnies, & tenuës comme dessus, &c. Edict qui meriteroit bien estre verifié par tout, & soigneusement obserué, pource que la douceur de nos Rois, qui ne veulent refuser aux

Seigneurs

Seigneurs de leur Cour ces titres d'honneur) a desia produit & érigé tant de Seigneuries de dignité, que ces beaux titres sont desormais beaucoup auilis, & par le nombre qu'il y en a en France, & par la communication qui en a esté faite à des terres qui ne les meritent nullement. *73. A quoy seruent ces remarques.*

Et il faut remarquer pour la fin de ce Chapitre, que comme ses marques se rencontrant de nouueau en vne Seigneurie, seruent pour la rendre capable d'estre érigée par le Roy en la dignité qu'elles designent : aussi le verifiant, que de temps immemorial elles ont esté en vne Seigneurie, elles seruent pour luy acquerir son titre sans érection du Roy, en vertu de la possession immemoriale.

En quoy il seroit inutile de rapporter l'érection d'vne Chastellenie faite par vn Baron, ny d'vne Baronnie faite par vn Comte. Car c'est chose toute certaine, qu'autre que le Roy ne peut faire telles érections, encore moins que des simples Iustices. Mesme on ne se contente pas à present d'en auoir les Lettres patentes du Roy ; mais encore on les fait verifier & enregistrer au Parlement : ce que pourtant ie n'estime pas estre absolument necessaire, fors és érections de Pairie, qui sont Offices de la Couronne, & du corps du Parlement : mais quant à l'érection des autres Seigneuries, ce n'est point vne alienation de Domaine, ny vn priuilege contre les Loix : bref rien n'empesche, à mon aduis, que le Roy seul puisse faire ces érections à perpetuité. *74 L'érection d'une Seigneurie de Dignité faite par autre, que le Roy, est du tout nulle.*

Mais les Seigneurs subalternes n'ont pas cette puissance : mesme ie dis, qu'encore que l'érection qu'ils font des Iustices, soit tolerée iusques à ce qu'elle soit debatuë par ceux qui y ont interest : toutefois l'érection par eux faite des Seigneuries de dignité n'est nullement tolerée ; mais est du tout nulle. Et partant ie conseille à ceux dont les Seigneuries ont esté érigées de cette sorte, & qui ont la possession centenaire, de tenir bon, comme on dit, & ne point monstrer leurs lettres. Car n'en apparoissant point, leur possession immemoriale fait presumer d'vne presomption concluante, que leur Iustice a esté legitimement instituée suiuant ce §. *Ductus aquæ.* Mais apparoissant d'vn titre vicieux & abusif, cette presomption est renuersée, *quia quod ab initio non valuit, tractu temporis non conualescit.* Et il est vray qu'en matiere de droicts de Seigneuries & Iustices, les Seigneurs perdent ordinairement leur cause, pour auoir produit leur titre originaire, *ad cuius primordium posterior s[illegible] curata.* C'est pourquoy il faut suiure le conseil de du Molin, que *melius est titulum non ostendere, quàm exhibere vitiosum.* *75. Q[illegible] vaut [illegible] le vice [illegible] que d'[illegible] titre. 76 Titre vicieux osté l'effet de la prescription.*

SOMMAIRE DV CINQVIESME CHAPITRE.

DES GRANDES SEIGNEVRIES, A SCAVOIR, PAIRIES, DVCHEZ, MARQVISATS, COMTEZ, ET PRINCIPAVTEZ.

CHAPITRE V.

1. *Varieté & difficulté des grandes Seigneuries.*

A TOVS *Seigneurs tous honneurs*, dit le Prouerbe, & comme dit vn de nos anciens Poëtes,

Iustice & Seigneurie
Mainte chose varie.

Mais comme i'ay dit au commencement de ce liure, le moyen de reduire cette varieté en bon ordre, & la regler par raison, veu qu'elle a esté introduite par desordre, & establie par vsurpation: Toutefois il s'en faut tirer comme d'vn mauuais passage, où en passant i'aduertiray le Lecteur de ne pas trouuer estrange, si me rencontrant le premier, comme ie crois, à rompre la glace, il m'y void chanceler quelquefois, possible mesme faire quelque faux pas.

2. *Grandes Seigneuries pourquoy dites, & comment differét des autres.* 3. Regales dignitates, feuda Regalia.

Donc il est icy question d'expliquer le premier degré, & la plus noble espece des Seigneuries suzeraines, que i'ay appellées à bon droict *grandes ou hautes Seigneuries*, dautant que leurs titres sont capables de souueraineté, y ayant plusieurs Seigneuries souueraines, qui ont mesme titres qu'elles: aussi qu'elles participent aucunement aux honneurs des Seigneuries souueraines: qui est possible pourquoy aux liures des Fiefs elles sont appellées, *Regales Dignitates, & feuda Regalia*: ce qui sera expliqué tantost. Quoy qu'il en soit, le possesseur d'icelle est dit grand Seigneur, & se peut qualifier *Haut & puissant Seigneur*. Or ces hautes Seigneuries sont proprement & par tout païs les Duchez & Comtez.

4. *Pairs de France.* 5. *precedoient anciennemét les Princes du Sang.*

Mais en France nous en auons vn autre par dessus, à sçauoir, les Pairies, qui quand & quand sont vrais Offices, aussi bien que Seigneuries, & sont annexées aux Duchez & Comtez, & non aux autres Seigneuries, & rehaussent grandement leur dignité. Car les Pairs de France sont sans contredit les principaux vassaux de la Couronne, qui iusques à ces derniers temps ont debatu la prerogatiue d'honneur contre les Princes du Sang: & l'auoient sans doute au temps de leur institution, & lors que les Ducs & Comtes joüissoient des droicts de souueraineté: témoin que Philippe premier Duc de Bourgogne au Festin du Sacre du Roy Charles VI. s'assit comme Pair de France au dessus du Duc d'Anjou son frere aisné.

6. *Leur origine.* 7. *Leur charge.*

Ils furent choisis selon la plus vraye semblable opinion par Loüis le Ieune, du tout à la maniere des anciens Pairs de fiefs, dont parlent les liures des Fiefs, & ont aussi toutes les mémes charges qu'eux: à sçauoir d'assister le Roy en son inuestiture, qui est son Sacre & Couronnemét, & de iuger auec luy les differens des vassaux du Royaume. Et ont les vns & les autres esté ainſi appellez, non pas pour eſtre égaux à leur Seigneur; mais eſtre pairs & compagnons entr'eux ſeulement, comme l'explique vn ancien Arreſt donné contre le Comte de Flandres, au Parlement de Touſſaints 1295. rapporté par du Tiller.

Ce fut pourtant vn traict, non de jeune, mais de ſage Roy, lors que les Ducs & Comtes de France auoient vſurpé la ſouueraineté preſqu'entiere, pour empeſcher qu'ils ne ſe ſeparaſſent tout à fait du Royaume, d'en choiſir douze des plus mauuais, les faire Officiers principaux, & comme membres inſeparables de la Couronne, afin de les engager par vn intereſt particulier à la maintenir en ſon integrité, meſme à empeſcher la deſvnion des autres moindres qu'eux: moyen que les Allemans ont auſſi tenu pour la conſeruation de l'Empire, par la creation des ſept Electeurs. Mais à ſucceſſion de temps, cinq de nos premieres Pairies laiques, ayans eſté reünies à la Couronne, & la ſixiéme qui eſt celle de Flandres, en ayant eſté diſtraite tout à fait, nos Roys qui n'ont voulu laiſſer perdre ce beau titre de Dignité, en ont érigé d'autres en leur lieu, certes en trop grand nombre, auſſi bien que de Duchez & Comtez.

8. Leur Etymologie. *9. Cauſe de leur inſtitution.*

Pour traitter l'origine deſquels, c'eſt ſans doute que les anciens Ducs & Comtes eſtoient les Capitaines & Gouuerneurs des Prouinces & Villes, comme il a eſté dit au premier chap. Auſſi eſt-il dit tout au commencement du liure Des Fiefs, que *propriè vocantur Capitanei Regis, aut regni.*

10 Vou: les ſatrie.

Particulierement pour le terme de *Duc*, c'eſt choſe fort remarquable, que *Dux* en Latin a toutes les meſmes ſignifications & variations, que *Capitaine* en François: car l'vn comme l'autre a eſté premierement attribué au conducteur & chef d'vne compagnie, qui eſt ſa plus propre ſignification. Puis l'vn comme l'autre a eſté attribué indifferemment à tous ceux qui auoient quelque commandement militaire: Puis encore par vne extenſion a eſté pris par vne épithete & titre d'honneur, ſignifiant vn vaillant guerrier. Par apres on a donné ce titre au chef d'vne armée entiere, que nous appellons *Capitaine en chef*; & les Romains l'appelloient *Ducem*, ou *Ducem exercitus*, apres que le mot d'*Empereur*, qui eſtoit l'ancien nom pour cet effect, eut trouué vne autre ſignification.

11. Origine des Duchez & Comtez. *12. Dux a toutes les meſmes ſignifications que Capitaine.*

Et dautant qu'aux Prouinces eſloignées & belliqueuſes de l'Empire Romain, on laiſſoit ordinairement de groſſes garniſons ou petites armées, ſous la charge du Gouuerneur; notamment és païs de deça, apres que les Empereurs ſe furent retirez en Grece, & que les nations Septentrionales commencerent à s'eſleuer, il arriua par ſucceſſion de temps, que les Capitaines & Gouuerneurs de ces Prouinces furent appellez *Duci*, comme il ſe void dans Caſſiodore, *in formula Ducatus Rethiæ*: Dont M. Briſſon en ſon liure *De verb. ſignif.* rapporte plus de vingt authoritez. C'eſt pourquoy le *Vetus Gloſſarium* dit *Dux* Ανθύπατος ὁ σήμων. De ſorte que quand les François chaſſerent les Romains de la Gaule, ayant trouué les Prouinces d'icelles regies par les Ducs ſous l'auctorité des Empereurs, eux qui ne changerent preſque rien des anciennes formes du païs, laiſſerent ce meſme titre à ceux qu'ils mirent en leur place.

13. Cinquiéme ſignification de Dux ou Capitaine. *14. Ducs d'apreſent.*

Tout de meſme eſt-il arriué des Comtes, qui ſont tournez en Latin *Comites*: pource que les Empereurs eſtans contraints de faire pluſieurs voyages, pour maintenir cette grande eſtenduë de leur Empire, appelloient *Comites*, leurs Courtiſans qui les accompagnoient & ſuiuoient. De ſorte, que *Comitatus & Comites*, eſtoient à eux proprement, ce que nous diſons icy, *la Cour & les Courtiſans*: nom, qui enfin ſous Conſtantin fut vn titre de haute Dignité, attribué particulierement aux princioaux Officiers de l'Empire, qui eſtoient chefs d'Office, & qui auoient d'autres menus Officiers ſous eux. Et ainſi *Comes* ſe rapporte, quant à l'effect, à ce que nous diſons en France *Intendant*, comme *Comes domeſticorum, Comes Palatij, Comes ſacrarum largitionum, Comes ſacrarum diſpoſitionum*, & ainſi des autres: & de vray c'eſtoit vn titre fort honnorable, d'eſtre qualifié *Compagnon de l'Empereur.*

15 Comites vnde dicti.

De meſme *Comites Prouinciarum* (ainſi appellez *in l. 1. C. de Offic. rectores Prouinc. & in tit. De Comit. qui Prouin. regun' lib. 12. Cod.*) eſtoient les Intendans & Gouuerneurs des Prouinces, qui de la Cour & ſuitte de l'Empereur, y auoient eſté enuoyez pour les gouuerner. *Capitolinus in Vero. Confecto bello Regna Regibus, Prouincias Comitibus ſuis diſtribuit.* Et il faut obſeruer que ces Comtes des Prouinces, n'eſtoient pas moindres que les Ducs: meſme on void dans la Notice de l'Empire Romain, qu'aucuns des Comtes auoient des Ducs ſous eux, auſſi auoient-ils les plus grandes Prouinces, eſtant fait mention en noſtre droict *Comitum Africæ, Orientis & Macedoniæ.*

16 Comites prouinciarum. *17. Comtes des prouinces égaux aux Ducs.*

Tout de meſme en France, il y auoit anciennement des Gouuerneurs des plus grandes Prouinces, qui s'appelloient *Comtes*, comme les Comtes de Champagne, de Flandres, d'Aquitaine: & en pluſieurs autres Prouinces, les Gouuerneurs eſtoient appellez *Ducs & Comtes* indifferemment, comme ceux de Bretagne, Normandie & pluſieurs autres.

18. De méme en France.

Mais il y auoit en l'Empire & en ce Royaume, vne autre ſorte de Comtes, appellez *Comites minores & inferiores, in l. 1. & 2. Ne Comit. & Tribu. lauac. preſt. C. Theod.* & ceux-là eſtoient

19. Comtes mineurs.

les Intendans & Gouuerneurs, non des Prouinces ; mais des villes, comme il se colligé des Epistres de Cassiodore, notamment des 22. & 23. du liure 6. & de la 13. du liure 7. où il se void qu'ils estoient ensemble Iuges & Gouuerneurs des Villes, pource qu'en ce temps-là, comme i'ay dit plusieurs fois, la Iustice n'estoit point separée du gouuernement, & auoient sous eux plusieurs menus Officiers, appellez *Officiales & milites* indifferemment, tout ainsi que

20. *Definition du Comte.* ceux des Proconsuls ou Presidens des Prouinces ; c'est pourquoy Suidas definit le Comte, τοῦ λαοῦ ἄρχοντα

21. *Comtes des villes en France.* De mesme en France les Capitulaires de Charlemagne nous font foy, que chaque ville auoit son Comte, *Vnicuique ferè ciuitati* (dit *Beat. Rhen. in lib. Rerum Germanic.*) *Comes præsidebat.* Et ce Comte estoit pareillement Iuge & Gouuerneur de sa ville, *Ideoque & pacem & iustitiam facere dicitur, lib.* 2. *Capit. art.* 6. *& dicitur placitum habere, lib.* 3. *art.* 38. *& art.* 60. *addit. l. b.* 3. Et aux loix Ripuaires il est dit, *Si quis iudicem fiscalem occiderit, quem Comitem vocant.* Et au 4. liu. *Leg. Francic. Comites non se excusent à iustitia facienda, eò quòd resident in maritima custodia, sed ibi placitum teneant, & iustitiam faciant.*

22. *Comtes des Villes inferieurs à ceux des Prouinces.* Or ces Comtes des villes n'estoient pas égaux, mais inferieurs aux Ducs & aux Comtes des Prouinces : mesme, comme aucuns tiennent, sujets : témoin ce qui est rapporté au supplement d'Aymon, *lib* 4. *cap.* 61. *Pipinum donasse Grifonem fratrem, more Ducum, duodecim Comitatibus,* & au liure 9 chap. 1. *Ducatum Forojuliensem diuisum esse in quatuor Comitatus.* Mais les Comtes des Prouinces estoient égaux aux Ducs, & mesmes auoient quelquefois sous eux d'autres Comtes, comme il se trouue en vn Arrest de l'an 1354. rapporté par du Tillet, que le Comte de Champagne auoit sous luy sept Comtes ; à sçauoir ceux de Ioigny, Retel, Brenne, Portien, Roussi & Brienne.

23. *Duc & Comte en mesme ville.* Il se trouue mesme qu'il y a eu autrefois en mesme ville vn Duc & vn Comte, comme il se void dans Gregoire de Tours, liu. 8. chap. 18. & liu. 9. chap. 7. & lors il y a apparence que le gouuernement & charge des armes appartenoit au Duc, & celle de la Iustice au Comte : ou plustost que le Duc estoit le Gouuerneur general de toute la Prouince, & le Comte Gouuerneur particulier de la ville.

24. *Comtes des Prouinces portoient quelquefois le nom de leur capitale ville.* Il faut donc bien garder de s'équiuoquer, en confondant les Comtes des Prouinces auec ceux des villes, attendu mesmement que souuent les Comtes des Prouinces prenoient leurs titres du nom de leur ville capitale, comme celuy de Champagne est souuent appellé *Comte de Troyes* : celuy de Languedoc, *Comte de Toloze* : celuy de Guyenne, *Comte de Bordeaux.* Car mesme les Rois de la premiere race portoient le nom de la principale ville de leur Royaume, comme on void aux Annales, les Rois de Paris, d'Orleans, de Mets, & de Soissons,

25. *Ainsi que les Rois lors des Tetrarchies.* Quant aux Marquis, les Romains n'en ont point connu le nom, qui est pur François, mais les appelloient *Duces limitaneos, vt apud Lamprid. in Alex. Seuero.* Et dans la Notice de l'Empire, ils sont appellez *Comites limitanei.* Aussi les Marquis estoient sans doute les Gouuer-
26. *Marquis* neurs des frontieres. *Marchiones sunt qui fines regni tuentur, in vita Ludouic.* 3. *Aymond. lib.* 5. *cap.* 11.
27. Duces, aut Comites limitanei. *Relictis Marchionibus, qui fines regni tuentes, hostium arcerent incursus.* Nom qui est deriué, non pas de Mark, qui en bas Alleman signifie cheual, comme Alciat a dit, (d'où à la verité est de-
28. *Etymologie des Marquis.* riué Maréchal) encore moins de *Mare*, comme il est dit mal à propos au liure *Des fiefs*, mais de l'ancien mot François *marche*, qui signifie limite ou frontiere, *Aimon. lib.* 4. *cap.* 11. *Simili mo-
29. *Marche, mot François signifiant frontiere.* do de marcha Hispanica constitutum est, & hoc illius limitis Præfectis imperatum. Inde foras marcham mancipium vendere,* 4. *leg. Franc. cap.* 43. *Marchas & fines regni dispen̄ere*, dans Rhegino 2. *Chronic.* D'où vient ce vieil mot *marchir*, qui signifie *aboutir*, & estre contigu, *Terre qui marchise au
30 *Marchir, aboutir.* grand chemin*, dans Bouteiller. *La Comté de Blois marchit à la Duché de Touraine, dans Froissart* 3. *vol. Entre Adam Abbé de saint Denis, & Bouchard sieur de Montmorency, sourdit contention pour aucunes leurs terres, qui ensemblement marchisoient*, dit l'Annaliste en la vie de Philippes, fils de Henry.

31. *Si les Marquis sont plus que les Comtes.* Or ç'a esté autrefois vne grande question, si les Marquis auoient rang deuant ou apres les Comtes, attendu que les liures des Fiefs les mettent tantost deuant, tantost apres : aussi qu'il se trouue des Marquisats auoir esté erigez en Comtez, comme celuy de Iuilliers dans Froissart 1. vol. chap. 3. Pareillement il y a plusieurs Comtes honorez de la qualité de Pairs de France, & pas vn Marquis.

32. *Resolution.* Cette question a esté traitée par Alciat au liure *De duello*, & par Bohier au traité de l'authorité du grand Conseil. Pour laquelle resoudre asseurément, il faut reuenir à la distinction que nous venons de poser, des Comtes des Prouinces auec ceux des villes, & tenir pour certain que les Comtes des Prouinces sont plus que les Marquis ou Gouuerneurs des villes frontieres : mais aussi les Marquis sont plus que les petits Comtes ou Gouuerneurs des autres villes, pource que leur Charge est plus importante, & de fait, on void auiourd'huy que plusieurs Gouuerneurs de frontiere font difficulté de reconnoistre le Gouuerneur de la Pro-
33. *Que maintenant Marquis est plus que Comte.* uince, comme font ceux des autres villes indistinctement. Maintenant qu'en France il n'y a plus de Comtes de Prouinces, ny mesme de Ducs, qui ayent des Prouinces entieres, pource que tous ces grands Duchez & Comtez du temps passé sont reünis à la Couronne, on tient

à bon droict pour constant resolu, que les Marquis sont plus que les Comtes.

De ce que dessus il appert que les Ducs, Marquis & Comtes estoient, & en l'Empire Romain, & en ce Royaume anciennement vrais Officiers : ce que tous nos Escriuains modernes sans exception ont tenu ; mesme ils estoient reuocables à la volonté du Prince, comme il a esté dit au liu. 1. *Des offices*, que sous les Empereurs Romains tous Gouuerneurs estoient reuocables : Et en France tous Offices indistinctement l'estoient auparauant l'Ordonnance de Louys XI. Mais particulierement pour les Ducs & Comtes, Paul Emile le traitte en beaux termes, *Duces ab initio Comitésque ab Regibus præsiciebantur gentibus, ciuitatibúsque, & cùm videretur, dimittebantur : deindè inueterauit consuetudo, vt nisi sceleris conuicti abire Imperio non cogerentur. Idque postremò, vt quisque ea munere donabatur, iureiurando Regum cauebatur.* 34. *Ducs, Marquis & Comtes, autrefois Officiers en l'Empire Romain & en France.*

Il y auoit cette difference entre les Ducs & Comtes de l'Empire Romain, & ceux de France, que ceux de l'Empire n'estoient que simples Officiers, non plus que les Proconsuls & Presidens des Prouinces, & auoient pour leur entretien certains droicts ou coustumes à prendre sur le Peuple, dont Cassiodore fait mention és passages cy-dessus alleguez. Mais ceux de France auoient la Seigneurie de leur territoire vnie à leur Office, tenuë neantmoins en fief, à vie, de sorte qu'ils estoient Officiers & vassaux tout ensemble ; qui est ce que nous appellons *Seigneurs* : mais ces Seigneuries n'estoient ny hereditaires ny patrimoniales du commencement, comme elles ont esté du depuis. 35. *Difference entre les Ducs & Cõtes des Romains & ceux de France.*

Ce changement commença sous la fin de la premiere lignée de nos Roys, auquel temps leur imbecillité donna moyen aux Ducs & aux Comtes de se faire hereditaires ; mais cela ne dura gueres pour lors, dautant que les premiers Roys de la seconde lignée les rangerent incontinent à la raison : au moins ceux qui estoient au cœur du Royaume. Car quelques-vns de ceux qui estoient aux Prouinces esloignées, maintinrent leur heredité malgré eux, d'où arriuerent plusieurs guerres ; & de-là vient qu'en mesme temps aucuns des Duchez & Comtez estoient hereditaires, & les autres non, comme M. Pasquier a remarqué au second liure de ses Recherches, chap. onziéme. 36. *Commẽt en France les Ducs & Comtes se sont faits hereditaires.*

Mais sur la fin de cette seconde lignée, l'heredité s'y établit indifferemment, notamment apres que Hugue Capet de Duc des Ducs, ou de Duc de France qu'il estoit, se fut fait Roy & Prince souuerain, les Ducs & Comtes à son exemple se firent Seigneurs hereditaires de leurs Prouinces & Villes, & de tout ensemble firent l'hommage au nouueau Roy, comme d'vn fief hereditaire & patrimonial, s'obligeans d'assister le Roy contre tous en guerre, à la charge aussi qu'il les maintiendroit, & leur posterité en leurs Seigneuries. 37. *De mesme.*

Et comme l'vsurpation ayant pris la racine, croist tousiours, & l'ambition ayant troué vn commencement fauorable, ne trouue point de fin, s'estans les Ducs & les Comtes ainsi établis en la proprieté & seigneurie de leurs Prouinces & Villes, ils tâcherent tant qu'ils purent d'en vsurper la souueraineté, & de fait, il se trouuera qu'ils entreprirent de joüir de tous les six droicts de souueraineté, qui ont esté rapportez au 3. chap. de ce liure. 38. *Comment ils tâcherent à se faire souuerains.*

Premierement, il est certain qu'ils s'ingeroient de faire les loix & statuts en leurs Prouinces, comme par exemple, M. Pasquier liure sixiéme chapitre 48. rapporte l'Ordonnance de Iean Duc de Berry, qui est plustost du bon Comte Thibaut de Blois, que la journée des vignerons finiroit à cinq heures en Hyver, & en Esté à six : ce qui s'obserue encore au pays Blesois & Dunois. Et possible que c'est de-là, que vient la diuersité de nos Coustumes : car mesme depuis le peu de temps qu'on a commencé à les rediger par écrit, quelques vnes se trouuent encore intitulées du nom des Ducs de la Prouince, comme entr'autres celle du Duché de Bourgogne, au 125. art. en laquelle il est fait mention des Ordonnances des Ducs de Bourgogne. 39. *Faisoient loix.* 40. *Cause de la diuersité de nos Coustumes.*

Quant est d'establir des Officiers, il est notoire, que non seulement les Ducs, Marquis & Comtes ; mais aussi tous autres Seigneurs Iusticiers ont entrepris de mettre des Officiers en leurs Iustices : Mesme plusieurs Ducs & Comtes entreprenoient d'auoir de grands Officiers, tels que ceux que nous appellons Officiers de la Couronne, comme Connestables, Chanceliers, grands Escuyers, grands Senéchaux, & autres semblables, comme il se void dans du Tillet. Quoy qu'il en soit, il est tout certain qu'ils s'ingeroient de faire des Cheualiers, d'ériger des Seigneuries, & conceder des Annoblissemens aux personnes, & des amortissemens aux terres. 41. *Establissement des Officiers.*

Pareillement, c'est chose asseurée qu'ils faisoient exercer la Iustice en dernier ressort, ainsi que du Molin dit en l'apostille du 145. art. de la Coustume de Bourgogne cy-dessus alleguée. Mesme il est sans doute qu'ils bailloient des remissions, comme il n'y a pas encore long-temps que les Gouuerneurs des Prouinces en bailloient. 42. *Entreprenoient le dernier ressort de la iustice.*

Pareillement, il se void dans les Annales qu'ils faisoient la guerre de leur propre authorité, soit contre leurs voisins ou contre les étrangers : assembloient armées, donnoient batailles, faisoient paix & tréues sans le congé du Roy, duquel droict de guerre vsurpé par les Ducs & Comtes, Coquille traitte pertinemment sur la Coustume de Niuernois, en son Institution au tiltre *Du droict de Royauté.* 43. *Faisoient la guerre de leur authorité.*

44. Forgeoient monnoye.

Quant à la monnoye, il se trouue souuent mention dans nos liures de la monnoye de plusieurs Ducs & Comtes, comme des sols Mansais, sols tournois, sols Barrois : mesmes aux cabinets des curieux on void force monnoye des Ducs & Comtes du temps passé, & il a esté dit au troisiéme chapitre, que le Roy Loüis Hutin, & ses successeurs ont esté contraints de rachepter à purs deniers ce droict des Ducs & Comtes, afin de le reünir à leur Couronne.

45. Leuoient deniers sur le Peuple.

Finalement, c'est bien sans doute, qu'ils faisoient leuées de deniers sur leurs subjects. Ce qui estoit tellement ordinaire, qu'il y a encore aujourd'huy de petits Seigneurs qui pretendent auoir droict de taille en quatre cas, c'est à sçauoir, de voyage d'outre mer, de prison, de Cheualerie, & de mariage de fille : duquel droict plusieurs de nos Coustumes font mention.

49. Portoist couronne.

Bref, ie puis dire, qu'il n'y auoit aucun droict ny marque de souueraineté qu'ils n'eussent entrepris, iusques mesme à porter Couronne. Bien que la Couronne ait tousiours esté tenuë pour marque & enseigne, non de toute souueraineté ; mais particulierement de Royaume : d'où vient que la Couronne signifie le Royaume mesme, prenant par vne Metonymie le signe pour la chose signifiée, & de fait, quand Suetone rapporte que Caligula eut en esprit de se faire Roy, *Parum absfuit*, dit-il, *quin Diadema sumeret & speciem Principatus in Regnum conuerteret.*

47. Couronne des Ducs, Marquis, & Comtes.
48. Couronne des Ducs fleuronnée.
49. Celle des Comtes perlée.
50. Celle des Marquis meslée.

Voicy ce qui s'en trouue en vn ancien liure François d'Antoine de la Salle, intitulé *la Salade*, où décriuant particulierement la ceremonie de l'inuestiture des grandes Seigneuries, il dit, que *quand vn Roy fait vn Duc, il le couronne en sa meilleure ville, tout ainsi que luy-mesme a esté couronné, excepté d'estre oint.* Et de fait, cette prerogatiue est demeurée aux Ducs & aux Comtes iusques à nostre temps, de porter vne couronne au timbre de leurs armoiries. Couronne, qui aux Ducs est fleuronnée de pierreries, & est faite toute ainsi qu'estoient anciennement celles de nos Rois, auant qu'ils eussent pris la Couronne clause par le hant, en forme de chappeau, qu'on appelloit autrefois *Couronne Imperiale.* Celle des Comtes est perlée, c'est à dire, que le dessus du Diadesme, ou bandeau est fait de perles, sans aucuns fleurons eminents. Et finalement celle des Marquis est meslée, c'est à dire, partie fleuronnée, partie perlée, parce que les Marquis sont comme metoyens entre les Ducs & les Comtes.

51. N'en portoient anciennement.

Toutefois, il est à croire que ce n'a esté qu'aux derniers temps, qu'ils ont ainsi vsurpé de porter couronne, si iamais ils l'ont portée en teste. Car Villehardoüin en son premier & troisiéme liure de la guerre sainte, parlant des Ducs & Comtes de France qui estoient de la sainte ligue, les qualifie les plus grands des Seigneurs de la Chrestienté, qui ne portoient point couronne, & il se void en l'Histoire d'Angleterre, qu'Edoüart III. inuestit son fils Edoüart du Duché de Cornoüaille, *per sertum in capite, annulum in digito, & virgam auream.* Et qu'Edoüart IV. fit vn de ses fils Duc de Clarence, & l'autre Duc de Lanclastre, en son Parlement : *imposito capitibus eorum pellito pileo, & circulo ex aureo & margaritis*, & le mesme liure de la Salle dit en vn autre endroit, que *le Duc est inuesti, par l'imposition d'vn chapeau d'or ducat, orné de perles : le Marquis auec vn anneau de Rubi : le Comte auec vn anneau de Diamant : le Vicomte auec vne verge d'or : le Baron auec vn drapeau quarré : & le Banneret auec vn drapeau en écusson.*

52. Tradition d'anneau aux Ducs & Comtes, que signifie.

Or cette tradition d'anneau n'estoit pas sans mystere. Car c'est chose notoire que l'anneau seruoit de cachet, de sorte que le Roy donnant son anneau & cachet, au Duc, Marquis ou Comte, qui estoit la plus ancienne forme de les inuestir, les faisoit par ce moyen ses Lieutenans, & leur donnoit permission de faire toutes expeditions sous son nom, & les seeller de son anneau & cachet : auquel seau reside l'authorité du commandement. Aussi lisons nous, qu'apres la mort d'Alexandre le Grand, Perdicas fut reconnu par ses Courtisans, pour leur souuerain, pource qu'Alexandre en mourant luy auoit donné son anneau, d'où ils conclurent qu'il auoit entendu luy laisser la regence & l'exercice de souueraineté pendant le bas âge de ses enfans. De mesme Dion nous apprend qu'Auguste bailla son anneau à Mecenas, afin qu'il seellast d'iceluy tels mandemens qu'il voudroit, & que Vespasien estant en Egypte, enuoya son anneau à Mutian qui estoit à Rome, auec lequel il depéchoit tous mandemens au déceu de Vespasien, y mettant seulement son nom & son cachet, qui pour cet effect luy auoit esté enuoyé. Et de fait, pour reuenir aux anciens Comtes, Brisson au troisiéme liure, *De verb. signif.* dit que *Comites vice Imperatoris iudicabant*, ce qu'il prouue par vne loy du Code Theod. qui est mal cotée.

53. Anneau d'Alexandre le Grand.

54. Changement d'anneau en couronne.
55. Ne portent à present la couronne, qu'en peinture.

Il est donc à presumer que le changement de l'ornement des Comtes, d'anneau en couronne, a suiuy le changement de leur puissance. Car du temps qu'ils n'estoient que simples Gouuerneurs, ils portoient l'anneau : mais quand ils ont eu vsurpé les droicts de souueraineté, & sont deuenus Princes, ils ont voulu auoir la couronne qu'ils ne portent pas en teste, à present qu'ils ne sont plus que simples Seigneurs suzerains, ne leur estant aussi plus concedée à present en leur inuestiture : & partant ils ne l'ont plus qu'en peinture au timbre de leurs armoiries, si ce n'est qu'ils soiét Princes souuerains, auquel cas ils la pourroiét porter en teste.

Car i'ay dit au chapitre troisiéme, qu'à present il y a trois degrez de Ducs & Comtes, à *56. Trois degrez de Ducs & Comtes Seigneurs* sçauoir, ceux qui sont souuerains tout à fait, sans reconnoistre superieur, comme les Ducs d'Italie: ceux qui ont les droicts de souueraineté; mais ont vn Superieur, que i'ay appellé *Princes sujets*, comme ceux d'Allemagne: & finalement ceux qui sont simples Seigneurs suzerains, comme sont ceux de France à present. A quoy il faut encore adiouster vn quatriéme *57 Ducs & Comtes Officiers.* & plus bas degré de ceux qui ne sont qu'à vie comme Officiers, ainsi que sont encore à present ceux d'Angleterre.

Et faut dire en remontant, que ceux-cy ont esté les premiers, & qu'en tous les pays ils *58. Cõment ces changemens sont arriuez.* ont esté tels du commencement, puis és Monarchies ils se sont faits Seigneurs, ayant vsurpé l'heredité & proprieté de leurs Charges: Par apres en quelques lieux ils ont vsurpé les droits de souueraineté, sans secoüer tout à fait le joug d'obeyssance. Bref, en d'autres lieux, comme és Prouinces éloignées du souuerain, ils se sont faits Souuerains tout à fait, & n'ont plus voulu reconnoistre de Superieur.

Ce dernier changement des Ducs & Comtes en Princes souuerains tout à fait, n'a lieu en *59 De mesme.* France qu'és Comtez de Flandres & de Bourgogne, qui apres auoit longuement branlé, ont esté enfin distraits tout à fait de la Couronne, par le malheur de la prison du Roy François. Au contraire, tant s'en faut que les autres Ducs & Comtes, de Princes sujets qu'ils estoient, se soient faits souuerains, qu'au contraire nos Roys ont trouué moyen adroitement de les remettre au rang des simples Seigneurs suzerains, & de leur oster la qualité de Princes.

Car en consequence de cette sujetion personnelle, & iurisdiction qui leur estoit demeu- *60. Cõment les Ducs & Comtes de France sont derechef simples Seigneurs suzerains.* rée sur iceux, les Roys ont auec le temps retiré à leur souueraineté le dernier ressort de la Iustice sur les Duchez & Comtez: par le moyen de ce que le Parlement estably sedentaire à Paris, conuertit finalement les plaintes qu'on faisoit de leurs jugemens en appellations, ainsi qu'il a esté traitté au dernier chap. du liure *des Offices*. Lequel ressort de Iustice est sans doute le plus fort lien qui soit, pour maintenir la souueraineté.

Car par le moyen d'iceluy la puissance de faire loix leur a esté retranchée indirectement, *61. Le ressort de iustice les a remis en cet estat.* en tant que le Parlement ne suiuoit ny n'approuuoit leurs Ordonnances au jugement des procez. Leurs Officiers, fors ceux qui estoient necessaires pour l'exercice de la Iustice n'estoient point approuuez par le Parlement. Ceux d'entr'eux, qui faisoient, ou guerre, ou alliance contre la prohibition du Roy, estoient incontinent recherchez & poursuiuis au Parlement. Le cours de leurs monnoyes fut interdit par le mesme Parlement, fors des monnoyes noires, & leur fut osté la puissance de leuer deniers sur leurs sujects, horsmis en ces quatre cas qui viennent d'estre raportez. Bref, il faut confesser que ç'a esté le Parlement, qui nous a sauuez *62 C'est le Parlement qui a maintenu la France.* en France d'estre cantonnez & démembrez, comme en Italie & Allemagne, & qui a maintenu ce Royaume en son entier

Mais dautant qu'il estoit fort mal aisé d'oster tout à fait aux Ducs & aux Comtes ces *63. Enfin, il a fallu reünir ces anciens Duchez & Comtez à la Couronne.* droicts de Souueraineté, dont ils auoient long-temps iouy, on estoit contraint de leur laisser tousiours iceux en partie. Enfin, de peur qu'ils ne les reprissent tout à fait, nos Roys de la troisiéme lignée ont esté soigneux de reünir à leur Couronne tous ces anciens Duchez & Comtez toutefois & quantes qu'il s'en est presenté quelque occasion, soit par mariages, épousant ou faisant épouser aux presomptifs heritiers de la Couronne, les heritieres d'iceux: soit par droict de reuersion, & faute de masles regnicoles descendus du premier inuesty, soit par felonnie ou confiscation, dont il naissoit assez souuent des sujets tres-iustes. Tant y a, qu'ils ont si bien fait auec le temps, qu'ils ont retiré & reüny tous ces anciens Duchez & Comtez sans exception, fors les deux Comtez de Flandres & de Bourgogne.

On a fait tout de mesme en Angleterre: où mesmement apres auoir reüny tous les *64. Cõment on en a fait en Angleterre.* Duchez & Comtez, on n'a plus voulu auoir de Ducs: & quant aux Comtez, on les a reduites à leur premiere origine d'estre de simples Offices, ou dignitez à vie, ausquels on n'a pas annexé le domaine du territoire; mais on leur a seulement attribué certains menus droicts, tels à peu prés que nous venons de dire des Comtes de l'Empire Romain, notamment le tiers des émolumens de la Iustice, qui est vn droict, qu'ils auoient de toute antiquité, comme i'ay appris du docte liure moderne de *Gulielmus Camdenus* Anglois, intitulé *Britannia*. *65. Comtes d'Angleterre*

Mais en France on ne s'est pû empescher d'ériger d'autres Ducs & Comtes. Car quand *66. Des nouueaux Ducs & Comtes de France.* on a appanagé les enfans puînez des Roys, il a esté necessaire de leur bailler des titres égaux à ceux qu'auoient les Seigneurs moindres qu'eux. Mais ç'a esté tousiours selon la loy & condition generale des appanages, sçauoir est de reuersion à la Couronne en defaut de mâles, & de *67. Duchez & Comtez d'appanage.* retention expresse, non seulement de la foy & hommage; mais aussi du ressort & souueraineté entiere, ressort, dis je, pour la Iustice, souueraineté pour la Seigneurie.

Mesme nos Rois se sont relâchez à ériger encore d'autres Duchez & Comtez en faueur *68. Duchez & Comtez proprietaires.* des Seigneurs de leur Royaume, qu'ils ont voulu honorer de ces hauts titres: mais ces érections ont tousiours esté auec l'expression de la mesme reserue du ressort & de la souueraineté, outre l'hommage ancien. Et quant à la reuersion, ils ne s'aduisoient pas du commencement de la stipuler, pource que ce n'estoient pas terres qu'ils baillassent de leur Domaine ; mais qui estoient de l'ancien patrimoine de ces Seigneurs, ausquelles ils ne donnoient de nouueau, que le titre de Duché ou Comté. Mais le Roy Charles IX. pour empescher la trop grande frequence de ces erections, ordonna en l'an 1566. que les Duchez & Comtez qui seroient erigez desormais, seroient reuersibles à la Couronne en defaut de mâles ainsi que ceux des appanages. Ordonnance qui seroit fort vtile au Royaume, si on n'y derogeoient point.

69. *Les Duchez & Cõtez d'apresent differens des anciens.* D'où il s'ensuit, que les Duchez & Comtez qne nous auons à present en France sont entierement differens de ces anciens Duchez & Comtez, qui ont esté reünis à la Couronne : differens aussi de ceux qui sont maintenant en Italie & en Allemagne : & qui voudroit argumenter & tirer des consequences des vns aux autres, se tromperoit entierement. Bref, les nostres d'a-
70. *Pourquoy ceux d'apresent ont la courõne en leurs armoiries.* present n'ont plus autre marque, ou participation de souueraineté, excepté qu'ils ont retenu la Couronne au timbre de leurs armoiries. Peut-estre que c'est à l'imitation des enfans de France, qui au lieu d'auoir leur partage en titre de Royaume, comme ils auoient aux deux premieres races, ne l'ayant en cette troisiéme qu'en titre de Duché & de Comté, ont retenu la Couronne en leurs armoiries de leur extraction.

71. *Pourquoy les Rois appellent les Ducs leurs Cousins.* D'où possible est venu aussi que nos Rois en discours familiers, & en leurs lettres appellent ordinairement les Ducs, Marquis, Comtes, (au moins les Ducs, & les Marquis sans doute) leurs Cousins, ou bien cette coûtume s'est establie du temps qu'ils estoient Princes, & participoient à la souueraineté. Car on sçait que les Rois appellent les autres Rois leurs freres, les Ducs & Comtes souuerains, leurs Cousins.

72. *Principautez.* Il y a encore vne autre dignité feodale, qui à mon aduis doit estre mise au rang de ces grandes Seigneuries, sçauoir est la Principauté, entant que c'est le titre & le nom d'vne certaine Seigneurie, que du Tillet dit estre moindre que le Comté ; mais plus grande que la Baronnie & Vicomté.

73. *Leur origine.* Veritablement cette espece de Seigneurie est extraordinaire & extrauagante, estant venuë à mon aduis, de ce que les Ducs & Comtes s'estants faits Princes par l'vsurpation des droicts de souueraineté, à leur exemple les autres grands Seigneurs vassaux de la Couronne qui n'auoient titre ny de Ducs, ny de Comtes, ayant pareillement vsurpé les droicts de souueraineté dans leur Seigneurie & détroit, se sont par consequent titrez & qualifiez du nom general de Princes, n'ayans point de titre particulier de dignité, & afin d'estre distinguez des simples Seigneuries, qui n'auoient comme eux l'exercice de la souueraineté : tout ainsi qu'il se void au liure des Fiefs, que *maiores valuassores* se sont faits enfin appeller *Capitaneos Regis, aut Regni* : ce qui sera expliqué au chap. suiuant.

74. *De mesme.* Ce qu'ayant eu cours lors que les grands Seigneurs de France auoient les droicts de souueraineté, a continué apres qu'ils en ont esté dépoüillez : par le moyen de ce qu'à l'exemple des anciennes Principautez reünies depuis à la Couronne, (aussi bien & encore plus facilement que les Duchez & Comtez anciens) les Rois en ont erigé d'autres pour gratifier leurs Fauoris, qui ont affecté ce titre excellent de Prince : & de cette sorte M. Choppin en cotte 7. ou 8. sur la Coustume d'Anjou, tit. *De la preuention du Prince.*

75. *Difference entre les Princes & les Seigneurs des Principautez.* Bien qu'il y ait difference notable entre les Seigneurs des Principautez, & ceux qu'à present nous appellons *Princes*, qui sont, ou les Princes du Sang, ou ceux qui sont issus de Princes souuerains estrangers, & en la famille desquels la souueraineté reside encore à present.

76. *Princes du Sang.* Car bien qu'à proprement parler, il n'y ait en France autre Prince que le Roy, qui seul y a toute souueraineté, neantmoins pour honorer la race des Rois, on a appellé ceux qui en sont issus, *Princes*, dautant mesme qu'à leur tour ils sont capables d'estre Rois, & ceux-là sont les Princes du Sang. A l'exemple desquels on s'est estendu d'appeller pareillement *Princes*, tous ceux qui sont issus des Princes souuerains étrangers, & qui sont capables par race de succeder à leur Estat : ce qui sera plus amplement traitté au liure *Des Ordres*.

77. *Princes Estrangers.* Toutefois cette équiuoque d'entre les Princes & les Seigneurs de Principauté, ou pour mieux dire, d'entre les Princes de race, & les Princes à cause de leur terre erigée en Principauté, est cause que plusieurs Princes, qui craignent qu'on reuoque en doute leur qualité, & plusieurs grands Seigneurs qui desirent estre tenus pour Princes, sont curieux de faire ériger vne de leurs terres en Principauté : dont par apres ils baillent volontiers le tiltre à leur fils aisné : à l'imitation de ce que la plus part des Rois de la Chrestienté font appeller leur aisné le Prince indefiniement, ainsi mesme que faisoient les premiers Empereurs de Rome, & pour cette cause en l'an 1523. le Roy d'Angleterre érigea la Seigneurie de Galles en Principauté, & l'affecta desormais aux fils aisnez des Rois ses successeurs, ce qui se garde encore à present.

SOMMAIRE DV SIXIESME CHAPITRE.

1 *Grandes Seigneuries doiuent releuer du Roy.*
2 *Preuue.*
3 *Explication nouuelle du premier titre Des Fiefs.*
4 Capitanei & Valuaffores Regni.
5 *Comment les grands Seigneurs estoient autrefois appellez.*
6 *Baronnie, ce que c'est proprement.*
7 *Difference entre releuer de la Couronne, & releuer du Roy.*
8 *Pourquoy les grandes Seigneuries releuent du Roy seulement, & non de la Couronne.*
9 *Seigneuries honoraires, chose notable.*
10 *Les grandes Seigneuries participent aux honneurs de Souueraineté.*
11 *Couronnes de plusieurs sortes.*
12 *Grandes Seigneuries ne se partagent point.*
13 *Principautez doiuent auoir les prerogatiues des grandes Seigneuries.*
14 *Fiefs autrefois indiuisibles.*
15 *Seigneuries indiuisibles, entant qu'Offices.*
16 *Souueraines du tout indiuisibles.*
17 *Grandes se partagent par estimation seulement.*
18 *Mediocres & petites se diuisent en espece.*
19 *Les faut neantmoins laisser entieres, tant que faire se peut.*
20 *La Seigneurie ou Dignité n'est point diuisible actuellement.*
21 *Ny la Iustice, ce qui est notable.*
22 *Grands Seigneurs peuuent sous-infeoder & accensiuer, & non autres.*
23 *Preuue par les liures des Fiefs.*
24 *Conclusion.*
25 *Autre chose est és Seigneuries d'appanage.*
26 *Que cela doit auoir lieu aux Duchez & Comtez erigez de nouueau.*
27 *Comment les moindres Seigneurs peuuent infeoder & accensiuer.*
28 *Si la terre accensiuée sans le consentement du Seigneur, demeure feodale.*
29 *Interpretation de l'article quatorziéme de la Coustume de Dunois.*
30 *Si les grands Seigneurs peuuent créer des Iustices.*
31 *Difference entre faire vn Fief & vne iustice.*
32 *De mesme.*
33 *Interest du Peuple aux nouuelles Iustices.*
34 *Qu'au Roy seul appartient créer Iustices.*
35 *Droict de ressort n'appartient qu'au Roy.*
36 De *mesme.*
37 Droi*ct de ressort ce qu'il comprend.*
38 *Comment il s'est tant fait de Iustice sans le Roy.*
39 *Cautele pour abbattre les Iustices des Seigneurs.*
40 *Les grandes Seigneuries de nouueau érigées sont reuersibles à la Couronne,*
41 *Les anciennes non.*
42 *On déroge ordinairement à l'Ordonnance du Domaine*
43 *Il n'importe à present que les grandes Seigneuries tombent en quenouille.*
44 *Anciennement les femmes faisoient l'Office de Pairs de France.*
45 *A present non.*
46 *Prerogatiues des Pairs de France.*
47 *Precedent les autres grands Seigneurs.*
48 *Fors les Princes du Sang.*
49 *Ont seance & voix au Parlement. Barreau des Pairs.*
50 *Sont iugez par le Parlement seul.*
51 *Les Chambres assemblées.*
52 *Et les autres Pairs conuoquez.*
53 *Cela n'a lieu qu'és causes d'honneur, ou de Pairie.*
54 *Releuent nuëment de la Couronne.*
55 *En tout & chacune partie.*
56 *Les appellations de leurs Iuges ressortissent au Parlement.*
57 *Aucuns ont des Grands iours.*
58 *Grands-iours pourquoy dits.*
59 *Deuroient estre supprimez.*
60 *La fonction des Pairs doit estre faite en propre personne.*
61 *Les Comtes ne sont sujets aux Ducs.*

DES DROICTS DES GRANDES SEIGNEVRIES.

CHAPITRE VI.

PARLONS maintenant des droicts & prerogatiues de ces grandes Seigneuries, à sçauoir des Duchez, Marquisats, Comtez, & Principautez, dont la premiere est, qu'elles ne releuent que du Roy, encore que de leur nature elles deuroient releuer immediatement de la Couronne. C'est pourquoy les Feudistes les appellent *Feuda Regalia, seu Regales Dignitates. tit. De feud. March. & tit. Quis dicatur Dux, &c.* non pas *actiuè* pour entendre qu'elles participent aux honneurs des souuerainetez : mais *passiuè*, dautant qu'elles sont vrais fiefs du Royaume, ne pouuans releuer d'autre Seigneurie. *1. Grandes Seigneuries doiuent releuer du Roy.*

Aussi les liures des Fiefs appellent ceux qui en sont inuestis *Capitaneos Regis aut regni*, & pareillement *Valuassores Regis aut regni, seu maiores Valuassores, id est, Valuassores primi gradus.* *2. Preuue.*

3. Explication nouuelle du premier tiltre des fief. Car ie diray en passant, que c'est vn erreur (tout commun toutefois) de penser, qu'aux liures des Fiefs, *Valuassores Regni, seu maiores Valuassores*, fussent ceux qui tenoient leurs fiefs *à Capitaneis Regni, nempe à Ducibus, Marchionibus & Comitibus*. Erreur, qui est venu de la mauuaise intelligence du premier tiltre des fiefs, dont voicy les mots, *Marchio & Comes feudum dare possunt, qui propriè Regis aut Regni Capitanei dicuntur : sunt alij qui ab istis feuda accipiunt, qui propriè Regis aut Regni Valuassores dicuntur, sed & hodie Capitanei appellantur, qui & ipsi feuda dare possunt.* Où l'on a pensé que ces mots *ab istis*, referent *Marchionem & Comitem*, bien que c'est la verité qu'ils referent *Regem vel Regnum*, derniers nommez. Car comment pourroit on dire, que les vassaux des Marquis & Comtes fussent appellez proprement (ainsi que dit le texte) vassaux du Roy & du Royaume? Aussi ne se trouuera-il point par tout le liure des Fiefs, que les vassaux du Roy releuassent des Capitaines, ny qu'ils fussent arriere-vassaux du Royaume, mais le contraire paroist assez par la lecture du tit. *De nat. feudi*, & de celuy *Qui dicatur Dux, &c.*

4. Capitanei & Valuassores Regni. Or ce qui est dit en ce passage, que les vassaux du Royaume sont autres que les Capitaines, est, que du commencement il n'y auoit que des Ducs, Marquis & Comtes, qui s'appellassent *Capitaines*, n'y ayant aussi qu'eux, qui eussent puissance publique, & non les autres Seigneurs releuans du Royaume, qui estoient simplement appellez vassaux du Royaume, & non pas Capitaines. Mais à succession de temps ces simples vassaux immdiats du Royaume vsurperent, & le tiltre, comme il dit, & la charge de Capitaines : de sorte que desormais tous les vassaux du Royaume furent appellez *Capitaines*.

5. Comment les grands Seigneurs estoient iadis appellez. *6. Baronnie, ce que c'est proprement.* C'estoient donc ceux-la mesme, que nos anciens liures de l'Histoire de France appellent *Vassallos dominicos, seu Regios, Leudes & fideles regni* : & que les anciens liures François appellent les Barons de France. Car comme dit du Tillet, & apres luy Ragueau, *Baronnie est toute Seigneurie premiere, apres la souueraine du Roy, mouuant directement de sa Couronne.* Ce qu'ils disent apparoir par les articles des differends d'entre les Rois de France & d'Angleterre, arrestez au Parlement en l'an 1281. & l'Arrest du Comté de Sancerre, de l'an 1159. qui est en fin la primitiue & originaire signification du mot de *Baronnie*.

7. Difference entre releuer de la couronne & releuer du Roy. Quand ie dy releuer directement de la Couronne, ie n'entens pas releuer simplement du Roy, à cause de quelque Duché ou Comté reüny à la Couronne, mais i'entens qu'il faudroit en bonne Iurisprudence, que les grandes Seigneuries releuassent du Roy, à cause de sa Couronne. En quoy il y a notable difference. Car les vassaux de la Couronne ne peuuent rendre les hommages & adueus, qu'en la Chambre des Comptes de Paris, qui est le vray tresor des Chartes de la Couronne : mais les hommages & adueus des Seigneurs releuans du Roy, à cause de ses Duchez ou Comtez, peuuent estre rendus pardeuant les Officiers des lieux, dont ils releuent

8. Pourquoy les grandes Seigneuries releuent du Roy seulemét & non de la Couronne. Surquoy on me dira qu'il y a la plus part des Duchez & Comtez d'à present, qui ne releuent que des anciens, vnis maintenant à la Couronne. Mais ie répons, qu'ils ont esté érigez par le Roy, la plus part depuis la reünion de ces anciens & primitifs, qui tous releuoient simplement de la Couronne, au modele d'iceux, & pour iouïr des mesmes dignitez, préeminences & prerogatiues qu'iceux, fors seulement les droicts de souueraineté, qui lors d'icelles érections ont tousiours esté reseruez expressément : qui est vn point fort remarquable. Que s'il s'en trouue d'érigez auparauant, & par autre que le Roy, ç'a esté du temps que les Ducs & Comtes auoit vsurpé les droicts de Souueraineté.

9 Seigneuries honoraires, chose notable. D'où il s'ensuit, qu'en tout cas vne grande Seigneurie ne peut releuer d'autre que du Roy. Que si quelquefois il arriue que le Roy érige en tiltre de Comtez, Marquisats, ou Principautez, des terres qui releuent d'vn autre Seigneur, telles érections sont nulles de soy : & neantmoins pource qu'on ne peut imposer loy à la volonté du Souuerain, on les tolere pour simples titres honoraires seulement : ainsi que le Comté du Lude a esté declaré simple Comté honoraire, pource qu'il releue du Duché de Beaumont, par Arrest des 6. Aoust, & 5. Decembre 1546. rapportez par M. Choppin, sur la Coustume d'Anjou : & au liure *de Domanio*, il rapporte vn autre Arrest de l'an 1565. par lequel vn Comté releuant d'vne Baronnie fut declaré simplement honoraire. Ainsi par Arrest du 20. Aoust 1570. la Baronnie de Lucé fut declarée simple titre honoraire, pource qu'elle releue de la Seigneurie de Chasteau du Loir. Ce qui importe, qu'alors ces dignitez honoraires, n'ont autres droicts, que ceux qui consistent en l'honneur : comme ie diray au liure *des Ordres*, où ie traiteray en vn Chapitre exprés des dignitez honoraires.

10. Les grandes Seigneuries participent aux hõneurs de souueraineté. *11. Couronnes de plusieurs sortes.* La seconde prerogatiue de ces grandes Seigneuries est, qu'elles participent aux honneurs des Seigneuries souueraines, mesme on peut dire, que ce sont comme des Souuerainetez honoraires. Car en premier lieu elles ont vn titre de dignité capable de souueraineté, & qui leur est commun auec plusieurs Princes souuerains : *Item*, comme il vient d'estre dit, ceux qui en sont inuestis, portent leurs armoiries couronnées au timbre ; à sçauoir, les Ducs d'vne Couronne fleuronnée : Les Comtes d'vne Couronne perlée : Les Marquis d'vne Couronne meslée, & les Seigneurs de Principauté d'vn simple diadesme, ou cercle d'or sans aucun dessus, qui estoit l'ancienne forme des couronnes, qui depuis ont esté rayonnées pardessus, puis fleuronnées, ou perlées, & en fin closes, comme i'ay dit au troisiéme chapitre. Finalement les Roys, en consequence de cette participation aux honneurs de la Souueraineté, les appellent leurs parens & Cousins.

12. Grandes Seigneuries ne se partagent point.

La troisiéme prerogatiue, qui prouient de la mesme consideration, est qu'elles ne se partagent point de mesme que les Souuerainetez, & aussi comme les Offices, *Ducatus, Marchia, aut Comitatus de cætero non diuidantur: aliud autem Feudum, si consortes voluerint, diuidatur*, dit le titre *De prohib. feud. alien.* Ce que l'ancien Poëte Guntherus a enoncé en ces vers,

Marchia, seu Comitis possessio, siue Ducatus,
Integra permaneant: feudi ita cætera multis.
Participanda patent, Domino dum quisque fidele.
Spondeat obsequium, iurandaque fœdera prestet.

13. Principautez doiuét auoir les prerogatiues des grandes Seigneuries

Où il ne se faut pas étonner, qu'il ne soit fait mention des Principautez, pource que c'est vne Seigneurie extrauagante, qui n'estoit point lors connuë: mais puis qu'elles releuent immediatement de la Couronne, j'estime qu'elles doiuent ioüyr en tout & par tout des priuileges des grandes Seigneuries.

14. Fiefs autrefois indiuisibles.

Or c'est bien sans doute, que toutes les Seigneuries ne se diuisoient point anciennement, ainsi que les Offices; mesme les simples fiefs estoient diuisibles par leur ancien droict, & l'ont esté long-temps en France, depuis qu'en Lombardie on en a permis la diuision: témoin nos anciennes Coustumes prohibitiues du despié & éclichement de fief. Mais depuis que les fiefs ont esté faits patrimoniaux tout à fait, on a toleré la diuision aux simples fiefs, de laquelle neantmoins prouiennent plusieurs inuolutions en nostre vsage. Et quant aux Seigneuries qui ont Office annexé, c'est chose remarquable, que plus ou moins elles retiennent de la nature de l'Office, plus ou moins aussi sont-elles indiuisibles.

15. Seigneuries indiuisibles en tant qu'Offices.

16. Souuerainetez du tout indiuisibles.

Car en premier lieu, les Seigneuries souueraines, qui participent plus de l'Office que du fief, sont demeurées indiuisibles, tant en soy, que par recompense, ou estimation, ainsi que les Offices non-venaux, au moins aux Estats bien reglez, & on a veu, pendant la premiere lignée de nos Roys, quels troubles sont arriuez pour auoir diuisé le Royaume.

17. Grandes se partagent par estimation seulement.

Les grandes Seigneuries par apres sont aussi par semblable raison indiuisibles en leur corps: mais comme les Offices venaux sont diuisibles par estimation, bien qu'ils soient indiuisibles en leur propre espece, tout de mesme ces grandes Seigneuries, qui tombent pareillement en commerce & estimation (ce que ne font pas les Souueraines) sont iugées en France diuisibles & se partagent par estimation & recompense seulement, c'est à dire qu'en succession, l'aisné masle prend le Duché, Marquisat, ou Comté tout entier, mais il est tenu de bailler aux puisnez, en autres corps hereditaires, l'estimation, ou recompense de leur portion, telles qu'ils l'auroient en espece aux simples fiefs.

18. Mediocres & petites se diuisent en espece.

Et finalement les autres moindres Seigneuries, qui participent moins de la nature des Offices, se diuisent en leur propre corps & espece, comme il fut iugé par Arrest solemnel de la Pentecoste 1519 touchant la Seigneurie de Montmorency, à present Duché & Pairie, & lors simple Baronnie, qu'on disoit estre la premiere Baronnie de France. Et toutefois, pource que ces diuisions sont tousiours incommodes, les Commissaires, appellez à faire les partages des grandes maisons, doiuent les éuiter tant qu'ils peuuent, afin de ne point tomber au prouerbe, Σύκα μερίζειν.

19. Les faut neantmoins laisser entieres tant que faire se peut.

20. La Seigneurie, ou dignité n'est point diuisible actuellement.

21. Ny la Iustice, ce qui est notable.

Encore faut-il remarquer en ces moindres Seigneuries, que bien que le domaine, & mesme les droits feodaux d'icelles puissent estre partagez actuellement, & par diuis, neantmoins la dignité de Seigneur ne se partage point par diuis: en sorte que d'vne Baronnie, ou Chastellenie on en puisse faire deux, ou plusieurs: & pareillement la Iustice, en laquelle principalement consiste la Seigneurie, ne peut estre partagée, que par indiuis, & pour en ioüyr successiuement l'vn apres l'autre par certain temps, ou bien s'accordant d'vn mesme Iuge, & partageant les émolumens & obuentions de la Iustice, comme il est porté par l'article 25. de l'Ordonnance de Roussillon. Et non pas en faisant plusieurs Iustices separées au lieu d'vne. *Non est enim admittenda multiplicatio tribunalium: sed quæque iurisdictio debet remanere & exerceri precisé in illa forma, & in illis terminis, in quibus fuit concessa à superiore*, dit du Molin sur le dixiéme article de la Coustume. Ce que i'ay traitté au liure *Des Iustices de village*.

22. Grandes Seigneuries peuuent seules infeoder & accenser, non autres

La quatriéme prerogatiue des grandes Seigneuries, qui est d'vne notable importance, & toutefois mal obseruée en nostre vsage, est, que ceux qui les ont, & non autres, peuuent créer des fiefs & des censiues, c'est à dire qu'ils peuuent conceder vne partie de leur domaine à titre de fief, ou de cens, au preiudice du Roy, attendu qu'il a esté dit tout au commencement du liure des fiefs, qu'il n'y a que les vassaux du Roy *qui Feuda dare possint*: ce qu'il faut entendre, qu'il n'y a qu'eux qui les puissent donner de leur propre auctorité, & sans permission du Souuerain, & en telle sorte, qu'ils soient distraits de leur tenure immediate, & soient faits arriere-fiefs, ou cens infeodez,

23. Preuue par les liures des fiefs.

Car bien que les arriere-vassaux du Prince, qui en ce liure des fiefs sont appellez *minores*

Valuassores, & selon aucuns *Valuassores* simplement) peussent rebailler en fief vne partie de leur domaine à ceux qui sont appellez *Valuassini* : si est ce que *eiusmodi Valuassini consuetudinem feudi nullam habebant antiquo iure feudorum*, dit le titre *Quis dicatur Dux, &c.* & partant *amoueri semper poterant, etiam sine culpa*, comme leur concession n'estant pas valable ny obligatoire, ainsi qu'il est dit au titre *De nat. feudi*, & au titre *De feud. dat. a minor. Valuass.* Mesme lors que les fiefs estoient transmissibles aux collateraux, aduenant que celuy qui les auoit concedez, mourust sans enfans ils retournoient, ainsi que son fief, au Seigneur superieur, tit. *Qualiter olim feudum pot. alien.* & le tit. *de l. Conradi. §. Sim li modo*, suiuant la regle de la Loy *Lex vectigali. ff. De pignor.* Mais celuy auquel le fief a esté concedé par le vassal immediat du Prince, le possede *optima lege feudi*, & n'en peut estre depossedé sans son fait; mesme, aduenant l'expiration du fief, duquel il releue, le sien ne finit point, comme il est dit en ces mesmes passages.

24 Conclusion. Ie dy donc qu'en France, où les fiefs sont patrimoniaux, les vassaux immediats de la Couronne peuuent, à plus forte raison qu'au droict des Lombards, sous-infeoder & acensiuer partie de leur domaine : ce que i'entens à l'égard du Roy mesme, & à son preiudice, sans qu'arriuant ouuerture de leur fief, le Roy puisse comprendre en la saisie d'iceluy les terres ainsi sous infeodées, ou acensiuées : ny pareillement en la taxe de son relief, bref sans que le vassal du Roy soit tenu les racheter en domaine. Ce qui prouient de ce qui a esté dit cydeuant au premier chapitre, que tout au commencement que cette Monarchie fut établie on distribua les territoires tous entiers aux Capitaines du Royaume: à la charge expresse, d'en faire part à leurs soldats à titre de fief, & d'en laisser quelque partie aux naturels du païs à titre de cens.

25. Autre chose est és Seigneuries d'Appanage. Neantmoins i'estime, que quand les Duchez & Comtez d'Appanage retournent à la Couronne, les sous-infeodations & acensiuemens faits depuis la concession de l'Appanage doiuent estre aneantis par la regle de cette Loy *Lex vectigali. De pign.* pource que la raison de la decision generale cesse en ce cas, n'ayans les Appanages esté concedez aux enfans de France, pour en faire part à leurs soldats, & à leur peuple : aussi que le Roy mesme, s'estant par l'Ordonnance du domaine osté le pouuoir d'infeoder, ou acensiuer les terres de son domaine, à plus forte raison ses Appanagez ne le doiuent auoir. *26 Que cela doit auoir lieu aux Duchez & Comtez érigez de nouueau.* Mais au contraire i'estime, que les Ducs, Marquis, & Comtes depuis peu érigez, bien qu'ils ne releuent que du Roy, & non de la Couronne, doiuent iouïr de cette faculté de sous-infeoder & acensiuer, pource que cette raison particuliere, qui concerne seulement le domaine de la Couronne n'a lieu à leur égard Et bien que leur érection n'ait esté faite à cette condition expresse de pouuoir sous-infeoder & acensiuer, si est ce qu'elle y est sous entenduë, en ce qu'elle est faite pour en iouïr auec les droicts & prerogatiues des anciens Ducs & Comtes, dont celle-cy est l'vne des principales.

27. Commét les moindres Seigneurs peuuent infeoder & acensiuer. Mais c'est sans doute, que les autres moindres Seigneurs, soit qu'ils releuent du Roy, ou d'autres, ne peuuent sous infeoder, ny acensiuer au preiudice du Seigneur dont ils releuent. Et encore que telle sous-infeodation, ou acensiuement tienne à l'egard de ceux qui l'ont fait, & qui partant ne peuuent venir contre leur propre acte : neantmonis elle ne fait aucun preiudice aux Seigneurs superieurs, mesme à leur égard elle est de nulle valeur, & reputée comme non faite; de sorte qu'ils peuuent, arriuant ouuerture du fief de leur vassal, comprendre en leur saisie feodale, & en liquidation de leur rachat, le domaine ainsi sous-infeodé, ou acensiué.

28. Si la terre acensiuée sans le consentement du Seigneur, demeure feodale. Mesme quelques-vns tiennent, que la terre ainsi acensiuée sans le consentement du Seigneur de fief, demeure tousiours en sa premiere nature de fief, de sorte qu'elle doit estre partagée feodalement, & est tousiours sujete aux francs-fiefs & nouueaux acquests, pource qu'au 7. titre du 1 liure des fiefs, il est dit que *tale beneficium iure feudi non censetur*. Et c'est peut-estre ainsi qu'il faut entendre la Coustume du Dunois artic. 34. contenant qu'aucun ne peut créer cens s'il n'est Chastelain : qu'on a toutefois detourné à vn sens bien different. Neantmoins ailleurs mon aduis est, qu'à cause de la regle generale de nos Coustumes, que le vassal *29. Interpretation de l'art. 34. de la Coustume de Dunois.* se peut iouër de partie de son fief sans demission de foy, & sans faire preiudice à son Seigneur, la terre ainsi acensiuée deuient roturiere *quò ad omnes, excepto patrono* : & principalement qu'au partage d'icelle, il faut considerer la condition, selon laquelle elle appartient à la succession comme il est expressément decidé par la Coustume reformée d'Orleans, art. 345. & 346 & est resolu par Bacquet au traitté des francs-fiefs, chap. 7. autrement les pauures villageois, qui font acensiuer les terres qu'ils acquierent des Gentils-hommes, pour garder égalité entre leurs enfans, seroient bien trompez de leur pretention : & ie l'ay toûjours veu pratiquer ainsi sans en faire aucune difficulté.

30. Si les grands Seigneurs peuuent créer des iustices. Mais c'est vne tres-grande question de sçauoir, si comme les grands Seigneurs peuuent créer des arriere fiefs en démembrant leur fief, ils peuuent créer Iustices inferieures en diuisant la leur, sans permission du Roy. Qui en doute, dira quelqu'vn, veu que c'est chose toute notoire en l'vsage, que mesme les Chastelains, & encore les simples hauts iusticiers

en

en erigent tous les iours, & qu'il y a pluſieurs Couſtumes qui donnent ce pouuoir aux ſimples Chaſtelains.

Neantmoins le contraire eſt tres veritable en bonne Iuriſprudence, comme i'ay deſia prouué au 4. chapitre, qu'il faut ioindre auec celuy-cy. Car il y a bien de la difference, entre la conceſſion d'vn ſimple fief (qui n'emporte que la Seigneurie priuée, affectant les heritages ſeuls) & l'erection nouuelle d'vne Iuſtice, qui emporte puiſſance publique ſur les perſonnes, meſme la proprieté du commandement, & la puiſſance perpetuelle d'eſtablir des Magiſtrats, & meſme la ſubiettion de tout vn peuple : comme auſſi eriger vne Seigneurie, eſt appellé par les Feudiſtes *de plebe inueſtire* : qui eſt ſans doute vn droict & vne dépendance de la Souueraineté, ainſi qu'il a eſté dit au chapitre 3. *31. Difference entre faire vn fief, & vne Iuſtice.*

Auſſi eſt il notoire, que la raiſon pour laquelle les vaſſaux immediats de la Couronne peuuent conceder des fiefs, n'a pas lieu en l'erection des Iuſtices, à ſçauoir, que du commencemẽt le territoire entier leur fut concedé pour faire part de leur Iuſtice à leurs ſoldats, n'y ayant apparence de dire, que la puiſſance publique leur fut attribuée, pour en faire part à d'autres, ſinon à la verité pour commettre Lieutenans, & autres Officiers, ou Miniſtres neceſſaires à l'adminiſtration de leur charge, ſans la pouuoir ny diuiſer, ny ſoumettre à vn degré nouueau de Iuriſdiction. D'ailleurs, le Seigneur ſuzerain ne peut eſtre rendu indemne en la creation d'vne Iuſtice, comme il eſt en la creation d'vn fief, qui n'a point d'effet à ſon égard, comme il vient d'eſtre dit. *32. De meſme.*

Finalement le peuple reçoit vn tres-notable preiudice en l'erection de ces nouuelles Iuſtices, eſtant, au moyen d'icelles, ſurchargé de pluſieurs degrez de Iuriſdiction, qui luy font conſommer ſon repos, ſon temps, & ſon bien, en tant de Iuſtices, auant qu'auoir iuſtice. Ce que i'ay plus amplement traité en mon petit liure *Des Iuſtices de Village*, où i'ay rapporté ce qui eſt dit au grand Couſtumier, liure 1. chap. 3. *Qu'au Roy ſeul, & pour le tout, appartient de donner & créer nouuelles Iuriſdictions par tout ſon Royaume, & nul autre ne le peut faire ſans ſon congé.* Et au 4. liure chap. 5. *Il ne ſuffit pas*, dit-il, *de dire, i'ay toute Iuſtice, & par ce, i'ay reſſort. Car la conſequence n'eſt pas vraye : il faut auoir titre du reſſort. Et ſi ſans titre vn Seigneur vſe de reſſort, & de ſouueraincté en cas d'appel, entreprenant contre la ſouueraincté du Roy, il vſurpe le droict du Roy, & abuſe de ſa Iuſtice, & doit eſtre forfaite & confiſquée.* *33. Intereſt du peuple aux nouuelles Iuſtices.* *34. Qu'au Roy ſeul appartient créer Iuſtices.* *35. Droict de reſſort n'appartient qu'au Roy.*

Pareillement du Tillet au chapitre *Du Connestable de France*, dit ces mots : *Le Procureur general du Roy a touſiours maintenu, que les grands Officiers de France, ny autre ſuiet du Roy, de quelque auctorité qu'il ſoit, n'a reſſort (qui eſt droict de ſouueraineté) s'il n'a titre du Roy : comme ont les Roynes, Meſſeigneurs fils, & les Peres lays de France en leurs doüaires, appanages & Pairies, ou autres à qui il plaiſt au Roy le bailler par titre exprez, &c.* *36 De meſme.*

Or ce droict de reſſort qui dépend tellement de la Souueraineté, que meſme en ces paſſages il eſt appellé *droict de ſouueraineté*, comprend tout droict de connoiſtre des cauſes d'appel, & par conſequent tant d'auoir à ſoy vn ſecond degré de iuriſdiction, que d'en donner à ſes vaſſaux : que s'il n'eſt pas permis aux grands Seigneurs d'auoir à ſoy des Iuſtices inferieures, à plus forte raiſon ne leur eſt-il loiſible d'en donner à d'autres, pource qu'il n'y a nulle apparence de pouuoir donner à autruy ce qu'on ne peut auoir pour ſoy-meſme. *37. Droict de reſſort, ce qu'il comprend.*

Mais on me dira, que s'il eſtoit ainſi, que le Roy ſeul peuſt eriger des Seigneuries, & des Iuſtices, il n'y en auroit par conſequent qu'vn ſeul degré, à ſçauoir celles des vaſſaux du Roy. A cela ie répons, que d'ancienneté, lors que les grands Seigneurs ayans vſurpé la ſouueraineté, toutes les Seigneuries eſtans en deſordre & confuſion, pource que chacun en prenoit par où il pouuoit, les deux autres degrez des Seigneuries ſe ſont eſtablis par vſurpation, ainſi qu'il ſera nettement & particulierement expliqué aux chapitres ſuiuans. Mais qu'à preſent que noſtre Monarchie eſt eſtablie en plus bel ordre que iamais, il ne ſe doit eriger de nouuelles Seigneuries, ſans auoir, outre la conceſſion du Seigneur immediat, l'expreſſe permiſſion du Roy, mais encore de tous les Seigneurs intermediats, qui ſont tous intereſſez en la conceſſion des nouuelles Iuſtices, ſans qu'il y ait moyen de les indemniſer, comme encore il y a en la conceſſion de nouueaux fiefs. Bonne cautelle en paſſant pour les Seigneurs qui veulent empeſcher les nouuelles Iuſtices, concedées par leurs predeceſſeurs, ou paſſées dans les adueus par eux receus, de faire interuenir le Procureur du Roy, ou le Seigneur ſuperieur, qui ſont touſiours bien fondez à empeſcher les Iuſtices ſubalternes, ſi on ne monſtre leur permiſſion, ou du moins qu'elles ſoient paſſées par eux dans les adueus de leurs vaſſaux. *38. Comment il s'eſt tant fait de Iuſtices ſans le Roy.* *39. Cautelle pour abatre les Iuſtices des Seigneurs.*

Il y a encore vn autre droict particulier des grandes Seigneuries, à ſçauoir que par l'Ord. de l'an 1566. appellé l'Ordonnance du Domaine, les Duchez, Marquiſats & Comtez erigez depuis icelle, ſont declarez reuerſibles à la Couronne, en defaut d'hoir maſle deſcendant de celuy pour qui l'erection eſt faite. Ce qui eſtoit general par le droict des Lombards en tous fiefs, iceux n'eſtans tranſmiſſibles, ny aux filles, ny aux collateraux du premier vaſſal, ſinon que la premiere inueſtiture le permiſt expreſſément, *tit. De ſucceſſ. feudi.* §. *Filia*. Et cela s'obſerue encore en pluſieurs pays, où tous fiefs ſont reputez maſculins de droict commun. *40 Les grãdes Seigneuries de nouueau erigées, ſont reuerſibles à la Couronne.*

41. *Les anciennes, non.*

Mais en France où les fiefs sont patrimoniaux, cela n'a lieu qu'aux appanages des fils du Roy, qui sont reuersibles à la Couronne en defaut de posterité masculine: mais les autres Duchez, Marquisats & Comtez erigez auparauant cette Ordonnance, sont transmissibles, & aux filles, & aux heritiers collateraux du premier vassal: comme les autres fiefs, sans auoir égard ny au sexe, ny à la distinction du droict Lombard d'entre le fief ancien & le nouueau: si ce n'est que la concession fust par exprez limitée aux descendans masles, ou qu'en defaut d'iceux la reuersion fust stipulée: comme i'en sçay quelques-vns qu'il n'est pas besoin de nommer icy.

42 *On déroge ordinairement à l'Ordonn. du Domaine.*

Et quant aux Duchez, Marquisats & Comtez erigez depuis cette Ordonnance, c'est chose notoire, qu'ordinairement par leur erection on n'oublie gueres de déroger expressément à icelle, & bien qu'elle porte, qu'il n'y pourra estre dérogé, neantmoins il est certain que la puissance souueraine ne peut estre bornée: C'est pourquoy, quand sa Majesté y déroge, elle adiouste à ses lettres la clause dérogatoire au dérogatoire d'icelle: & si on adiouste encore que sans ces clauses l'impetrant n'eust accepté l'erection. C'est pourquoy il n'y a nulle apparence, qu'arriuant le defaut de masles, il perde sa Seigneurie: il est vray qu'il est éuident, que la qualité de Duché, Marquisat, ou Comté doit estre esteinte en ce cas: ce que mesme souuent le Parlement ordonne en verifiant telles érections.

43. *Il n'importe à present que les grandes Seigneuries tombent en quenoüille.*

44. *Anciennement les femmes faisoient l'Office de Pairs de France.*

Aussi, à vray dire, il n'y a maintenant pas grand inconuenient que les Duchez, Marquisats & Comtez tombent en quenoüille, attendu qu'ils n'ont plus aucun exercice personnel, ny fonction d'Office publique, non plus que les autres moindres Seigneurs. Mais la difficulté est bien plus grande à l'égard des Pairies de France, qui ont encore vn Office & fonction personnelle annexée, laquelle mesme ne peut estre deleguée à personnes tierces: de sorte qu'anciennement quand les Pairies estoient déuoluës aux femmes non mariées, on les voyoit seoir au Parlement, mesme opiner, ou estre appellées solemnellement, pour assister aux procez criminels des Pairs de France, dont du Tillet rapporte plusieurs exemples: tout ainsi qu'és Iustices on les voyoit de ce temps-là tenir l'Audience, & iuger les procez. Chose ridicule, & qui ne peut plus arriuer, pource qu'à present les Seigneurs, bien que masles, & capables d'exercer les Offices de Iudicature, ne seroient admis à exercer leurs Iustices, attendu qu'ils ne sont receus comme Officiers, & n'ont serment à Iustice en cette qualité.

45. *A present, non.*

Ie dy donc par mesme raison, qu'auiourd'huy qu'on tient vn plus bel ordre en Iustice que le temps passé, les femmes ayans Pairie ne doiuent estre appellées, ny admises au Parlement pour y auoir voix ny seance, attendu qu'elles n'y font pas le serment, comme font les Pairs de France, auant qu'y pouuoir estre admis; aussi que c'est vn Office viril, s'il y en a au monde. Et il n'y a aucun inconuenient de priuer les femmes de cet exercice, ainsi qu'on en priue les masles qui sont mineurs, consideré que la Iustice ne manque pas pourtant.

46. *Prerogatiues des Pairs de France.*

47. *Precedent les autres grands Seigneurs*

48. *Fors les Princes du Sang.*

Ce qui nous induit à parler en suite des prerogatiues particulieres des Pairs de France: dont la premiere est, qu'ils ont préeminence & préseance par dessus tous autres Ducs, Marquis & Comtes: mesme les Comtes Pairs precedent les Ducs non Pairs, & encore des Ducs & Pairs de plus nouuelle erection, pource qu'entre Pairs, on regarde l'antiquité de la Pairie, & non pas le titre de la Seigneurie.

Les seuls Princes du Sang sont exceptez, soit qu'ils soient Pairs, ou non, qui à present marchent tousiours deuant les Pairs non Princes, à cause de la dignité du Sang de France, & qu'ils sont capables de regner sur tous les Pairs. Encore quelques-vns tiennent, qu'au Sacre & Couronnement du Roy, & en la seance du Parlement, qui sont les fonctions particulieres des Pairs, ils doiuent préceder les Princes du Sang non Pairs. Car quant à ceux qui sont Pairs, bien que plus nouueaux, ils precedent tousiours sans exception tous les autres Pairs non Princes du Sang, & marchent entr'eux selon le degré de sanguinité, dont ils touchent au Roy, comme il est porté par l'Ordonnance faite exprez en l'an 1576.

49. *Ont seance & voix au Parlement.*

L'autre prerogatiue des Pairs, est, qu'ils ont seance & voix deliberatiue au Parlement de Paris, qui est la Cour des Pairs, tant à l'Audience qu'au Conseil, & ce apres qu'ils ont atteint l'aage de vingt-ans, qui est reputé maiorité aux grands Seigneurs, *in quibus eximia indoles progressum annorum supplet*, & apres qu'ils ont presté le serment en iceluy, comme en estans les premiers Conseillers. En l'Audience duquel, l'Aduocat qui plaide leurs causes, soit qu'ils soient demandeurs, ou defendeurs, appellans ou intimez, plaide tousiours au plus honorable barreau, qui est celuy prés la cheminée de la Chambre dorée, lequel pour cette cause est appellé *le Barreau des Pairs*.

50 *Barreau des Pairs.*

51. *Sont iugez par le Parlement seul.*

En consequence de cette prerogatiue, que les Pairs de France ont d'estre Conseillers du Parlement, *& quia qui Senator non est, de Senatore sententiam ferre non debet*, comme ordonna Alexandre Seuere dans Lampride: & aussi que par la loy commune des Fiefs, les Pairs de fief sont iugez les vns par les autres, les Pairs de France ont ce priuilege, que les causes qui touchent ou l'honneurs de leurs personnes, ou l'Estat de leurs Pairies, doiuent estre traitées au Parlement de Paris en premiere instance, priuatiuement à tous

Parlemens & autres Iurisdictions du Royaume, instruites & iugées, toutes les Chambres *51. Les Chambres assemblées.*
d'iceluy assemblées : ce qui est commun à tous les Conseillers du Parlement, & encore (ce
qui est particulier aux Pairs de France) appellez tous les autres Pairs estans lors à Paris, *52. Et les autres Pairs conuoquez.*
comme il est bien prouué par du Tillet, qui traite aussi de la forme & solemnité ancienne
d'admettre les Pairs de France. Ce qui se faisoit en vertu de commission du grand Seau seu-
lement, & non par le ministere d'vn Sergent, mais de deux Gentilshommes, ou d'vn Iuge *53. Cela n'a lieu qu'és causes d'honneur & de Pairie.*
de Prouince. Ce qui n'a lieu qu'és causes où il va de leur honneur, ou de l'Estat de leur Pai-
rie, car és autres causes, la plus commune opinion est, qu'ils plaident deuant les Baillifs, ou
Seneschaux, ou bien aux Requestes du Palais, où ils ont leurs causes commises comme Conseillers du Parlement.

Ils ont encore cela de particulier, que leurs Pairies releuent, non pas simplement du Roy, *54. Releuent nuëment de la Couronne.*
comme il vient d'estre dit des Duchez, Marquisats & Comtez, mais directement de la Cou-
ronne, & non d'aucune des pieces d'icelle, ou terres du Domaine. Car ils ne peuuent pas
estre Pairs de France, s'ils ne sont vassaux immediats de la Couronne : tout ainsi qu'il faut
que les Pairs de fief soient vassaux du fief dont ils se qualifient Pairs : & partant sont tenus
faire l'hommage, & rendre leur adueu en la Chambre des Comptes de Paris, non pardeuant
les Baillifs & Seneschaux des Prouinces, ou autres Chambres des Comptes : mesme lors *55. En tout & chacune partie.*
qu'vne terre tenuë de quelque Bailliage Royal, ou de quelqu'autre Seigneur, en tout, ou
partie, a esté erigée en Pairie, ou adjoint à vne Pairie, elle est sans doute, dés l'instant, distraite & démembrée pour l'aduenir de son ancienne tenure, sauf l'indemnité du Seigneur
subalterne, & deuient fief immediat de la Couronne, ainsi qu'il s'est veu depuis peu en celle
de Sully.

D'où resulte vne autre prerogatiue, à sçauoir que les appellations des Iustices des Pairs *56. Les appellations de leurs Iuges ressortissent au Parlement.*
ressortissent nuëment en la Cour, sans passer par les Baillifs & Seneschaux des Prouinces :
car encore que fief & Iustice puissent estre separez, si est-ce qu'ordinairement la Iustice des
Seigneurs ressortit au lieu dont elle releue, & tient en fief. Et sur tout, il n'y a gueres de fief
de la Couronne qui ne ressortisse directement en la Cour, & on dit lors que ces fiefs tiennent en Pairie.

Il y a encore vn autre priuilege qu'ont les Pairies laïques seulement, qui leur estoit com- *57. Aucuns ont des Grands-Iours.*
mun anciennement auec les appanages, dots & doüaires de France, d'auoir outre leur Iu-
stice ordinaire, encore vne autre Iustice superieure, où l'ordinaire ressortit par appel. Ce qui
s'appelle proprement *droict de ressort*, c'est à dire, droict d'auoir vne Iustice superieure, & de
ressort, où leur Iustice ordinaire ressortisse, comme il appert du passage de Du Tillet, cy-
dessus rapporté. Et encore, dit-il, que ny les Pairs ny les appanagez de France, n'ont pas ce
droict de ressort, de droict commun, mais seulement par concession speciale.

Cette Iustice superieure, & de ressort, est appellée *Grands-Iours*, non pas comme aucuns *58 Grands-Iours, pourquoy dits.*
pensent, pource que volontiers elle est exercée en temps d'esté : mais à la difference des
iours ordinaires, qui sont les plaids des Iustices ordinaires : estant chose notoire, que *dies* en
Latin, & *iour* en François, est pris quelquefois pour la plaidoirie. Donc les Grands-Iours
des Pairs est leur Iustice extraordinaire & superieure, qui ne se tient qu'vne, ou deux fois
l'an : comme aussi les Grands-Iours du Parlement sont les seances extraordinaires d'vn nombre de Iuges du Parlement faites par commission du Roy en vne Prouince esloignée de la
residence d'iceluy.

De ces Grands-Iours des Pairs est fait mention en l'Edit de Philippes le Bel, de l'an 1302. *59 Deuroient estre supprimez.*
en la Coustume d'Auuergne, chap. 30. dans *Io. Galli, decis* 150. & dans l'ancien Style du Parlement, chap. 23. où Du Molin a noté, qu'anciennement on n'y plaidoit sinon *inter volentes*,
& qu'il seroit expedient de les supprimer, ainsi que de son temps auroient esté abolis ceux
d'Anjou. Et veritablement il semble qu'ils sont compris en l'Ordonnance de Roussillon art.
24. qui a interdit aux Seigneurs de France d'auoir deux degrez de iurisdiction, laquelle
neantmoins n'a point esté executée à l'égard des Grands-Iours des Pairs, au moins de la
plus part d'iceux, comme nous témoigne Choppin sur le 46. article de la Coustume d'Anjou,
bien que Coquille sur le 15. article de celle de Neuers, titre *Des Successions*, nous rapporte que
les Grands-Iours de Niuernois, que l'on auoit coustume d'appeller, *La Iustice des Auditeurs
des causes d'appel en Niuernois*, furent abolis en vertu de cette Ordonnance : quoy qu'il en
soit, elle a operé en cela, qu'on n'a point donné ce droict d'auoir de Grands-Iours aux
Pairs qui ont esté erigez depuis icelle.

Finalement les Pairs de France ont cela de particulier entre tous les Offices hereditaires, *60 La fonction des Pairs doit estre faite en propre personne.*
tant feodaux, que domaniaux, que leur fonction ne peut estre exercée par Commis, fermier,
ou autre tierce personne, mais doit estre exercée en propre personne, & ce à cause de l'importance & excellence de leur Charge : ce que i'entens, pour ce qui est de iuger & opiner au
Parlement. Car au Sacre des Rois on prend ordinairement des Princes, ou des nouueaux
Pairs, pour presenter les six Pairs laïques premiers erigez, dont les Pairies sont toutes à present reünies à la Couronne.

61. *Les Comtes ne sont subiets aux Ducs.* Quant aux autres grandes Seigneuries, comme Duchez, Marquisats, Comtez & Principautez, elles n'ont aucune prerogatiue particuliere les vnes plus que les autres, fors la seule preseance. Car bien qu'anciennement les Ducs fussent superieurs des petits Comtes des Villes, selon l'opinion d'aucuns, ainsi que les Gouuerneurs des Prouinces sont par dessus ceux des villes; si est-ce pourtant que ces Comtes n'estoient pas vassaux des Ducs, ainsi que les Gouuerneurs des villes ne tiennent pas leurs Charges de ceux des Prouinces, mais du Roy : & mesme il y a grande apparence que la Iustice des Comtes ne ressortissoit point en celle des Ducs : mais qu'elle suiuoit la feodalité, attendu mesme qu'en l'ancienne pratique de France, on ne sçauoit quasi ce que c'estoit que d'appeller, principalement par deuers autre que le Roy, comme il sera dit au chapitre huictiesme.

SOMMAIRE DV SEPTIESME CHAPITRE.

1 *Mediocres & petites Seigneuries ne sont connuës aux liures des Fiefs.*
2 *Le mesme auoit lieu autrefois en France.*
3 *Les Comtes mettoient Lieutenant en leurs places.*
4 *Origine des Vicomtes, Preuosts, Viguiers & Chastelains.*
5 *Vicomtes sont plus que les autres Lieutenans.*
6 *Vicomtes establis par les Roys.*
7 *Puissance des Vicomtes establis par les Comtes.*
8 *De mesme.*
9 *Vicomtes n'auoient anciennement que la moyenne Iustice.*
10 *Estoient simples Officiers.*
11 *Vicomtes de Normandie.*
12 *Iustice des Comtes & des Vicomtes n'estoit qu'vne.*
13 *Mais auoit deux seances diuerses.*
14 *Plaids ordinaires.*
15 *Assises, ou grands plaids.*
16 Mallum.
17 *Vicomtes faits Seigneurs, comme aussi les Chastelains des Villes.*
18 *Preuosts, Viguiers & Chastelains des Villes sont demeurez Officiers, & pourquoy.*
19 *Vicomtes, demy-Seigneurs.*
20 *Vicomtes, Officiers.*
21 *Vicomtes, Seigneurs de quatre sortes.*
22 *Vicomtes releuans de la Couronne.*
23 *Vicomtes releuans du Roy.*
24 *Vicomtes releuans des Comtes.*
25 *Vicomtes, ou Seigneurs Vicomtiers, moyens Iusticiers.*
26 *Vidames.*
27 Domnus.
28 *Vidames releuent des Euesques.*
29 *Vidames ont pris le nom des Villes Episcopales.*
30 *N'y a qu'vn Vidame en vn Eueſché.*
31 *Vidames sont plus que Vicomtes.*
32 *Baron a deux significations.*
33 *Baron, grand Seigneur.*
34 *Baron, Seigneur de Baronnie.*
35 *Origine des Baronnies anciennes.*
36 *Barons estoient anciennement grands Seigneurs, & releuoient de la Couronne.*
37 *N'y a plus de ces Baronnies.*
38 *Origine des Barons d'à present.*
39 *Sires & Sireries.*
40 *Hauts-Iusticiers sont aucunefois dits Barons.*
41 *Baron quelquefois signifie tout Seigneur honoraire.*
42 *Baron mary.*
43 *Baron, le fils du Seigneur de village.*
44 *Baron, bourgeois de ville.*
45 *Haut-ber.*
46 *Ber.*
47 *Haut-ber pour celuy qui doit seruir le Roy auec armes pleines.*
48 *Haut-bergeon, cotte de maille.*
49 *Erreur.*
50 *Baron a toute Iustice.*
51 *Etymologie de Chastelain.*
52 *Chastelains estoient Officiers du commencement.*
53 Castellum, *signifie Bourg.*
54 Castellani, *gardes des Bourgs, ou forts.*
55 *Chastelains de Sicile.*
56 *De Pologne.*
57 *De Castille.*
58 *Chastelains, autrefois simples Officiers.*
59 *Chastelains, appellez* Iudices foranei.
60 *Chastelains de Forests, Dauphiné, & Aniou, n'ont Iustice que iusqu'à 60. sols.*
61 *Chastelains des Villes.*
62 *Chastelains se sont presque par tout faits Seigneurs.*
63 Chastellenie, *ce que c'est.*
64 *Coment les Chastelains ont vsurpé la haute Iustice.*
65 *Chastellenie signifie toute pleine Iustice.*
66 Castrum, curia, curtis.
67 *Rang des mediocres Seigneurs.*
68 *Vidames precedent les Vicomtes.*
69 *Vicomtes precedent les Barons.*
70 *Posé qu'ils releuent de Seigneurie égale.*
71 *Barons precedent les Chastelains.*
72 *Barons ont deux prerogatiues par dessus les Chastelains.*
73 *Barons ont droict de ville close.*
74 *Barons ont la garde des clefs des portes de leur ville.*
75 *Chastelains ont seulement droict de Chasteau, & non de ville close.*

DES MEDIOCRES SEIGNEVRIES, ASSAVOIR, VICOMTEZ, VIDAMEZ, BARONNIES, ET CHASTELLENIES

CHAPITRE VII.

1. Mediocres & petites Seigneuries ne sont connuës aux liures des fiefs.

'EST la verité que les Liures des Fiefs, selon leur naïue intelligence, ne reconnoissent, ny les mediocres, ny les petites Seigneuries, mais reconnoissent seulement les grandes, releuantes directement du Prince, lesquelles ils appellent tantost *fiefs Royaux*, tantost *fiefs de Dignité*, & tantost *Capitaineries*. Et quant aux fiefs qui releuent de ces Capitaineries, ils les appellent *simples fiefs*, & non pas Dignitez ny Capitaineries, n'admettant point qu'autre que le Prince puisse créer des Dignitez, ny conferer des Capitaineries qui importent puissance publique. Finalement, quant aux terres qui releuent des simples fiefs, ils disent que ce ne sont pas vrais fiefs, & que *consuetudinem seu nullam habent*, ne permettant point qu'vn simple fief puisse auoir sous soy vn autre fief, qui soit vray fief: comme i'ay dit au Chapitre precedent.

2. Le mesme auoit lieu iadis en France.

Comme tout cela est plein de raison, aussi estoit-il obserué en France aux premiers temps, & auparauant que l'vsurpation des grands Seigneurs eust renuersé le bel ordre & la discipline primitiue des fiefs, & voicy comment cela est arriué.

3. Les Comtes mettoient Lieutenans en leurs places.

C'est chose qui de toute antiquité a esté obseruée, & à Rome, & en France, que les principaux Magistrats ayans tout ensemble la charge des armes, & de la Iustice (comme i'ay prouué ailleurs) & neantmoins estans plus gens d'espée, que de lettres, se déchargeoient des menuës affaires de la Iustice sur des Lieutenans, qui en France estoient appellez tantost Vicomtes, *quasi Comitum vicem gerentes*, tantost Preuosts, *quasi Præpositi iuri dicundo*, tantost Viguiers, *quasi Vicarij*, & tantost Chastelains, *quasi castrorum custodes*.

4. Origine des Vicomtes, Preuosts, Viguiers, & Chastelains.
5. Vicomtes plus que les autres Lieutenans.

Notamment il y a grande apparence que ceux-là estoient appellez *Vicomtes*, qui estoient mis dans les villes au lieu des Comtes, soit que ces villes n'eussent point de Comtes, soit que les Comtes n'y fissent leur demeure ordinaire. Et ceux-là partant tenoient rang de Comtes, & estoient plus que simples Vicaires ou Lieutenans, comme les Vice-Rois sont plus que Lieutenans de Roy.

6. Vicomtes establis par les Rois.

Ie dy, mis dans les villes au lieu des Comtes, soit qu'ils y fussent mis par les Ducs ou Comtes de la Prouince, comme en toutes les villes de Normandie, il y eut des Vicomtez establis par les Ducs: soit qu'ils y fussent mis par le Roy mesme, comme gardiens des Comtez, en attendant qu'il y eust mis des Comtes en titre, tout ainsi que les Empereurs Romains enuoyoient quelquefois és Prouinces des Commissaires, *qui vicem gerebant Iudicis vel Præsidis*, desquels, & non des Lieutenans commis par les Presidens des Prouinces, Cujas dit, qu'il faut entendre le titre du Code, *De Officio eius, qui vicem alicuius Iudicis, vel Præsidis obtinet*.

7. Puissance des Vicomtes establis par les Comtes.

Donc ces Vicomtes, comme aussi les autres Lieutenans des Ducs & Comtes, estoient tout ainsi que *Legati Proconsulum, quibus Proconsules mandare solebant iurisdictionem*, c'est à dire, l'administration de leur Iustice ordinaire, laquelle administration consistoit en la connoissance des causes ciuiles, & encore, comme aucuns pensent, en l'instruction des criminelles, mais non en la decision d'icelles, pource qu'elle dépend du *merum Imperium*, qui ne peut estre de egué, dit la loy 1. *De Offic. eius cui mand. est iurisd.*

8. De mesme.

C'est pourquoy l'Autheur du Specule definit le Vicomte, *cui Dominus temporalis, commisit exercitium iurisdictionis suæ*. Et apres, rapportant tout au long le formulaire de ses lettres de prouision, il y met que le Comte le fait son Lieutenant general, tant au fait du gouuernement, que de la Iustice, reseruant toutefois à soy la Sentence definitiue des causes capitales.

9. Vicomtes n'auoient iadis que la moyenne Iustice.

D'où il s'ensuit, que les Vicomtes, & tous ces autres Lieutenans, n'auoient de leur premiere origine, quant au fait de la Iustice, que *mixtum Imperium* tout au plus, que nous auons du commencement appellé icy la moyenne Iustice: mais non la haute Iustice, que nous auons prise pour le *merum Imperium* du droict Romain. Et de fait, presque toutes les Coustumes de la Gaule Belgique, comme d'Amiens, Montreüil, l'Isle, Hédin, & autres, appellent la moyenne Iustice, Iustice Vicomtiere, & droict de Vicomté, & l'Autheur de la Somme Rurale, qui estoit de ce pays-là, définit les Vicomtiers, ceux qui ont moyenne Iustice.

10. Estoient simples Officiers.

Quoy qu'il en soit, il est bien certain que les Vicomtes estoient de leur premiere origine simples Officiers, mesme encore à present en Normandie les Iuges primitifs des villes

11. Vicomtes de Normandie. sont appellez Vicomtes, & ces Vicomtes de Normandie ont toute la mesme charge, que ceux qui au cœur de la France sont appellez *Preuosts*, en Languedoc *Viguiers*, & *Chastelains* en Poictou : encore trouuons-nous quelques remarques, qu'au milieu de la France ils estoient autrefois appellez indifferemment Preuosts & Vicomtes, tesmoin qu'on dit encore la Preuosté & Vicomté de Paris, qui est tout vn, quoy que l'Autheur du grand Coustumier tasche de les distinguer.

Puis donc que les Vicomtes estoient les Lieutenans des Comtes, il s'ensuit que la Iustice *12. Iustice des Comtes, & des Vicomtes n'estoit qu'vne.* des Comtes, & celle des Vicomtes n'estoit en effet qu'vne mesme Iustice, que le Comte pouuoit exercer en personne quand il luy plaisoit, & que le Vicomte exerçoit au nom du Comte, comme auiourd'huy les Lieutenans au nom du Bailly. Et toutefois elle auoit deux *13. Mais auoit deux seances diuerses.* seances diuerses, à sçauoir celle qui estoit ordinairement tenuë par le Vicomte, ou Preuost, qu'on appelloit plaids ou iours ordinaires, pource qu'elle se tenoit iournellement & ordinairement, & aussi que les causes ordinaires s'y vuidoient.

14. Plaids ordinaires. Et celle qui ne pouuoit estre tenuë que par le Comte, ou Commis par luy, autre que le Vicomte, ou Preuost, qui s'appelloit *Assises*, ou grands plaids : & c'estoit vne assemblée solemnelle des principaux vassaux, & plus notables personnes du destroit, qui trois ou quatre *15. Assises, ou grands plaids.* fois l'an estoit conuoquée par le Comte, pour vuider les grandes causes, ainsi qu'il sera amplement traité au chapitre suiuant ; Et cette assemblée des Assises estoit anciennement ap- *16 Mallum* pellée *Mallum*, comme il se void dans les Capitulaires, que M. Pithou en son docte glossaire sur iceux, définit, *maius placitum, siue de maioribus causis vbi vocatos adesse oportuit* : ce qu'il prouue par plusieurs authoritez.

Or il est à presumer, qu'au mesme temps qu'Hugues Capet de Maire du Palais, de Duc des Ducs qu'il estoit, se fit Roy de France, & que semblablement les Ducs & les Comtes vsurperent la proprieté de leurs Charges : à leur exemple, aucuns de leurs Lieutenans en *17. Vicomtes faits Seigneurs, comme aussi les Chastelains des villages.* firent de mesme, notamment la pluspart des Vicomtes & des Chastelains des villages, pource que ceux-là n'auoient pas leur superieur prés d'eux, & aussi qu'ils auoient la charge tant des armes, que de la Iustice, mais les Preuosts, Viguiers & Chastelains des villes n'en purent faire autant, mais sont tousiours demeurez simples Officiers, pource qu'ils auoient *18. Preuosts, Viguiers & Chastelains des Villes sont demeurez Officiers & pourquoy.* leurs Chefs presens, & n'auoient possible pas la charge des armes.

Toutefois il y eut quelques-vns des Vicomtes qui ne se purent non plus faire Seigneurs, mais sont aussi demeurez simples Officiers, comme entr'autres ceux de Normandie : d'autres aussi, bien qu'ils ayent changé leur Office en fief, n'ont pû pourtant vsurper la proprieté de la Iustice, mais seulement certaine part des amendes, & autres profits casuels d'icelle, *19. Vicomtes demy Seigneurs.* ainsi qu'il se void au procez verbal de la Coustume de Berry sur le huitiesme art. du 2. chap. que les Vicomtes de Bourges, de Cologne, de Villemenart, de S. Georges & de Fussi, pretendent le tiers des profits de la Iustice Royale, qui est la part que les Vicomtes estans *20. Vicomtes Officiers.* Officiers auoient accoustumé de prendre en la Iustice des Comtes, comme a prouué *Gullelmus Camdenus* en sa Bretagne *cap. 4. De ordinibus Angliæ*, & comme auiourd'huy les Baillifs sont ordinairement reglez auec leurs Lieutenans, des deux tiers, au tiers des espices des procez.

21. Vicomtes Seigneurs de quatre sortes. Et des Vicomtes qui se sont faits Seigneurs, encore y en a-t-il de trois ou quatre sortes, sçauoir en premier lieu ceux qui releuent de la Couronne, soit pour auoir esté establis par les Rois au lieu des Comtes, comme il vient d'estre dit, ainsi qu'on dit du Vicomté de Tu- *22. Vicomtes releuans de la Couronne.* renne : soit que les Vicomtes, ayans esté establis par les Comtes des villes, les ayent par apres chassez : comme il me souuient d'auoir leu que les Vicomtes de Milan vsurperent la Seigneurie sur les Archeuesques, qui en estoient Comtes : soit finalement qu'ayans esté establis par les Ducs ou Comtes des villes, ils ayent apres leur vsurpation, secoüé le joug de leur obeyssance, ne voulans reconnoistre que le Roy : & tous ces Vicomtez doiuent sans doute estre mis au rang des grandes Seigneuries, puis qu'ils sont fiefs immediats de la Couronne.

23. Vicomtes releuans du Roy. Secondement, il y a d'autres Vicomtez, qui releuent du Roy, à cause des Comtez, de present reünis à la Couronne, qui est l'espece la plus commune de toutes. Et en troisiesme lieu, il y en a qui releuent des Comtez non Royaux, lesquelles deux dernieres especes sont du *24 Vicomtes releuans des Comtes.* rang des mediocres Seigneuries, estans arrierefiefs de la Couronne : & d'autant qu'il y en a beaucoup plus de ces deux especes, que de la premiere, i'ay mis les Vicomtez indefiniement en ce rang, *quia à maiori parte denominatur totum.*

25. Comtes, Seigneurs, Vicomtes, moyens Iusticiers. Il est vray, qu'il y a encore vne quatriesme espece moindre que les trois precedentes, à sçauoir de ceux qui n'ont pû vsurper la haute Iustice, mais sont demeurez simplement moyens Iusticiers, comme il vient d'estre dit de ceux de Picardie, & pays de Flandres, qui toutefois ne sont pas auiourd'huy qualifiez Vicomtes, mais, à la difference des autres, sont seulement appellez *Seigneurs Vicomtiers.*

26 Vidames. 27. Dominus. Voila pour les Vicomtes, & quant aux Vidames, il faut tenir en vn mot, que ce qu'est le Vicomte à l'égard du Comte, le Vidame l'est à l'égard de l'Euesque, *qui Dominus vel Domnus per excellentiam dicitur in ſua Eccleſia, vt cum ei occinitur, Iube Domne benedicere* : car Dame & Dom ſignifie en vieil François, Monſieur, comme il ſe void aux anciens Romans, & és Monaſteres; & Paſquier l'a bien prouué au liure 6. chap. 3. De ſorte que le Vidame (qui eſt mieux dit que Vidom) eſt celuy qui repreſente & tient la place de l'Eueſque, entant que Seigneur temporel, *cap. Volumus, & can. ſeq. 89. diſt. & can. Salu tor. 1. quæſt.* 3. & le meſme Paſquier prouue par pluſieurs authoritez anciennes, que la charge des Vidames eſtoit d'exercer la Iuſtice temporelle des Eueſques.

Comme donc les Vicomtes de ſimples Officiers qu'ils eſtoient, ſe ſont faits Seigneurs, auſſi ont fait les Vidames, changeans leur Office en vn fief releuant de leurs Eueſques : & de fait, il n'y a point que ie ſçache, de Vidamé en France qui ne releue d'vn Eueſque, ou bien, qui ne ſoit annexé & reüny au temporel d'vn Eueſché, comme eſt le Vidamé de Beauuais, maintenant appellé le Vidamé de Gerberoy, qui a eſté reüny à l'Eueſché de Beauuais. Meſme cela eſt remarquable, que comme les Vicomtes, auſſi les Vidames ont pris le nom des villes des Comtes ou des Eueſques, bien que leurs Seigneuries en ſoient quelquefois fort eſloignées, comme nous voyons des Vidames de Reims, d'Amiens, du Mans, de Chartres, & autres ſemblables, d'où il eſt aiſé à conclure qu'il ne peut y auoir qu'vn Vidame en vn Eueſché, ayant l'intendance de toute ſa Iuſtice temporelle, bien qu'il puiſſe bien y auoir pluſieurs Vicomtes ſous vn Duc ou Comte eſtablis en diuerſes villes, ainſi qu'il ſe void en Normandie. Et partant il s'enſuit, que les Vidames ont les meſmes droicts que les Vicomtes, ſinon qu'ils ont la haute Iuſtice, à plus iuſte titre que les Vicomtes, qui ne l'ont euë que par vſurpation, au lieu que les Vidames l'ont euë du propre droict de leur Office : pource que les Eueſques ne la pouuans exercer en propre perſonne, à cauſe de leur Clericature, eſtoient forcez de la commettre aux Vidames : d'où il s'enſuit auſſi que les Vidames ſont du rang des mediocres Seigneurs, puis qu'ils releuent des Eueſques, qui au premier chap. Des Fiefs, ſont mis entre les vaſſaux immediats de la Couronne, auſſi preſtent-ils le ſerment de fidelité au Roy en ſa Chambre des Comptes, à cauſe de leur temporel.

28 Vidames releuent des Eueſques.

29. Vidames ont pris le nom des villes Epiſcopales.

30. N'y a qu'vn Vidame en vn Eueſché.

31. Vidames ſont plus que les Vicomtes.

32. Baron a deux ſignifications.

Quant aux Barons, leur nom eſt equiuoque. Car comme il a eſté dit au chapitre 5. qu'il y a deux acceptions du nom de Prince, à ſçauoir la generale, & comme adiectiue, pour ſignifier tous ceux qui ſont Princes, de quelque ſorte que ce ſoit, & la particuliere & ſubſtantiue, pour ſignifier ceux qui ſont Seigneurs des terres erigées en titre de Principauté. Auſſi il y a deux ſignifications de Baron, l'vne generale, comme quand on dit des Barons de France, qui ſignifie les vaſſaux immediats de la Couronne, n'ayant les droicts de ſouueraineté, ſoient Ducs, Marquis, Comtes, ou Seigneurs de Principauté ; l'autre particulier, pour ſignifier particulierement les Seigneurs des terres erigées en titre de Baronnie.

33. Baron grand Seigneur.

Et il y a cette difference entre les Princes & les Barons, pris en la generale ſignification que les vaſſaux de la Couronne, qui ont les droicts de ſouueraineté, ſont qualifiez Princes, & ceux qui ne les ont, ſont ſeulement qualifiez Barons. Donc comme il a eſté dit au chap. precedent, que les Ducs, Marquis & Comtes (qui anciennement n'eſtoient que Barons, c'eſt à dire vaſſaux du Roy ſans ſouueraineté) ayant empieté les droicts de ſouueraineté, & de ſimples Barons s'eſtant fait Princes, les autres vaſſaux immediats de la Couronne, qui n'auoient ces titres de Ducs, Marquis ou Comtes, & auoient auſſi empieté les droicts de ſouueraineté, ſe qualifierent Princes particulierement, prenant l'epithete commun pour vn titre particulier : auſſi du temps que tous les vaſſaux du Royaume n'eſtoient que Barons ſans ſouueraineté, ceux d'entr'eux qui n'auoient point de titre de Duc, Marquis ou Comte, ſe ſeruirent de l'epithete generale de Baron, lequel partant en ſa ſeconde ſignification (qui eſt la plus vſitée à preſent) eſt pris pour vn titre particulier de certaines Seigneuries releuantes du Roy, qui n'en ont point d'autre.

34. Baron Seigneur de Baronnie.

35. Origine des Baronnies anciennes.

Encore eſt-il vray que proprement & ordinairement, les Baronnies releuoient de la Couronne, & non pas ſimplement du Roy, à cauſe des Duchez & Comtez reünis, & que les Barons releuans des Duchez & Comtez reünis ne ſont pas vrais Barons du Royaume, *nec dici poſſunt Capitanei regni.*

36 Barons eſtoient anciennement grands Seigneurs, & releuoient de la Couronne.

C'eſt pourquoy l'Autheur du grand Couſtumier liure 2. chap. 27. dit, que de ſon temps il n'y auoit en France que trois Baronnies, Bourbon, Coucy, & Beaujeu, & autant en dit l'Autheur du Guidon des Praticiens au titre Des Fiefs. Car tous les anciens Barons releuans ſimplement de la Couronne, ou ſe ſont laiſſez aſſuiettir aux Ducs & aux Comtes, n'eſtans pas ſuffiſans de ſe maintenir contr'eux au temps de l'vſurpation, comme meſme la pluſpart des Comtes des villes furent aſſuiettis par les Ducs & Comtes des Prouinces, ou bien les anciens Barons qui ſe ſont maintenus, & meſme les trois que ie viens de nommer, ont eſté erigez à ſucceſſion de temps en Duchez, Marquiſats ou Comtez : de ſorte qu'à preſent ie ne connois pas vn ſeul de ces anciens Barons de la premiere antiquité.

37 N'y a plus de ces Baronnies.

Mais lors que les Ducs & Comtes eurent empieté les droicts de ſouueraineté, ils ſe licentierent d'eriger d'autres Baronnies ſous eux, voulant auoir leurs Barons, auſſi bien que le Roy : témoin nos anciennes Hiſtoires, qui font tant de fois mention des Barons

38. Origine des Barons d'à preſent.

de Champagne, de Bourgogne, de Bretagne, & autres semblables.

39. *Sires, Sieuries.* Donc à present que tous ces anciens Duchez & Comtez sont reünis à la Couronne, ces mesmes Barons, qui maintenant releuent du Roy, ont encore plus de suiet de se qualifier Barons, & n'y en a plus gueres d'autres en France : car deslors que les vassaux des Ducs & des Comtes prirent le titre de Barons, les Barons de France qui restoient pour se distinguer d'eux, prirent vn autre titre, & se qualifierent Sires, comme les Sires de Bourbon, Beaujeu, Coucy, Montmorency & autres, taschant par cette appellation de participer aux droicts de souueraineté. Et toutefois entre les grands Seigneurs ie n'ay point compté ces Sires, pource que ie n'en connois plus à present, ausquels cette qualité appartienne vrayement.

40. *Hauts Iusticiers sont quelquefois dits Barons.* Bref, parmy la confusion qu'apporta l'ambition & l'vsurpation des Seigneurs de France, le titre de Baron fut rendu si commun, que tous les hauts Iusticiers se sont autrefois appellez Barons, principalement ceux qui auoient vsurpé le droict de ressort : témoin ce qu'adiouste le grand Coustumier au passage cy-dessus allegué. *Aucuns, dit-il, veulent dire que tout homme qui a haute Iustice & ressort en icelle, se peut nommer Baron.* D'où vient la definition que Balde donne du Baron, *Quicumque habet merum mixtumque Imperium concessione Principis,* & ce que *Matthæus Paris* dit, qu'en Angleterre, du temps de Henry III. fut trouué cent cinquante Baronnies.

41. *Baron par fois signifie tout Seigneur honoraire.* Mesme enfin l'vsage de ce nom a passé si auant, qu'on l'a pris pour signifier toute espece de Seigneuries honoraires, comme en l'ancienne Chronique de Flandres, & en plusieurs Coustumes de Picardie, il est dit, *que la femme a son mary & Baron*, c'est à dire, *est in manu potestatéque viri :* 42. *Baron mary.* d'où vient qu'encore auiourd'huy les femmes de Picardie appellent les maris *leurs Barons*, ce qui est conforme à l'interpretation de Suidas, disant que Βάρων ἐστὶν ἀνήρ. Et en 43. *Baron le fils du Seigneur du village.* plusieurs Prouinces de France, le fils aisné du Seigneur du village est appellé *le Baron :* mesme il y a quelques villes priuilegiées, comme Bourges entr'autres, dont les bourgeois se qualifient Barons, ainsi que Camdenus a remarqué, qu'en Angleterre ceux de Londres, Varwic, & autres villes auoient droict de se qualifier Barons.

44. *Baron bourgeois de ville.* Peut-estre que de là est venu, que les Seigneurs des Baronnies, à la distinction, soit des hauts Iusticiers, soit des autres encore moindres, qui se qualifioient Barons, se sont appel- 45. *Haut-ber.* lez Barons, ou haut-Bers : car il est bien certain que dans tous les anciens liures de pratique, 46. *Ber.* notamment en la Somme Rurale, *Ber* & *Baron* est mesme chose : mesme au Liure intitulé, *L'establissement du Roy pour les plaids de Paris & d'Orleans, & de Baronnie, &c. Haut-Ber & Haut-Baron* sont confondus comme synonymes : & de là sans doute originairement a esté dit le Fief de *Haut-Ber*, dont le Seigneur *inuestitus est à Principe, de plebe vel plebis parte*, comme parle le tit. *Quis dicatur Dux, &c.*

47. *Haut-ber pour celuy qui doit seruir le Roy auec pleines armes.* Mais pource que Haut-Ber, ou Seigneur du Fief de Haut-Ber estoit tenu seruir le Roy en guerre auec armes pleines, dit la vieille Coustume de Normandie, chapitre 85. c'est à dire armé de toutes pieces, & consequemment auec l'arme du corps, qui estoit lors la cotte de mailles, de là est venu que cette arme a esté appellée *Hauber* ou *Haubergeon :* d'où à succession 48. *Hauberge ou cotte de maille.* de temps il est arriué que le fief de Hauber a esté pris pour toute espece de fief, duquel le Seigneur est tenu seruir le Roy auec le Hauber, ou Haubergeon : & partant on a cru qu'il fut ainsi appellé à cause du Haubergeon, qui est ce que dit Cujas sur le tit. 9. du premier li- 49. *Erreur.* ure *Des Fiefs*, que le fief de Haut-Ber, est dit, *ab armorum genere, quo possessor Regi seruire debet :* bien qu'on puisse dire qu'au contraire Haubergeon vient de Hau-ber, & estoit l'arme du Hau-ber : & cet erreur est cause qu'auiourd'huy en la Coustume reformée de Normandie, Fief de Hau ber est moins que Baronnie, estant par les articles 155. & 156. d'icelle, le relief de la Baronnie taxé à cent liures, & celuy du Fief de Hau ber entier à quinze liures seulement.

Quoy qu'il en soit, comme les anciens Barons de France releuans immediatement de la 50. *Baron a toute Iustice.* Couronne, auoient de la propre nature & primitiue institution de leurs Seigneuries, toute Iustice, mesme tout commandement tant au fait de la Iustice que des armes, comme estant les vrais & naturels Capitaines du Royaume : aussi les Barons erigez à leur modelle par les Ducs & Comtes, lors qu'ils ioüissoient des droicts de Souueraineté, qui sont ceux dont nous traitons, eurent deslors de leur institution toute Iustice, plein territoire, & tout commandement, comme representant ceux qui és liures Des Fiefs sont appellez *Capitanei* simplement, que la commune opinion des Interpretes estime auoir esté ceux qui releuoient des vassaux immediats de la Couronne.

51. *Etymologie de Chastelain.* Finalement, pour le regard des Chastelains, sans m'amuser à rapporter les autres etymologies qu'on leur donne, il me semble qu'il y a grande apparence en l'opinion du moderne Gregoire liure 6. *Syntag. cap.* 3. que les Chastellenies soient celles, qui aux liures Des Fiefs sont appellées *feuda castaldiæ, vel Guardiæ*, qui sont fiefs impropres, & plutost Offi- 52. *C'estoient Offices du commencement.* ces que fiefs, dit Cujas. Aussi en quelques pays nos Chastellenies sont appellées *Chastellenies & Gardes :* mesme c'est la verité que nos Chastelains sont demeurez simples Officiers

long-temps apres que les autres Seigneuries ont esté conuerties en Offices, mesme il y a encore plusieurs Chastelains qui ne sont qu'Officiers.

Or c'est chose notoire que *Castella*, sont les bourgs ou gros villages: où il y a chasteau, 53. Castellum *signifie bourg.* forteresse ou retranchement, d'où vient, que *ciuitates & castella* sont assemblez en la loy 2. §. *Intereo. C. de Offic. Praef. Prat. Afr.* & en la Constitution de Federic, *De pace tenenda.* §. *Illicitas*, & mesme en plus de six endroits des Euangiles. *Vici*, dit Isidore, *castella, & pagi sunt* 54. Castellani, *gardes de bourg ou forts d'iceux.* *quid nulla dignitate ciuitatis ornantur, sed vulgari hominum conuentu incoluntur, & propter paucitatem sui, maioribus ciuitatibus attribuuntur.* Et de là vient que dans Tite-Liue & dans Saluste, *in Iugurtha*, les habitans de ces bourgs sont appellez *Castellani*, bien que proprement *Castellani* sont ceux qui ont la garde des bourgs, ou des Chasteaux & forteresses d'iceux, & quant-&-quant y rendoient anciennement la Iustice, parce que comme il a esté dit tant de fois, la Iustice suiuoit autrefois le Gouuernement. Ce que *Petrus Vinea lib 3. Epist. cap. 88.* 55. *Chastelains de Sicile.* nous apprend auoir lieu en Sicile ainsi qu'en France. Et pour cette cause en Pologne, où il y a peu de villes closes, les principaux Seigneurs du Royaume sont appellez *Castellani*, 56. *De Pologne.* comme Choppin rapporte sur la Coustume d'Anjou. Pareillement les Annales de Castille nous enseignent, que le pays de Castille fut ainsi appellé à *Castellorum praefectis*, qui en auoient 57. *De Castille.* le souuerain Gouuernement, auparauant qu'il fust occupé par les Comtes, qui depuis se nommerent Rois.

Mais pour reuenir à nostre France, il est aisé à entendre que les Ducs & Comtes ayant 58 *Chastelains autrefois simples Officiers.* ample territoire, estoient contraints de mettre des Chastelains és principales & plus esloignées bourgades d'icelle, & pour les maintenir en leur obeyssance, & pour y rendre la Iustice sur le lieu: lesquels Chastelains estoient aussi de leur origine simples Officiers, & sont 59. *Chastelains appellez* Iudices foranei. appellez *Iudices foranei* par Faber sur le titre *De vulg. substit.* aux Instit. & n'auoient d'ordinaire que la basse Iustice; & de fait, il y a encore auiourd'huy des Iuges au pays de Forests, 60. *Chastelains de Forests, Dauphiné & Aniou n'ont Iustice que iusqu'à 60. sols.* appellez *Chastelains*, qui n'ont Iustice que iusques à soixante sols, comme il se void dans les Arrests de Papon, titre *De la iurisdiction des Chastelains de Forests.* Ce que rapporte aussi Guy Pape en sa decis. 285. & 626. des Chastelains de Dauphiné, & cela est exprez au chapitre premier des Statuts de Dauphiné tit. *De potest. Castel.* & és Coustumes d'Anjou, le Maine & Blois, il est dit, que les Iuges de Iustice primitiue des Seigneurs Chastelains n'ont que basse Iustice.

Il est vray qu'en quelques Prouinces les Iuges establis par les grands Seigneurs en leur 61. *Chastelains des villes.* ville capitale, furent appellez *Chastelains*, soit pource qu'ils estoient Capitaines des Chasteaux qu'ils y auoient, ou pource qu'ils rendoient la Iustice à la porte, ou en la basse court d'iceux Chasteaux: & ces Chastelains des villes estoient les Iuges ordinaires d'icelles: ainsi que ceux qui és autres villes s'appelloient *Vicomtes, Preuosts*, ou *Viguiers*, & auoient moyenne Iustice.

Or il fut bien aisé aux Chastelains des villages, ayant la force en main, & estant loin de 62. *Chastelains se sont presque par tout faits Seigneurs.* leur Seigneur, d'vsurper la proprieté de leur charge, & la Seigneurie de leur destroit: de sorte qu'à present presque par tout, le terme de *Chastelain* est vn nom de Seigneurie, & non pas d'Office: force aux pays d'Auuergne, de Poictou & de Dauphiné, où les Chastelains des villes sont encore simples Officiers.

Chastellenie donc est proprement vne espece de Seigneurie releuant d'autre que du Roy, 63. *Chastellenie, ce que c'est.* ou du moins, qui ne releue pas directement de la Couronne, ayant Iustice annexée, laquelle Iustice de son origine n'estoit que basse Iustice és villages, & moyenne és villes: neantmoins les Chastelains apres s'estre faits Seigneurs n'ont gueres tardé en plusieurs endroits d'vsurper la haute Iustice de leur territoire, pour la grande difficulté qu'il y a de discerner la moyenne d'auec la haute Iustice, & aussi à cause de la maxime de droict, que *inter consentientes & de re maiore apud Magistratus municipales agitur*, *l. inter consentientes. D. Ad municip.* 64 *Comment les Chastelains ont vsurpé la haute Iustice.* mesme ils ont vsurpé enfin double degré de iurisdiction, ainsi que les plus grands Seigneurs, comme il sera dit en son lieu.

Laquelle vsurpation de la haute Iustice faite par les Chastelains, s'est tellement establie 65. *Chastellenie signifie toute pleine Iustice.* en commun vsage, que mesme *Chastellenie* ou *Chastellenerie* en nos anciens Liures de pratique, signifie souuent l'enclaue & destroit de toute pleine & entiere Iustice, & la Iustice mesme, quand elle appartiendroit à vn Duc, ou à vn Comte, comme il se void plusieurs fois dans le liure intitulé, *Des statuts du Royaume de France*, & en celuy intitulé *Des vsages de Paris, Orleans, & de Baronnie*; c'est pourquoy les anciens contracts passez, mesme és villes des Ducs ou des Comtes, commencent ordinairement par les mots, *En la Cour de la Chastellenie de Blois, de Tours, de Chartres, &c.* ce qui abuse plusieurs personnes, qui colligent de là, que plusieurs Duchez, Comtez & Baronnies n'ayent autrefois esté que simples Chastellenies. C'est aussi pourquoy les Iustices ordinaires de Paris, Orleans & Melun sont appellées *Chastelets*: ne plus ne moins que parmy nos Docteurs *Castrum* est pris pour toute Seigneurie, fust-ce vn Duché ou vn Comté: & dans les liures des Fiefs *Curia* ou *Curtis* signifie l'enclaue 66. Castrũ, Curia, Curtis. & territoire du Capitaine ou Seigneur ayant Iustice: de sorte que *feudum extra curtem* est celuy qui est situé hors l'enclaue & territoire du Seigneur dominant, comme *Eguinarius Baro* l'a fort bien interpreté contre la commune explication, en son Liure *De Beneficiis*.

67. Rang des mediocres Seigneuries. 68. Vidames precedent les Vicomtes. 69 Vicomtes precedent les Barons.

Voila l'origine & le progrez aussi iusqu'à present des quatre sortes de Seigneuries mediocres : disons maintenant quel rang elles ont ensemble. I'estime en premier lieu, que les Vidames doiuent preceder les Vicomtes, dautant que ceux cy representent les Comtes, & ceux-là les Euesques, qui sont plus que les Comtes, comme ie diray au liure *Des Ordres*. Ioint que les Vicomtes, de leur premiere institution, n'estoient que moyens Iusticiers, & les Vidames ont tousiours exercé la haute Iustice des Euesques.

Mais il me semble y auoir plus de difficulté entre les Vicomtes & les Barons, attendu que l'inscription du chapitre *Grand. De suppl. negl. Prælat. apud Bonifac.* nomme les Barons auant les Comtes mesmes Mais il faut prendre garde qu'en cet endroit les Barons sont mis en leur signification generale, pour signifier les vassaux de la Couronne, & non en la particuliere, pour signifier les Seigneurs des terres erigées en titre de Baronnies. Aussi faut-il tenir auec du Tillet, que le Vicomte precede le Baron releuant de Seigneurie égale, & la raison est, que le Vicomte est Lieutenant, & la seconde personne apres le Comte, & partant preferable à toue Barons releuans de luy. C'est pourquoy ie suppose notamment, que le Vicomte & le Baron disputans pour la preference, releuent d'vne Seigneurie égale. Car s'il se trouuoit vne Baronnie releuant de la Couronne, comme il y en auoit autrefois, elle seroit sans doute du nombre des grandes Seigneuries, & partant preferable à toutes les mediocres Seigneuries : pareillement ie tiens pour certain, que celle qui releueroit d'vn Comté Royal seroit plus honorable, que le Vicomté releuant d'vn Comté non Royal. Car enfin c'est vne regle infaillible en matiere de Seigneurie, que plus elles approchent prés du Roy, duquel tout honneur procede, plus elles sont honorables, comme i'ay dit au 4. chapitre.

70 Posé qu'ils releuent de Seigneurie égale.

71. Barons precedent les Chastelains.

Finalement pour le regard des Chastelains, il n'y a nul doute qu'ils ne soient moindres que les Barons, veu qu'il y a des Chastelains qui releuent des Barons, soit à tort ou à droict, & qu'en plusieurs pays les Barons sont appellez *grands Chastelains*, comme Balde nous apprend sur le chapitre premier. *Qui feuda dare poss. In feud.* & sur le chap. *Vno delegatorum, ext. De suppl. neglig. Prælat.*

72. Barons ont deux prerogatiues par dessus les Chastelains.

Aussi est-ce la verité que les Barons ont deux prerogatiues notables par dessus les Chastelains : l'vne, que les preuosts & Iuges de leur Iustice ordinaire ont sans difficulté haute Iustice, pource que les Seigneurs Barons ont esté erigez à l'*instar* des anciens Barons de France, qui estoient les Magistrats ordinaires : au lieu que ceux des Chastelains ne deuroient auoir que basse Iustice : qui estoit celle qui leur fut attribuée dés leur premiere institution, comme il est decidé és Coustumes de Blois, Anjou, le Maine, & comme il a esté dit cy-dessus des Chastelains de Dauphiné & de Forests.

73. Barons ont droict de ville close.

L'autre est, que les Barons ont droict de ville close pour la principale marque de la Baronnie, ainsi qu'il a esté dit cy-deuant. C'est pourquoy Du Molin sur le 54. article de la Coustume du Maine, tient que le Baron peut faire clorre le principal village de sa Baronnie, & le munir de tours & pont-leuis sans lettres particulieres du prince : neantmoins pour les diuerses opinions qu'il y a en ce poinct i'estime auec Choppin sur la Coustume d'Anjou, que c'est le plus seur d'en obtenir lettres du Roy, quand ce ne seroit que pour la leuée de deniers, qui sans doute ne peut estre faite sans speciale permission.

74. Barons ont la garde des clefs des portes de leur ville.

Et faut remarquer en passant, qu'en consequence de ce droict, les Barons ou leurs Officiers en leur absence ont la garde des clefs des portes de leurs villes, priuatiuement aux Escheuins d'icelles, & ont droict d'installer en leursdites villes vn Capitaine en temps perilleux seulement, du consentement toutefois des habitans : & ont encore ce droict, que lesdits habitans de leur ville ne peuuent faire assemblées sans leur congé, ou du Roy à leur refus, s'ils n'ont droict d'Escheuinage; c'est à dire, Corps & Communauté de Ville, comme le tout est expressément porté en l'Arrest du Dorat, rapporté par le mesme Choppin sur le 46. art. de la Coustume d'Anjou.

75. Chastelains ont seulement droict de Chasteau, & non de ville close.

Mais les Chastelains n'ont pas ce droict de ville close, mais seulement ont droict de Chasteau ou Maison forte, duquel droict il sera parlé au chapitre suiuant, & il semble que ce soit la principale & la plus remarquable difference des Barons & Chastelains, que ceux-là sont les Seigneurs des villes closes, & ceux-cy des bourgs non fermez.

SOMMAIRE DV HVITIESME CHAPITRE.

1 *Les droicts cy-apres sont communs à toutes Seigneuries mediocres.*
2 *Sauf aux Vidamez.*
3 *Armoiries en quarré.*
4 *Armoiries en escusson.*
5 *Bannieres anciennement quarrées.*
6 *Cheualiers Bannerets.*
7 *Pennons, pourquoy adioustez aux Bannieres des Barons.*
8 *Toutes armoiries maintenant en escusson.*
9 *Armoirees des Dames en lozange.*
10 *Armoiries timbrées de heaume doré & ouuert.*
11 *Mediocres Seigneurs sont Capitaines.*
12 *Et Cheualiers.*
13 *Mediocres Seigneuries affectées aux Nobles.*
14 *Fiefs autrefois affectez aux Francs, ou François.*
15 *Cause du subside des Francs-fiefs.*
16 *Examen d'iceluy.*
17 *La Noblesse vient en France de trois sortes.*
18 *Seigneuries mediocres doiuent estre laissées aux Nobles.*
19 *Pretendent seuls les hautes Iustices.*
20 *Fiefs Nobles des Lombards.*
21 *Seigneuries mediocres, comme doiuent estre erigées.*
22 *Fiefs de Dignité, comment annoblissent en France.*
23 *De mesme.*
24 *Exception.*
25 *Difference entre les Fiefs, & Offices annoblissans.*
26 *Roturier doit vuider ses mains du Fief de Dignité.*
27 *Droict de Bailliage.*
28 *Droict de Chastellenie.*
29 Bailliage, *ce que signifie.*
30 *Comment les Bailliages ont esté establis.*
31 *Autrefois la Iustice ordinaire, & le Bailliage n'estoit qu'vne mesme Iustice.*
32 *Comment les Seigneurs mediocres ont vsurpé le droict de Bailliage.*
33 *De mesme.*
34 *Aucuns n'ont vsurpé que le droict d'Assises.*
35 *Bailliages superieurs & inferieurs.*
36 *Baillif des Prouinces.*
37 *Bailliage, signifiant Prouince.*
38 *Baillifs de France.*
39 Missi Dominici.
40 *Abolis, & comment.*
41 *Origine des Baillifs de France.*
42 *Ceux qui ont droict de tenir Assises.*
43 *Iuges des hauts-Iusticiers, ne doiuent se nommer Baillifs.*
44 *Causes traitées aux Assises.*
45 *Reglemens des Baillifs & Preuosts Royaux, ensemble des Chastelains & simples Iusticiers.*
46 *Crimes capitaux iugez aux Assises, & pourquoy.*
47 *Instruction d'iceux se faisoit par les Iuges ordinaires.*
48 *Comment on en vse à present en Angleterre.*
49 *Qu'on en vsoit autrefois ainsi en France.*
50 *Changement apres que la Iustice des Baillifs a esté renduë continuelle.*
51 *Pourquoy l'appel des Sentences capitales va droict au Parlement.*
52 *Reglement d'entre les Baillifs des Seigneurs Chastelains, & les Iuges des hauts-Iusticiers pour la connoissance des crimes.*
53 *Limitation ordinaire des hautes Iustices.*
54 *Causes de ceux qui sont en garde, reseruées aux Baillifs.*
55 *Du Domaine.*
56 *Des grands chemins.*
57 *Des Nobles.*
58 *Pourquoy les Baillifs Royaux connoissent des Nobles à l'exclusion des Preuosts.*
59 *Qu'ils n'en connoissent à l'exclusion des Seigneurs, ayant droict de Bailliage.*
60 *Baillifs sont les vrais Iuges des Nobles.*
61 *Interpretation de la Declaration de Compiegne sur l'Edict de Cremieu.*
62 *Plaintes contre les Officiers se vuidoient aux Assises.*
63 *Plaintes anciennes contre les Iuges.*
64 *Changées en appellations.*
65 *Comment les Seigneurs mediocres ont vsurpé le droict de ressort.*
66 *A qui il appartenoit anciennement.*
67 *Grands-Iours estoient proprement la Iustice de ressort.*
68 *Causes appartenantes aux Baillifs en premiere instance.*
69 *L'entreprise au contraire, doit estre retranchée.*
70 *Restriction des causes de garde.*
71 *Si le Seigneur Chastelain a seul la Iustice sur les Nobles.*
72 *Que les crimes des grands chemins luy appartiennent.*
73 *Réponses aux Arrests, attribuans au Roy seul les grands crimes & ceux des grands chemins.*
74 *Causes des Nobles appartiennent aux Seigneurs mediocres sans difficulté.*
75 *Causes d'appel n'appartiennent qu'aux Baillifs.*
76 *Les Seigneurs mediocres ont vsurpé les deux parties du droict de ressort.*
77 *Ordonnance de Roussillon.*
78 *Accommodation des temps.*
79 *Interpretation du 24. article de l'Ordonnance de Roussillon.*
80 *Les Seigneurs mediocres ont encore à present droict de connoistre des causes d'appel.*
81 *Les Seigneurs mediocres ont le commandement & la iurisdiction.*
82 Imperium & iurisdictio.
83 *Comment le* mixtum Imperium *appartient*

aux Offices.

84 *Quel commandement est demeuré aux Seigneurs mediocres.*

85 *Notariat n'appartient qu'aux Chastelains.*

86 *Raison.*

87 *Le Roy ne peut mettre de Notaires és terres des Chastelains.*

88 *Mais bien en celles des hauts-Iusticiers, n'ayans droict de Notariat.*

89 *Notaires Royaux ruinent les subalternes.*

90 *Du droict de Police* remissiuè.

91 *Du droict de bans, ou proclamations.*

92 *Qu'ils appartiennent aux Seigneurs mediocres, à l'exclusion des hauts Iusticiers.*

93 *Deux sortes de publications, à sçauoir les proclamations & les affiches.*

94 *Mediocres Seigneurs font proclamations.*

95 *Hauts-Iusticiers n'vsent que d'affiches, sinon par emprunt.*

96 *Bans.*

97 *Decrets doiuent estre interdits aux hauts Iusticiers.*

98 *Droict de Chasteau appartient aux Seigneurs mediocres.*

99 *Ils ne peuuent bailler ce droict à leurs vassaux sans lettres du Roy, ny le Roy sans permission.*

100 *Maisons fortes prohibées.*

101 *Village se peut fermer par permission du Roy seul.*

102 *Droict de marché appartient aux Seigneurs mediocres.*

103 *Si les Seigneurs mediocres ont droict de foire.*

DES DROICTS DES SEIGNEVRIES MEDIOCRES.

CHAPITRE VIII.

1. *Les droicts cy apres sont communs à toutes Seigneuries mediocres.*

COMME i'ay fait vn Chapitre des droicts des Souueraines, & vn autre des grandes Seigneuries: aussi celui-cy est destiné pour expliquer les mediocres; c'est à dire, qui sont communs à toutes les mediocres Seigneuries: sauf toutefois que ie ne voudrois pas asseurer que tous les droicts cy-apres déduits, appartinssent aux Vidamez, attendu que ce sont Seigneuries extrauagantes & hors le rang des autres: dautant qu'elles releuent de l'Eglise, & que leur tenure feodale est amortie. Mais quant aux Vicomtes, Barons & Chastelains, ie les estime égaux en droicts & prerogatiues, hors la simple preseance dont ie viens de traiter: Car bien que les Chastelains ne deussent auoir les prerogatiues des Barons, si est-ce qu'ils les ont vsurpées par le moyen de la grande cõformité & affinité qu'il y a entre les vns & les autres.

2. *Sauf aux Vidamez.*

3. *Armoiries en quarré.*

Donc, comme les grands Seigneurs ont droict de porter Couronne au timbre de leurs Armoiries: aussi aucuns attribuënt aux Seigneurs mediocres pour leur premiere prerogatiue, le droict de porter leurs armoiries en quarré, à la distinction des moindres qu'eux, qui les portent en écusson. Ce qui prouient de ce que comme les Escuyers ou simples Gentils-hommes font peindre les deuises de leur Famille, (que nous appellons armoiries) sur leurs écus ou boucliers, & partant les portent en écusson: aussi les Capitaines font peindre les leurs en leur banniere, ou Enseigne de leur Compagnie: laquelle estoit anciennement quarrée comme sont encore nos bannieres d'Eglise, témoin ce que rapporte Ragueau sur le mot *Banneret*, du Cheualier au drappeau quarré, & tout cecy se iustifie assez bien par le premier article de la Coustume de Poictou, fors qu'elle exclud les Chastelains de ce droict. *Le Comte, dit-elle, Vicomte ou Baron peut porter banniere, qui est à dire, qu'il peut en guerre, & en armoiries porter ses armes en quarré: ce que ne peut le Seigneur Chastelain, qui seulement les peut porter en forme d'escusson.*

4. *Armoiries en écusson.*

5. *Bannieres anciennement quarrées.*

6. *Cheualiers Bannerets.*

Et toutefois ce droict appartient aussi aux Cheualiers Bannerets, qui estoient ceux ausquels le Roy auoit donné pouuoir de leuer banniere, bien qu'ils ne fussent Vicomtes, Barons, ny Chastelains, mais possesseurs des fiefs sans Dignité, pourueu seulement qu'ils eussent dix vassaux, & des moyens suffisans pour entretenir vne trouppe de gens de cheual: desquels Cheualiers ie parleray au liure des Ordres. Partant, les Barons, pour distinguer leurs bannieres d'auec celle des Bannerets, adiousterent des pennons, & vne queuë aux leurs, dit Ragueau, qui est à present la forme ordinaire des Cornettes de Caualerie.

7. *Pennons, pourquoi adioustez aux Bannieres des Barons.*

8. *Toutes armoiries maintenant en écusson.*

9. *Armoiries des Dames en lozange.*

Mais pour reuenir aux armoiries, ie ne vois point que les Seigneurs quelques grands qu'ils soient, les portent auiourd huy autrement qu'en écusson. Et partant l'vsage de porter armoiries en quarré n'a plus de lieu qu'en celles de leurs femmes, & qui au moins les portent en lozange, n'ayant autre marque de leur qualité en leurs armoiries que celle-là, au moins quant aux femmes des Vicomtes, Barons & Chastelains.

10. *Armoiries tymbrées de heaume doré & ouuert.*

Mais la marque particuliere qu'ont leurs maris, est, que comme les Ducs, Marquis, Comtes & Princes ont vne Couronne en leur timbre, aussi les Vicomtes, Barons & Chastelains ont au leur vn heaume doré & ouuert. Doré, dis-ie, comme Cheualiers, ausquels appartient de porter harnois doré, & ouuert comme Capitaines, qui doiuent auoir la visiere leuée, pour auoir l'œil sur leurs gens-d'armes.

Car

Car ie tiens, qu'ils sont & Capitaines & Cheualiers nais. Ie dy Capitaines, tout ainsi que selon la commune interpretation des liures des fiefs, les vassaux du second rang sont appellez *Capitaines* simplement, & ceux du premier, *Capitaines du Roy, & du Royaume*: aussi qu'en France, du temps que nostre milice estoit ordonnée selon les fiefs, ils estoient les Capitaines ordinaires, & menoient leurs vassaux en guerre. *11. Mediocres Seigneurs sont Capitaines.*

Ie dy aussi Cheualiers, mais c'est à dire, Cheualiers honoraires, & sans Ordre. Car nul n'est Cheualier de l'Ordre, fust-il fils du Roy, si l'Ordre ne luy a esté conferé. Mais comme sous les Empereurs de Constantinople, on attribua le nom de *Comte* à ceux qui n'auoient ny Seigneurie, ny Office de Comte, de sorte que c'estoit vn simple titre d'honneur: aussi en France le titre de *Cheualier* est souuent vn simple titre d'honneur, qui est attribué aux grands Officiers, soit de courte, ou de longue robe, & aussi aux Seigneurs des grandes, & des mediocres Seigneuries, qui tous se peuuent qualifier *Cheualiers*, ainsi que les simples Gentils-hommes se qualifient *Escuyers*, comme ie diray plus amplement au liure *Des Ordres*, ce que ie mets pour la deuxiéme prérogatiue des mediocres Seigneuries. *12. Et Cheualiers.*

D'où dépend encore la troisiéme, à sçauoir qu'elles sont particulierement affectées aux Nobles. Ce qu'aucuns veulent dire de tous fiefs, sous pretexte du partage des terres, qui fut fait lors du premier établissement de cette Monarchie: dont i'ay parlé au premier Chapitre, auquel partage les fiefs ne furent concedez qu'aux francs hommes c'est à dire, à ceux qui de France, ou Franconie, estoient venus conquerir les Gaules, qui furent lors appellez *Gentils*, ou *Gentils-hommes*, par les Gaulois desia Chrestiens. C'est pourquoy les fiefs sont appellez *francs* par vne épithete perpetuel, & vn franc homme signifie vn vassal, ou homme de foy. Et sur cette consideration est fondé l'impost des francs-fiefs, qui est vn subside que le Roy prend sur les Roturiers, pour leur permettre de tenir fiefs. *13. Mediocres Seigneuries affectées aux Nobles. 14. Fiefs autrefois affectez aux Francs, ou François. 15 Cause du subside des francs fiefs.*

Bien que, pour en parler librement, la difference des Francs & des Gaulois est de longtemps abolie, dont la remarque seroit maintenant impossible, veu que les Iuifs mesmes ne reconnoissent plus leurs lignées, nonobstant la peine qu'ils ont tousiours prise pour les discerner. Et certes la remarque differente des Francs & des Gaulois eust esté aussi pernicieuse à cet Estat, qu'à Rome celle des Romains & des Sabins. Partant, c'est vn abus de penser que la Noblesse de maintenant soit fondée sur la descente des Francs Allemans: mais c'est la verité qu'elle prouient de trois autres sources, sçauoir est des mediocres Seigneuries, des Offices annoblissans en deux races consecutiues, & de la possession immemoriale. Et d'autre-part la force de nostre milice consiste à present aux soldats soudoyez, soit nobles, ou roturiers, sans distinction, & non aux hommes de fief, dont le ban & arriere-ban est conuerty en vn leger impost, que payent aussi bien les roturiers que les nobles, s'ils ne vont en personne à la guerre. C'est pourquoy il y a plus de coustume, que de raison au subside des francs-fiefs. *16. Examen d'iceluy. 17. La Noblesse vient en France de trois sources.*

Mais si faut il confesser qu'il est bien raisonnable de laisser à nostre Noblesse (qui a choisi bien à propos la demeure des champs, pour vacquer aux exercices qui la fortifient aux armes) les Seigneuries & fiefs de Dignité, par le moyen desquels elle se maintienne en l'honneur, & en la grandeur de courage, que sa profession requiert. *18. Seigneuries mediocres doiuent estre laissées aux Nobles.*

C'est pourquoy aux Estats de Blois, elle demanda au Roy, que les hautes Iustices & fiefs de haubert luy fussent tous laissez, comme Chopin a rapporté sur la Coustume d'Anjou. Que si on veut laisser posseder aux roturiers les simples Iustices, que i'appelle *petites Seigneuries*, au moins est-il, ce me semble, bien raisonnable de laisser les grandes aux grands Seigneurs, & les mediocres aux Gentils-hommes: estant chose incompatible, qu'vn roturier se qualifie Cheualier, attendu que la Cheualerie est vn degré de Dignité: par dessus la simple Noblesse. *19. Pretendent seuls les hautes Iustices.*

Ainsi void-on, qu'aux liures des fiefs, il y a certains fiefs, qui sont appellez *nobles*: & ceux-là sont non seulement les fiefs, qui ont titre de Dignité, mais encore ceux qui sont mouuans des fiefs immediats du Royaume, pourueu que ce soient anciens fiefs, dit le titre *Quis dicatur Dux*, *&c.* Or nos Seigneuries mediocres, outre qu'elles ont titre de Dignité, releuent toutes des fiefs immediats de la Couronne, & si faut que ce soient anciens fiefs érigez de temps immemorial, à ce qu'elles soient presumées auoir esté erigées, pendant que l'vsurpation duroit: Car si de nouueau des Ducs, ou Comtes vouloient ériger des Vicomtez, Baronnies, ou Chastellenies, ils ne le pourroient sans speciale permission, ou confirmation du Roy, estans sans doute vne dependance de la Souueraineté, d'ériger des fiefs de Dignité, comme il a esté dit au 3. chapitre de ce liure. *20. Fiefs nobles des Lombards. 21. Seigneuries mediocres, comment doiuent estre érigées.*

Mais il faut prendre garde, que les fiefs nobles des Lombards annoblissent la personne, dit ce mesme titre *Quis dicatur Dux*. Ce qui n'est pas en France, sinon que l'inuestiture en ait sciemment esté faite par le Roy à vn roturier, auquel cas il semble que le Roy habilite à tenir le fief de Dignité celuy qu'il en inuestit, attendu que les bien-faits du Prince doiuent estre benignement interpretez & étendus, tant que faire se peut. Et ie croy qu'il faut ainsi entendre le dire de M. le Maistre, au traitté des amortissemens, Chapitre cinquiéme, *22. Fief de Dignité comment annoblissent en France.*

qu'vne Baronnie, & tout autre fief de Dignité annoblit le roturier, bien qu'en effet, ce n'est pas le fief qui l'annoblit, mais l'inuestiture du Roy, qui seul en France peut conceder la Noblesse, & rendre le roturier capable des priuileges qu'il a donnez aux Nobles.

C'est pourquoy, si le roturier est inuesty d'vn fief noble par autre que par le Roy, quand mes-
23. *De mesme* me ce seroit par sa Chambre des Comptes, il n'est pourtant pas annobly : comme apres plusieurs allegations resout Tiraqueau, au traicté de la Noblesse, chap. 7. nombre 19. En quoy il
24. *Exception.* semble qu'il y ait vne exception que si pendant deux generations vn fief de Dignité auoit esté en vne famille, alors, puis qu'on tient que la Noblesse se prescrit, ayant esté possedée publiquement *à patre & auo*, il y a apparence de dire que les descendans sont presumez Nobles, posé mesme qu'il apparût d'ailleurs, que leurs predecesseurs fussent roturiers: & ce à l'exemple des Offices annoblissans, qui bien qu'ils ne produisent qu'vne noblesse personnelle, laquelle ne passe point aux heritiers, neantmoins quand le pere & l'ayeul en ont esté honorez, leur posterité deuient desormais noble à perpetuité.

25. *Difference entre les fiefs & Offices annoblissans* Il y a toutesfois cette difference entre les annoblissans & les fiefs de Dignité, que les roturiers sont capables de ces Offices, & les ayant, ils sont annoblis par iceux, tandis qu'ils viuent, pource qu'ils ne peuuent estre conferez par autre que celuy qui a puissance d'annoblir, qui
26. *Roturier doit vuider ses mains du fief de Dignité.* est le Roy : Au contraire, les fiefs de Dignité conferez par autre que par le Roy, ne peuuent annoblir : & par consequent, estant chose incompatible, qu'vn homme soit roturier, & soit Seigneur d'vn fief de Dignité, qui importe Cheualerie & haute noblesse, il faut à mon aduis, s'il en est poursuiuy, qu'il en vuide ses mains, & i'estime qu'il en peut estre poursuiuy par son Seigneur de fief, auparauant qu'il l'ait inuesty & receu en foy, & par ses propres vassaux, (qui ont interest, celuy là d'auoir vn vassal, & ceux cy vn Seigneur noble, puis que la Dignité de son fief y est disposée) & encore principalement par le Procureur du Roy, qui est conseruateur de l'interest public.

27. *Droict de Bailliage.* *Item* pour vne quatriéme prerogatiue qui en comprend beaucoup d'autres, les Seigneurs des mediocres Seigneuries ont droict de Bailliage, c'est à dire, d'auoir vne Iustice, ou pour mieux dire, vne seance superieure, à laquelle sont reseruées certaines grandes causes qui n'appartiennent pas regulierement aux Iustices ordinaires : & de ce droict de Bailliage est fait expresse mention en la Coustume de Meaux, articles 42. & 43. où ce droict est encore appellé *droict de Chastellenie* : dautant qu'il appartient aux Chastelains, & par consequent à tous autres
28. *Droict de Chastellenie.* plus grands Seigneurs, mais non pas aux moindres. Car c'est vne regle en matiere de Seigneurie, que les droicts qui appartiennent aux moindres, appartiennent aussi à plus forte raison aux plus grands.

Ce droict de Bailliage ou Chastellenie est encore plus clairement specifié en la Coustume de Niuernois, chap. 1. article 24. *Aucun en sa Iustice n'a droict d'auoir Bailly, tenir assises, connoistre, & decider des causes d'appel, s'il n'a droict de Chastellenie, ou qu'il ait iouy dudit droict par temps, & moyens suffisans à acquerir iceluy droict, mais seulement a Iuge & garde de iustice.* Ce qui merite bien d'estre expliqué à loisir, ne l'ayant iamais esté.

Bailliage, ou Baillie, comme l'appelle Bouteiller, & l'ancienne Coustume de Normandie,
29. *Bailliage, ce qu'il signifie.* ne signifie pas simple Iustice, mais Iustice de protection. Car Baillie est vn vieil mot François qui signifie protection. Or voicy comment les Bailliages ou Iustices de Protection ont esté establies. Il se faut ressouuenir de ce qui a esté dit au chap. precedent, que les Ducs & Comtes auoient deux seances en leur Iustice ; à sçauoir l'ordinaire, que tenoient leurs Iuges, & celle
30. *Comment les Bailliages ont esté establis.* des Assises, qu'ils tenoient du commencement eux mesmes, à laquelle estoient reseruées certaines causes d'importance & notamment les causes de ceux que les Ducs & Comtes auoient pris en leur garde : & il a esté dit aussi que les Ducs & Comtes ne se voulans plus assujettir à tenir leurs Assises en personne, mirent en leur place des Officiers appellent *Baillifs*, soit pource qu'ils leur bailloient cette seance en garde & commission, ou qu'ils les établissoient gardiens & protecteurs de leurs sujets, & notamment de ceux qu'ils auoient ainsi pris en leur Baillie & sauue-garde, pour les exempter de l'oppression des iuges ordinaires, comme il est aisé à colliger de ce qui sera dit cy-apres.

31. *Autrefois la iustice ordinaire & le Bailliage n'estoit qu'vne mesme iustice.* D'où il s'ensuit que la seance ordinaire & celle des Assises, n'estoit du commencement qu'vne mesme Iustice, appartenante au mesme Seigneur, tenuë neantmoins en diuerse forme, & par diuerses personnes: c'est pourquoy encore aujourd'huy, bien que la iustice ordinaire & celle des Baillifs qui tiennent les Assises, soit du tout separée, toutesfois pendant que les Assises tiennent, la Iustice ordinaire du lieu doit cesser, & les causes d'icelle, qui alors se trouuent en estat de iuger, peuuent estre iugées par le Bailly.

32. *Comment les Seigneuries mediocres ont vsurpé le droict de Bailliage.* Pour donc entendre comment les Vicomtes, Barons & Chastelains ont vsurpé ce droict de Bailliage, il se faut encore ressouuenir de ce qui a aussi esté touché en ce chapitre precedent, que les Ducs & Comtes, dessors mesmes qu'ils estoient encore Officiers à vie, se déchargerent de l'exercice de la Iustice ordinaire sur les Vicomtes, Preuosts, Viguiers & Chastelains, reseruant seulement à eux la seance des Assises, laquelle encore apres qu'ils se furent faits Seigneurs hereditaires, ils ne se vouloient plus assujettir de tenir en personne,

mais la firent tenir par les Baillifs, qui enfin trouuerent moyen d'en faire vne Iustice continuelle, ayant fait venir en icelle des appellations des Vicomtes, Preuosts, Viguiers & Chastelains.

De mesme aussi les Vicomtes & Chastelains s'estant faits Seigneurs és lieux où les Ducs & Comtes ne failoient point leur residence, voyant qu'iceux Ducs & Comtes auoient deux degrez de jurisdiction en leurs villes, à sçauoir le Bailliage & la Preuosté, en voulurent auoir autant en leurs places, ce qu'ils empieterent de mesme sorte, & par mesmes degrez d'vsurpation qu'eux, ayant en premier lieu mis des Preuosts pour exclure leur ancienne Iustice, qu'ils auoient vsurpée, & neantmoins comme pour auoir l'œil sur eux, y venoient presider eux mesmes quelquefois, & à ce temps-là reseruoient certaines causes; & ainsi ils empieterent le droict de tenir Assises, tout ainsi que les Ducs & Comtes, & puis mirent comme eux, des Baillifs pour les tenir, qui entreprirent pareillement de connoistre des appellations de leurs Preuosts, & mesme la pluspart d'iceux rendirent leur Iustice continuelle, vsurpant par mesme moyen la moyenne & la haute Iustice, qu'ils n'auoient pas de leur premiere institution. Et toutefois il y en a eu quelques-vns qui n'ont iamais pû gagner ce poinct, de rendre leur Iustice continuelle; mais n'ont iamais eu autre Iustice ny seance superieure, que de tenir leurs Assises quatre fois l'an, comme il se void dans la Coustume d'Anjou, art. 64. & celle de Blois art. 13. 33. De mesme. 34. Aucuns n'ont vsurpé que le droict d'Assises.

De sorte que les Vicomtes, Barons & Chastelains ayant vsurpé ce droict d'auoir des Baillifs, il est arriué qu'en plusieurs endroits, il y a eu deux Bailliages l'vn sous l'autre, à sçauoir celuy du Vicomte, Baron ou Chastelain, ressortissant à celuy du Duc ou Comte. C'est pourquoy és anciennes Ordonnances, & notamment en celles qui sont rapportées au vieil Style du Parlement, tit. *de Officio Balliuorum*, il est souuent fait mention des Baillifs, *vtriusque Balliuiæ*, & des Bailliages superieurs & inferieurs; mesme il est dit en l'article 6. que *Balliui in venditionibus Balliuiarum vel redituum Regis partem non habebant*: car ces Bailliages inferieurs se bailloient à ferme, ainsi que les Preuostez, comme il a esté dit au 3. liu. Des Offices, & en l'art. suiuant de la mesme Ordonnance, il est dit, que *Balliui superiores Balliuos improbos in suo non sustinebunt errore*: ce qui m'a autrefois fait beaucoup de peine à entendre, & est clairement expliqué en l'ancien Coustumier de Normandie, chap. 4. 35. Bailliages superieurs & inferieurs.

C'est donc à la difference de ces petits Baillifs, que les grands sont appellez *Baillifs des Prouinces*, & qu'on prend souuent dans le Palais le mot de *Bailliage*, pour signifier Prouince: ce que le iudicieux Coquille reprend mal à propos, & à mon aduis, en la Preface de sa Coustume: parmy vn beau discours qu'il fait des anciens Baillifs de France, qui estoient les Iuges des exempts, & cas Royaux qui est encore vne autre & troisiéme espece de Baillifs, qui merite bien d'estre expliquée icy, afin de ne rien obmettre. 36. Baillifs des prouinces. 37. Bailliage signifiant prouince.

Car deslors en la seconde lignée de nos Roys, quand les Ducs & Comtes commencerent à s'émanciper & esleuer par trop, les Roys afin de les tenir en bride, & empescher qu'ils n'vsurpassent la souueraineté, enuoyerent par les Prouinces des Commissaires, pour éclairer de prés leurs actions, & receuoir les plaintes de ceux qui se sentiroient auoir esté mal traitez par eux ou leurs Lieutenans & Officiers, & vuider sommairement ces plaintes, si faire se pouuoit: sinon les renuoyer aux grandes Assises du Roy, qui estoit le Parlement, appellé aux Capitulaires de Charlemagne, & dans les anciens liures de ce temps là, *Mallum Imperatoris*: & ces Commissaires ainsi enuoyez, estoient lors appellez *Missi*, ou *Missi Dominici*. 38. Baillifs de France. 39. Missi Dominici.

Du depuis au commencement de la troisiéme race de nos Roys, les Ducs & les Comtes s'estant rendus Seigneurs hereditaires, & ayant fait leurs iustices patrimoniales, ils obtinrent ce priuilege des Roys, qu'ils n'enuoyeroient plus de Commissaires ny d'Officiers dans leurs terres: dont il se void plusieurs Ordonnances en la conference de Guenois, tit. *Des Baillifs & Senéchaux*: & dautant qu'il échet plusieurs cas dans les terres des Seigneurs, esquels le Roy a interest, & qui par consequent doiuent estre vuidez en sa Iustice (n'estant raisonnable que le Roy demande iustice à ses sujets & vassaux) la connoissance & iurisdiction de ces cas, qu'on appelle les cas Royaux, fut attribuée aux plus prochains Baillifs Royaux, qui lors estoient en France, és villes que le Roy auoit déja reünies à son Domaine, qui n'estoient que quatre lors de ce premier établissement, à sçauoir les Baillifs de Vermandois, de Sens, de Mascon, & de S. Pierre le Moustier: toutes les autres villes & Bailliages de France appartenant alors aux Ducs & aux Comtes; c'est pourquoy on appelle ces quatre icy, les quatre anciens Baillifs de France: c'est à dire les premiers gardiens des droicts du Roy & de la Couronne. 40. Aleu & comment. 41. Origine des Baillifs de France.

Reuenant donc aux Baillifs des Seigneurs, leur premiere & originaire charge n'estant autre, que de tenir les Assises, mesme eux n'ayant de leur premiere institution autre iustice ny seance que celle des Assises, il est aisé à entendre que la premiere & principale dépendance du droict de Bailliage, est de pouuoir tenir Assises. Aussi se pratique-il notoirement presque par tout que les Iuges des simples hauts iusticiers non Chastelains, ne tiennent point d'Assises. 42. Ceux qui ont droit de tenir Assises.

43. Iuges des Hauts iusticiers ne doiuent se nommer Baillifs. Et en effet les simples hauts Iusticiers n'ayant droict de Bailliage, ne doiuent nommer leurs Iuges Baillifs ; mais comme les Seigneurs des simples Iustices n'ont aucun titre de dignité, ny n'ont autre nom que de Seigneurs Iusticiers, aussi leurs Iuges ne deuroient auoir autre nom que de Iuges ou gardes de Iustice, estant le Bailliage *vn degré de iurisdiction greigneur*, dit la Coustume de Normandie, & autres anciens liures, c'est à dire plus haute & plus honorable que la simple Iustice : comme il est porté en ce 24. artic. du 1. chapitre de la Coustume de Niuernois cy dessus allegué, & au grand Coustumier, liure 4. chap. 5. en ces mots, *Celuy qui a toute iustice, s'il se nomme Bailly ce n'est qu'vn nom trouué contre raison, & ne peut pas pour ce tenir Assises ny auoir ressort : car il n'est que Iuge premier, pour ordonner en premiere iurisdiction & premiere cour, &c.*

44. Causes traittées aux Assises. Or voicy les causes qui estoient traittées en ces Assises, & qui par consequent ont tousiours depuis appartenu aux Baillifs, à l'exclusion des Preuosts, & autres Iuges ordinaires. *45. Reglemét des Baillifs & Preuosts Royaux : ensemble des Chastelains & simples iusticiers.* Discours qui est remarquable, pource que c'est le fondement des reglemens d'entre les Baillifs & Preuosts Royaux, & aussi d'entre les Iuges des Chastelains & des hauts Iusticiers ressortissans en Chastellenie : pource que les causes qui se traitoient anciennement aux Assises, doiuent maintenant appartenir, & aux Baillifs à l'exclusion des Preuosts, & aux Chastelains à l'exclusion des simples Iusticiers. Premierement donc se iugeoient aux Assises les crimes capitaux, dont la raison est, que selon le droict Romain, le *merum Imperium, seu ius gladij*, *46. Crimes capitaux iugez aux Assises & pourquoy.* ne pouuoit estre delegué : Or est-il que les Preuosts & autres qui sont à present les Iuges ordinaires n'estoient au commencement que les Lieutenans & Iuges commis & deleguez par les Ducs & Comtes qui estoient les Magistrats, comme il a esté prouué cy-deuant, & le sera encore cy-apres.

47. Instruction d'iceux se faisoit par les Iuges ordinaires. Il est vray que comme il se trouue en la loy *Solent. De Officio Procons. & leg.* l'instruction des procez criminels pouuoit estre deleguée par le Proconsul à son Lieutenant, mais non de la decision : qui est ce qui se garde encore aujourd'huy en Angleterre, où les Iuges ordinaires des lieux n'ont que l'instruction des cas capitaux, & en laissent la definitiue au Chef de Iustice, qui *48. Comment on en vse en Angleterre.* va certain temps de l'année tenir ses Assises de ville en ville, où ayant vuidé les causes ciuiles qui luy sont reseruées, il vuide par apres les criminelles, auec douze hommes du païs, qu'il assemble pour cet effet : puis il commet l'execution de sa Sentence au Iuge ordinaire, qui attend à l'executer, que le chef de la Iustice soit hors de son territoire.

49. Qu'on en vsoit autrefois ainsi en France. Et il est bien à presumer qu'on en faisoit ainsi en France, estant tres-certain que les Anglois ont appris toutes leurs formes iudiciaires, & presque tout leur droict de nous, lors que les François les conquesterent, comme encore leurs principaux termes de pratique, & mesme leurs anciennes loix sont conceuës en langage François. Aussi falloit-il bien que les procez criminels qui meritent estre instruits en toute diligence, lors que les preuues sont recentes, fussent instruits par les Iuges ordinaires, & non par les Baillifs, alors qu'ils ne tenoient leurs Assises que quatre ou six fois l'an au plus, & n'y auoit aucun inconuenient d'en vser ainsi, pource que la seance des Assises & l'ordinaire n'estoient lors qu'vne mesme Iustice, comme il vient d'estre dit.

50. Changement apres que la iustice des Baillifs a esté renduë continuelle. Mais depuis que la Iustice des Baillifs fut renduë continuelle, & fut du tout separée de celle des Preuosts, on trouua estrange que l'instruction des causes capitales fut faite par les Preuosts & que le iugement fust rendu par les Baillifs leurs superieurs, & Iuges de ressort. Ce qui fut cause (joint que souuent il est malaisé de discerner sur l'instruction : si vn cas est capital ou non) que les Preuosts Royaux ne voulant renuoyer aux Baillifs les procez criminels qu'ils auoient instruits, vsurperent la connoissance de toutes les causes criminelles indifferemment : surquoy aucuns des Baillifs s'opiniastrant contr'eux, en ont de leur costé entrepris la preuention.

51. Pourquoy l'appel des sentences capitales va droit au Parlement. Quoy qu'il en soit, la Cour de Parlement n'a point voulu perdre son droict de ressort immediat qu'elle auoit en ces causes principales, ou important mutilation de membre, ou infamie, lors que les Baillifs le iugeoient seuls definitiuement, mais a voulu que les appellations en fussent directement releuées deuant elle, bien que les Sentences fussent renduës par les Preuosts ou autres Iuges subalternes. Qui est la vraye raison de l'Ordonnance. Car autrement le petit criminel qui doit estre vuidé plus sommairement, deuroit aussi-tost ressortir au Parlement que le grand criminel, si ce n'estoit cette raison.

52. Reglement d'entre les Baillifs des Seigneurs Chastelains, & les Iuges des hauts Iusticiers, pour la connoissance des crimes. Mais entre les Baillifs non Royaux, & les Preuosts ou autres Iuges primitifs des hauts Iusticiers, cela s'est accommodé d'autre façon. Car les Iuges primitifs ont vsurpé de connoistre de tous crimes ordinaires ; mais non des grands crimes, comme meurtre, incendie, rapt & autres semblables, dont les Baillifs des Seigneurs Chastelains ont retenu l'entiere connoissance. Et de fait il est porté en l'article 44. de la Coust. d'Anjou, au 51. de celle du Maine, & plusieurs autres, qu'il n'y a que les Seigneurs Chastelains qui en ayent connoissance : encore y a-t-il des Coustumes qui ne les attribuent qu'au Baron, comme celle de Tours : art. 96. & la Somme Rurale au titre *Des droicts du Baron*, & l'ancien liure intitulé *De iustice du droict, &c.* chap. *Du Baron.*

Et de fait les anciennes Chartes de concession des hautes Iustices, portoient tousiours cette clause, *excepto meurtro, raptu, incendio, &c.* comme il se void en toutes celles qui sont raportées par Choppin & par Bacquet ; & moy mesme i'en ay veu plusieurs de cette sorte. Et de vray quelle apparence y a-t'il de laisser la connoissance des cas de telle importance à des Iuges guestrez de village, iugeans sous l'orme, ignorans & méchans pour la pluspart, & sur tout mercenaires & dépendans de leur Seigneur ? veu qu'en l'Estat de Rome il n'y auoit que les Proconsuls qui eussent puissance de condamner à mort, & encore ne l'auoient-ils que par concession speciale, & mesme dans Rome les principaux Magistrats ne l'auoient pas sur les Citoyens Romains en l'Estat populaire.

53. Limitation ordinaire des hautes Iustices.

Secondement, les Baillifs comme estans les Iuges de protection connoissent en premiere instance des causes de ceux qui estoient en la garde speciale du Seigneur, comme de ses domestiques, & ceux ausquels il vouloit bailler ses lettres de garde : à plus forte raison connoissent-ils des causes de son Domaine, & de toutes celles où il auoit interest : comme aussi les Baillifs pretendant auoir la garde des grands chemins, connoissoient des delits commis en iceux : enfin, les Gentils-hommes pretendirent estre tous en garde de leur Seigneur, soutenant mesme auoir cet ancien priuilege dés le premier établissement de cette Monarchie, de ne pouuoir estre iugez qu'en l'assemblée des Pairs de fiefs, ou francs-hommes ; c'est à dire vassaux & Gentils-hommes, ainsi qu'eux, qui estoit l'assemblée des Assises : ce qui se pratique encore au Duché de Lorraine.

54. Causes de ceux qui sont en garde, reseruées aux Baillifs.
55. Du domaine.
56. Des grands chemins.
57. Des nobles.

C'est pourquoy il se void que les Baillifs Royaux connoissent des causes des Nobles, priuatiuement aux Preuosts & Chastelains Royaux par l'Edict de Cremieu : & le mesme auoit lieu entre les Baillifs & Preuosts des Seigneurs, lors qu'ils auoient double degré de iurisdiction. mais ce n'est pas à dire qu'anciennement les Iuges Royaux ayent pretendu d'en connoistre au preiudice des Seigneurs, ayant Assises & Bailliage : car ce que les Baillifs Royaux en connoissent par dessus les Preuosts, est entant qu'ils sont Iuges d'Assises, où les Nobles ont toûjours pretendu que leurs causes deuoient estre vuidées. Ce qui est contenu expressément en l'art. 143. de la Coust. de Meaux. *Si le haut Iusticier a Chastellenie & Bailliage, en ce cas les Nobles peuuent estre adiournez parauant le Bailly dudit Seigneur Chastelain, & non pas deuant le Preuost. Car tous les Preuosts soient Royaux ou autres, n'ont point de connoissance desdits gens Nobles, si ce n'est de leur gré & consentement.* Ainsi il faut entendre la Coust. de Chaalons, art. 6. celle de Vitry & Laon, art. 2. celle de Bar, art. 43. & celle d'Anjou, art. 43.

58. Pourquoy les Baillifs Royaux connoissent des causes des nobles à l'exclusion des Preuosts.
59. Qu'ils n'en conoissent à l'exclusion des Seigneurs ayans droict de Bailliage.
60. Baillifs sont les vrais Iuges des nobles.

Aussi y eut il opposition formée par les Seigneurs de France à cet Edict de Cremieu, qui retarda prés d'vn an la verification d'iceluy au Parlement, iusques à tant qu'elle eust esté leuée par la declaration de Compiegne, par laquelle le Roy déclare, que par son Edict de Cremieu il a seulement entendu regler ses Baillifs auec ses Preuosts, & non pas diminuer les Iustices des Seigneurs de France, qui leur sont patrimoniales : & partant ordonne que nonobstant iceluy Edict, les Seigneurs de France auront Iustice sur les Nobles residans en leurs territoires, ainsi qu'ils auoient auparauant. Or ces mots *ainsi qu'ils auoient auparauant*, nous monstrent que tous les Seigneurs ne l'auoient pas, à sçauoir, ceux qui n'auoient pas droit de Chastellenie ou Bailliage.

61. Interpretation de la declaration de Compiegne sur l'Edict de Cremieu.
62. Plaintes contre les Officiers se vuidoient aux Assises.

Finalement, aux Assises se vuidoient les plaintes faites contre les Officiers de la Iustice ordinaire, comme encore à present on y vuide les plaintes faites contre les Sergents : mais anciennement c'estoient principalement les plaintes faites contre les Iuges, qu'on y vuidoit, qui estoit la principale cause pourquoy les Assises ne pouuoient estre tenuës par les Iuges ordinaires : lesquelles plaintes le plus souuent estoient fondées sur l'iniustice de leurs Sentences, qu'on presumoit proceder de leur faute, entendant mal ce titre *De pœna iudicis qui malè iudicauit.* C'est pourquoy autrefois en France quand on se vouloit plaindre d'vne Sentence, on s'attaquoit directement contre le Iuge, & non pas contre la partie, comme i'ay amplement discouru au dernier chap. du premier liure Des Offices : ce qui se pratiquoit principalement aux Iustices des Seigneurs, qui n'ayant ce droict de ressort, & de connoistre des causes d'appel, l'entreprenoient indirectement par le moyen de ces plaintes qui se faisoient contre les Iuges en leurs Assises pardeuant eux mesmes ou leurs Baillifs, qui en leur absence tenoient leurs grands plaids, qui estoient lors non pas vne Iustice de ressort, mais de Bailliage & protection seulement.

63. Plaintes anciennes contre les Iuges.

Or la rigueur de cette pratique de s'addresser ainsi contre le Iuge, ayant esté changée par le moyen de ce que la Iustice a esté delaissée tout à fait aux gens de lettres, qui ont incontinent compris l'iniustice & absurdité de cette vieille routine, & partant ont commué adroitement ces plaintes en vrayes appellations, à la façon du droict Romain : les Baillifs qui auoient accoustumé de connoistre des plaintes des Preuosts, & autres Iuges inferieurs, ont par consequent connu des appellations interiettées de leurs Sentences. Et ainsi non seulement les Ducs & les Comtes, mais aussi les Vicomtes, Barons & Chastelains, ayant droict de Bailliage, ont par ce moyen vsurpé le droict de ressort & souueraineté en cas d'appel ; droict, qui anciennement estoit si rare & si precieux, qu'il n'y auoit que les Reynes,

64. Changées en appellations.
65. Comment les Seigneurs mediocres ont vsurpé le droict de ressort.

Enfans, & Pairs de France, qui le peussent auoir en leurs doüaires, appanages, ou Pairies, encore ne l'auoient-ils par de leur propre droict ; mais seulement par concession speciale du Roy, comme il est contenu au passage de du Tiller cy-deuant allegué. Et pour exercer ce droict de ressort, ils auoient vne Iustice superieure qui n'a iamais esté attribuée à autres qu'eux à sçauoir la Iustice des grands iours, bien differente du commencement de celle des Assises

66. A qui il appartenoit anciennemét.
67. Grands-iours estoient proprement la Iustice du Ressort.

qu'ont tous les Seigneurs des grandes & mediocres Seigneuries, pource que celle des grands iours a tousiours connu propremét des appellations interjettées des Iuges ordinaires, mesme des Baillifs : & celle des Assises tenuë par les Baillifs ne connoissoit par sa premiere institution, que des plaintes des Officiers de la Iustice ordinaire, & partant n'importoit point droict de ressort, & de fait auparauant l'Edict de Roussillon, qui a aboly le double degré de jurisdiction des Seigneurs, ceux qui auoient grands iours, auoient trois degrez de iurisdiction, à sçauoir la Preuosté, le Bailliage & les grands iours.

68. Causes appartenantes aux Baillifs en premiere instance.

Voila donc en vn mot les causes qui appartiennent aux Baillifs Royaux, & non Royaux en premiere instance, à l'exclusion, tant des Preuosts que Seigneurs hauts iusticiers, non ayant droict de Chastellenie & Bailliage, pource que de tout temps elles estoient reseruées aux Assises des Baillifs, à sçauoir les grands crimes, les causes de ceux qui sont en la garde du Seigneur, & ausquelles il a interest (sous lesquelles aucuns comprennent celles des Nobles & des grands chemins) & finalement les causes d'appel. Et de fait, la pluspart des Coustumes & des anciens Praticiens tiennent, que les simples hauts Iusticiers n'ont pas droict de connoistre de toutes ces causes, & s'ils en connoissent en quelques endroits, c'est par entreprise qui leur est bien aisée, pource que leur superieur n'a aucuns Officiers en leur territoire qui y prennent garde : ce qui neantmoins ne deuroit estre toleré ny tiré à consequence, car le public a grand interest que les Iustices des villages (qui sont du tout abusiues) soient, sinon abolies du tout, au moins retranchées le plus qu'il sera possible, pour les grandes fautes qui s'y font ordinairement.

69 L'entreprise au contraire doit estre retranchée.

70. Restriction des causes de garde.

Toutefois touchant les causes reseruées à la garde du Seigneur, faut considerer que quand vn Seigneur a deux degrez de iurisdiction appartenant à luy-mesme, il peut mettre en sa garde telle personne qu'il luy plaist, & par consequent reseruer leurs causes à son Bailly. Mais ayant vne fois concedé toute Iustice à son vassal, cette Iustice luy appartenant desormais, comme propre & patrimoniale, le Seigneur ne peut plus conceder de garde, ny reseruer de causes à son preiudice, si lors de la concession il ne les auoit exceptées, qui est la consideration, sur laquelle est fondée la declaration faite par le Roy sur l'Edict de Cremieu : ou bien que ce fussent causes esquelles luy mesme eût interest ; dautant que le Seigneur n'est iamais tenu de demander Iustice à son vassal, & paroistre deuant le Iuge d'iceluy en habit de suppliant, qui est la raison sur laquelle sont fondez les cas Royaux.

71. Si le Seigneur Chastelain a seul la iustice sur les nobles.

Partant, aucuns tiennent que le Seigneur Chastelain n'a pas la jurisdiction primitiue des nobles residans és terres des vassaux, ausquels il a donné toute Iustice haute, moyenne & basse, pource que ces mots de *toute Iustice*, semblent deuoir comprendre la Iustice sur toutes sortes de personnes, & des terres, & ainsi se pratique communement à present, bien qu'anciennement on tinst le contraire, tesmoin le passage d'vn ancien Praticien rapporté par M. Choppin sur la Coustume d'Anjou, liure premier, titre 1. nombre 10. *Vn haut Iusticier n'a pas connoissance des nobles, fors en cas réel, s'il n'en est en saisine. Car de tous cas personnels le noble en est exempt, bien qu'il en eust la confiscation.* Mais quant aux crimes commis sur les grands chemins, dont les seuls Seigneurs Chastelains ont la police & garde (comme il sera dit au chapitre suiuant) i'estime que la Iustice leur en doit estre reseruée, sans que les hauts Iusticiers, non Chastelains, en puissent prendre connoissance, non plus que des grands crimes, *quia licet habeant territorium, non tamen habent plenum & perfectum ; & licet habeant omnimodam iurisdictionem, non tamen habent omne Imperium*, comme il sera prouué incontinent : or est-il que ces cas excedent le pouuoir de la iustice ordinaire, *& magis sunt Imperij, quàm iurisdictionis.*

72. Que les crimes des grands chemins luy appartiennent.

73. Response aux arrests attribuant au Roy seul les grands crimes & ceux des grands chemins.

Mesme pource qu'il se trouue des Arrests, par lesquels les simples hauts Iusticiers, estant au dedans des Bailliages Royaux (comme ils sont ordinairement) ont esté exclus de connoistre des grands crimes, & de cas arriuez sur les grands chemins, plusieurs Praticiens, ignorans la raison que ie viens de dire, ont colligé de là que ce sont cas Royaux, & que la connoissance des grands crimes & ceux des grands chemins n'appartiennét qu'aux Iuges Royaux. En quoy toutefois il n'y a aucune apparence ny coherence, parce que les cas Royaux sont ceux ausquels le Roy, comme Roy, a quelque interest, ainsi qu'il sera dit au chapitre treiziéme. Aussi void-on que toutes les Coustumes, sans exception, qui ont traitté des droicts des Seigneuries & Iustices portent le contraire.

74. Causes des Nobles appartiennét aux Sei-

Et quant aux causes des Nobles, les Seigneurs de France, voyant que sous pretexte de l'Edict de Cremieu, les Baillifs Royaux en vouloient priuer leurs Iuges, obtinrent la declaration cy-dessus citée : qui oste toute la difficulté. Et s'il se trouue quelques Arrests au contraire (ce que ie n'estime pas) il faut que ce soit contre les simples Hauts-Iusticiers enclauez dans le Bailliage Royal, en consequence de la pretention qu'auoient les Baillifs sur les moindres Iuges, pour raison des causes des Nobles. *gneurs mediocres sont difficulté.*

Finalement à l'égard des causes d'appel, ie tiens que les Hauts-Iusticiers non Chastelains n'en doiuent aucunement connoistre, ne pouuant, quelque Iustice que ce soit, & fut ce vne basse iustice, ressortir ailleurs qu'en vn vray Bailliage, & non en simple Iustice ordinaire, comme il est expressement dit au grand Coustumier, tit. 5. du liu. 4. *75. Causes d'appel n'appartiennent qu'aux Baillifs.*

Comme donc le droict de ressort a deux parties, l'vne, d'auoir à soy deux degrez de iurisdiction, & l'autre, de pouuoir conceder à autruy des Iustices inferieures, à la charge qu'elles ressortiront au Bailliage du Seigneur qui les concede, il est notoire que tous les Seigneurs des Seigneuries mediocres ont vsurpé l'vne & l'autre partie. Car quant à la premiere, d'auoir à soy deux degrez de iurisdiction, à sçauoir, Bailliage & Preuosté, c'est chose bien certaine qu'ils auoient tous l'vn & l'autre en l'an 1573. quand l'Ordonnance de Roussillon fut faite, (ainsi est vulgairement appellée l'Ordonnance faite à Paris en l'an 1573. & confirmée & modifiée à Roussillon l'année ensuiuante) par le 24. art. de laquelle il est ordonné, qu'il n'y aura qu'vn degré de iurisdiction en mesme lieu, ce qui a esté exactement executé par toute la France, à l'égard des Iustices non Royales, fors seulement aucunes de celles des grands iours des Pairs de France, qui aussi n'auoient pas eu le ressort par vsurpation, mais par concession. *76. Les Seigneurs mediocres ont vsurpé les deux parties du droict de ressort.* *77. Ordonnance de Roussillon.*

De sorte qu'aujourd'huy les autres Seigneurs de France sont presque reduits aux mesmes termes qu'ils estoient auparauant qu'ils eussent vsurpé ce double degré de iurisdictions, n'ayant qu'vne Iustice, qui neantmoins a deux diuerses seances, à sçauoir, l'ordinaire, & celle des Assises : il est vray que l'vne & l'autre estant tenuë par vn mesme Iuge, & presque en mesme forme, la diuersité n'y est pas si remarquable, comme quand il y auoit vn Baillif enuoyé exprés, qui n'auoit autre charge que de tenir des Assises, estant en icelle assisté des principaux vassaux & sujets du Seigneur. *78. Accommodation des temps.*

Or par cette Ordonnance de Roussillon, du Molin estimoit que toutes les Iustices inferieures concedées par les Chastelains & autres plus grands Seigneurs deussent estre abolies, comme il a remarqué plusieurs fois en ses apostils des Coustumes, qu'il fit imprimer vn an ou deux apres cette Ordonnance, qui est tout le dernier de ses liures, à sçauoir sur l'article 72. de la Coustume de Tours, sur le 62. de celle d'Anjou, sur le 71. de celle du Maine, & sur le 1. art de celle du Perche. Et toutefois encore que c'eust esté aussi tost fait, & eust esté encore plus iuste d'abolir ces Iustices concedées par les Seigneurs sans permission du Roy, que de leur oster leur second degré de iurisdiction, si est-il vray que cette Ordonnance ne s'étend pas si auant, tant pource qu'elle ne reünit que les Iustices estant en mesme lieu, que pource qu'elle reserue l'option aux Seigneurs, laquelle option ne peut estre, si les deux Iustices ne sont à vn mesme. *79. Interpretation du 24. art. de l'Ordonnance de Roussillon.*

C'est pourquoy les Seigneurs des mediocres Seigneuries retiennent encore presque tous cette seconde partie du droict de ressort, qui est d'auoir des Iustices d'autruy ressortissantes en la leur, que ie mets pour leur cinquiéme droict & prerogatiue : non pourtant que ie vueille dire qu'ils puissent conceder des Iustices inferieures sans permission du Roy, car i'ay cy-deuant prouué, non seulement qu'ils ne le peuuent faire : mais mesme que le Roy peut par droicte iustice & puissance reglée abolir toutes ces Iustices érigées sans sa permission, de quelque laps de temps que ce soit : mais tant qu'il plaist au Roy de les tolerer, ils joüissent en effet du droit de ressort, mesme ils ont vne aptitude de l'auoir incommutablement, à sçauoir si le Roy authorise vne fois les concessions des Iustices par eux faites. Ce qui n'est point és petites Seigneuries & simples Iustices, où ie tiens que ce droict de ressort est du tout abusif, & ne doit estre aucunement toleré, comme i'ay prouué au 6. chap. *80. Les Seigneurs mediocres ont encore à present droict de connoistre des causes.*

Pour sixiéme, septiéme, & huictiéme prerogatiue des mediocres Seigneurs, ie mets le Notariat, la police, & les bans, ou proclamations publiques qui prouiennent toutes trois de mesme source, à sçauoir, de ce que les mediocres Seigneurs ont non seulement ce qui consiste en la iurisdiction ; mais aussi ce qui concerne le commandement & l'authorité du Magistrat : qui sont les deux fonctions des Iuges fort à propos distinguées au droict Romain : car encore que la jurisdiction ne puisse estre sans quelque commandement, ny le commandement sans quelque iurisdiction & connoissance de cause, si est-ce qu'il faut confesser qu'il y a certains actes de Iustice qui consistent plus en connoissance de cause qu'en authorité & puissance ; & au contraire d'autres qui consistent plus en l'authorité du Magistrat, qu'en la notion du Iuge, lesquels actes sont specifiez en la loy *Ea quæ. D. ad mun.* en la loy 4. *D. De iurisd.* & quelques autres. *81. Les Seigneurs mediocres ont le commandement & la iurisdiction.* 82. Imperium & iurisdictio.

Or comme il a esté dit au premier liure des Offices, qu'au droict Romain les mandataires de iurisdiction auoient bien cette partie du *mixtum Imperium*, qui ressent plus la iurisdiction que le commandement, mais non pas d'autre qui ressent plus le commandement : aussi faut-il resoudre en France le mesme à l'égard des Officiers, ausquels les Ducs & les *83 Coment le* mixtum imperium *appartiens aux Officiers.*

Comtes (qui estoient autrefois les vrais Magistrats) ont concedé toute Iustice qu'il faut comparer en tout & par tout aux mandataires generaux de iurisdiction du droict Romain, fors qu'ils ont vsurpé la iurisdiction des crimes communs, qui à la verité consiste fort en connoissance de cause, & ont vsurpé presque tous les actes du *mixtum Imperium*, à cause que le plus souuent en iceux il est besoin d'vne prompte expedition, qu'il seroit par trop incommode d'enuoyer chercher bien loin par le peuple, qui est la raison que rapporte sur ce sujet le Iurisconsulte en la loy 1. & 4. *De damno infecto.* Bref que comme du *merum Imperium* il n'est resté autre chose aux Seigneurs Chastelains, que la connoissance des grands crimes, aussi du *mixtum Imperium* il ne leur est demeuré à l'exclusion des simples Iusticiers, que trois actes, à sçauoir le Notariat, la Police, & les Proclamations.

84. Quel commandement est demeuré aux Seigneurs mediocres.

85. Notariat n'appartient qu'aux Chastelains.

Car pour le regard du Notariat, ou seel authentique à contracts, c'est chose certaine qu'il n'appartient qu'aux Seigneurs Chastelains, & autres plus grands Seigneurs, & non aux simples hauts-Iusticiers, s'ils n'y sont fondez par titre exprés, possession immemoriale, ou Coustume locale : comme Bacquet a prouué amplement au vingt-cinquiéme chapitre de son troisiéme liure.

86. Raison.

Chose qui pourtant semble fort étrange d'abord, que ceux qui ont la iurisdiction contentieuse, n'ayent pas la volontaire : mais il faut s'arrester à cette raison, que l'auctorité des Contracts, *magis est Imperij, quàm iurisdictionis* : ainsi que la loy 2. & 3. *De Off. Procons. & leg.* dit que le Lieutenant du Proconsul ne peut receuoir de manumissions, ny adoptions, bien qu'il exerçast l'entiere iurisdiction du Proconsul, *quia*, dit la loy, *non habet iurisdictionem talem, & omnino apud eum non est legis actio* : mesme du Molin sur la Coustume de Paris article 1. glose 5. nombre 55. dit, que *potestas creandi Notarios publicos ad solum Regem spectat, estque de Regalibus* : ce qui est vray en bonne Iurisprudence & a lieu és païs, où l'entiere Seigneurie publique appartient au Prince souuerain, & où les particuliers n'ont point vsurpé la Iustice ; mais en France, où cette vsurpation est établie de longue main, l'vsage est notoirement au contraire: mesme nous pratiquons, que le Roy ne peut mettre des Notaires Royaux dans les terres des Seigneurs Chastelains, & autres ayans ce droict de Notariat, ou Tabellionnage, comme il a esté iugé par plusieurs Arrests rapportez par Bacquet au mesme lieu : Arrests, qu'il faut limiter, à mon aduis, aux seuls Seigneurs Chastelains, ou autres plus grands Seigneurs, ausquels le droict de Tabellionage appartient du propre droict de leur Seigneurie, & non pas les étendre aux simples hauts Iusticiers, qui ont prescrit contre le Roy de mettre des Notaires en leurs terres : car par telle prescription le Roy n'a pas perdu la faculté d'y en pouuoir aussi mettre de sa part, estant vne regle certaine des prescriptions, que *tantum præscriptum, quantum possessum* : & que, *ea quæ sunt meræ facultatis, non præscribuntur, nisi saltem à die contradictionis* : C'est pourquoy on void des Notaires Royaux en la pluspart des hautes Iustices des Seigneurs, & en quelques-vnes s'y void des Notaires Royaux, & des subalternes tout ensemble : auquel cas les Royaux emportent tout, à cause de l'execution parée, qu'ont indistinctement tous leurs contracts. Mais és terres des Seigneurs Chastelains, ou autres plus grands Seigneurs, il ne se void guere de Notaires Royaux.

87. Le Roy ne peut mettre des Notaires és terres des Chastelains.

88. Mais bien en celle des hauts Iusticiers, ayans droict de Notariat.

89. Notaires Royaux ruinent les subalternes.

90. Du droit de police, remissiuè.

Le second acte de commandement, que les Seigneurs mediocres ont conserué à l'exclusion des hauts Iusticiers, est le droict de Police, qui consiste proprement à faire des reglemens concernans le repos & commodité du peuple, qui est certes vn degré de puissance pardessus l'administration ordinaire de la Iustice : mais dautant que l'explication de ce droict de Police est de long discours, à cause des dépendances qu'il a, i'en feray vn Chapitre à part.

91. Du droict de Bans, ou proclamations.

92. Qu'il appartient aux Seigneurs mediocres à l'exclusion des hauts-Iusticiers.

De ce second acte de commandement dépend aucunement le troisiéme, qui est le droict de faire des bans, ou proclamations publiques : Droict qui est expressément attribué aux Barons & Chastelains par les Coustumes d'Anjou, Touraine, & celle du Maine, qui *est celle d'entre toutes* (dit le grand Coustumier, liure 4. chap 5.) *qui mieux que nulle autre tratte la matiere des droicts des Iustices & Seigneuries.* Et dont y a aussi vne belle remarque en l'article 63. de la Coustume de Paris, où il est dit, que les Barons & Chastelains peuuent faire publier leurs hommages à son de trompe, & les autres moindres Seigneurs au Prosne de la Parroisse, ou par signification particuliere seulement.

93. Deux sortes de publications, à sçauoir les proclamatiõs & affiches.

94. Mediocres Seigneurs font proclamations.

95. Hauts-iusticiers n'vsent que d'affiches, si non par emprunt.

Il est vray qu'il y a deux sortes de publications, l'vne qui se fait à son de trompe & cry public, *nimirum voce Præconis*, l'autre par affiches, appellées en Grec προγράμματα, en Latin *Edicta* : qui sont apertement distinguées en la Nou. 112. chapitre 3. laquelle contient vne tres-belle distinction en cette matiere. Car elle dit, que les Magistrats ordinaires peuuent faire leurs publications indifferemment, καὶ τῇ κηρύκων φωνῇ, καὶ ἐδίκτοις προγράμμασι : mais que les autres Iuges, fussent-ils commis par l'Empereur, ne peuuent vser que d'Edicts ou affiches, & non pas de proclamations publiques : d'où on peut colliger que les Chastelains, & autres plus grands Seigneurs, qui sont comme les Magistrats ordinaires, ayans plein territoire & commandement entier, peuuent seuls vser de cry public. (Aussi gardons nous qu'ils peuuent seuls auoir vn trompette, ou Crieur Iuré, comme il sera dit au chapitre suiuant) mais les simples Iusticiers, qui de leur origine estoient comme les mandataires de iurisdiction, ne peuuent vser que d'affiches. Que si en quelques expeditions pendantes deuant eux, ils ont besoin de faire des adiournemens, ou autres publications à son de trompe, ils en doiuent demander la permission à leur superieur, ayant puissance, & encore les faire, sous le nom & auctorité d'iceluy, & par son Crieur ou Trompette.

96. Ban.

Et dautant que les publications à son de trompe s'appellent en François proprement *Bans*, comme M. Pasquier a bien prouué, liure sixiéme, chapitre 35. De là vient qu'il y a quelques Coustumes, qui ne permettent pas au haut Iusticier de bannir hors sa Iustice, bien qu'elles luy permettent la punition capitale. Remettant au chapitre suiuant ce qui reste à dire, touchant ce droict de Ban.

97. Decrets doiuent estre interdits aux hauts Iusticiers.

Ie diray seulement icy, qu'à l'exemple des Bans & proclamations publiques, les adiudications par decret deuroient estre interdites aux simples hauts-Iusticiers, ou Iuges de village, comme de fait il est porté en plusieurs Arrests, & en quelques Coustumes: aussi qu'il n'y a rien, en quoy consiste plus apparemment l'auctorité & commandement du Magistrat, qu'à prononcer ces trois mots solemnels *Do, dico, & addico*. Et on ne peut pas dire que les adiudications par decret soient permises aux Iuges de village, pour autant qu'elles requierent celerité, & pour épargner les pas du peuple, qui est le suiet, à cause duquel on leur a laissé les actes qui sont plus de commandement que de iurisdiction, suiuant la loy 1. & 4. *De damno infecto*. Car il n'y a rien, où la longueur soit tant intolerable qu'en vn decret: ny d'ailleurs rien qui soit plus necessaire d'estre fait en ville ou bourg, ou y ait marché, & affluence de peuple, afin d'estre notoire à vn chacun. Mais vn decret estant fait en vne Iustice borgne, où il n'y a que trois Praticiens presens, qui se renuoyent l'éteuf l'vn à l'autre, Dieu sçait les fraudes & les fautes qui s'y font, parmy lesquelles il n'y a celuy qui ne se trouue frustré à son déceu de son hypotheque, rente fonciere, ou droict de proprieté. C'est pourquoy si iamais il se fait quelque reforme, ou reglement en la Iustice, i'estime que ce poinct icy ne doit pas estre oublié.

98 Droict de Chasteau appartient aux Seigneurs mediocres.

La huictiéme prerogatiue des Chastelains, & autres Seigneurs des mediocres Seigneuries, est que, comme leur nom porte, ils ont droict d'auoir chasteau, ou maison forte, c'est à dire munie de fossez, ponts-leuis, tours & autres semblables fortifications: pour raison dequoy ils n'ont besoin de lettres du Roy. Droict, que les moindres Seigneurs n'ont pas, & mesme les Castelains ne peuuent pas bailler à leurs vassaux permission d'en edifier en leur détroit, sans lettres du Roy, non plus que d'eux-mesmes ils ne peuuent pas faire leurs vassaux Chastelains. C'est pourquoy, à plus forte raison, ils ont droict d'empescher, qu'aucun ne bastisse maison forte en leur territoire, encore mesme qu'il y en ait permission du Roy, qui tousiours est entenduë, sauf le droict d'autruy, ce qui a mesme esté iugé, pour les simples hauts-Iusticiers, comme traite Chopin sur la Coustume d'Anjou, pag. 135. Et certes il seroit à desirer, qu'il n'y eût aucune maison forte en France; pour les rebellions, & autres inconueniens, qui en arriuent: qui fut vne des requestes que fit le peuple aux Estats de Blois: toutefois cette prohibition doit estre faite en temps opportun, comme dit le mesme Chopin au lieu cy-dessus allegué.

99. Ils ne peuuét bailler droict, à leurs vassaux, sans lettres du Roy, ny le Roy sans leur permission.

100. Maisons fortes prohibées.

101. Village se peut fermer par permission du Roy seul.

Mais ny le haut Iusticier, ny autre plus grand Seigneur ne peuuent empescher qu'vn village se ferme par permission du Roy, sinon qu'ils y trouuassent quelque iuste interest en leur particulier, comme tout ce que dessus est doctement traité par luy-mesme, sur le quarante deuxiéme article de la Coustume d'Anjou.

102 Droict de marché appartient aux Seigneurs mediocres.

Aussi plusieurs Coustumes, & liures anciens de pratique portent, que les Seigneurs Chastelains, & par consequent les Barons & Vicomtes, ont droict d'auoir marché en leur village, qui est leur neufiéme & derniere prérogatiue; mesme ils ont droict d'empescher, non seulement ceux de leur détroit, mais aussi leurs voisins, d'en établir vn nouueau à trois ou quatre lieuës du leur, bien qu'ils en eussent permission du Roy. Car les Lettres de concession des Marchez portent, selon l'ancien style de Chancellerie, la clause, *pourueu qu'à trois ou quatre lieuës prés il n'y ait autre marché*, & si elle n'y est, elle y doit estre sous-entenduë.

103. Si les Seigneurs mediocres ont droict de foire.

Quelques-vns adioustent droict de foire, vne ou deux fois l'an. Ce que ie n'estime pas, si le Seigneur Chastelain n'en a titre particulier, ou prescription: attendu l'ancien Arrest de la Pentecoste 1296. contre le Comte de Chasteau-Roux, en Berry, & vn autre contre l'Euesque de Clermont, portant, *Quod nullus in regno potest facere feriam sine permissu domini Regis*. Il y en a aussi vn Arrest de Bretagne, au liure de M. du Fail; ce qui est conforme à la loy *Nundinas D. De nundinis*.

SOMMAIRE DV NEVFIESME CHAPITRE.

1 *Etymologie de police.*
2 *Pourquoy les Chastelains ont la police.*
3 *Police en quoy consiste.*
4 *Etymologie d'Edict.*
5 *Adiournement à trois briefs iours.*
6 *Trois significations d'Edict.*
7 *Difference entre les reglemens, la police & les loix.*
8 *Le Parlement fait seul les reglemens de la Iustice.*
9 *Reglemens de style appartiennent à chaque Iuge Chastelain.*
10 *Si la police appartient aux seuls Iuges Royaux.*
11 *Que non.*
12 *Qu'elle appartient mieux aux Seigneurs, qu'aux Iuges Royaux.*
13 *Inconuenient de l'opinion contraire.*
14 *L'ordonnance laisse la police aux Seigenurs.*
15 *Exception.*
16 *Police consiste en trois poincts.*
17 *De la police des denrées.*
18 *Poids & mesures.*
19 *Si les poids & mesures appartiennent au Roy seul.*
20 *Inconuenient arriué pour auoir attribué les mesures aux Seigneurs.*
21 *Pourquoy la varieté n'a esté si grande aux poids, qu'aux mesures.*
22 *Rois des Merciers.*
23 *Responsé aux raisons precedentes.*
24 *Ediles auoient à Rome la connoissance des poids & mesures.*
25 *Estalons de poids & mesures par qui gardez.*
26 *Que ces Estalons ont tousiours appartenu aux Ducs & Comtes.*
27 *Que le Roy n'auoit autrefois aucun droict dans les terres des Seigneurs.*
28 *Que les deniers qu'il y leue maintenant sont droicts extraordinaires.*
29 *Les Coustumes attribüent les poids & mesures aux Seigneurs.*
30 *Des Rois des Mercieers.*
31 *Supprimez.*
32 *Le Roy a la surintendance sur tous poids & mesures.*
33 *Ordonnance pour les reduire toutes à celles du Roy.*
34 *Ces Ordonnances ont reserué le droit des Seigneurs.*
35 *Distinction intentée de nostre temps.*
36 *Establissement des Iaugeurs, fait par le Roy.*
37 *Interpretation d'vn Arrest.*
38 *Iaugeage.*
39 *En quoy consiste le droict de grand poids.*
40 *Arpenteurs, par qui instituez.*
41 *Explication de l'Ordonnance de 1575.*
42 *Droict de petits poids & mesures.*
43 *Punition des contrauentions aux poids & mesures est acte de iustice, non de police.*
44 *Conciliation des Coustumes.*
45 *Faut distinguer les reglemens d'auec l'execution d'iceux.*
46 *La police deuroit appartenir aux Baillifs.*
47 *De la police des Mestiers.*
48 *Villes iurées.*
49 *En quoy consiste la police des Mestiers.*
50 *Faire des statuts de Mestier, à qui appartient.*
51 *De la police des chemins.*
52 Viocuri.
53 *La charge de Voyer de Paris est differente de celle des Commissaires du Chastelet.*
54 *Pourquoy il n'y a Voyer qu'à Paris, en titre d'Office.*
55 *Le Roy est seul Voyer à Paris.*
56 *Qui est Voyer aux autres villes.*
57 *Grand Voyer de France.*
58 *Voyer és Coustumes, que signifie.*
59 *Gros Voyer, petit Voyer.*
60 *Iuges sous l'orme.*
61 *Voirie pretenduë par le Roy, és terres des Seigneurs.*
62 *Au moins és chemins Royaux.*
63 Viarum distinctio.
64 Viæ Regales.
65 Viæ vicinales.
66 Publicæ viæ.
67 Priuatæ, agrariæ.
68 *Distinction des chemins de France.*
69 *Trauerse.*
70 *Chemin Royal.*
71 *Chemins peageux.*
72 *Pretention des Officiers Royaux, touchant les chemins.*
73 *Raisons contraires.*
74 *Les chemins Royaux n'appartiennent pas au Roy.*
75 *De mesme.*
76 *Resolution, que la Iustice des chemins Royaux appartient aux Seigneurs.*
77 *Et la surintendance au Roy.*
78 *Qu'il n'est expedient d'en oster la Iustice aux Seigneurs.*
79 *Ny aussi la connoissance des crimes commis en iceux.*
80 *Du peage.*
81 *Diuers noms du peage.*
82 Barrage.
83 *Pontenage.*
84 Billette.
85 Branchiere.
86 *Coustume.*
87 *Preuosté.*
88 *Trauers.*
89 Trauers, *que signifie proprement.*
90 *Difference du peage & trauers.*
91 *Leuage.*

DV DROICT DE POLICE.

CHAPITRE IX.

COMME πόλις signifie la Cité, aussi πολιτεία, que nous disons Police, signifie le reglement de la Cité. 1 *Etymologie de Police.* Partant il semble, que le droict de Police ne deuroit proprement appartenir qu'au Baron, qui a droict de ville close, & non au Chastelain qui n'a droict que de Chasteau. Toutefois, la grande conformité qu'il y a entre les Barons, qui sont appellez *grands Chastelains*, & les simples Chastelains (conformité qui fait, que toutes les Iustices ayans plein territoire, & entier commandement, sont appellées Chastellenies) a esté cause, que comme les Chastelains ont vsurpé les autres droicts des Barons, aussi ont-ils empieté le droict de Police, 2 *Pourquoy les Chastelains ont la Police.* qui de fait n'est pas reglement d'vne ville, τοῦ ἄστεως, mais d'vne Cité, τῆς πόλεως, c'est à dire, d'vne communauté d'habitans, viuans sous mesmes Magistrats, & sous mesmes reglemens, bien qu'ils ne soient enclos de murailles; *non enim est parietibus ciuitas*, disoit vn Romain: ce que Bodin traite doctement au sixiéme Chapitre de son premier liure.

D'où il s'ensuit, que le droict de Police consiste proprement à pouuoir faire des reglemens 3 *Police en quoy consiste.* particuliers pour tous les Citoyens de son détroit & territoire: ce qui excede la puissance d'vn simple Iuge, qui n'a pouuoir que de prononcer entre le demandeur & defendeur: & non pas de faire des reglemens sans postulation d'aucun demandeur, ny audition d'aucun defendeur, & qui concernent & lient tout vn peuple: mais ce pouuoir approche & participe dauantage de la puissance du Prince, que non pas celuy du Iuge, attendu que les reglemens sont comme loix & ordonnances particulieres, qui aussi sont appellées proprement *Edicts*, comme il a esté dit cy-deuant au troisiéme Chapitre.

L'etymologie de ce mot *Edict*, vient *ab edicendo; edicere autem est quasi extra dicere*, disent 4 *Etymologie d'Edict.* nos Grammairiens, c'est à dire, proclamer & publier. Aussi, ny les Edicts des Magistrats, ny les loix du Prince n'ont-elles leur force que par la publication, dit Ciceron 3. *De legib.* Mesme la signification primitiue du mot d'*Edict*, estoit de signifier la publication, comme 5 *Adiournement à trois briefs iours.* i'ay dit au Chapitre precedent. *Sic tribus edictis euocari absentes, dicuntur. l. 1. §. Senatus. & l. 42. §. Vlt. De iu. fisci. l. 20. §. Preterhæc. D. De petit. hæred.* qui est ce que nous appellons adiournemens à trois briefs iours à son de trompe, appellez en la Nou. 134. chapitre 5. ιήμερα κηρύγματα, il est vray qu'ils se faisoient quelquefois *per libelli in ædibus appositionem. l. 4. § 6. De damno infecto.* que la Nou. 112. dit, διὰ τῶν Ἐδίκτων προτιθεμένων. Il y a donc trois significations du mot d'Edict, *aut pro programmate*, expliquez au chapitre precedent, *aut pro Magistratuum iussis*, qu'il faut expliquer icy, *aut pro constitutionibus Principum*, que i'ay expliqué cy-de- 6 *Trois significations d'Edict.* uant au troisiéme chapitre. Et de là vient, que comme en France il n'y a que les Chastelains, ou autres plus grands Seigneurs, qui puissent faire des reglemens de police, aussi n'y a-t-il qu'eux qui puissent faire des proclamations publiques.

Donc la police consiste proprement à faire des reglemens particuliers, que les Romains 7 *Difference entre les reglemens, la police & les loix.* appelloient proprement *Edicts*, à la distinction, soit des loix du peuple, ou des Constitutions des Empereurs. Car comme le Seigneur souuerain peut faire des loix generales: aussi le subalterne, ayant l'entier commandement, peut faire des reglemens particuliers, pour ses iusticiables. Mais pareillement, comme le Seigneur subalterne doit luy-mesme obeïr aux loix de son Souuerain, aussi en premier lieu, ses reglemens particuliers doiuent estre conformes, ou du moins point contraires aux loix du Prince. Secondement, ils doiuent estre fondez sur quelque consideration, qui soit particuliere au lieu où ils se font; pource qu'autrement c'est au Prince souuerain de pouruoir par loix generales aux necessitez communes de son Estat, tant à l'occasion que cela ne dépend de son auctorité, qu'à cause que ce seroit vn desordre & vne confusion en vn Royaume, si chacune ville auoit diuerses obseruances.

C'est pourquoy le Parlement ne veut pas que les Iuges des lieux entreprennent de faire 8 *Le Parlement fait seul les reglemens de la Iustice.* en leurs Sieges des reglemens particuliers sur le fait de la Iustice, *quia æquitas non clauditur loco*, & qu'il n'y peut gueres écheoir de particuliere consideration, & partant on dit, que les matieres de reglement luy appartiennent en premiere instance: ce qui est vray pour le regard des reglemens generaux, c'est à dire és matieres qui peuuent, & doiuent estre reglées d'vne mesme façon en tout le Parlement, & où la diuersité de chacun lieu n'apporte rien de particulier.

9. Reglemés de style appartient à chaque Iuge Chastelain.

Mais pour ce qui est du style & forme de proceder particuliere de chacun Siege, comme d'ordonner à quels iours de la semaine on plaidera, à quelle heure on entrera, & sortira de l'audience & Chambre du Conseil, du temps des vacations, des iours où on ne plaide point, des taxes des Greffiers, Notaires, Sergens, des formalitez des menuës procedures & instruction des causes, il semble que le Parlement ne doit pas trouuer mauuais, que chaque Iuge en fasse des reglemens en son Siege, pourueu qu'ils ne repugnent en rien aux Ordonnances du Roy, ny à ses Arrests : n'estant pas possible que le Parlement puisse regler si commodément ces petites pointilles, que fera le Iuge du lieu.

10. Si la police appartient aux seuls Iuges Royaux.

Voila pour les reglemens de Iustice, & quant à ceux de police, c'est à dire, qui concernent le ménagement commun de la cité, les Iuges Royaux se sont autrefois voulu faire accroire qu'ils n'appartenoient qu'au Roy, *quia lex salutem Reipublicæ tueri, nulli magis credidit conuenire, nec alium sufficere ei rei, quàm Cæsarem. l. Nam salutem. D. de Off. Præf. vigil.*

11. Que nõ.

Toutefois, ie ne voy point comment on pourroit soutenir que le droict de police fust purement Royal, c'est à dire, inseparable de la personne du Souuerain, ainsi que de faire les loix generales. Que s'il estoit ainsi, il ne seroit non plus communiquable aux Iuges Royaux des Prouinces qui n'ont pas l'exercice des droicts purement Royaux. Que si au contraire il leur est communicable, comme notoirement ils en vsent en leur Iustice, il est infaillible, qu'il a aussi appartenu aux Ducs & Comtes, qui auparauant la reünion à la Couronne, ont esté les premiers Magistrats & Officiers des villes, où il y a maintenant des Iuges Royaux, & partant les Ducs & Comtes qui sont demeurez, & ceux qui ont esté erigez à leur modele, le doiuent encore auoir.

12. Qu'elle appartient mieux aux Seigneurs qu'aux Iuges Royaux.

Ie dy mesme qu'ils l'ont auec plus de droict, que les Iuges Royaux, qui ne l'ayans que par Office, c'est à dire, n'en ayans que l'exercice, comme Officiers, y peuuent estre preuenus par le Roy, ou par des Commissaires, ausquels le Roy en peut attribuer la connoissance, mesme il peut la démembrer entierement de leurs Offices, témoin l'Edict de Cremieu, par lequel on a osté la police aux Baillifs, & on l'a donnée aux Preuosts: mais les Barons de France ayans la police par droict de Seigneurie propre & patrimoniale, le Roy, dont ils la releuent en fief, ne peut par puissance reglée la diminuer par preuention, ny autrement, & moins encore la leur oster tout à fait.

13. Inconuenient de l'opinion contraire.

Et d'ailleurs, quelle apparence y auroit-il, qu'vn Iuge Royal éloigné, possible, de dix ou douze lieuës d'vne ville Ducale, ou Comtale, y peust mettre la menuë police, qui doit estre reglée proprement & sommairement, mesme que luy, qui ne sçait pas les particularitez du lieu, y puisse faire des reglemens si à propos, que le Iuge du lieu?

14. L'Ordonnance laisse la police aux Seigneurs.

De fait, le Roy Charles IX. par son Ordonnance de l'an 1572. ordonne bien vne certaine forme, & certains deputez pour regler la menuë police des villes Royales, mais il ne touche point aux villes des Seigneurs, mais seulement leur enjoint d'y maintenir la police, ainsi qu'ils verront estre necessaire, se conformans neantmoins à ses Ordonnances, & s'accommodans, au plus prés qu'ils pourront, aux reglemens des villes Royales.

15. Exceptiõ.

Il est vray, qu'il y a cela de particulier au fait de police, que comme la cité n'est qu'vn corps d'habitans, aussi la police doit estre vnique & vniforme en la ville & faux-bourgs, tant que faire se peut, afin que la diuerse maniere de viure n'y apporte du desordre & de la difformité: de sorte qu'en vne ville y ayant deux Iustices ordinaires & primitiues, si l'vne est superieure de l'autre, la superieure doit auoir toute la police, comme i'ay traitté en la suitte *Des Iustices de village.*

16. Police, consiste en trois poincts.

17. De la police des denrées.

18. Poids & mesures.

Or la police consiste principalement en trois poincts, dont il faut traitter separément, sçauoir est aux denrées, aux mestiers, & aux ruës ou chemins. Quant aux denrées, c'est à dire, la menuë marchandise (car la grosse concerne le reglement general du Royaume, qui appartient au Roy seul) qui sont les victuailles, & autres petites commoditez, pour l'entretien & vsage iournalier du peuple, les Iuges de police y peuuent mettre taux, & faire tout autre reglement pour empescher les monopoles, & autres abus, mesme pour faire fournir le Bourgeois auant le Marchand qui les veut reuendre.

19. Si les poids & mesures appartiennent au Roy seul.

20. Inconuenient arriué pour auoir attribué les mesures aux Seigneurs.

De cet article dépendent les poids & mesures, pource qu'en vain y mettroit on le prix, si le poids & mesure n'y estoient certains & justes. Et neantmoins, les Officiers Royaux pretendent en quelques endroits la connoissance des poids & mesures, disans que c'est vn droict de la Couronne : & de fait, quelques Coustumes l'attribuënt au Roy priuatiuement, autres luy en donnent, & à ses Officiers, la preuention.

21. Pourquoy la varieté n'a esté si grande aux grands poids qu'aux mesures.

Et faut confesser, qu'il eust esté fort à propos, que les Seigneurs de France n'eussent point eu ce droict, pour le desordre & la confusion qui en est arriuée, en ce que chacun a voulu auoir des mesures toutes dissemblables : à quoy on n'a pû trouuer remede, quoy qu'il y ait eu plusieurs Edicts de nos Roys, portans, que toutes ces mesures seroient reduites à vne, ce qui n'a pû estre executé.

Et quant aux poids, la cause pourquoy il n'y a pas eu tant de varieté & de diuersité qu'aux mesures, a esté, ce semble, pource que d'ancienneté il a presque en toutes les Prouinces

de la

de la France des Rois des Merciers, pourueus par le grand Chambrier de France, qui auoient la visitation des poids, crochets & balances, & qui partant en aucuns lieux estoient appellez *Visiteurs des poids & balances*. A l'exemple de ces quinze Officiers d'Athenes qu'Harpocration appelle *μετρονόμους*, & de ce *Libripens* des Romains, dont nostre droict fait mention : bref du Zygostates, dont la loy derniere *De ponderat. lib. 10. Cod.* dit qu'il y en auoit vn en chaque ville de l'Empire Romain. *22. Rois des Merciers.*

Toutefois cela auoit lieu és Estats où toute la Seigneurie publique & toute la Iustice demeuroit pardeuers l'Estat, & n'estoit point communiquée aux particuliers. Mais en France, où le contraire a lieu de toute antiquité, ie ne voy point que le droict des poids & des mesures soit plus Royal que d'exercer toute Iustice ciuile & criminelle, iusques à condamner les hommes à mort. Attendu mesme qu'en l'Estat Romain c'estoit la charge des Escheuins des petites villes, (qui ne connoissoient que des causes legeres, comme il sera dit en son lieu) d'auoir neantmoins la connoissance des poids & des mesures, dont Perse se mocque en sa 1. Satyre, *23. Responce aux raisons precedentes.* *24. Escheuins auoient à Rome la connoissance des poids & mesures.*

> *Sese aliquem credens, Italo quod Honore supinus*
> *Frangeret heminas Areti Ædilis iniquas.*

Et Iuuenal.

> *Et de mensuris vis dicere, vasa minora*
> *Frangere, pannosus vacuis Ædilis Vlubris.*

Et quant est d'auoir les Estalons des mesures & poids, c'estoit la charge des Gouuerneurs des Prouinces, *adeo vt ad crimen suum noscant pertinere, si possessoribus vllum fuerit aliqua ponderum iniquitate allatum dispendium*, dit la loy derniere, *Cod. de susceptor.* & la loy 9. du mesme titre ordonne, *vt modij anei, vel lapidei, cum sextariis atque ponderibus per singulas ciuitates collocentur.* Et la Nouelle 128. chapitre 16. dit, qu'il les faut garder en l'Eglise de chaque ville, & au demeurant que l'archetype & principal Estalon de l'Empire estoit gardé, sçauoir est celuy de la mesure des grains par le *Præfectus Prætorio*, & celuy du poids par le *Comes sacrarum largitionum*. *25. Estalons des poids & mesures par qui gardez.*

Puis donc que nos Ducs & Comtes ont eu la mesme charge en France, que les Gouuerneurs des Prouinces, il ne faut point douter que l'Estalon des poids & des mesures leur appartient. Aussi quand on prendra garde de prés, on trouuera que nos Rois n'auoient autrefois aucun droict domanial, ny Seigneurial dans les villes & territoires des Seigneurs : au moins que tous les droicts Seigneuriaux ordinaires & necessaires appartenoient aux Seigneurs, n'ayant esté reserué par leurs inuestitures anciennes, que le ressort & l'hommage, comme il se void és anciennes Ordonnances. Et ce que maintenant les Rois y leuent des Tailles Gabelles, & autres subsides, ce sont aydes & deniers extraordinaires, dépendans de la iurisdiction de la Cour des Aydes, & non pas des droicts domaniaux & Seigneuriaux, qui puissent dépendre de la Iustice ordinaire, & dont le Parlement qui a la connoissance du domaine de la Couronne, puisse, ny vueille connoistre. *26. Que ces Estalons ont tousiours appartenu aux Ducs & Comtes.* *27. Le Roy n'auoit anciennement aucun droict dans les terres des Seigneurs.* *28. Que les deniers qu'il y leue maintenant sont droicts extraordinaires.*

De fait, il n'y a presque aucunes Coustumes, qui ont traité des droicts Seigneuriaux, qui n'attribuënt les poids & les mesures qui au Barõ, qui au Chastelain, qui au haut, & la pluspart encore au moyen Iusticier. Ce qu'il faut entendre pour le regard du haut & du moyen Iusticier, en ce qui est de la visitation & reconnoissance sommaire des poids & mesures inégales ou fausses, & non pas de les pouuoir regler & ajuster, & en bailler Estalon, comme il sera dit incontinent, & mesme les articles secrets de la Coustume de Paris attribuënt la visitation des mesures au moyen Iusticier. *27. Les Coustumes attribuënt les poids & mesures aux Seigneurs.*

Quant est des Rois des Merciers, qui estoient en France anciennement, & qui depuis ont esté appellez *Visiteurs*, dit Ragueau, ils n'estoient pas instituez par le Roy, mais par le grand Chambrier de France, mesme que Du Tillet dit, que le grand Chambrier luy-mesme estoit appellé *Roy des Merciers* : mais depuis que l'Office feodal du grand Chambrier, auec ses dépendances, a esté reüny à la Couronne par le Roy François en l'an 1545. les Rois ont bien commis des Visiteurs, ou Rois des Merciers en quelques Bailliages, mais pour visiter dans leurs terres seulement, & non dans celles des Barons, comme il est à croire que ceux qui estoient commis par le grand Chambrier de France, n'auoient pouuoir que dans les terres du Domaine de la Couronne, ou à la suite de la Cour : lequel Office de Visiteur (si Office il doit estre appellé, veu que iamais il ne fut erigé par Edit) estant prouenu de l'entreprise & vsurpation des grands Chambriers de France, & n'estant nullement necessaire, au contraire estant de grand foule au peuple, & s'y commettant de grands abus, comme il fut verifié en l'Assemblée de Roüen 1597. il fut arresté en ladite Assemblée, qu'il seroit supprimé : & pource que l'Edict arresté en icelle Assemblée, n'a encore esté verifié, cette suppression des Rois des Merciers ou Visiteurs de poids & balances, a esté inserée en l'Edict des Mestiers, qui fut fait & verifié en la mesme année. *30. Des Rois des Merciers.* *31. Supprimez.*

Il est vray, que comme la Police generale du Royaume appartient au Roy, & comme ses Ordonnances sont tousiours au dessus de tous reglemens de Police, que ses vassaux *32. Le Roy a la surintendance de tous poids & mesures.*

33. Ordonnance pour les reduire toutes à celles du Roy.
peuuent faire en leurs terres : il peut iustement ordonner, que tous les poids & mesures des Seigneurs seront reduites aux siennes, afin qu'il n'y en ait qu'vne seule sorte en tout le Royaume : ce que les Rois Philippes le Long, Louis XI. & François premier ordonnerent, & apres eux le Roy Henry second en fit vn notable Edict en l'an 1557. pour l'execution duquel il y eut certains Commissaires deputez : mais en tous ces Edicts il y a tousiours eu
34. Ces Ordonnances ont reserué le droict des Seigneurs.
clause expresse, que le Roy n'entendoit preiudicier aux Seigneurs qui ont droict de poids & mesures en leur territoire, & que bien que leurs poids & mesures fussent reduits à ceux du Roy, ils ne laisseroient pourtant d'estre marquez des armes des Seigneurs.

Toutefois comme le Roy a les mains longues, ses Officiers ont inuenté de nostre temps
35. Distinction inuentée de nostre temps.
vne distinction pour retrancher le droict des Seigneurs dont iamais on n'auoit oüy parler, disans que comme le Roy seul a la police de la marchandise en gros, aussi les grands poids & mesures appartiennent à luy seul. Et sous cette consideration nostre Roy d'à present a esta-
36. Establissement des Iaugeurs par le Roy.
bly en l'an 1596. des Iaugeurs & Marqueurs de fustailles par tout son Royaume, ainsi qu'auparauant il auoit estably des Courratiers de vins : & des Marqueurs de cuirs, & depuis a encore estably des Marqueurs de draps.

Mais il ne faut pas inferer de ces Edicts & nouueaux subsides, que les Barons de France
37. Interpretation d'vn Arrest.
n'ayent entierement le droict de poids & mesures, tant grandes que petites : & ne fait au contraire l'Arrest obtenu par Madame la Duchesse d'Estouteville en l'an 1554. par lequel les petits poids & mesures seulement luy furent adiugez en vne sienne Baronnie située en Normandie : car elle ne pouuoit pretendre les grands poids & mesures, à cause de l'ancienne Coustume de Normandie, qui au Chapitre 16. attribuë au Duc les poids & les mesures indistinctement, ce qui fut neantmoins restraint par cet Arrest aux grands poids & mesures : mais és Coustumes qui n'en parlent point, i'estime que les Barons doiuent auoir les vnes & les autres. Et ainsi se pratique fort notoirement, fors seulement à l'égard du jaugea-
38. Iaugeage.
ge depuis ce moderne Edict : encore y a-t-il des Seigneurs qui ont empesché l'execution en leurs terres. Notamment Monsieur de la Trimoüille l'a gaigné contre le Roy, par Arrest donné en la Chambre de l'Edict : & ie ne fay point de doute, que le Parlement ne l'eust iugé tousiours ainsi : c'est pourquoy les Partisans de cet Edict ont tiré les causes concernantes le jaugeage en la Cour des Aydes : bien que s'il appartenoient au Roy, ce seroit vn droict domanial, qui doit estre de la connoissance du Parlement.

39. En quoy consiste le droict de grand poids.
Or le droict de grand poids consiste à auoir seul en sa ville droict de peser pour autruy à grandes balances & poids au dessus de vingt-cinq liures, estant neantmoins permis aux bourgeois d'en auoir pour soy en sa maison, & pour ce appartient au Seigneur douze deniers pour cent liures des marchandises qu'on pese à son poids, lequel droict il peut bailler à ferme, & partant est tenu auoir continuellement de bonnes & fortes balances, & des poids de toutes sortes.

Et quant au droict des grandes mesures, il consiste à pouuoir instituer des Arpenteurs : ce qui és terres du Roy n'appartenoit autrefois qu'au grand Arpenteur de France : mais en l'an
40. Arpenteurs par qui instituez.
1554. le Roy Henry second erigea six Arpenteurs en chacun Bailliage en titre d'Office, ce
41. Explication de l'Ordonn. 1575.
qu'il fit neantmoins sous clause expresse de ne preiudicier aux droicts des Barons, ce qui me fait croire que l'Ordonnance de l'an 1575. qui défend aux Seigneurs ayans haute, moyenne & basse Iustice, & autres subiets du Roy, d'instituer des Arpenteurs en leurs terres, ne s'entend que des simples hauts-Iusticiers, & non pas des Barons.

42. Droict des petits poids & mesures.
Et du droict des petits poids & mesures, dépend d'auoir vn Estalon, patron, ou eschantillon public de tous poids & mesures de toutes sortes : & droict d'ajust sur iceluy de tous poids & mesures faites, ou venduës, ou gardées en son territoire, qui doiuent estre marquées par celuy qui est preposé pour les ajuster, afin que le peuple n'y puisse estre trompé.

43. Punition des contrauentions aux poids & mesures, est acte de Iustice, non de police.
Mais quant à la visitation des poids & des mesures, & punition des delinquans, soit marchands, ou autres, cela ne dépend pas proprement du droict de Police, mais de la Iustice : pource que les reglemens de Police estans faits par le Iuge du Baron, ou Chastelain, auquel la Police appartient, c'est desormais aux Iuges primitifs des lieux à les faire obseruer en leur destroit, c'est pourquoy cette visitation n'appartient pas seulement aux Barons, mais aussi aux hauts-Iusticiers, mesme aux moyens. Et ainsi sans doute faut-il accorder la varieté
44. Conciliation des Coustumes.
de nos Coustumes, estrange certes d'abord, les vnes attribuans les poids & mesures aux Barons Chastelains, à l'exclusion des hauts-Iusticiers, & les autres aux moyens Iusticiers. Mesme les Coustumes d'Anjou & du Maine en deux diuers articles, attribuënt ce droict, tantost
45. Faut distinguer les reglemens d'auec l'execution d'iceux.
au Seigneur Chastelain, & tantost au moyen Iusticier, disant neantmoins, que le Chastelain en prend le patron & l'essay à soy-mesme, que le moyen Iusticier le prend de son Seigneur suzerain.

Bref, qu'en toutes les parties de la Police, il faut soigneusement distinguer le droict de faire reglemens Politiques (en quoy seul consiste le vray droict de Police) d'auec l'execution & connoissance des contrauentions à ces reglemens, qui dépend sans doute de la simple & ordinaire Iustice. *46. La Police deuroit appartenir aux Baillifs.* Tout ainsi que faire les loix, est vn droict qui n'appartient qu'au souuerain, mais les executer & faire entretenir est de la charge des Iuges Et faute d'obseruer cette distinction, il suruient grand nombre de procez iournellement : mesme à faute de l'auoir considerée, on a osté mal à propos aux Baillifs Royaux la Police, c'est à dire, le droict de faire les reglemens Politiques (qui estoit la plus noble partie de leur charge, estant la Police vn des droicts de Bailliage, ou Iustice superieure) & on l'a attribuée aux Preuosts & Iuges ordinaires des villes Royales, ausquels appartenoit seulement l'execution de la Police.

Le second poinct de la Police concerne les Mestiers Iurez, qu'on a estimé autrefois ne *47 De la Police des Mestiers.* pouuoir estre établis és villes des Seigneurs sans permission du Roy, d'où quelques-vns croyent que vient la distinction des villes Iurées & des non-Iurées; appellans villes Iurées, *48. Villes Iurées.* celles qui ont droict d'auoir Mestiers Iurez; bienqu'à mon aduis les villes Iurees soient celles qui ont droict de Corps de Ville & Escheuins, qu'on appelle en quelques endroicts *Iurats*. Mais quoy qu'il en soit par l'Edit du feu Roy de l'an 1581. confirmé & amplifié par le Roy d'à present en l'an 1597. il est non seulement permis, mais aussi commandé, que les Mestiers de toutes les villes & bourgs soient Iurez.

Donc de la Police du Baron, ou Chastelain, dépend d'auoir Corps de Mestiers en sa ville, *49. En quoy consiste la Police des Mestiers.* d'y faire eslire chacun an des Iurez, Visiteurs, & Gardes de chacun Mestier, qui soient tenus par certain temps de raporter & affirmer deuant le Iuge ordinaire les visitations qu'ils auront faites chez chacun Maistre de leur Mestier, & en faire rapport. Et sur tout il appartient au Baron, à l'exclusion du haut-Iusticier, de faire des statuts & reglemens de chacun Mestier : bien que par la loy de Solon, rapportée *in l. Sodales. D. De colleg. illic.* il fust permis aux *50. Faire statuts de Mestier, à qui appartient.* Communautez de les faire eux-mesmes. Toutefois i'ay veu vne ancienne Ordonnance de Charles V. portant que les statuts des Mestiers seront confirmez par le Roy, qui possible se doit entendre des villes Royales : pource qu'on a autrefois tenu, que la redaction, ou du moins la confirmation des statuts des Mestiers appartenoit au Roy & aux Seigneurs, & non aux Iuges Royaux, ou subalternes : & de fait, i'ay veu plusieurs statuts des Mestiers faits en forme de Chartes par les Ducs & Comtes. Mais cet Edit moderne de l'an 1597. a attribué indistinctement aux Iuges des lieux la redaction & homologation des statuts des Mestiers.

Le troisiesme chef de la Police, est le reglement des grands chemins, que nous appellons *51. De la Police des chemins.* *droict de Voyrie* : estans les Voyers, ceux que Varron appelle *Viocuros, seu Curatores viarum*, qui estoit l'vne des charges des Ediles des villes Romaines. *l. vnica. D. De via publica.* Il est vray *52 Viocuri.* que dedans Paris ce sont Charges distinctes, obligées à tenir les ruës nettes & bien pauées, *53 La Charge de Voyer de Paris est differente de celles des Commissaires du Chastelet.* qui est la charge des Commissaires du Chastelet, & de les tenir entieres sans saillies, trauerses, estaux, ny autres entreprises, ce qui dépend de la charge du Voyer de Paris.

Ie dy notamment du Voyer de Paris : Car ie ne sçay point de ville, où il y ait vn Voyer qu'à Paris : & certainement c'est bien la raison, qu'en la ville Capitale du Royaume, où est le siege & principal domicile de nos Rois, il y ait vn Officier exprés, pour auoir soin des ruës, tant pour sa decoration particuliere, que pource que les places y estans plus requises *54. Pourquoy il n'y a Voyer qu'à Paris en titre d'Office.* & plus cheres, les entreprises y seroient plus ordinaires. Aussi qu'y ayant plusieurs petites Iustices, il a esté bien necessaire que les Officiers Royaux y ayent seuls retenu tout droict de Police, pour éuiter desordre & confusion, & par consequent la Voyrie, qui est l'vne des *55. Le Roy est seul Voyer à Paris, & pourquoy.* parties de la Police; & voila les raisons particulieres, pourquoy le Roy est seul Voyer à Paris, comme il est dit aux articles secrets de la Coustume reformée, & en l'Edit fait en l'an 1539. touchant les droits des Iusticiers de Paris : & encore és lettres patentes du terrier de Paris de l'an 1549. & en l'Edit de l'an 1548. portant defenses de bastir és Faux-bourgs de Paris.

Mais és autres villes Royales, la charge de Voyer est exercée par le Procureur du Roy de *56. Qui est Voyer aux autres Villes.* la Preuosté & Iustice ordinaire, & dépend naturellement de son Office, comme estant sa charge de procurer tout ce qui est de l'interest public, n'ayans les Procureurs du Roy des Preuostez autre charge, outre le criminel, dautant que ce qui concerne les droits du Roy, que nous appellons *le Domaine*, est de la charge du Procureur du Roy du Bailliage, suiuant l'Edit de Cremieu : mesme anciennement n'y auoit point de Procureurs du Roy és Preuostez, & c'estoit celuy du Bailliage qui faisoit l'vn & l'autre exercice.

Voila pourquoy nous ne trouuons point mention de Voyer d'autre ville que de Paris : *57 Grand Voyer de France.* nous trouuons bien d'ancienneté le grand Voyer de France, qui a la surintendance de la Police des grands chemins par tout le Royaume, pour astraindre les Iuges des *58. Voyer és Coustumes, que signifie.* lieux de faire leur deuoir chacun endroit soy, à la conseruation & manutention d'iceux. Mais le terme de *Voyer*, que nous trouuons si souuent dans nos Coustumes, notamment en celles d'Anjou, Touraine, le Maine, & Blois (qui és Coustumes de Picardie est nomme Veher, ainsi que Varron dit, que *via* est dite *quasi veha, à vehendo*) signifie le

Iusticier des villages, que les Romains appelloient, non pas *Vocurum*, mais *Vicomagistrum*, *seu pagimagistrum*, qui en aucunes de nos Coustumes s'appelle *le Maire du village*.

59 Gros Voyer, petit Voyer. C'est pourquoy nous trouuons deux sortes de ces Voyers, à sçauoir les gros, ou grands Voyers qui ont moyenne Iustice, & les simples Voyers, ou bas Voyers, ou petits Voyers qui n'ont que basse Iustice, disent ces mesmes Coustumes. Ainsi donc le Voyer signifiant *Viocurum* est deriué *à via*, & celuy qui signifie le Iusticier de village, est deriué *à vico*: il est vray que *voye* en François, signifie tantost vn chemin, & tantost vn village. Si ce n'est qu'on veüille dire que le Iusticier de village est dit *Voyer*, pource qu'il se sied sur la voye, ainsi que les Grecs l'ont appellé Χαμαιδικάστην, *id est*, *humi-iudicantem*, & les Latins *Pedaneum iudicem*, qui

60 Iuges sous l'orme. iuge *de plano*, *seu plano pede*, *nec habet tribunal*, & encore en François nous l'appellons Iuge sous l'orme, dont parlant l'ancienne Comedie de Querolus, dit que *Ad Ligerim rustici perorant*, *& priuati iudicant*, *& de robore* (*quod quidem est species quercus*) *sententias dicunt*.

Or pour reuenir à l'autre signification de Voyrie, qui est de signifier la Police des grands chemins: c'est la verité, que de tout temps le Roy a pretendu qu'elle luy appartenoit, & de fait M. Pithou, sur le 130. article de la Coustume de Troyes dit qu'il se trouue vn ancien Arrest de l'an 1290. par lequel la Voyrie du Comté d'Anjou, qui n'appartenoit pas au Roy, luy fut adiugée contre le Comte, suiuant le tit. *Quæ sint regal. in feud.*

61. Voirie pretenduë par le Roy ès terres des Seigneurs. Au moins plusieurs ont tenu qu'au Roy seul appartient la Police des grands chemins tendans de pays en autre, ou de bonne ville en autre: attendu que ces grands chemins sont appellez par les Grecs βασιλικαὶ ὁδοὶ par les Latins *viæ Regiæ & publicæ*, & par nous *chemins Royaux*.

62 Au moins ès chemins Royaux. Car, & les Autheurs Romains, & nos anciens Praticiens ont distingué notamment les chemins Royaux tendans aux bonnes villes, d'auec les grands chemins tendans aux villages,

63. Viarum distinctio. que les Romains ont appellé, *vias vicinales*, *à vicis*, & les nostres *trauerses*.

64. Viæ Regales. *Viarum omnium* (dit *Siculus Flaccus in lib. De condit. agror.*) *non est vna & eadem conditio. Nam sunt viæ publicæ Regales, quæ publicè muniuntur, & auctorum nomina obtinent: nam & curatores accipiunt, & per redemptores muniuntur. Sunt & vicinales viæ, quæ de publicis diuertuntur in*

65 Viæ vicinales *agros, & sæpe ad alteras publicas perueniunt: hæ muniuntur per pagos, id est, per Magistros pagorum,*

66. Publicæ viæ. *qui operas à possessoribus, ad eas tuendas exigere soliti sunt: aut, vt comperimus, vnicuique possessori*

67. Priuatæ agrariæ. *per singulos agros certa spatia assignantur, quæ suis impensis tueatur.* Vlpian en la loy 2. §. *Viarum Nequid in loco public. &c. Viarum quædam publicæ, quædam priuatæ, quædam vicinales. Publicas vias dicimus quas Græci βασιλικὰς, nostri Prætorias, alij Consulares appellant. Priuatæ sunt quas agrarias quoque dicunt. Vicinales sunt quæ in vicos ducunt, quod ita verum est, si non ex collatione priuatorum agrorum constitutæ sunt*; & Theophyle aux Instit. tit *De lege Aquilia* Πόβλικα μὲν ἐστιν ὁδὸς, ἥτις Μιλιάρεια λέγεται, καὶ παρὰ τοῖς Ελλησι βασιλικὴ, ἣ πάντας ἀπεωστῳ νέμεται, ἐπὶ διαφόροις ἀπιόντες τόπους: Βικινάλια δὲ ἡ ἐπὶ κώμας ἄγουσα, Βίκος γὰρ ἡ κώμη, παρὰ ταύτης γὰρ βαδίζει πᾶς ἐπὶ τὴν κώμην ἀσίον.

68. Distinction des chemins de France. Voila pour les Autheurs Romains, dont i'ay bien voulu rapporter les textes, à cause de leur elegance. Quant aux nostres, voicy ce qu'en dit Bouteiller, *Trauerse est vn chemin, qui trauerse d'vn village en autre* (ainsi faut-il lire) *& est commun à tous pour gens, & pour bestes, & pour charroy: & dois sçauoir qu'en France au Roy appartient trauerses garder & maintenir. Si doit contenir de*

69. Trauerse. *large, comme le plus des Coustumes sont d'accord, iusques à vingt, ou vingt-deux pieds.* Item, *chemin*

70 Chemin Royal. *Royal, si est le grand chemin, qui va d'vn pays en autre, & d'vne bonne ville à autre, & doit contenir quarante pieds de large, sur l'amende de soixante sols au Roy: car au Seigneur souuerain appartient le gouuernement & connoissance des grands chemins Royaux, & des cas qui y aduiennent, ja soit qu'ils passent en & parmy la terre d'vn haut-Iusticier.*

71. Chemin Peageux. L'ancienne Coustume de Bretagne fait la mesme distinction, sinon qu'elle attribuë la garde des chemins tendans de ville marchande à autre, au Prince, c'est à dire au Duc, & des autres aux Seigneurs Iusticiers: celles d'Anjou, Touraine, le Maine, Poictou, & Lodunois, appellent les vns *chemins Peageux*, dont la reparation doit estre faite (disent-elles) par les Seigneurs Chastelains, ou autres plus grands, qui en ces Coustumes ont droict de peage. Et les autres chemins, elles les appellent *voisinaux*, du terme Latin: à la reparation desquels doit, selon icelles, estre pourueu par le Iuge ordinaire, ainsi que de raison.

Or en consequence de si peu qu'il y a de Coustumes qui attribuënt les grands chemins Royaux à la garde du Prince, il y a des Officiers Royaux, qui se font accroire, que

72. Pretention des Officiers Royaux touchant les chemins. & des chemins Royaux, & de tous autres chemins publics, non seulement la garde & surintendance, mais aussi la Police entiere, & Iustice ordinaire, & encore qui plus est, la connoissance des delits commis en iceux leur appartient, bien qu'ils soient situez dans le territoire des Seigneurs Chastelains, dont ie diray mon aduis selon ma coustume.

73. Raison contraire. Premierement, il me semble que la distinction des chemins Royaux & des trauerses, bien que conuenable, lors qu'il est question d'arbitrer leur largeur, ou encore possible de contribuer à leur reparation, il n'est pas toutefois considerable en la question, si la Iustice

d'iceux appartient aux Iuges Royaux, ou des Seigneurs. Car les chemins, pour estre dits Royaux, ne sont pas plus au Roy, que les trauerses, ou autres chemins publics : attendu qu'ils sont dits Royaux, comme les plus grands & excellens ; & de fait, il est notoire, qu'ils ont esté appellez Royaux par les Romains, & autres peuples, qui n'auoient point de Rois. *74. Les chemins Royaux n'appartiennent au Roy.*

D'ailleurs il est certain, que la vraye proprieté des chemins n'appartient pas aux Rois. *75. De mesme.* Car on ne peut pas dire qu'ils soient de leur Domaine, mais ils sont de la categorie des choses qui sont hors de commerce, dont partant la proprieté n'appartient à aucun, mais l'vsage est à vn chacun, qui pour cette cause sont appellées *publiques* : & par consequent la garde d'icelles appartient au Prince souuerain, non comme icelles estans de son Domaine, mais comme luy estant gardien, & conseruateur du bien public.

Ie dy notamment la garde principale, c'est à dire la surintendance : car en France ce qui concerne l'interest public, est commis en premiere instance aux Seigneurs hauts-Iusticiers, *76. Resolution que la Iustice des chemins Royaux appartient aux Seigneurs.* qui ont le premier degré de Seigneurie publique, notamment la Police, & la punition des crimes, comme ie diray en son lieu. C'est pourquoy ie conclus, que la Police, ou Iustice ordinaire de tous les grands chemins, tendant à la conseruation & manutention d'iceux, appartient aux Iuges ordinaires des lieux, du moins à ceux qui ont droict de Bailliage & Chastellenie, & partant c'est à eux de connoistre de la reparation d'iceux, & des entreprises qui s'y font : comme ont decidé toutes les Coustumes qui ont traité de cette matiere.

Mais quant à la surintendance de la Police generale d'iceux, sans doute elle appartient au Roy seul, priuatiuement aux propres Officiers, *77. Et la surintendance au Roy.* comme d'abolir, de changer, de croistre, ou diminuer iceux ; mesme c'est vn cas Royal de connoistre si vn chemin est public, ou particulier, & sur tout à cause de cette surintendance du Roy : c'est la vraye charge du grand Voyer de France, auquel le Roy l'a remise, & qui represente le Roy au fait de sa charge, de suppléer à la negligence des Iuges ordinaires, soit Royaux, ou subalternes, qui laissent entreprendre sur les chemins publics, ou qui n'ont soin de les faire entretenir en bon estat : mesme il est tolerable, que les Iuges Royaux en connoissent en cas de negligence, ou conniuence des subalternes, ainsi qu'il a esté iugé par plusieurs Arrests, qu'ils peuuent prendre connoissance des crimes, dont les Iuges ordinaires ont negligé faire Iustice. Car en effet, les cas où il n'y a aucun poursuiuant, & où le fisque est seul partie, sont suiets à estre delaissez sans Iustice : c'est pourquoy il est tres-expedient qu'à leur égard les superieurs puissent suppléer la negligence des premiers Iuges.

Mais d'oster aux Iuges des lieux la Iustice ordinaire des grands chemins, non plus que celle des crimes, *78. Qu'il n'est expedient d'en oster la Iustice aux Seigneurs.* mesme d'en permettre la preuention aux Iuges Royaux, outre que ce seroit contre les Ordonnances qui ne leur reseruent que les cas Royaux & de ressort, ce seroit encore au dommage du public, pource que ces differends des chemins, qui sont de peu d'importance, & neantmoins de difficile instruction, ne pouuans estre vuidez que sur le lieu, ne pourroient estre instruits sans grands frais, s'il falloit qu'vn Iuge Royal esloigné quelquefois de dix ou douze lieuës, auec son Procureur du Roy, vn Greffier, & ses Sergens, se transportassent sur le lieu, pour en faire visitation & description.

Moins encore y a-t-il d'apparence de vouloir soustenir que la connoissance des delits commis dans les grands chemins appartienne aux Iuges Royaux, *79 Ny aussi la connoissance des crimes en iceux.* à l'exclusion des Barons de France, attendu qu'on ne peut nier qu'ils n'ayent leur territoire tout entier, & veu ce qui vient d'estre dit, que la proprieté des chemins n'appartient non plus au Roy, qu'à eux. Mais quand elle luy appartiendroit, mesme quand la Police entiere des grands chemins seroit vn cas Royal, si ne s'ensuiuroit-il pourtant, que les delits faits en iceux fussent cas Royaux, non plus que les crimes commis en vne Eglise, Cimetiere, ou terre vague, mesme en vn heritag du Domaine du Roy, qui seroit enclaué dans le territoire d'vne Iustice Seigneuriale. Car ce n'est pas la proprieté du lieu où le delit est commis, qui regle la Iustice, mais le pourpris & enclaue du territoire. C'est pourquoy ie conclu, qu'il n'y a aucune apparence de mettre entre les cas Royaux les delits perpetrez dans les chemins, pourueu qu'ils ne soient faits auec ports d'armes, & en assemblée illicite.

Reste de parler du droict de Peage, *80 Du peage.* que plusieurs Praticiens estiment faire part de celuy de Voirie, & qu'en cette qualité plusieurs Coustumes, comme celles d'Anjou, Touraine, le Maine, & Lodunois attribuënt à tous Chastelains, & par consequent aux autres plus grands Seigneurs, comme de droict commun. Tellement qu'elles decident, que quiconque passe par deuant le Chastelain, n'est pas receuable à iurer, qu'il eust droict de peage : aussi baillent-elles aux grands chemins le nom de *chemin peageux*, pource que de droict commun il y est deu peage.

Ce peage, ou plutost payage (car il vient de payer, ou de païs, témoin Claudian, qui l'appelle *Patrium vectigal*, & non pas de *Pedagium*, mais *Pedagium* est mal tourné du François) *81. Diuers noms du peage.* est appellé de diuers noms és Coustumes & Ordonnances, estant tantost nommé barrage,

82. *Barrage.* à cause de la barre assise sur le chemin pour marque d'iceluy : tantost Pontenage, quand il
83. *Pontenage.* se paye au passage d'vn pont : tantost Billette, à cause du petit billot de bois qu'on pend à
vn arbre en signe d'iceluy : tantost Branchiere, à cause de la branche d'arbre où ce billot est
84. *Billette.* pendu : tantost Coustume, mot qui signifie generalement toute proprieté introduite plustost
85. *Branchiere* par coustume, que par titre particulier : tantost aussi est-ce vne Preuosté, bien que la Pre-
86. *Coustume.* uosté comprenne toutes sortes de menus droicts anciens d'vn Seigneur, dont le Collecteur
87. *Preuosté.* est appellé *Preuost des amendes*, à la distinction du Preuost & garde de la Iustice.

88. *Trauers.* Finalement le peage est quelquefois appellé *Trauers*, à cause qu'il est deu par ceux qui tra-
89. Trauers *que signifie proprement.* uersent la terre du Seigneur, comme és Coustumes de Senlis, Clermont, Valois, & autres :
bien que proprement, à mon aduis, *Trauers* est vn autre droict que le peage, bien qu'il luy
ressemble, à sçauoir le tribut que le Seigneur prend aux limites de son territoire sur les marchandises qu'on enleue de dessus sa terre, que les Grecs appellent τέλος, & les Romains
l'appellent proprement *vectigal à vehendo.* Mais pource que c'est le plus ancien reuenu des
souuerainetez, *vectigal* est pris pour tout reuenu public, mesme enfin il a esté pris pour le reuenu des particuliers.

90. *Differences du peage & trauers.* Or il y a cette difference entre le peage & le trauers, que le peage se paye indifferemment
par tous ceux qui conduisent de la marchandise dans le chemin Royal, où la Billette est assi-
se : & ce que i'appelle *trauers* est deu seulement par les subiets du Seigneur, qui transportent
leurs meubles ou marchandises hors son territoire par quelque chemin ou passage que ce
91. *Leuage.* soit. ce qu'on appelle *dégarnir la terre*, lequel droict est appellé *Leuage* en la Coustume
d'Anjou.

92 *Origine du Trauers.* Ce trauers fut inuenté du temps que les Ducs & les Comtes se disans Souuerains, & repu-
93 *Trauers est du droict de souueraineté.* tans leurs voisins pour estrangers, ne vouloient pas qu'on enleuast & transportast rien de
leurs païs sans leur permission, & sans qu'on leur en payast tribut, ainsi que font auiourd'huy
les Potentats Souuerains d'Italie & d'Allemagne : d'où il s'ensuit, que c'est vn droict de
souueraineté, mesme en vser, c'est se porter pour souuerain, & reputer ses voisins pour
estrangers, & de diuerse souueraineté : & partant c'est vn crime de leze Majesté, quelque
prescription qu'on en veüille pretendre, n'estans les droicts de souueraineté prescriptibles
par les particuliers, qui mesme ne sont pas capables de les posseder.

Mais quant aux peages, ils sont fondez sur des causes plus pertinentes à sçauoir, que les
94 *Occasion des peages.* chemins Royaux trauersans de pays en autre, ont accoustumé en toute Republique d'estre
reparez aux dépens du public : or il n'y a en France autre fonds destiné pour leur entretien,
95 *Pour l'entretien des chemins.* que le peage qui se paye par ceux qui par iceux conduisent de la marchandise, laquelle à succession de temps rompt & enfondre le chemin, & pour la conduite de laquelle les mar-
chands ont interest particulier, que les chemins soient entretenus. C'est pourquoy toutes
les Coustumes qui authorisent les peages, chargent par exprez les Seigneurs qui les leuent,
de l'entretien des chemins, ponts passages & chaussées, qui est aussi vn droict commun, que
les Ordonnances veulent estre obseruées par tout.

Il y a encore vne autre charge & obligation fort imporatnte, dont les anciens Arrests du
96. *Pour la seureté des chemins.* Parlement (desquels Ragueau sur le mot *Peage*, en rapporte cinq ou six fort notables) ont
chargé les Seigneurs prenans peage, à sçauoir, qu'ils sont obligez de tenir les chemins seurs
& libres, & partant sont garants & ciuilement tenus des voleries qui s'y font entre deux So-
leils : ce qui monstre en passant l'ignorance de ceux qui estiment qu'ils n'en ont pas la Iustice & connoissance.

97. *Que d'ancienneté le Seigneur peager deuoit respondre du vol fait en son chemin.* Tant y a, que c'est l'ancien droict de Gaule & d'Italie, qui est remarqué notamment par
Aristote au liure περὶ θαυμασίων ἀκουσμάτων. Ἐκ τῆς Ἰταλίας φασὶν ἕως τῆς Κελτικῆς, Κελτολιγύων, καὶ
Ἰβήρων, εἶναί τινα, ὁδὸν, Ἡρακλείαν καλουμένην, δι' ἧς, ἐάν τε Ἕλλην ἴῃ, ἐάν τε ἐγχώριός τις πορεύηται, τηρεῖσθαι
ὑπὸ τῶν παροικούντων, ὅπως μηδὲν ἀδικηθῇ. τὴν γὰρ ζημίαν ἐκτίνειν, καθ' οὓς ἂν γένηται τὸ ἀδίκημα, ce
qu'Alciat dit estre encore obserué en quelques endroits d'Italie : c'est pourquoy Claudian, Panegyr. 2. a dit,

—— Patrium vectigal soluere gaudet
Immunis qui clade fuit. ——

Et Iosephe liure 2. de la guerre des Iuifs, rapporte que Cumanus President de la Iudée,
imputoit & faisoit reparer le vol fait en grand chemin, aux Seigneurs des villages prochains,
ainsi que Cujas nous l'interprete au Chapitre 11. du 19. de ses Obseruations, disant qu'il faut
lire δεσπότας au lieu de διομώλας.

Que s'il plaisoit au Roy remettre en vsage cet ancien droict. les Seigneurs de France ne
98. *Incommodité des peages.* feroient pas si prompts à prendre des peages, comme ils font auiourd'huy par tout : dont la
marchandise (qui est vn des nerfs de l'Estat, & vn des liens de la societé ciuile) est tellement
incommodée en quelques contrées, que les voituriers passent autant de temps à aller chercher les billettes par chacune Parroisse, qu'à trauerser pays. Et pour vn denier, ou vn double qu'on prend d'eux on leur fait tort de plus de cent fois autant. Pour ce mesme que les
peagers, qui sont volontiers quelques soldats deualisez, ou quelques Praticiens affamez,

ou autres mauuais garnemens, sont si malicieux qu'ils pendent leur billette, ou assignent le lieu du peage & acquit le plus loin qu'ils peuuent du grand chemin, & és endroits les plus effondrez & de difficile accez, afin que les marchands ennuyez de se détourner, se hazardent de passer sans payer, & que partant ils ayent, ou leur marchandise, ou vne grosse amende. De sorte qu'il n'y a voiturier ordinaire, qui n'aymast mieux payer vne autre taille au Roy, ou vingt fois autant au Seigneur, que d'estre suiet à tels détourbiers.

Or c'est vn abus de penser que le peage soit vn droict & dépendance ordinaire des Chastellenies & Seigneuries plus hautes, fors és Coustumes qui le leur attribuënt : attendu qu'il a esté dit cy-deuant, que c'est vn des droicts de Souuerainété, que d'imposer toutes sortes de tributs ou leuées de deniers : c'est pourquoy il faut tenir pour tout certain, que nul peage ne peut estre permis ny imposé par autre que par le Roy. *99. Que le peage n'est dem de droit commun.*

Mais pour le regard de ceux qui sont imposez par le Roy, il y a Ordonnance de l'an 1570. contenant abolition de tous peages, *de quelque nom & qualité qu'ils soient* (ce sont ses propres termes) *imposez depuis cent ans, à compter depuis l'an 1559. auec inhibition de ne les plus leuer en maniere que ce soit, sur peine aux contreuenans d'estre punis comme exacteurs du peuple, & vsurpateurs de l'authorité Royale*; contenant en outre, *que dans trois mois les pretendans peages ennoyent au Parlement leurs titres, autrement dés à present, comme dés lors, & sans autre declaration, leur en est interdit tout vsage, iusques à ce que tous leurs titres ayans esté veut, autrement en soit ordonné.* Ordonnance qui veritablement n'est que pour les peages de la riuiere de Loire, mais elle deuroit estre generale, *quia ratio non clauditur loco.* *100. Abolition des peages.*

SOMMAIRE DV DIXIESME CHAPITRE.

52 *Qu'elle n'auoit lieu du commencement, que pour les droicts du Seigneur.*
53 *Concesſion de Iuſtice à vn Seigneur ſur ſes cenſiers & vaſſaux ſeulement, n'emporte que Iuſtice fonciere.*
54 *Comment les Iuſtices foncieres ſe ſont amplifiées.*
55 *Comment s'entendent les Couſtumes, qui diſent que ces Iuſtices ne connoiſſent que iuſques à ſept ſols ſix deniers d'amende.*
56 *De meſme.*
57 *Amendes couſtumieres.*
58 *Loy d'amende, & amende de loy.*
59 *Pourquoy és Couſtumes d'Anjou & Maine les bas Iuſticiers connoiſſent de toutes cauſes, plutoſt qu'aux autres.*
60 *Explication de l'art. 27. de la Couſtume de Blois.*
61 *De meſme.*
62 *Reſolution touchant le pouuoir des bas Iuſticiers.*
63 *Qu'ils ne doiuent connoiſtre que iuſques à ſoixante ſols.*
64 *Et non d'aucune cauſe criminelle.*
65 *De meſme.*
66 *De meſme.*
67 Defenſores ciuitatum.
68 *Des Officiers des ſimples Iuſtices.*
69 *Du Iuge, & comment il doit eſtre nommé.*
70 *N'ont Lieutenant particulier, Conſeillers, ny Aſſeſſeurs.*
71 *Quel doit eſtre le Iuge des ſimples Iuſtices.*
72 *Du Procureur Fiſcal, ou d'Office.*
73 *Ses deux fonctions.*
74 *Que l'appel en criminel & Police deuroit eſtre releué auec le Procureur du Roy.*
75 *De meſme.*
76 *Le Seigneur doit eſtre intimé, & non le Procureur Fiſcal.*
77 *Le Seigneur ne doit plaider en ſa Iuſtice, ſinon pour ſes droicts.*
78 *Si les moyens & bas Iuſticiers ont Procureur d'Office.*
79 *Du Greffier des ſimples Iuſtices.*
80 *Officiers des Iuſtices doiuent reſider.*
81 *De l'Auditoire, ou ſiege des Iuſtices.*
82 Tribunal, ſubſellia.
83 Pedanei Iudices.
84 *Auditoires ſont volontiers à la porte du lieu Seigneurial.*
85 *Iuges ſous l'orme.*
86 *Auditoire doit eſtre dans le territoire.*
87 *Les expeditions doiuent eſtre faites en l'Audience.*
88 *Des priſons des Iuſtices.*
89 *Le bas Iuſticier en a, & pourquoy.*

DES PETITES SEIGNEVRIES ET SIMPLES IVSTICES.

CHAPITRE X.

1. Diffiulté de ce Chapitre.

'EST icy le nœud Gordien, plus aiſé à couper qu'à dénoüer. Ie le dis apres l'auoir eſſayé, qu'on liſe toutes les Couſtumes qui ont traité des Iuſtices, on n'y trouuera que diuerſité & confuſion : qu'on eſtudie tous les Autheurs anciens & modernes qui en ont écrit, on n'y trouuera qu'abſurdité & repugnance : qu'on y resue à part-ſoy tant qu'on voudra, il ſera bien habile, qui parmy ces grandes varietez, & des temps & des lieux, & parmy tant d'abſurditez, pourra choiſir vne reſolution aſſeurée & equitable.

2. Occaſion du Liure Des abus des Iuſtices de village.

C'eſt pourquoy quand ie m'adonnay premierement à eſtudier cette matiere, n'en ayant pû venir à bout, ie pris la reſolution d'Alexandre le Grand, qu'il falloit coupper le nœud, qu'on ne pouuoit dénoüer. Et partant ie compoſay le diſcours *Des abus de ces Iuſtices*, en intention de le mettre icy, concluant par iceluy, qu'il falloit plutoſt tendre à les ſupprimer, qu'à les regler. Mais vn bruit qui courut lors, que le Roy vouloit faire vne Ordonnance pour la reformation de la Iuſtice, m'en ayant fait auancer l'edition à part, afin de n'vſer icy de redite, i'ay eſté contraint de tenter maintenant ce que lors ie n'auois pû faire, qui eſt de parler à bouleueuë, & plutoſt par coniecture que par certitude du reglement de ces Iuſtices : attendant qu'il ſoit venu vne bonne inſpiration à ſa Majeſté de deliurer tout à fait ſon peuple du plat pays de l'oppreſſion d'icelles.

3. La haute, moyenne & baſſe Iuſtice ſe rapportent au merum, mixtumque Imperium, & iuriſdictio *du droict Romain.*
4. Pourquoy ils ne ſe rapportent pas directement.
5. Cauſe de la varieté de cette matiere.

Quoy que pluſieurs de nos modernes ſe mocquent de ceux qui comparent la haute, moyenne & baſſe Iuſtice au *merum Imperium, mixtum, & iuriſdictio* du droict Romain, ſi faut-il confeſſer qu'il n'y en a autre moule & patron, que celuy-là, bien que tres-mal rapporté & imité par nous. Car lors que ces Iuſtices de village qui ſont au deſſous de celles des fiefs de Dignité, ſont venuës en vſage parmy nous, l'intelligence & diſtinction du *merum, mixtumque Imperium*, & de la iuriſdiction des Romains eſtoit dés long-temps perduë & inconnuë : pource que les Autheurs du droict Romain, ne s'eſtant pas amuſez à repreſenter par leurs Liures le ſtyle & formes iudiciaires d'iceluy, qui de leur temps eſtoient toutes notoires, il nous a eſté impoſſible apres la mutation de leur eſtat, de les comprendre dans le fonds. De ſorte que ſur l'explication de ces termes, il s'eſt trouué pluſieurs opinions des Interpretes du Droict qui ont écrit apres la ſubuerſion de l'Empire Romain : dont les vnes ont eſté ſuiuies en aucunes de nos Prouinces, & les autres en d'autres ; comme nos anciens Rois plus empeschez & enclins à la guerre qu'à la Iustice, s'en reposoient sur les Seigneurs ou Officiers des lieux, & ainsi laissoient à chacun d'iceux establir en son territoire tel droit qu'il vouloit, & par consequent permettoient que chaque pays vescust à sa guise, d'où est prouenuë l'incertitude & la varieté de nos Coustumes.

Mais quoy qu'il en soit, nos diuers vsages au fait de ces Iustices, se rapportent tous aux diuerses opinions des Interpretes du droit Romain, touchant le *merum mixtumque Imperium*, & la iurisdiction : & font tousiours quadrer & correspondre la haute Iustice au *merum Imperium*, la moyenne au *mixtum*, & la basse à la simple iurisdiction des Romains, selon que chacun d'eux l'a entenduë: & de fait, nos Escriuains François, soit anciens ou modernes, qui en ont traité en Latin, ne les peuuent nommer d'autres termes, que ceux là du droit Romain : & ceux reciproquement qui escriuent en François des Iustices Romaines, n'en peuuent parler que par les noms de nos Iustices. 6. *De mesme.*

Bien qu'à vray dire, le *merum mixtumque Imperium & iurisdictio* des Romains n'estoient pas des Iustices ou Auditoires separez, & propres à diuerses personnes, comme sont nos haute, moyenne & basse Iustices: mais c'estoient trois diuers degrez de puissance, de ceux qui auoient authorité au fait de la Iustice, estant le *merum Imperium* la puissance de condamner les hommes à mort, que les Magistrats n'auoient pas du droict de leur Office, mais qui leur estoit concedée par commission particuliere : le *mixtum Imperium*, la puissance ordinaire des Magistrats qui estoit d'auoir le commandement meslé de iurisdiction : & finalement la simple iurisdiction estoit la puissance de ceux qui estoient commis par les Magistrats pour exercer leur Iustice sous leur nom & authorité, comme i'ay prouué au 6. chap. du 1. liure *Des Offices*, qu'il faudra ioindre auec le precedent discours, pour bien conceuoir l'vn & l'autre : & sur tout y apporter de l'attention. 7. *Interpretation du merum mixtumque Imperium & iurisdictio des Romains.*

I'ay dit que le *merum Imperium*, ou droict de glaiue, n'appartenoit pas aux Magistrats du propre droict de leur Office, mais leur estoit deferé par commission particuliere, & ainsi c'estoit vn degré de puissance par dessus le pouuoir ordinaire des Magistrats, lequel pouuoir estoit le *mixtum Imperium*. Ce qu'il faut entendre auoir eu seulement lieu és premiers temps, & lors du droict des Digestes. Mais sous les derniers Empereurs, le droict de glaiue fut tellement accoustumé d'estre attribué aux Gouuerneurs des Prouinces, qu'il fut enfin tenu pour vn droict & dépendance ordinaire de leurs Offices, comme i'ay aussi traité au 1. chap. du liure second *Des Offices*. 8. *Merum Imperium à qui appartenoit.*

A laquelle mutation nos ancestres n'ayans pas pris garde, ont pensé que la puissance ordinaire des Magistrats, notamment des Gouuerneurs des Prouinces & Villes qui en estoient aussi les Iuges ordinaires, estoit d'auoir ce droict de glaiue, ainsi qu'auoient eu les derniers qui auoient esté en Gaule pour les Romains, & par consequent ont attribué la haute Iustice aux Ducs & aux Comtes, qui en France ont esté les premiers Gouuerneurs & Iuges ordinaires des Prouinces & des Villes, qui aussi auoient seuls anciennement la haute Iustice, comme il a esté dit cy-deuant, entendant par la haute Iustice, ce que les Romains appelloient *merum Imperium*, *seu ius gladij*, c'est à dire la puissance de condamner à mort, ou autre punition corporelle : d'où vient qu'encore auiourd'huy en nos propos vulgaires, nous appellons telle condamnation *acte de haute Iustice*, & le bourreau *l'executeur de haute Iustice*. 9. *Haute Iustice, à qui appartenoit anciennement.* 10. *Que les Seigneurs de France anticiperent du commencement d'vn degré dessus la regle du droict Romain.*

Ayant donc attribué aux Magistrats ordinaires le *merum Imperium*, comme dépendant naturellement de leur Charge, bien que selon l'ancien droict Romain, il ne leur appartient que le *mixtum Imperium*, il a fallu continuer à anticiper tousiours d'vn degré par dessus le droict Romain, & attribuer ce *mixtum Imperium* à d'autres moindres que les Ducs & Comtes, à sçauoir aux Vicomtes, Viguiers, Preuosts, & Chastelains des Villes, qui estoient leurs Lieutenans, & correspondoient directement aux mandataires de iurisdiction du droict Romain, & partant ne deuoient auoir que la simple iurisdiction, n'estant pas Magistrats, mais simples Lieutenans commis & deleguez par les Magistrats ordinaires. Ainsi donc ils eurent la moyenne Iustice, c'est à dire, le commandement & la iurisdiction tout ensemble, pour l'exercer en leur propre nom, comme si elle leur eust esté propre : qui fut cause qu'ils ne tarderent gueres à se faire vrais Magistrats, & par apres à vsurper la haute Iustice, que nous auions en France attribuée aux Magistrats. 11. *Moyenne Iustice, à qui appartenoit.*

Ainsi continuant tousiours cette anticipation d'vn degré, il a fallu attribuer la simple iurisdiction à d'autres moindres que les Vicomtes, Preuosts & Chastelains des Villes, à sçauoir aux Maires, Preuosts & Chastelains des villages : Mais dautant qu'au droict des Digestes le pouuoir de la simple iurisdiction n'est pas bien nettement distingué d'auec celuy du *mixtum Imperium*, *cui iurisdictio cohæret*: dautant aussi que les mandataires de iurisdiction furent reduits par les loix du Code, à connoistre simplement des causes legeres, ainsi que les τοποτηρηταί, Defenseurs du menu peuple, & Iuges Pedanées, comme i'ay dit en ce 6. chapitre du premier liure *Des Offices* : de là est venu qu'en France nous auons aussi limité la puissance des bas Iusticiers, à connoistre des causes legeres. 12. *Basse Iustice, à qui appartenoit.*

De ce discours il se connoist clairement, que selon le premier établissement des Iustices 13. *Haute, moyenne &*

basse Iustice n'estoit anciennement autre chose que grande, mediocre & petite Seigneurie.

& Seigneuries de France, les hautes, moyennes & basses Iustices n'estoient autre chose, que ce que i'appelle en ce Liure les grandes, mediocres & petites Seigneuries : comme à la verité, toutes les Seigneuries, & notamment les subalternes consistent principalement & formellement en leur Iustice. Et veritablement les Ducs & Comtes, & autres vassaux immediats de la Couronne estoient seuls & vrayement hauts-Iusticiers, & Magistrats ordinaires de la Iustice, aussi bien que du gouuernement, établis par le Roy, qui seul peut conferer la puissance de iuger de la vie de ses subiets. Pareillement les Vicomtes, Viguiers, Preuosts & Chastelains des Villes, qui de leur origine estoient les Lieutenans des Ducs & Comtes, estoient les moyens Iusticiers, ayant le commandement & la iurisdiction, qui par eux leur estoit laissée & commise en vertu de la regle du droit Romain que le Magistrat ordinaire peut commettre toute la fonction de son Office, mais non pas le *merum Imperium*. Aussi il a esté prouué cy-deuant, que les Vicomtes n'auoient de leur premiere institution que la moyenne Iustice, qui encore en Picardie est appellée *Iustice Vicomtiere*, ou *droict de Vicomté*. Bref, les bas Iusticiers n'estoient autres que les Maires, Preuosts & Chastelains des villages, qui auoient seulement la connoissance des causes legeres, témoin les Coustumes qui limitent la iurisdiction des Chastelains à soixante sols : aussi que nos Docteurs sont d'accord, que le mot de *Iustice* simplement enoncé, ne signifie & n'emporte que la basse Iustice, comme a remarqué Chassanée au commencement de sa Coustume, ainsi qu'en droict la iurisdiction ne signifie que la simple Iustice sans commandement.

14. Comment les Seigneurs ont augmenté leur puissance.

Voila ce qui estoit au commencement. Mais comme en matiere de Seigneuries & de Iustices on tasche tousiours, & enfin on trouue moyen d'empieter; les Ducs & Comtes en premier lieu se sont faits Princes, & ont vsurpé les droits Royaux : les Vicomtes & Barons par apres sont montez en leur rang, & se sont faits premiers Magistrats : & finalement les Chastelains ayant conuerty leur Office en Seigneurie, ont vsurpé la Iustice entiere de leur territoire. De sorte qu'enfin tous les fiefs de Dignité ont non seulement eu la haute Iustice, mais aussi ont mis sous soy des Iustices inferieures pour remplir la place vacante des moyennes & des basses Iustices. Or ces Iustices inferieures n'estoient du commencement que simples Iustices, c'est à dire, sans titre particulier de Dignité, qui partant ne doiuent toutes estre que des basses Iustices, telles que la simple iurisdiction du droict; neantmoins croissans de degré en degré, ainsi que les autres Seigneuries auoient desia fait, elles ont à la fin occupé le nom & la place des hautes, moyennes & basses Iustices : & ce possible sous la faueur de l'equiuoque du nom de *Iurisdiction* ou *Iustice*, qui en droict signifie tantost la basse Iustice, & tantost est le genre, qui comprend sous soy les trois degrez & especes de Iustice, ou plutost dautant que les habitans des villages où il y auoit basse Iustice, pour gratifier leur Seigneur en amplifiant sa Iustice, & craignant de luy déplaire en faisant le contraire ou mesme pour leur commodité particuliere d'auoir leur Iuge sur le lieu, bien qu'il ne fust ordonné que pour les legeres causes, ont neantmoins eu recours à luy pour tous les differends : & ainsi par vne prorogation volontaire de iurisdiction, (approuuée en ce cas par la loy *Inter. Ad municip.* & par la loy *De qua re. §. Iudex. D. De iudiciis*) les simples Iusticiers ont pris coustume de connoistre de toutes causes. Duquel changement il se trouue vne remarque fort notable en vn ancien Arrest du Parlement de Toussaints de l'an 1272. rapporté par M. Choppin sur la Coustume de Paris, liu. 1. titre 2.

15. De mesme à l'égard des simples Iusticiers.

16. Origine de la haute, moyenne & basse Iustice à present.

C'est pourquoy par apres, lors que les Seigneurs ont voulu conceder des Iustices, ils ont nommément exprimé l'espece ou degré qu'ils entendoient conceder, à sçauoir de la basse, ou de la moyenne Iustice, & quand ils ont concedé la haute, ils ont dit qu'ils concedoient toute Iustice, haute, moyenne & basse. Et par ce moyen sont demeurées iusques à nostre temps ces trois especes de Iustice, mais bien d'autre façon qu'elles n'estoient du commencement. Car comme il vient d'estre dit, du commencement elles estoient seulement attribuées aux fiefs de Dignité, & maintenant ce sont especes de Seigneuries, au dessous de toutes celles de Dignité.

17. Qu'il ne les faut pas proportionner au merum, mixtumque Imperium & iurisdictio des Romains

C'est pourquoy il ne faut pas proportionner ny égaler les hautes Iustices d'à present au *merum Imperium*, ny les moyennes au *mixtum*, ny les basses à la simple iurisdiction du droict. Car au lieu que le *merum Imperium* contenoit puissance de iuger de tous crimes sans exception, mesme possible en souueraineté & sans appel, comme i'ay dit au 1. liu. *Des Offices*, nos hautes Iustices n'ont pas connoissance des grands crimes, mesme elles n'ont pas entierement le *mixtum Imperium*, n'ayant tout à fait cette partie d'iceluy, qui participe plus du commandement que de la iurisdiction, & qui estoit appellée en droit *Legis actio*.

18. Pouuoir des hauts-Iusticiers.

Et partant hors la connoissance des crimes communs, qu'en France nous auons estimée estre plus de iurisdiction que de commandement, elles n'ont presque au demeurant que ce qui est de la simple iurisdiction, sous laquelle est compris le commandement qui y est adherant & inseparable, *& sine quo iurisdictio explicari non potest* : & ainsi elles n'ont que ce qu'auoit au droit Romain le mandataire de iurisdiction, auquel nous auons dit que la simple iurisdiction du droit residoit; aussi est-ce la pure verité, que comme ils sont simples Iusticiers, aussi ne doiuent-ils auoir que la simple iurisdiction.

Encore ne l'ont-ils pas toute entiere en aucunes Coustumes, mais il y a certaines causes, 19 *Qu'ils n'ont pas la simple iurisdiction toute entiere.*
dont la connoissance leur est interdite ; à sçauoir celles qui par l'ancien vsage de France
auoient coustume d'estre reseruées à la personne des Magistrats, & depuis de leurs Baillifs,
comme les causes des Nobles, des grands chemins, & cas aduenus en iceux. Et pour ce qui 20. *Qu'ils n'ont pas le* merum Imperium *tout entier.*
dépend du *mixtum Imperium*, ils n'ont pas la police (i'entends seulement en ce qui est de fai-
re les reglemens Politiques, & non en ce qui concerne l'execution d'iceux) le Notariat, ou
Tabellionné, les bans & cris publics, & ne doiuent pas auoir les decrets, comme il a esté
prouué aux deux precedens Chapitres.

Hors cela les hauts-Iusticiers connoissent indifferemment de toutes causes, tant ciuiles 21. *De mesme de leur pouuoir.*
que criminelles: encore y a-t-il plusieurs Coustumes, & notamment la reformée de Paris
en ses articles secrets, qui sans auoir égard aux raisons cy-dessus déduites & voulant égaler
tout à fait les hautes Iustices au *merum Imperium* du droict, leur ont attribué toutes causes
sans exception, fors seulement les cas Royaux.

D'où il s'ensuit à plus forte raison, que le *mixtum Imperium* du droict n'appartient pas 22. *Pouuoir des moyens Iusticiers.*
tout à fait aux moyens Iusticiers, notamment ces trois poincts, qui sont interdits aux
hauts-Iusticiers, à sçauoir la Police, le Notariat, & les Bans : & le mesme deuroit estre des
decrets.

Et il faut obseruer qu'il y a tels actes ou dépendances de ce *mixtum Imperium* du droict qui 23 *Actes du* mixtum Imperium *qui n'appartiennent qu'au Roy.*
n'appartiennent pas mesmes aux Comtes ny aux Ducs, & qui n'appartiennent pas aux plus
grands Magistrats Royaux, mais sont reseruez purement au Roy, comme les restitutions en entier, les dispenses contre le droict commun, & autres semblables actes, qui à
Rome dépendoient du *mixtum Imperium*, & appartenoient au Preteur, ou au Magistrat ordinaire.

Il y a d'autres actes du *mixtum Imperium*, qui n'appartiennent encore à present qu'aux Cha- 24. *Autres qui n'appartiennent qu'aux grands & mediocres Seigneurs.*
stelains, & autres plus grands Seigneurs, comme les trois qui viennent d'estre rapportez, la
Police, le Notariat, & les Bans : autres qui appartiennent seulement aux hauts Iusticiers à
l'exclusion des moyens, & des bas, comme d'ordonner les separations de biens entre gens
mariez, interdiction aux prodigues, & les decrets en aucunes Coustumes. Autres aussi qui
appartiennent aux moyens Iusticiers, à l'exclusion des bans, comme le seellé, confection 25. *Autres qui appartiennent aux hauts-Iusticiers.*
d'inuentaire, émancipation, dation de tuteurs & curateurs. Autres finalement qui appar-
tiennent aux bas Iusticiers, comme les saisies, nantissemens, ou ensaisinemens, qui sont laissez à tous les Iuges des lieux, à cause de la celerité qui y est requise, suiuant la loy 1. *De a. m-*
no infecto. Et lesquels actes du *mixtum Imperium*, appartenant aux bas Iusticiers, les Coustu- 26 *Autres qui appartiennent aux moyens.*
mes du pays de Flandres appellent particulierement *œuures de la loy*, bien que proprement
tous les actes du commandement meslé, qui participent plus du commandement que de la 27. *Autres qui appartiennent aux bas.*
iurisdiction, soient appellez en droict, *Legis actiones*, selon la plus veritable opinion.

Mais pour reuenir au pouuoir du moyen Iusticier, il est certain qu'il a la connoissance de
toutes causes ciuiles, tout ainsi que le haut-Iusticier ; mais quant aux criminelles, nos Cou- 28 *Oeuures de loy.*
stumes y sont variables. Car les vnes, comme celles de Paris, de Niuernois, & autres, ne luy 29. Legis actiones.
attribuënt connoissance, que de celles dont l'amende ne peut exceder soixante sols : & de
fait on tient pour maxime du droict Coustumier, que le moyen Iusticier ne peut imposer 30. *Varieté des Coustumes touchant le pouuoir des moyens Iusticiers.*
plus grosse amende.

Les autres, comme les Coustumes des pays de Picardie & de Flandres, luy attribuënt la
connoissance *du sang, & du larron*, (disent-elles) c'est à dire, les blesseures à sang & de poing
garny, pourueu que ce soit de chaude colere, comme l'interprete la Coustume de Senlis,
article 110 & la connoissance du larcin non qualifié & capital : d'autant, à mon aduis, que ces 31. *De mesme.*
delits sont plus frequents que les autres : & de fait, il y a plusieurs concessions de Iustice fai- 32. *Iustice* du sang, & du larron.
tes auec cette clause, *cum sanguine & latrone*, autres au contraire, *excepto sanguine & latrone*.

Autres encore attribuënt au moyen Iusticier tous les delits indifferemment, n'emportans 33. *De mesme.*
peine de mort, ny mutilation de membre, qui sans doute estoient compris sous le *mixtum*
Imperium du droict. Mesme il y a des Coustumes, à sçauoir celle d'Anjou, Touraine, & le Maine qui luy attribuënt l'homicide, non pourpensé, & le larcin bien que capital, & partant ap- 34. Iustice à sang.
pellent la moyenne Iustice, *Iustice à sang*, & permettent au moyen Iusticier d'auoir des four-
ches patibulaires.

En quoy, sauf correction, il n'y a nulle raison de donner à des Iuges guestrez & sous l'or- 35. *Qu'ils ne doiuent connoistre du sang.*
me, la puissance de la vie & de la mort des hommes, qui est tout autant de puissance, qu'en
auoient les anciens Proconsuls & Presidens des Prouinces de Rome, qui encore n'auoient
que le *mixtum Imperium*, si le *merum* ne leur estoit specialement concedé, lequel aux premiers
premiers temps n'estoit gueres baillé aux Proconsuls, sinon en fait de guerre, comme Dion
a remarqué au liure 53.

Comme aussi ie n'estime pas que de droict commun en France, le moyen Iusticier doiue 36. *De mesme.*
auoir la connoissance *du sang & du larron*, & de fait Guenois en sa Conference des Coustu-

ſtumes, rapporte vn Arreſt donné en la plaidoirie du Mardy matin 24. Nouembre 1551. par lequel il a eſté iugé, que depuis qu'en vne batterie y a effuſion de ſang, c'eſt cas de haute Iuſtice. Dont Bacquet au 10. chap. Des droicts de Iuſtice, allegue encore deux autres Arreſts. D'où il s'enſuit, que regulierement & de droict commun, les moyens Iuſticiers ne doiuent connoiſtre que des delits bien legers.

37. Du pouuoir des bas Iuſticiers. *38. Deux ſortes de baſſe Iuſtice.*

Quant aux bas Iuſticiers, c'eſt choſe quaſi impoſſible de concilier les Couſtumes qui parlent de leur pouuoir, toutefois pour y apporter quelque éclairciſſement, il faut remarquer qu'en icelles il ſe trouue deux eſpeces de baſſes Iuſtices, qui n'ont iamais eſté diſtinguées par aucun Praticien, (ce qui eſt cauſe de la confuſion qui ſe trouue en ce poinct) à ſçauoir les baſſes Iuſtices perſonnelles, & les Iuſtices foncieres ou baſſes Iuſtices réelles, & cette diſtinction bien entenduë, oſtera beaucoup de la difficulté, qu'il y a de comprendre le pouuoir des bas Iuſticiers.

39 Elles ſont exprimées és Couſtumes d'Aniou & du Maine.

Ces deux ſortes de baſſe Iuſtice ſe trouuent ſeparément rapportées és Couſtumes d'Anjou & du Maine, qui ſont celles, dit le grand Couſtumier, qui traitent le mieux les droits de Iuſtice. Car le premier Chapitre de ces deux Couſtumes traite de la baſſe Iuſtice, réelle & fonciere, il eſt intitulé, *De baſſe Iuſtice, fonciere, & ſimple voirie, qui eſt tout vn*, ce ſont les mots de la rubrique : & porte le premier article que cette Iuſtice connoiſt ſeulement des cauſes réelles. Et par apres au chap. *Des droicts de Chaſtellenie*, il eſt porté que le Seigneur Chaſtelain *a vn Iuge, ou Officier Chaſtelain, qui connoiſt des cauſes perſonnelles iuſques à ſoixante ſols entre lais & roturiers ſeulement* : voila la baſſe Iuſtice perſonnelle.

40. Baſſe Iuſtice perſonnelle. *41. Limitée à 60. ſols.*

Ie dis donc que les baſſes Iuſtices perſonnelles eſtoient anciennement toutes les Iuſtices de village, prouenuës de conceſſion ou erection, & non pas d'vſurpation, ie dis toutes ſans exception : car meſme la Iuſtice originaire & primitiue des Chaſtelains de village, n'eſtoit que de connoiſtre des cauſes perſonnelles, iuſques à ſoixante ſols, comme ces deux Couſtumes nous apprennent. Il eſt bien vray que les Comtes pouuoient bien auoir vn Lieutenant, ou mandataire de leur iuriſdiction entiere reſidant en leur ville capitale: mais hors celuy-là, s'ils mettoient aux villages d'autres deleguez ou Lieutenans, comme eſtoient les Chaſtelains de village, ceux-là n'auoient pas la iuriſdiction entiere, mais n'auoient que telle Iuſtice que les τοποτηρηταί, *Iudices Pedanei & defenſores plebis*, du droict Romain, deſquels la connoiſſance eſtoit limitée, *ad quinquaginta ſolidos. l. 1. Cod. de defenſ. ciuit.* Ce que nos anciens Praticiens ont interpreté *cinquante ſols*, bien que ce fuſſent cinquante écus ſol.

42. Defenſores plebis.

43. Baſſe Iuſtice fonciere.

Quant aux Iuſtices foncieres que les Couſtumes d'Anjou & du Maine appellent auſſi baſſes Iuſtices, elles ne ſont pas venuës de conceſſion expreſſe, mais d'vſurpation, qui en pluſieurs Prouinces a paſſé en droict commun, à cauſe d'vne fauſſe opinion de nos anciens Praticiens, qui eſtimoient que toute Seigneurie feodale, c'eſt à dire tout fief ayant vaſſaux ou cenſiue, importoit de ſa propre nature droict de Iuſtice ſur les vaſſaux & cenſiers qui en dépendoient, du moins pour le recouurement de ſes droits de Seigneurie.

44. Origine d'icelle.

Laquelle fauſſe opinion eſt prouenuë de l'equiuoque du terme de Seigneurie, & confuſion de la Seigneurie publique, qui eſt droict de Iuſtice, auec la Seigneurie directe, qui n'eſt qu'vne eſpece de Seigneurie priuée ; tout de meſme que ſous la faueur de cet equiuoque ceux qui ont la Seigneurie directe des maiſons d'vn village, & dont elles meuuent, ou en fief, ou à cens, ſe qualifient Seigneurs de ce village, bien que le vray Seigneur du village ſoit celuy ſeul qui en a la Seigneurie publique, c'eſt à dire la Iuſtice. Ou plutoſt cette opinion eſt prouenuë de ce que pluſieurs Couſtumes permettent aux Seigneurs feodaux de ſaiſir de leur propre authorité les fiefs de leurs vaſſaux : & aux Seigneurs cenſiers, d'obſtacler les maiſons redeuables de leur cens, ou mettre les huis & feneſtres d'icelles hors des gonds : ce qu'ils ont eſtimé eſtre acte de Iuſtice, à l'occaſion meſme des amendes, que les Seigneurs directs leuent ſur leurs vaſſaux, qu'ils ont auſſi eſtimées eſtre droicts de Iuſtice : & de fait en pluſieurs Couſtumes & Liures des anciens Praticiens, faire ces ſaiſies s'appelle, *Iuſticier pour ſon fief & pour ſon cens.*

45. Iuſticier ſignifie quelquefois faire les executions de Iuſtice.

Ce qui eſt fort bien exprimé en l'ancien Couſtumier de Normandie, chap. 3 *Aucunefois appelle-t-on Iuſtice, vne detreſſe qui deſcend de droict : ſi comme l'on dit d'aucun, qu'il Iuſticie bien ſes hommes, telle Iuſtice eſt faite par prendre meubles, ou fief, ou corps.*

46. Que celuy qui a fief ou cenſiue n'a pourtant Iuſtice.

C'eſt neantmoins choſe fauſſe, que quiconque a fief, ou cenſiue ſous ſa Seigneurie, ait auſſi Iuſtice, attendu ce qui a eſté dit cy deſſus que la Seigneurie publique, qui ſeule emporte Iuſtice, eſt ſpecifiquement differente de la Seigneurie directe, qui eſt vne eſpece de Seigneurie priuée. Et ce que nous appellons Seigneurs, ceux deſquels nous tenons en fief, ou à cens, c'eſt faute d'auoir autre terme François, qui ſignifie cette eſpece de Seigneurie. D'ailleurs, les ſaiſies que ces Seigneurs font de leur authorité, ou obſtaclemens des portes, ou dégonſemens des feneſtres, ne ſont pas actes de Iuſtice, qui ſe faſſent auec cõnoiſſance de cauſe, mais ſont exploicts domaniaux, c'eſt à dire actes de Seigneurie priuée, *& factum domini re ſua vtentis* : & toutefois, pource qu'ils ſemblent participer de la puiſſance publique, toutes les nouuelles Couſtumes défendent aux Seigneurs de les faire ſans permiſſion de Iuſtice :

iuſtice : *nec enim priuatis permittendum eſt, quod per Magiſtratum fieri debet. l. Non eſt ſingulis. D. De regulis iuris.*

47. Iuriſdictio dominorum in agricolas.

Cette fauſſe opinion peut auſſi eſtre prouenuë de ce que Iuſtinian en la Nou. 80. chap. 2. dit que, *ſi agricolæ conſtituti ſub dominis litigent, debent poſſeſſores eas decernere pro quibus venerunt cauſas, & poſtquam iusti reddiderunt, mox eos domum remittere*, c'eſt pourquoy il dit au chapitre ſuiuant, que *agricolarum domini eorum iudices à ſe ſunt ſtatuti*. Elle peut auſſi prouenir de ce que Ceſar au liu. *de bello Gallico*, dit que *in Gallia Principes regionum atque pagorum inter ſuos iu dicunt, controuerſiáſque minuunt.*

48. Explication du 3. chap. de la Nou. 80.

Car cette iuſtice attribuée par Iuſtinian, eſtoit vne iuſtice œconomique & familiere des Maiſtres ſur leurs colons, qui eſtoient lors demy ſerfs : *vt in titulo De agricolis & cenſitis. lib. 10. Cod. conſtituti nimirum ſub dominis*, dit notamment le chap. 2. de cette Nou. autrement, & s'ils euſſent eſté tout à fait libres, *non habuiſſent dominos nec poſſeſſores, id eſt, ſe poſſidentes.*

49. Contre du Molin.

De ſorte que du Molin s'abuſe grandement au 2. art. de la Couſtume, gloſ. 3. il entend cette Nou. des gens de village libres tout à fait, & qu'il veut tirer de ce texte l'origine des Iuſtices Seigneuriales ; & de fait cette Nou. adiouſte que quand les colons ont procez contre leur Seigneur, ce n'eſt plus luy qui eſt Iuge, mais faut auoir recours au Iuge ordinaire : bien que notoirement les plus communes, meſme ſelon pluſieurs Couſtumes, les ſimples cauſes des Iuſtices Seigneuriales, ſont les cauſes d'entre le Seigneur & ſes ſujets. Et quant au paſſage de Ceſar, il le faut entendre des principaux Officiers des Bourgs, qui y commandoient en paix & en guerre, comme i'ay dit au deuxiéme chapitre de ce liure.

50. En pluſieurs lieux ceux qui ont cenſiue ou fief pretendent auoir iuſtice.

Mais neantmoins cette fauſſe opinion a eſté cauſe qu'en pluſieurs Prouinces tous les Seigneurs qui ont ample cenſiue & pluſieurs vaſſaux, ſe ſont ingerez de faire exercer d'authorité priuée vne maniere de Iuſtice, pour ſe faire payer de leurs droicts Seigneuriaux : ce qu'ils appellent en Beauſſe, & notamment au Perche où cela eſt tout commun, *iuſtice pour ſes droicts & deües.*

51. Varieté des couſtumes touchant la iuſtice fonciere.

Voila l'origine de la Iuſtice fonciere, qu'à bon droict pluſieurs Couſtumes ont reiettée & defenduë tout à fait, comme celle de Meaux, Valois, Xainctonge, S. Paul, & Paris aux articles ſecrets : autres en ont fait vn quatriéme degré au deſſous de la baſſe iuſtice, comme Sens, Auxerre, l'Autheur du grand Couſtumier au lieu cy-deſſus allegué, & Bacquet au commencement de ſon liure *des droicts de iuſtice* : bref, d'autres la confondent auec l'autre eſpece de baſſe Iuſtice, comme les Couſtumes d'Anjou Touraine, le Maine, & Lodunois.

52. Qu'elle n'auoit lieu du commencement que pour les droicts du Seigneur.

Quoy qu'il en ſoit, il eſt tout certain que cette Iuſtice fonciere n'auoit lieu de ſon origine, que pour raiſon des droicts du Seigneur, comme il eſt dit expreſſement en la Couſtume du grand Perche, tit. 1. article 24. & en celle de Sole, tit. 12 article 1. & Bouteiller au tit. *Du droict au bas iuſticier. Si ſçachez*, dit-il, *que le iuſticier qui tient en baſſe Iuſtice, ſur ſe d'auoir tant ſeulement iuſtice de ſe faire payer de ſes rentes.* Et ainſi falloit-il entendre le 27. article du tit. de la Couſtume de Blois (ſur lequel il y eut tant de debat, lors de la redaction, comme a dit Pontanus) qui porte *que le bas iuſticier a connoiſſance ſur ſes ſujects & eſtagers.*

53. Conceſſion de iuſtice à vn Seigneur ſur ſes cenſiers & vaſſaux ſeulement, n'emporte que iuſtice fonciere.

Car ainſi faut-il lire, & non pas *eſtrangers* : d'où il reſulte en paſſant vne concluſion fort notable, que les conceſſions des Iuſtices faites à vn Seigneur de fief ſur ſes cenſiers & vaſſaux ſeulement, (comme il y en a plus de cette ſorte que d'autre) n'emportent proprement que cette Iuſtice fonciere, n'eſtant la Iuſtice concedée indefinimment en l'vniuerſité du territoire, mais ſeulement ſur les cenſiers & vaſſaux qui eſt à dire, entant qu'ils ſont pourſuiuis comme tels, & non quand ils ſont appellez en autre qualité. Car toute Iuſtice ordinaire doit auoir ſon enclaue certain & entier : auſſi que ces conceſſions de iuſtice faites par permiſſion du Roy, eſtans de ſoy nulles, ou du moins eſtans exorbitantes & abuſiues, on ne peut moins faire que de les reſtraindre & retrancher tant que faire ſe peut.

54. Commét les iuſtices foncieres ſont amplifiées.

Mais à ſucceſſion de temps, les Iuges de ces Iuſtices foncieres, non contens de connoiſtre des droicts de leur Seigneur, que pluſieurs Couſtumes appellent *les cauſes d'office*, qui pourtant eſtoit la plus ample iuriſdiction qu'ils peuſſent pretendre en conſequence de la ſimple Seigneurie feodale & fonciere, ont encore entrepris de connoiſtre d'autres cauſes foncieres & mixtes de partie à partie : notamment des petits differends naiſſans ordinairement dans les villages, & qui ne ſe peuuent bien vuider que ſur le lieu, comme du bornage des terres, du dommage des beſtes, & autres ſemblables, dont il n'y a que loy d'amende, ou amende de loy, c'eſt à dire, de ſept ſols & ſix, comme l'expliquent diſertement les Couſtumes d'Anjou & du Maine.

55. Commét s'entendent les couſtumes qui diſent que ces Iuſticiers ne connoiſſent que iuſques à 7. ſols 6 den. d'amende.

Ce qui ſemble neantmoins vn vray énigme, attendu que ces meſmes Couſtumes diſent peu auparauant que le bas Iuſticier ou Seigneur foncier n'a connoiſſance d'aucunes cauſes criminelles, & ne parlent en cet endroit que des cauſes ciuiles réelles. Et eſt encore plus obſcur, ce que dit le 27. art. de la Couſtume de Blois, que *le bas iuſticier a connoiſſance ſur ſes ſujets & eſtagers de toutes actions perſonnelles ciuiles, dont les amendes n'excedent point ſept ſols ſix deniers tournois.* Car comment ſe peut il faire que les Iuſtices ſoient limitées és cauſes ciuiles par les amendes, veu que comme nous viuons à preſent, il n'y a preſque point de cause ciuile, où il échée amende ? & lors qu'on pratiquoit les amendes de contestation, elles estoient vniformes de sept sols & six en toutes causes, comme il sera dit incontinent.

56. *De mesme.* C'est pourquoy les Coustumes reformées de Melun & de Paris, croyans s'accorder auec les anciennes des autres lieux, ont dit que le bas Iusticier connoissoit des delits iusques à sept sols six deniers d'amende: & des causes ciuiles iusques à soixante sols; ce qui toutefois ne conuient pas à ces autres Coustumes, qui parlent expressement de l'amende des causes ciuiles, & non des criminelles.

57. *Amende coustumiere.* Donc quant aux Coust. d'Anjou & du Maine, il les faut interpreter par elles mesmes. Et comme anciennement il écheoit certaine amende en toutes causes contre celuy qui ayant temerairement contesté, succomboit par apres en icelles, faut remarquer qu'en l'article 166. de la Coust. d'Anjou & en l'article 182. de celle du Maine, l'amende ordinaire de causes réeles est taxée à sept sols & six : & cette amende en plusieurs autres articles de ces Coustumes, est appellée *amende de loy*, ou *loy d'amende*, comme estant l'amende ordinaire de Iustice qui souuent en nos Coustumes est appellée *loy*, & notamment la basse iustice est appellée *loy*, comme il se void dans Ragueau. De sorte qu'il faut conclure qu'en ces Coustumes les bas Iusticiers peuuent connoistre indifferemment de toutes causes réelles & foncieres. Ce qui n'est pas si étrange, qu'il seroit aux autres Coustumes, tant pource que preuention y a lieu du superieur à l'inferieur, que pource aussi que les bas Iusticiers ne peuuent tenir leurs plaids que quatre fois l'an, qui est assez pour poursuiure les droicts du Seigneur, qui échéent aux quatre termes; mais ce n'est pas pour attirer beaucoup de causes des particuliers, qui hors ce temps les commencent és Iustices superieures.

58. Loy d'amende, & amende de loy.

59. Pourquoy és coustumes d'Anjou & Maine les bas iusticiers connoissent de toutes causes plustost qu'aux autres.

60. *Explication de l'art. 27. De la coustume de Blois.* Mais l'art. 27. de la Coustume de Blois, qui attribuë au bas iusticier toutes les causes personnelles ciuiles, dont il n'échet plus grosse amende que de sept sols six deniers, est plus mal aisé à entendre : veu que cette Coustume ne fait aucune mention en nul endroit des amendes de contestation, comme font celles d'Anjou, du Maine, & autres, mesme celle de Berry, qui est pareillement voisine. Et toutefois, depuis que ie suis demeurant en Dunois, i'ay reconnu que c'est vn style & formulaire ancien, qui est encore retenu en la pluspart des petites Iustices du Blesois & Dunois, de condamner celuy qui est debouté de ses conclusions, soit demandeur ou deffendeur en l'amende de la Cour, aussi bien qu'és dépens, bien qu'il n'y ait que les plus rudes Seigneurs qui recherchent & fassent payer cette amende, & il me souuient fort bien d'auoir fait és assises, defenses aux Iuges ressortissans deuant moy, comme Bailly de Dunois, de les plus adiuger ny faire exiger. Car c'est la verité que lors qu'on introduisit ces amendes, les Seigneurs rendoient ou faisoient rendre la iustice gratuitement, & leurs Iuges ne prenoient rien des parties, mais estoient gagez & prenoient leurs salaires sur les deniers qui prouenoient de ces amendes, comme i'ay dit amplement au 1. liu. *Des Offices*.

61. *De mesme.* Or ie ne puis dire au vray combien montoit cette amende de la contestation : & possible estoit elle anciennement plus grande, que de sept sols six deniers és causes excedantes soixante sols. Autrement il faudroit conclure qu'en Blesois le bas iusticier connoistroit de toutes causes, & partant frustratoirement la Coustume luy assigneroit-elle, pour borne de sa iurisdiction, l'amende de sept sols & six, si cette amende auoit lieu indistinctement en toutes causes.

62. *Resolution touchant le pouuoir des bas iusticiers.* Ie conclus donc que ce n'est qu'abus, vsurpation, & confusion de ces basses Iustices foncieres, que hors si peu qu'il y a de Coustumes qui les admettent, ne doiuent estre tolerées du droict commun de la France. Et quant aux autres basses Iustices, que i'appelle *personnelles*, ie dis que suiuant les Coustumes nouuellement reformées, il les faut restraindre à ne connoistre que des causes personnelles ciuiles, iusques à soixante sols, qu'il faut entendre eu égard à la demande, & non pas, ny à la defense ny à la verité du deu, suiuant la loy penult. §. 1. *D. De iurisdictione*. D'où il resulte encore qu'il faut que la demande soit de somme, ou quantité certaine, & non pas de chose qui tombe en estimation incertaine & non liquide, autrement la iurisdiction du bas iusticier qui n'est pas Iuge ordinaire du territoire, n'est pas fondée liquidement; mais pour fonder la iurisdiction, faudroit estimer & liquider ce qui est demandé auant que sçauoir s'il est deu.

63. Qu'ils ne doiuent connoistre que iusques à 60. sols.

64. *Et non d'aucune cause criminelle.* Cette mesme consideration me fait croire, que c'est le plus équitable de tenir, que les bas Iusticiers ne doiuent auoir aucune connoissance des actions criminelles, attendu que toute condamnation criminelle est arbitraire en France, & partant incertaine & illiquide. Car quelle apparence y a-t-il de dire qu'ils connoistront iusques à sept sols & six d'amende; en sorte qu'il faille preiuger & deuiner la condamnation auant que commencer le procez, pour établir & fonder la iurisdiction?

65. *De mesme.* Mesme quelle apparence y a-t'il d'vser de procedure extraordinaire ou instruction criminelle en vn pretendu delict, où il n'écherra que sept sols & six d'amende, veu que telle procedure extraordinaire, dont nous vsons en France, n'auoit lieu à Rome, qu'au seul crime de leze-Majesté, comme le docte Iuge criminel Airaut a bien remarqué : & quant à

l'instruction criminelle dont vsoient les Romains, elle n'auoit lieu qu'aux grands crimes, qui seuls estoient poursuiuis par voye d'accusation & par la forme des iugemens, qu'ils appelloient *publics* : mais les excez & autres petits delits, mesme le larcin, & encore le rauissement, estoient poursuiuis par action ciuile, *iniuriarum, furti, vt bonorum raptorum, vel alia pœnali actione.*

Aussi void-on qu'il n'y a aucune Coustume, qui permette au bas iusticier d'auoir vn *66. De mesme.* Procureur fiscal ou d'Office, sans lequel neantmoins en France nul procez criminel ne peut estre instruit. Et bien qu'au droict les Defenseurs des citez eussent beaucoup plus grand *67. Defensores ciuitatum.* pouuoir que les bas iusticiers de France, si n'auoient-ils aucune connoissance des procez criminels : il est vray qu'ils estoient tenus d'arrester les criminels trouuez en flagrant delict, & estoit leur charge de faire leur procez, comme estans les Procureurs du Peuple, ainsi qu'il sera dit en son lieu. Et à cet exemple nos Coustumes permettent aux bas Iusticiers de saisir & emprisonner. ceux qui delinquent en leur détroit, à la charge de les faire amener au superieur dans vingt & quatre heures : c'est pourquoy il leur est permis d'auoir des prisons : mesme en Normandie les hauts-Iusticiers ne peuuent retenir les criminels dans leurs prisons plus de vingt quatre heures, apres lesquels le superieur acheue le procez, si dans vingt-quatre heures il n'a esté parfait, ce qui est sans doute plus à propos, que de permettre à des Iuges de village l'entiere instruction, & mesme la decision des procez capitaux.

Voila ce qui me semble le plus équitable touchant le reglement de la iurisdiction des *68. Officiers des simples Iustices.* hauts, moyens & bas iusticiers : & pour acheuer icy ce qui concerne leur pouuoir, faut se souuenir que pour l'exercice de leur Iustice, ils ont besoin de trois choses, à sçauoir d'Officiers, d'auditoire, & de prisons, dont il faut parler separement.

Premierement, ils ont besoin d'vn Iuge, ie dis notamment vn Iuge, ou garde de Iusti- *69. Du Iuge & comment il doit estre nommé.* ce, & non pas Bailly, pource qu'à bien entendre, ce nom ne conuient qu'aux Iuges des Chastelains & autres plus grands Seigneurs, qui ont droict de Bailliage, comme i'ay prouué au chapitre 8. Et le Lieutenant de ce Iuge en bonne école, deuroit estre appellé *Commis*, & non pas Lieutenant, comme en la Coustume de Poictou, article 7. mais comme en matiere de mots l'vsage donne loy, aujourd'huy on appelle les Iuges des hauts-Iusticiers *Baillifs* & *Lieutenans* : quoy qu'il en soit, par les Arrests de la Cour il leur est deffendu de se qualifier *Lieu-* *70. N'ont Lieutenant particulier, Conseillers ny Assesseurs.* *tenans generaux*, pource que les Seigneurs ne peuuent auoir de Lieutenans particuliers, & si quelques-vns des plus grands Seigneurs en ont, c'est par abus, qui ne seroit toleré, à mon aduis, si on en faisoit plainte au Parlement : comme aussi ils ne peuuent mettre des Conseillers ou Assesseurs en leurs Iustices, ny en vn mot créer aucuns Officiers nouueaux, & non necessaires : car c'est desia vne chose assez exorbitante, qu'ils en puissent mettre de necessaires, comme i'ay prouué ailleurs.

Ce Iuge ou garde de Iustice du haut-Iusticier deuroit en bonne Iurisprudence, estre let- *71. Quel doit estre le Iuge des simples Iustices.* tré & gradué : car en France où il y a grande abondance de gens de lettres, nous tenons qu'autre qu'vn Iuge gradué ne peut donner Sentence de mort en Iustice ordinaire, dont i'ay oüy dire qu'il y a quelques Arrests & il meriteroit bien d'y en auoir Ordonnance. Mais quant aux Iuges des moyens & bas Iusticiers, ensemble de tous les Procureurs fiscaux ou d'Office, ie n'estime pas qu'ils soit necessaire qu'ils soient graduez, comme aussi le Commis ou Lieutenant du haut-Iusticier, à la charge qu'il ne iuge les procez criminels sans son Bailly, ny les procez appointez au dessus de dix liures, sans conseil gradué.

Les hauts-Iusticiers ont outre cela vn Procureur fiscal : (car d'auoir vn Aduocat fiscal, il *72. Du Procureur fiscal, ou d'Office.* n'appartient qu'aux plus grands Seigneurs) & ce Procureur fiscal a deux charges, l'vne de procurer l'interest public ou de Iustice, à sçauoir, és causes criminelles & de police : l'autre de procurer l'interest du Seigneur, qui en sa Iustice plaide sous le nom de son Procureur fiscal, comme le Roy és siennes.

Lesquelles deux charges meriteroient bien d'estre distinguées, mieux qu'on ne fait : car *73. Ses deux fonctions.* quand vn Procureur fiscal poursuit vne cause criminelle ou de police, c'est la verité qu'alors il fait Office du Substitut de Monsieur le Procureur general du Roy, auquel tout interest *74. Que l'appel en criminel & police deuroit estre releué auec le Procureur du Roy.* public appartient : tout ainsi que la Iustice ou Seigneurie publique du Seigneur subalterne est substituée, & tient lieu de Iustice & Seigneurie vniuerselle du Roy. D'où ie concluds que l'appel d'vne Sentence criminelle ou de police, doit estre releué & instruit auec Monsieur le Procureur general seul, ainsi que celuy des Iuges Royaux, & non auec le Seigneur, qui en son particulier n'a point d'interest si le crime est puny, & si la police ordonnée par son Iuge pour le bien public est executée.

C'est vne chose inutile de dire que les Seigneurs ont les amendes & confiscations : car cet *75. De mes-…* accessoire n'entre point en consideration au principal, attendu que c'est chose prohibée & honteuse, qu'vn Seig. poursuiue vn criminel pour auoir sa confiscation, & sous pretexte d'icelle, il n'est pas receuable à debattre sa remission ou grace. De dire aussi que les Seig. sont tenus faire punir les delinquans, cela est vray en leur Iustice : mais non pas deuant les Iuges

Royaux, qui en leur Siege y sont autant tenus, comme les Seigneurs en leurs Iustices : il est vray que la conduite du prisonnier est à leurs frais, comme dependante de l'execution de la Sentence de leur Iuge, quand elle luy est renuoyée.

76. *Le Seigneur doit estre intimé, & non le Procureur fiscal, & pourquoy.* Mais quand il est question des droicts du Seigneur, il n'y a point de doute qu'il ne doiue estre intimé sur l'appel de son Iuge, i'entends le Seigneur mesme, & non pas son Procureur fiscal : car ce n'est qu'en sa Iustice qu'il peut plaider sous le nom d'iceluy, afin que sous ce nom emprunté il soit plus franchement condamné. Comme si son fisque, ou la Seigneurie estoit autre chose que luy mesme, ainsi que quand le Marchand fait son compte de sa Marchandise, il s'imagine que sa boutique & luy sont deux, disant qu'il doit à sa boutique, ou que sa boutique luy doit tant.

77. *Le Seigneur ne doit plaider en sa iustice, sinon pour ses droicts.* Ce qui nous fait connoistre, que s'il est question de quelque action personnelle, soit pour ou contre le Seigneur, qui ne concerne point les droicts & dependances de sa Seigneurie, & principalement de quelque recherche criminelle contre luy, non seulement il n'en peut pas plaider sous le nom de son Procureur fiscal, attendu qu'il ne s'agit de son fisque, mais mesme on n'est pas tenu d'en plaider contre luy en sa Iustice qui est suspecte & recusable pour ce regard, ce qui est expressément decidé par la Coustume de Bretagne, art. 30. 50. 51. & 52. & remarqué par Coquille en son Institution, chap. *du droict de Royauté* : autrement ce seroit vn azile & vne impunité aux Gentils-hommes d'auoir des Iustices.

78. *Si les moyens & bas iusticiers ont Procureur d'Office.* Et faut obseruer que les moyens Iusticiers, comme ils n'ont point de fisque, aussi ne peuuent auoir vn Procureur fiscal, mais seulement vn Procureur de Seigneurie ou d'Office, ainsi qu'il est appellé és articles secrets de la Coustume de Paris : mais le bas Iusticier n'a aucun Procureur d'Office, ainsi que portent ces mesmes articles, pource qu'il n'a connoissance d'aucunes causes criminelles ou publiques, mais seulement de celles de partie à partie.

79. *Du Greffier des simples iustices.* Pareillement tous Iusticiers doiuent auoir vn Greffier, & aussi peuuent auoir vn seau à Sentences, mais non à contracts, s'ils n'ont droict de Tabellionné ou Notariat, que les hauts Iusticiers n'ont qu'en trois cas, à sçauoir quand ils sont fondez, ou par tiltres exprés, ou par possession immemoriale, ou par Coustume particuliere : ils peuuent auoir aussi des Sergens, & ce iusques au nombre de six au plus, dit la Coustume de Tours, art. 76. & vn Geolier pour garder leurs prisons.

80. *Officiers des iustices doiuent resider.* Tous lesquels Officiers, aussi bien que les Royaux sont tenus resider sur le lieu, estans compris en l'Ordonnance de Charles VII. de l'an 1441. & à plus forte raison que les Royaux, pource qu'ils ne peuuent estre que necessaires : toutefois on excuse l'vn des Iuges de la residence, quand l'autre est resident : mais quoy qu'il en soit, il ne peut faire Office de Iuge hors son territoire, *quia tunc priuatus loco est*, dit la loy *Extra territorium. D. De iudic.* comme il a esté dit au 6. chap. du 1. liu. *Des Offices*.

81. *De l'auditoire, ou siege des iustices.* 82. *Tribunal, Subsellia.* 83. *Pedanei iudices.* 84. *Auditoires sont volontiers à la porte du lieu Seigneurial.* Pour ce qui est de l'auditoire ou siege de Iustice, comme il y auoit à Rome de grands & de petits Magistrats, aussi y auoit-il deux sortes de sieges : car les grands Magistrats auoient le haut siege appellé en Grec *βῆμα*, en Latin *tribunal* : dont la figure est décrite par Vitruue, liu. 5. & les petits auoient les bas sieges, appellez *subsellia, quæ βάθρα vocantur à Dione, lib.* 44. Et particulierement les Iuges Pedanées qui n'estoient pas Magistrats, *sedebant super scamno, vel fortuito cespite*, dit Cujas, *& inde dicebantur Pedanei Iudices, quia plano pede iudicabant, Græcè χαμαιδικασταὶ, humi iudicantes.* Or ils tenoient leur siege au portique du Palais de l'Empereur, *ἐπὶ τῆς βασιλείου στοᾶς*, dit la Nou. 82. *Vnde Synesius in Epist. vocat τὴν στοὰν, Βασιλικὴν, τὸ πάλαι κριτήριον.* Et Agathias liu. 3. dit, qu'il ne bougeoit depuis le matin iusques au soir de ce lieu-là, pour assister les plaideurs. Comme faisoient pareillement les Hebreux à la porte des villes, témoin que plusieurs fois en la sainte Escriture *porta* est prise *pro auditorio Iudicum, vt Psal. 126. Non confundetur cùm loquetur inimicis suis in porta. Et in Prou. Non conteres egenum in porta ; illius enim causam iudicabit Deus, & porta iudicij. Deuter. 21.* Ainsi en France anciennement la Iustice de la maison du Roy s'exerçoit à la porte de son Palais, & s'appelloit *les plaids de la porte*. Et il se void communement que les Iustices des Seigneurs se tiennent à la porte du lieu Seigneurial, ou en vn auditoire, qui y est étably, ou sous l'orme, qui d'ordinaire, y est planté, au milieu du carroy, ou place de deuant ladite porte, qui est la cause pourquoy les Iuges de

85. *Iuges sous l'orme.* village sont communement appellez *Iuges de sous l'orme*, & l'ancienne Comedie de Querolus dit que, *de robore sententias dicunt.* Et sont dits Iuges de sous l'orme, *ad differentiam maiorum Iudicum, qui habent iustum tribunal*, lequel tribunal ne peut appartenir, à mon aduis, qu'à ceux qui ont droict de Bailliage ; c'est à dire, *de Iustice greigneure*, comme parle l'ancienne Coustume de Normandie. Et c'est possible aussi pourquoy les moyens Iusticiers sont en quelques Coustumes appellez *gros Voyers*, & les bas *simples Voyers*, pource que n'ayant point d'auditoire fait exprés, ils rendent la Iustice en la voye.

86. *Auditoire doit estre dans le territoire.* Toutefois nos Coustumes astreignent, iusques aux moyens Iusticiers, d'auoir vn siege honorable & certain : & faut qu'il soit au dedans de leur territoire, & non pas qu'ils rendent ailleurs la Iustice par siege emprunté, s'il n'y a excuse bien pertinente, comme de peste ou de guerre ; pource que les Iustices de village sont principalemẽt établies pour le soulagemẽt des

sujets, joints hors que leur territoire, ils n'ont point de puissance publique. Aussi ce siege doit estre en vn lieu honneste, & non pas en vne tauerne: & encore doit-il estre en lieu public, où chacun ait libre accez, & non pas dans les Chasteaux ou maisons fortes des Seigneurs, afin que les Iuges & les parties soient en parfaite liberté, & soient veus d'vn chacun, pour donner bon exemple. Ainsi voyons-nous dans l'Euangile, que Pilate ayant examiné nostre Redempteur dans son Pretoire; c'est à dire son Palais & maison publique, affectée à la demeure du Gouuerneur, estant resolu de prononcer sa sentence, ἤγαγεν ἔξω τὸν Ἰησοῦν, καὶ ἐκάθισεν ἐπὶ τοῦ βήματος, εἰς τόπον λεγόμενον Λιθόστρωτον, dit l'Euangile.

Ce qui nous apprend que toutes affaires de consequence doiuent estre expediées *in loco maiorum, id est pro tribunali*: toutefois en France pour le regard des procez par écrit, mesme des criminels, nous nous sommes licentiez comme de les iuger, aussi de les prononcer ailleurs, bien que de droict toutes Sentences deussent estre prononcées en jugement, *tit. De sententiis ex breuiculo recit.* Ce qui s'obseruoit il n'y a pas long-temps és prononciations des Sentences capitales, qui encore en Angleterre, & en plusieurs autres lieux, sont prononcées en l'auditoire auec grande ceremonie pour seruir d'exemple. 87 *Les expeditions doiuent estre faites en l'audience.*

Finalement les moyens & bas Iusticiers peuuent auoir prisons publiques, aussi bien que les hauts, qui à ce sont tenus particulierement: chose qui est defenduë étroitement à ceux qui n'ont iustice, *tit. De priuatis carcerib.* Lesquels prisons doiuent estre à rez de chaussée, seures & nettes, de hauteur & espace competant, sans qu'il soit permis d'vser de ceps, gruës, grillons, & autres instrumens semblables, prohibez par les Ordonnances. Et ce droict de prisons appartient au bas Iusticier, pource qu'encore qu'il n'ait iustice criminelle, si est-ce qu'il est tenu apprehender ceux qu'il trouue en flagrant delict, & les peut garder vingt-quatre heures dans ses prisons, auant que de les rendre au haut iusticier. 88 *Des prisons des iustices.* 89 *Le bas iusticier en a, & pourquoy.*

SOMMAIRE DV ONZIESME CHAPITRE.

1 Diuision des droicts de iustice.
2 Proposition de ce chapitre.
3 Hauts iusticiers se peuuent qualifier Seigneurs du village.
4 Et les habitans d'iceluy leurs sujets.
5 Suiet à qui se peut referer.
6 Que les Seigneurs directs ne sont pas vrais Seigneurs du village.
7 Ny les habitans leurs suiets.
8 Que neantmoins ils ont prescrit cette qualité.
9 Cas esquels elle leur peut estre empeschée par le haut iusticier.
10 Arrest de Marly.
11 Qu'importe le titre de Seigneur de village.
12 De la permission de faire la feste du village.
13 Appartient au bas iusticier, sinon que, &c.
14 Du rang des hauts iusticiers.
15 Principalement en l'Eglise.
16 Des honneurs de l'Eglise.
17 Le haut iusticier a les honneurs de l'Eglise.
18 Pourquoy, & comment.
19 L'Eglise fait part du territoire.
20 N'a preseance deuant les gens d'Eglise.
21 Opinion d'Argentré.
22 Ordonnance notable.
23 Le patron precede dans l'Eglise le haut iusticier.
24 Raison.
25 Qui est le vray & parfait patron.
26 Patrons imparfaits.
27 Patrons imparfaits doiuent auoir titre, & non les parfaits.
28 Le bien-faicteur n'est pas patron.
29 En quoy consiste la possession paisible du patronage
30 Les moyens & les bas Iusticiers n'ont les honneurs de l'Eglise par droict.
31 Mais par bien-seance seulement.
32 Pourquoy quelques Coustumes n'attribuent les honneurs de l'Eglise qu'aux Chastelains.
33 Cas ausquels les hauts Iusticiers n'ont les honneurs de l'Eglise.
34 Que les Seigneurs directs du contour de l'Eglise n'ont les honneurs d'icelle.
35 Vsage de la Noblesse.
36 De la preseance du droict.
37 De la preseance d'honneur.
38 Elle ne produit point d'action.
39 Autres differences de ces deux sortes de preseance.
40 La preseance honoraire se perd facilement.
41 Elle se perd quand on sort de la parroisse.
42 Pourquoy en cette matiere le demandeur perd ordinairement sa cause.
43 Pourquoy il en arriue des querelles.
44 Qu'il seroit necessaire d'y mettre vn bon reglement.
45 Importance de ces querelles.
46 En quoy consistent les honneurs de l'Eglise.
47 En quoy ils ne consistent pas.
48 Prieres publiques.
49 A qui se communiquent les honneurs de l'Eglise.
50 Ces honneurs sont mixtes.
51 Ne sont transmissibles ny cessibles à part.
52 Sont communicables à la femme du Seigneur.
53 Femmes ne doiuent marcher deuant les hommes de l'Eglise.
54 Aucuns exceptent les Princesses.
55 Honneurs de l'Eglise sont communiquez aux enfans du Seigneur.

56 *Tout cela n'est és Offices.*
57 *Fondement de la prerogatiue des Princes.*
58 *Le Seigneur ne peut estre representé par aucun autre.*
59 *Abus vsité parmy la Noblesse.*
60 *Des biens des Eglises.*
61 *Vsage des bancs.*
62 *Tous bancs deuroient estre publics, ainsi que l'Eglise*
63 Emendata l. 2. C. de sacros. Eccl.
64 *Reglement obserué aux bancs dans les villes.*
65 *Nul ne peut auoir droict de banc, sans permission des Marguilliers.*
66 *Expresse, & par écrit.*
67 *Bancs sont imprescriptibles.*
68 *Banc est reuocable, & comment.*
69 *Concession de banc n'est qu'à vie.*
70 *Est personnelle, non transmissible au locataire, ny heritier.*
71 *Exception.*
72 *Clause des hoirs, & ayans cause, comment tolerée.*
73 *Banc ne doit estre osté d'authorité priuée.*
74 *Moyen de s'en pouruoir.*
75 *Particuliers ne peuuent inquieter celuy qui a un banc.*
76 *Pourquoy on entreprend d'auoir banc sans concession.*
77 *Quand les particuliers peuuent se plaindre du banc.*
78 *Remede pour empescher les querelles touchant les honneurs de l'Eglise.*
79 *Des Chappelles.*
80 *Patronage particulier des Chappelles.*
81 *Possession d'iceluy.*
82 *Si le fondateur d'vne Chappelle la peut tenir fermée.*
83 *Des sepultures.*
84 *Anciennement nul n'estoit inhumé dans les Eglises.*
85 *Sepulchres particuliers aux familles.*
86 *Sepulchres sont particuliers, quand il y a voute.*
87 *Autrement sont publics.*
88 *Le droict de banc n'includ droict de sepulchre particulier, ny au contraire.*

DES DROITS HONORIFIQVES DES SIMPLES IVSTICES, NOTAMMENT DES HONNEVRS DE L'EGLISE.

CHAPITRE XI.

1. *Diuision des droicts de iustice.* CE n'est pas sans emphase que le chapitre *licet causam, ext. de probat.* parlant d'vn procez, touchant vne Iustice, repete par trois fois ces mots, *iurisdictio, honor, & districtus.* Car ils comprennent tous les droicts des Iustices, qui (comme il a esté dit des Officiers au premier liure des Offices) consistent, ou au pouuoir, ou en l'honneur, ou au profit : entendant par la iurisdiction le pouuoir des Iustices, par l'honneur leurs droicts honorifiques, & par le détroict, ou territoire, les droicts profitables.

2. *Proposition de ce chapitre.* Donc ayant traité au chapitre precedent du pouuoir & iurisdiction des hauts, moyens, & bas Iusticiers, il faut parler en suitte de leurs droicts honorifiques, puis des profitables: & comme en traitant de l'honneur des Offices, il a esté dit qu'il consiste en deux poincts, à sçauoir au titre & au rang, aussi faict celuy des Iustices.

3. *Hauts iusticiers se peuuent qualifier Seigneurs du village.* Le titre des Iusticiers est, qu'ils ont droict de se titrer & qualifier Seigneurs du village, auquel ils ont leur Iustice, bien qu'ils ne l'ayent en tout le village, pourueu qu'ils l'ayent en la plus grande partie d'iceluy, *à qua totum denominatur.* Car au demeurant il a esté prouué cy-deuant, que la Seigneurie *non priuatum dominium, sed potestatem publicam significat* : & d'ailleurs, le nom d'vne ville ou village ne conuient pas tant aux maisons qu'à la collection des habitans, dit Aristote au premier des Politiques, desquels habitans le haut Iusticier est dit le
4. *Et les habitans d'iceluy leurs sujets.* Seigneur, pource qu'il a commandement sur eux, reciproquement & par relation, sont dits ses sujets, pource qu'ils sont tenus d'obeïr à ses mandemens, c'est à dire, à ceux de son Iuge, qui s'executent sous le nom & l'authorité du Seigneur, auquel appartient la proprieté du commandement.

5. *Suject à qui se peut referer.* Bien qu'à parler tout à fait proprement, le sujet ne soit que du Roy, auquel seul deuroit resider la Seigneurie, c'est à dire la puissance publique en proprieté mais tout ainsi que l'exercice de la puissance publique est par necessité communiqué aux Magistrats, & comme par abus (qui toutefois est desormais prescrit & étably) la proprieté de cette puissance publique est communiquée aux Seigneurs iusticiers: aussi par vne relation necessaire, le mot de sujet leur est-il referé, entant qu'ils representent & tiennent la place du Roy en leurs Iustices. Qui est proprement ce qu'a dit l'Apostre, *Subditi estote Regi tanquam praecellenti, & Ducibus tanquam ab eo missis.*

6. *Que les Seigneurs directs ne sont pas vrais Seigneur de village.* Mais ce que les simples Seigneurs, ou feodaux, ou censiers appellent leur droict de Seigneurie, c'est improprement tout à fait, & à faute d'autre terme François qui correspond au Latin *dominium*, & deuroit plustost estre appellé *sieurie*, que *Seigneurie* : termes bien differens,

pource que l'vn venant de *sien*, signifie proprieté, & l'autre venant de *senior*, signifie vne qualité d'honneur. Comme pareillement, c'est improprement du tout, qu'ils appellent subjets leur censiers & vassaux, pource que la subjection simplement énoncée se refere aux personnes, comme est celle de la Iustice, mais la redeuance du cens est réelle tout à fait, & celle du fief est mixte. Et il est vray que l'vne ny l'autre n'importe subiection de la personne. Car quant au cens il ne gist qu'en profit, & le fief en profit & en honneur, mais non pas en subiection de la personne.

7. Ny les habitans leurs subiets.

Neantmoins dautant que ce qui donne loy aux mots, c'est l'vsage.

Quem penes est & vis & lex & norma loquendi,

& que c'est vne coustume prescrite desormais, d'appeller *Seigneurs du village*, ceux qui ont la Seigneurie directe, soit feodale, ou censuelle de la plus grande partie des maisons d'iceluy, i'estime que non seulement vn particulier, à faute d'interest legitime, ne seroit receuable de leur empescher ce titre, mais mesme que le Seigneur iusticier du village n'y seroit fondé, qu'en trois cas, sçauoir est, ou que ce fût le principal village de sa Seigneurie, ou celuy dans lequel fût l'auditoire de sa Iustice, ou duquel luy-mesme eût accoustumé de porter le nom.

8. Que neantmoins ils ont prescrit cette qualité.

9. Cas esquels elle leur peut estre empeschée par le haut iusticier.

Il a esté mesme iugé par l'Arrest de Marly, rapporté par Choppin sur la Coustume d'Anjou, liure deuxiéme, que celuy qui auoit vn ample fief releuant du Roy, dans le village du haut Iusticier, se pouuoit qualifier Seigneur en partie d'iceluy, sauf qu'és actes, où le Seigneur iusticier seroit dénommé, il se qualifieroit seulement Seigneur d'vn fief sis au village. I'estime toutefois qu'il faut restraindre cet Arrest en son hypothese, & qu'y ayant au village vn haut, mesme vn moyen, ou bas Iusticier, qui ait accoustumé de s'en qualifier Seigneur, le simple Seigneur feodal ne doit porter ce titre de Seigneur en partie du village, principalement si son fief se trouue auoir vn autre nom. Mais encore qu'ainsi soit, si au village il n'y a point d'autre qui ait accoustumé de s'en qualifier Seigneur, ie tiens que celuy, qui a la directe de la plus grande partie d'iceluy, en peut prendre le titre ainsi vacant, & qu'il ne peut mieux appartenir à autre qu'à luy.

10. Arrest de Marly.

En quoy faut considerer, que ce titre de Seigneur du village appartient par droict aux Iusticiers, & aux Seigneurs directs par bienseance seulement, & à faute que les Iusticiers l'ayent pris. Mais à l'égard des vns & des autres, il faut tenir que ce n'est qu'vn titre d'honneur, qui de soy n'a, & n'importe aucun droict ny dépendance, soit de pouuoir, ou de profit. De sorte que les Gentils-hommes qui sous pretexte de ce titre, & de ce qu'ils appellent leurs subiets les habitans du village, dont ils se qualifient Seigneurs, les contraignent à des coruées, à nourrir leurs chiens, à faire guet en leur maison, à les suiure à la chasse, ne sont pas Seigneurs, mais tyrans, ou voleurs.

11. Qu'importe le titre de Seigneur du village.

Pareillement nos Gentilshommes se trompent fort, quand n'estans point Iusticiers, ils se debatent à outrance, à qui donnera permission de faire la feste du village, à qui en fera faire le cry & semonces, permettra de leuer les quilles, & autres ceremonies, qui en dépendent, estimans que ce soit la vraye marque de la Seigneurie du village: bien que ce soit vn droict de Iustice & de commandement sur les personnes, qui par consequent n'appartient qu'aux Seigneurs iusticiers: encore y a t'il plusieurs Coustumes, qui n'attribuent ce droict qu'aux hauts Iusticiers comme celle de Senlis, tit. 4. art. 96. de Bar, titre 2. article 23. autres qui l'attribuent seulement aux moyens Iusticiers, comme celle d'Amiens, article 242. & celle de l'Isle. art. 29. qui encore requiert, que pour auoir ce droict la Seigneurie directe & feodale, du contour de l'Eglise, soit iointe à la moyenne Iustice. Toutefois i'estime que les bas Iusticiers en peuuent vser, pourueu que le haut Iusticier ne l'ait defendu expressément: ce que ie tiens qu'il peut licitement faire, par la raison de la loy *Iudicium. ff. De iudiciis.* pource que le territoire luy appartient, & non pas au moyen, ny au bas iusticier. C'est pourquoy ie conseille à celuy qui se sentira le plus mal fondé en ces debats, de se munir & fortifier du nom & auctorité du Seigneur haut Iusticier, ou de son Iuge en son absence.

12. De la permission de faire la feste du village.

13. Appartient au haut iusticier, si non que, &c.

Voila pour le titre: & quant au rang, il est notoire que le haut Iusticier a droict, comme Magistrat proprietaire du village, de preceder en iceluy, & dans les limites de sa Iustice, tous ceux qui y sont residens, encore que plus grands Seigneurs que luy, comme estans sans suiets iusticiables, mesmes ceux qui s'y rencontrent, horsmis ses superieurs, & ceux de la haute noblesse: & ce pour les mesmes raisons, qu'il a esté prouué au 1. liu. *Des Offices*, que les Officiers Magistrats ont cette mesme préseance.

14. Du rang des hauts iusticiers.

Or comme l'endroit plus honorable c'est l'Eglise, aussi est-ce le lieu où ce rang paroist le plus. Et c'est vn des malheurs de nostre siecle, qu'il n'est en aucun lieu si opiniastrement recherché qu'en la maison de Dieu, où l'humilité nous est plus recommandée, & où toute puissance deuroit estre tenuë en suspends, en la presence du Tout-puissant. C'est pourquoy il ne sera point hors de propos d'ébaucher icy la matiere des honneurs de l'Eglise, qui n'a iamais esté traitée par aucun Iurisconsulte, mais a esté laissée à la caballe de nos Gentils-hommes, qui l'accommodans à leur ambition & aux loix de la force, dont ils font profession

15. Principalement en l'Eglise.

16. Des honneurs de l'Eglise.

plustost que la Iustice, y ont auctorisé tant d'absurditez en l'vsage, qu'aujourd'huy les vns s'opiniastrans sur ce faux vsage, les autres se fondans sur la droite raison, il en arriue plusieurs querelles & procez. Partant ie prieray ceux d'entr'eux qui liront cecy, de ne pas s'arrester à ces folles traditions, mais plûtost de donner place à la raison.

17. *Le haut Iusticier a les honneurs de l'Eglise.* 18. *Pourquoy & comment.* 19. *L'Eglise fait part du territoire.*

Ie dy donc, que le haut Iusticier a la préseance & les autres honneurs en l'Eglise de son village, *Principes sæculi intra Ecclesiam potestatis adepta culmina tenere, &c.* dit le Canon, *Principes* 23. *quæst.*5 posé qu'elle soit située au détroit de sa Iustice, auquel cas la Iustice & Seigneurie publique luy demeure au dedans d'icelle. Car ce que l'Eglise pour estre dediée à Dieu, est exempte du commerce des hommes, ne regarde que la Seigneurie priuée, de laquelle le commerce dépend. Il est vray, qu'entant que l'Eglise est exempte de la Iustice temporelle, elle est aussi exempte de la Seigneurie publique des Seigneurs subalternes. Mais il faut considerer que cette exemption n'a lieu qu'à l'égard des personnes & choses sacrées, & qu'elle n'oste pas tout à fait l'Eglise du territoire où elle est enclauée, comme a tres. bien dit Bartole su la loy *Si quis in hoc genus. C. De Episc. & cler.* & sur la loy *Si cui. §. vltimo. De accusat.* ainsi qu'Optatus Mileuitanus dit que l'Eglise est en la Republique : Bref telle exemption ne luy constituë pas vn territoire à part, *quia Ecclesia territorium non habet.* Et de fait les delits qui s'y commettent par les laïques, ne laissent pas d'estre de la Iustice temporelle.

20. *N'a préseance deuant les gens d'Eglise.*

D'où il s'ensuit que le haut Iusticier, qui est le Seigneur du territoire, n'a pas préseance dans l'Eglise deuant les gens d'Eglise, qui sont exempts de sa Iustice & subiection, mais hors eux & ses superieurs, & encore ceux de la haute noblesse, non residens en son territoire, il deuance en tous lieux d'iceluy toutes autres personnes qui s'y trouuent : mesme tous les autres honneurs de l'Eglise luy appartiennent ; de telle sorte qu'il s'en peut pouruoir en Iustice, comme d'vn droict & dépendance de sa Seigneurie, soit par action ou par complainte, ainsi que i'ay dit des Officiers au lieu cy-dessus allegué, & comme Bacquet en parle au 20. Chap. *Des droicts de Iustice.*

21. *Opinion d'Argentré.*

Quoy que le docte Argentré en son dernier conseil, estant tout à la fin de ses Opuscules depuis peu imprimez, tienne formellement le contraire, soustenant que les honneurs de l'Eglise n'appartiennent qu'au patron : encore requiert-il qu'il les ait reseruez en fondant l'Eglise. Et certainement il y en a Ordonnance formelle pour le païs de Bretagne, de l'an 1539. art. 13. 14. & 15. dont voicy les mots ; *Nous, pour faire cesser les contentions d'entre nos sujets, auons ordonné, qu'aucun, de quelque qualité ou condition qu'il soit, ne pourra pretendre droict, possession, auctorité, prerogatiue, ou préeminence au dedans des Eglises : soit pour y auoir banc, siege, oratoire, sepulture, enfeuz, armoiries, escussons, & autres enseignes de leurs maisons : sinon qu'ils soient patrons ou fondateurs d'icelles, & qu'ils en puissent promptement informer par lettres & titres de fondations, ou par sentences & iugemens deuëment donnez auec connoissance de cause, & auec partie legitime. Et outre les cas susdits, ne seront nos sujets receus à intenter aucun procez pour raison desdits pretendus droicts, & declarons nulles toutes les procedures qui auroient esté, ou seroient sur ce faites. Voulons les contreuenans estre estroictement condamnez en bonnes & grosses amendes enuers nous, pour leur calomnie ou temerité, procedant à cause de ladite contrauention.* Ce qui est conforme à la regle que pose l'Empereur Iulian *In epistola ad Arsatium Pontificem Galatiæ*, que si-tost que le noble est entré au porche du Temple, il deuient homme priué ; Ἅμα εἰς τὸν οὐδὸν ἦλθε τοῦ τεμένους, καὶ γέγονεν ἰδιώτης.

22. *Ordonnance notable.* 23. *Le patron precede dans l'Eglise le haut-Iusticier.*

Mais cette Ordonnance n'est que pour Bretagne, où possible les Iustices Seigneuriales ne sont établies en telle autorité qu'és Prouinces de deçà : & neantmoins en consequence d'icelle, ie tiens que le patron est preferable au haut Iusticier en ces honneurs de l'Eglise, qui notoirement font partie du patronage ; *can. Piæ mentis. & can. Frigentius* 16. *quæst* 7. *cap. Nobis. extr De iure patron.* & partant la consecration, qui efface toutes charges & seruitudes profanes, n'efface point ce droict, qui est comme spirituel, ou du moins auctorisé par l'Eglise, afin d'exhorter ceux qui aiment l'honneur, à bastir des maisons de deuotion. Ainsi donc cette préseance en l'Eglise, estant attribuée au patron par vn droict singulier & exprés, méme comme par vne loy & condition imposée à l'Eglise, lors qu'il l'a donnée à Dieu, est sans doute preferable à l'honneur qui redonde au Seigneur haut Iusticier, en consequence de sa Iustice, par vn droict commun & vniuersel.

24. *Raison.* 25. *Qui est le vray & parfait patron.*

Mais quand ie prefere le patron au haut Iusticier, ie n'entens pas tout bien faicteur, mais seulement l'entier fondateur, qui a donné & le fond & le bastiment, & le dot ou reuenu de l'Eglise : au moins celuy qui a titre exprés du patronage, ou bien qui en est en parfaite possession. Car pour estre patron ou fondateur, il faut auoir entierement fondé & erigé l'Eglise, c'est à dire ; luy auoir donné l'estre entier ; i'entens l'estre materiel : car c'est l'Euesque qui donne l'estre formel par la consecration, ainsi que le pere est celuy qui donne l'estre materiel à l'enfant, auquel Dieu donne l'estre formel. Aussi la definition commune du patron, requiert & presuppose la concession du fond, bastiment, & dot conjoinctement, & non pas disiointement.

26. *Patrons imparfaits.*

Et bien que la commune des anciens Interpretes tienne, que quand separément vn a donné le fond, vn autre le bastiment, & vn autre la dot, tous trois participent au droict de patronage; si est-ce tousiours la verité, qu'ils ne sont patrons qu'en partie: mais sur la question d'entre Rochus de Curte, & Paulus de Citadinis, si ce droict appartient au fondateur sans reseruation expresse, ou bien si la reseruation est necessaire, il me semble qu'il y a grande apparence de distinguer, & de dire que le parfait fondateur qui a donné le fond, le bastiment, & la dot, est patron *ipso iure*, sans stipulation ny reseruation, comme le droict Canon ayant fait cette reseruation pour luy, ainsi que la glose a tenu sur le Canon, *Si quis basilicam. De consecrat. distinctione* 1. & se colige du chapitre *Significauit. ext. De testib.* Mais le fondateur imparfait, qui n'a baillé que le fond, ou le bastiment, ou la dot, n'est point patron, si par exprés le droict de patronage ne luy a esté accordé auparauant la consecration. Car il peut estre que pour si peu de chose, l'Euesque (sans l'authorité duquel le droict de patronage ne peut estre imposé: comme tiennent tous les Canonistes) ne leur aura voulu accorder. Mesme Argentré tient generalement cette opinion, que le droict de patronage ne peut appartenir à aucun sans concession speciale.

27. Patrons imparfaits doiuent auoir titre, & non les parfaits.

28. Le bienfaicteur n'est patron.

Sur tout il est bien certain, que celuy qui donne du reuenu à l'Eglise apres sa consecration, n'est pas neantmoins patron, tant pource que cette subiection de patronage ne peut estre imposée à l'Eglise apres qu'elle est dediée à Dieu, que pource qu'il faut l'auoir dotée, c'est à dire luy auoir baillé le reuenu, sur lequel elle a esté sacrée, tout ainsi que la dot d'vne femme est le bien qu'on luy donne en faueur de mariage. Mais comme celuy qui enrichit la femme apres son mariage n'est pas dotateur, mais ditateur, aussi celuy qui enrichit l'Eglise déja dediée, n'est pas fondateur, mais bien-faicteur.

Toutefois, comme les fondations des Eglises sont anciennes, dont il est mal-aisé d'auoir conserué le titre, i'estime que la possession paisible y est de grand poids; mais il faut prendre garde, que celuy qui est en possession paisible des honneurs de l'Eglise, n'est pas pourtant en possession du droict de patronage: car ce signe ou marque du patronage, est trop equiuoque, d'autant que plusieurs iouyssent de ces honneurs, qui neantmoins ne sont pas vrais patrons; à sçauoir aucuns par autre droict, autres par simple bien-seance, autres par entreprise & vsurpation: mais la marque vniuoque, qui denote la possession certaine du droict de patronage, est quand on est en bonne possession de presenter à la Cure de la Parroisse, laquelle marque cessante, nul ne se peut dire patron, supposé qu'il verifiât auoir iouy des honneurs de l'Eglise par temps immemorial: pource que ces honneurs & préseances sont plûtost presumez consister en pure faculté & ciuilité, qu'en droict étably. Et c'est ainsi, à mon aduis, qu'il faut entendre cette Ordonnance de Bretagne, en ce qu'elle exclud la preuue de la possession.

29. En quoy consiste la possession paisible du patronage.

Hors le patron & le haut Iusticier, ie n'estime point que les honneurs de l'Eglise appartiennent par droict à aucun: non pas mesme aux moyens & bas Iusticiers, tant pour ce qu'ils ne sont pas Seigneurs du territoire, mais sont comme les mandataires de iurisdiction du droict Romain; quoy qu'il en soit, ils n'ont pas l'ordinaire & entiere Iustice du lieu, mais sont restraints à certain genre de causes, que pource qu'ils ne sont pas Magistrats, ausquels le droict de préseance est proprement attribué, comme i'ay prouué au 1. liure *Des Offices*. I'auoüe bien, que par bien-seance ils doiuent preceder tous ceux qui sont suiets à leur iustice: mais les honneurs de l'Eglise consistent en autres choses qu'en la préseance, & d'ailleurs, n'ayant point de Iustice personnelle sur les Nobles, que pour les droicts de leur Seigneurie, ils ne peuuent pour ce sujet pretendre droict de préseance sur eux, non plus que sur ceux qui se rencontrent par occasion dans leur iustice, n'y estans point residens.

30. Les moyens & bas Iusticiers n'ont les honneurs de l'Eglise par droict.

31. Mais par bienseance seulement.

Mesme il y a des Coustumes qui n'attribuent les honneurs de l'Eglise qu'aux Seigneurs Chastelains, à sçauoir celle de Tours. tit. 5. art. 59. & celle de Lodunois, chap. 5. art. 1. Mais cela vient de ce qu'anciennement les hauts Iusticiers n'auoient la parfaite iurisdiction du territoire, mais auoient seulement la simple iurisdiction du droict, ainsi qu'il a esté dit au chapitre precedent: de sorte qu'ils n'estoient que comme sont maintenant les moyens ou bas Iusticiers: mais auiourd'huy, qu'ils ont par tout gagné ce poinct d'auoir l'entiere iurisdiction & plein territoire, ils sont communes Magistrats ordinaires en proprieté, ayans la Seigneurie publique du territoire: & partant à cause de cette qualité ils doiuent auoir les honneurs de l'Eglise, quand elle est enclauée dans leur territoire: autrement non, pource que hors iceluy tout Magistrat n'est plus qu'homme priué, *l. vltima. ff. De iurisdict.*

32. Pourquoy qu'elques coustumes n'attribuent les honneurs de l'Eglise que aux Chastelains.

33. Cas ausquelles hauts Iusticiers n'ont les honneurs de l'Eglise.

Mais les simples Seigneurs directs & fonciers de l'endroit ou enclaue, au dedans duquel l'Eglise est bastie, ne deuroient auoir, à mon aduis, aucun droict aux honneurs d'icelle: pource que la Seigneurie directe n'est qu'vne espece de Seigneurie priuée qui ne produit aucun honneur, mais ne tend qu'au profit: aussi que toute directe Seigneurie est amortie par la consecration de l'Eglise, & n'y demeure la iustice. D'ailleurs, on ne peut pas dire qu'ils soient presumez fondateurs *ex eo*, que d'ancienneté ils estoient Seigneurs directs du fond, sur lequel l'Eglise est bastie, pource qu'on presume qu'ils ayent plustost vendu, que donné la directe de ce fond, ou morceau de terre, *quia donatio non facilè præsumitur*: puis il vient

34. Que les Seigneurs directs de l'Eglise n'ont les honneurs d'icelle.

d'estre dit que ce n'est pas assez d'auoir donné le fond entierement, & quant à la directe Seigneurie, & quant à la proprieté, si lors on n'a stipulé & reserué le droict de patronage.

35. Vsage de la Noblesse. Il est bien veritable que l'ambition de nos Gentils-hommes les porte maintenant à obseruer tout communement entr'eux, que non seulement les moyens & bas Iusticiers, mais aussi les simples Seigneurs directs, mesme ceux qui n'ont point ces qualitez, mais qui sont reputez les plus grands de leur Parroisse, ayent comme prescrit les honneurs de l'Eglise : mais il faut en cette matiere distinguer le droict d'auec la bien-seance : qui est à peu prés la distinction, que Balde nous apprend sur le chap. *Licet quodam. De probat.* & Pontanus sur le 5. art. de la Coustume de Blois, *in verbo, Nobilium.*

36. De la préseance de droict. La préseance appartenant par droict, est celle du Seigneur haut-Iusticier dans son territoire du maistre en sa maison, du patron en son Eglise. Ceux-là, s'ils y sont inquietez, s'en peuuent pouruoir en Iustice, soit par complainte, ou par action. La préseance d'honneur & bienseance, est comme celle d'vn parent superieur sur l'inferieur, d'vn vieillard sur vn ieune homme ; de celuy de haute qualité, sur celuy de beaucoup moindre ; d'vn riche homme, sur le mercenaire : & cette preseance *non in iure consistit, sed in moribus*, dit Pontanus : partant il *37. De la préseance d'honneur.* n'y a point d'action prescrite en Iustice, pour la maintenir, pource que la Iustice n'est établie que pour conseruer le droict d'vn chacun, & ce qui luy appartient. Toutefois, quand en l'entreprise qui s'y fait, il échet vn scandale, ou vne iniure manifeste, on s'en peut pour- *38. Elle ne produit point d'action.* uoir par requeste implorant l'Office du Iuge, introduit en droict pour suppléer au defaut d'action. Qui est à peu prés l'opinion de Faber sur le §. *Aliam. De pers.* aux Institutes.

Donc pour ce qui concerne particulierement les honneurs de l'Eglise ils n'appartien- *39. Autre. difference de ces deux sortes de préseance.* nent par droict qu'au patron & au haut Iusticier, & eux seuls s'en peuuent pouruoir, soit par complainte ou par action, & qui plus est, les retiennent, encore qu'ils ne resident dans la Parroisse. Car tousiours ces honneurs suiuent la terre, à qui appartient ou le patronage, ou la haute Iustice. Mais la préseance, qui est deferée par honneur, ou par moyen, ou au bas Iusticier, ou au Seigneur direct du village, ou à quelque Gentil-homme de marque, ou d'an- *40. La préseance honoraire se perd facilement* cienne race, ou d'ancien âge, n'établit iamais vn droict immuable & incommutable : mesme ne se peut prescrire, pource qu'elle ne gist qu'en faculté, ciuilité & courtoisie, de sorte que cessant la cause sur laquelle elle est appuyée, elle doit cesser tout quand & quand, ou bien suruenant vne cause plus forte, comme par exemple, quand elle est fondée sur la merite de la personne, si la personne vient à mourir, ou s'il en suruient vn autre de plus grand merite *41. Elle se perd quand on sort de la Parroisse* dans la Parroisse. Et sur tout, c'est vne maxime, que cette préseance d'honneur cesse dés lors que celuy, auquel elle a esté deferée, ne reside plus en la Parroisse, pource que c'est vne regle de bienseance, qu'en chaque Paroisse le Paroissien doit préceder celuy qui ne l'est pas, & que nul ne peut pretendre cette préseance honoraire en la Parroisse où il n'est point demeurant.

42. Pourquoy en cette matiere le demandeur perd ordinairement sa cause. Mais quoy qu'il en soit, ceux qui ont cette simple préseance honoraire, ne sont pas receuables d'en faire procez en Iustice, c'est pourquoy ordinairement és procez intentez pour les honneurs de l'Eglise, le demandeur perd sa cause, pource que ne pouuant fonder son droict, il faut que le defendeur soit renuoyé absous : & delà vient qu'on ayme mieux se battre que plaider sur ce sujet, ou bien on a accoustumé de faire quelque escapade ou violence, *43. Pourquoy il en arriue des querelles.* pour rendre son aduersaire demandeur.

A quoy il me semble, qu'il feroit bien necessaire de donner ordre, par vne bonne Ordon- *44. Qu'il seroit necessaire d'y mettre vn bon reglement.* nance, qui en s'accommodant vn peu à l'vsage inueteré, tranchât clairement les maximes de cette matiere : à ce que suiuant icelle, on eût occasion de s'en pouruoir par Iustice, plûtost que d'auoir recours à la force, en defaut d'estre oüy en Iustice. *Nam cùm duo sint genera decertandi*, dit Ciceron aux Offices, *vnum per disceptationem, alterum per vim, confugiamus necesse est ad posterius, cùm vti non licet superiore.* Et veritablement ie croy qu'il y a maintenant *45. Importance de ces querelles.* plus de deux mille querelles entre les Gentils-hommes de France, pour les honneurs de l'Eglise, & il n'y a possible année qu'il n'en soit tué plus de cent pour ce suiet, qui est si piquant au courage releué de nostre Noblesse, qu'il n'y a presque aucun d'icelle qui fasse difficulté d'y hazarder non seulement son bien, son honneur, sa vie, & celle de ses parens & amis, mais mesme sa propre conscience : iusques à quitter l'Eglise plûtost que le rang & place qu'il pretend en l'Eglise.

46. En quoy consistent les honneurs de l'Eglise. Or ce n'est pas assez de sçauoir à qui appartiennent les honneurs de l'Eglise, mais il faut aussi expliquer en quoy ils consistent, ce qui n'est pas moins difficile que l'autre poinct. Car nostre Noblesse les fait, comme on dit, à vsage d'étriuieres, qu'on allonge tant qu'on veut. Voicy donc, à mon aduis, en quoy ils consistent proprement & veritablement, à sçauoir en la préseance és processions, offrandes, distribution de pain benit, place plus honorable du banc, & de la sepulture, aux litres & ceintures funebres à l'entour de l'Eglise, au dedans seulement à l'égard des simples haut Iusticiers, & dedans & dehors à l'égard des Seigneurs Chastelains, afin d'accorder les Coustumes, qui n'attribuent ce droict de litres qu'au Seigneur Chastelain. Mais les honneurs de l'Eglise ne consistent pas à appeller la maison de Dieu sienne, & y commander : ce qui ne peut estre sans impieté, & sans entreprendre contre luy, auquel l'Eglise est voüée. *47. En quoy ils ne consistent pas.* Ce n'est donc pas à celuy qui a les honneurs de l'Eglise à prescrire l'heure du seruice diuin, à assuietir le Curé auquel luy-mesme est sujet, en ce qui est du seruice diuin, comme à son Recteur & Pasteur Hierarchique immediat, ordonné de Dieu, soit à luy bailler hors son chemin de l'eau benite, ou à le venir encenser auec ceremonie, chose qui n'appartient qu'à Dieu & à ses Ministres, à cause de luy, auquel l'encens est *48. Prieres publiques.* dedié: bref il se faut souuenir, que les préeminences de l'Eglise sont simples honneurs; & non pas commandemens, & qu'ils consistent en preseance, & non en puissance. Car en la maison de Dieu, & en ce qui concerne son culte & son seruice, autres que ses Ministres n'ont commandement, ny puissance.

Faut toutefois remarquer, que ces honneurs ou droicts honorifiques des Seigneurs, ne *49. A qui se communiquent les honneurs de l'Eglise.* sont pas tout à fait personnels, comme ceux des purs Officiers, qui sont directement attribuez à leurs personnes, & n'ont aucune subsistance qu'en icelles: ils ne sont pas aussi reels tout à fait, pource que la terre ou Seigneurie n'est capable de les receuoir en soy, mais ils sont mixtes, estans attribuez à la personne, à cause de la chose, ainsi qu'il a esté dit au chap. 4. *50. Ces honneurs sont mixtes.* que la Seigneurie est vn droict residant au fief, & communiqué à cause d'iceluy à la personne qui le possede.

Neantmoins ils ont cette marque de personalité, qu'ils ne sont pas cessibles ny communicables par les Seigneurs à autres personnes: pource que c'est la proprieté de l'honneur, *51. Ne sont transmissibles ny cessibles à part.* d'estre attaché à la personne, & la suiure comme l'ombre fait le corps: & si on y considere quelque realité, en ce qu'ils sont dépendans des Seigneuries, il faut prendre garde que par consequent ils y sont inherens inseparablement, & ne peuuent estre transferez sans la Seigneurie, à laquelle ils appartiennent. C'est pourquoy les Seigneurs se trompent fort, quand ils baillent des lettres ou permissions à quelques-vns de leur village, pour auoir des rangs, & des bancs en l'Eglise. Car ils leur peuuent bien donner leur Seigneurie, mais sans les faire Seigneurs, ils ne leur peuuent donner le rang de Seigneurs: ne plus ne moins qu'on tient que le patron ne peut vendre son droict de patronage, ny les honneurs dependans d'iceluy, sans l'vniuersité de la terre, dont le patronage dépend. Mais quoy qu'il en soit, ny l'vn, ny l'autre ne peut ceder à autruy ces honneurs, & les retenir encore à soy: car ce seroit au preiudice des autres Paroissiens, qui auroient plusieurs Seigneurs à reconnoistre. Or comme dit le Poëte,

Esse sat est seruum, iam nolo vicarius esse.
Qui rex est, Regem, Maxime, non habeat.

Toutefois c'est bien sans doute, que les femmes des Seigneurs participent aux honneurs *52. Sont communicables à la femme du Seigneur.* de l'Eglise, pource qu'elles sont ornées des rayons de leurs maris, & que la femme n'estant qu'vn corps auec son mary, il luy communique le nom & le rang & le bien de sa famille: mais pourtant ie ne veux pas cõclure que les Dames ou Damoiselles des villages fassent bien d'aller *53. Femmes ne doiuent marcher deuant les hommes en l'Eglise.* à l'offrande, ou à la Procession deuant les hommes. Car l'honneur doit estre approprié, selon la portée, capacité & disposition du sujet, auquel il reside: de sorte que la preseance appartenant à vne femme, luy attribuë droict de preceder toutes les autres femmes, *in sua vicissitudine & sexu*: mais elle ne la fait pas d'autre sexe qu'elle est naturellement. Puis donc que c'est comme vn droict de nature ou des gens, que les hommes, comme plus nobles en leur sexe, marchent tous ensemble, comme en corps les premiers, & les femmes de mesme en suitte à la Procession, & à l'offrande, mesme qu'anciennement les femmes estoient placées separément en la nef de l'Eglise, & n'entroient dans le chœur d'icelle, ce qui s'obserue encore en quelque païs, i'estime qu'il n'est non plus permis aux Dames du village de marcher deuant les hommes à la Procession & à l'offrande, que de chanter auec les Prestres, ou faire autres exercices d'hommes.

Ce qui doit à plus forte raison estre obserué, à l'égard des simples Gentilsfemmes qui ne *54. Aucuns exceptent les Princesses.* sont Dames du lieu, & toutefois s'ingerent de marcher en l'Eglise deuant la trouppe des hommes, Car ie tiens, que ce seroit contre nature, si vne femme, pour noble qu'elle fût, entreprenoit de preceder le corps ou la trouppe des hommes. Aucuns toutefois exceptent les Princesses, à cause de la grandeur & excellence de leur Sang: ce que neantmoins ie n'estime pas deuoir estre admis en bonne école: il me souuient d'auoir veu dans Paris feuë Madame la Duchesse de Nemours, petite fille de France, veufue de deux Princes, marcher à la Procession de saint André des Arts sa Parroisse, apres tous les hommes, selon l'ordre de son sexe.

Pareillement à cause de la realité des Seigneuries, bien que les enfans d'vn Officier ne *55. Honneurs de l'Eglise sont communiquez aux enfans du Seigneur.* participent aux honneurs de leur pere, pour deuancer tous ceux que leur precede, toutefois les enfans du Seigneur participent, tant en la presence, qu'en absence de leur pere, aux honneurs de la Seigneurie, par la raison de la loy *In suis. De lib. & posthumis*, que *viuo patre domini existimantur*, & le dire du Poëte.

Esse simul Dominos gratior ordo piis.

Et de là vient, que dans Terence le Pere appelle son fils *suum participem*.

56. Tout cela n'est és Offices.

Ce qui n'est pas és purs Offices, qui ne tombent point en succession, comme les Seigneuries : & sur cette raison est fondée la prerogatiue des Princes (ainsi qu'on les entend aujourd'huy) c'est à dire de ceux qui sont issus des Maisons souueraines qui sont reputez participer aux honneurs de la souueraineté. Il est vray, que la prerogatiue des Princes s'étend à toute

57. Fondement de la prerogatiue des Princes.

la posterité des Souuerains eternellement, au moins tant que la souueraineté demeure en leur race, pource que la Seigneurie souueraine comme plus auguste & plus illustre, penetre, & étend ses rayons plus loin, que la Seigneurie subalterne.

58. Le Seigneur ne peut estre representé par aucun autre.

Mais voicy encore vn abus insigne, qui se pratique en cette matiere. Si le Seigneur & la Dame du village, & leurs enfans ne sont à la Messe, leur valet, ou leur chambriere, qui seront assis en leur banc, se feront donner de l'eau benite, apporter du pain benit les premiers, mesme la paix à baiser en ceremonie, disans qu'ils representent leur maistre. Chose absurde, car comme il vient d'estre dit, ces préeminences sont attachées aux personnes de ceux qui participent à la Seigneurie, en telle sorte qu'elles ne peuuent estre supplées, ny representées par autres. C'est tout ainsi que si vn valet vouloit representer son maistre au lit de mariage : du moins il y a tout autant d'absurdité, que s'il vouloit aller le premier à la Procession, en l'absence de

59. Abus vsité parmy la noblesse.

son Maistre. Car de dire que les honneurs de l'Eglise soient deus au banc, où monsieur le valet s'est mis, & non au Seigneur, ce seroit vne mocquerie : d'ailleurs de dire, que le pain benit fût vn tribut appartenant au Seigneur, ce seroit vne impieté.

60. Des bācs des Eglises.

Ce qui nous oblige de traitter particulierement de la matiere des bancs des Eglises, matiere dependante de celle des honneurs, & qui n'a encore esté touchée par aucun : bien qu'en

61. Vsage des bancs.

vsage, elle ne soit que trop frequente, depuis que nostre ambition nous a portez à vouloir faire nostre propre de la maison de Dieu. Car dans les villages des Gentils-hommes, & ceux qui le veulent deuenir, s'attribuent par audace des bancs, ou des places dans le chœur des Eglises pour eux, leur femme & leur famille, comme dependantes de leur terre, & affectées pour iamais à icelle : & aux villes les femmes de mediocre qualité se font faire des bancs dans la nef des Eglises, ou dans les chappelles : que si quelqu'vn par apres y entreprend, c'est vne grosse querelle, ou vn fascheux procez.

62. Tous bancs deuroient estre publics ainsi que l'Eglise.

Disons donc comment cela se peut faire. Car en bonne Iurisprudence, dans l'Eglise, qui est hors de tout commerce, nul ne deuroit auoir banc propre, fors le patron & le haut Iusticier, mais tous sieges y deuroient estre publics, ainsi que l'Eglise est publique : ce qu'Acurse a voulu tirer de la loy 2. *De sacros. Eccles. Nemo Apostolorum vel Martyrum sedem humanis corporibus putet esse*

63. Emendata l. 2. C. de sacros. Eccl.

concessam, que toutefois il entend mal : pource qu'elle prohibe les sepultures dans les Eglises, & non les bancs, & il faut y lire non pas *humanis*, comme il se lit vulgairement, mais *humandis*. Il y a en la mesme loy dans le Code Theodosien, *l. vlt. De sepulch. viol. Cod. Theod.* où elle est rapportée entiere.

64. Reglement obserué aux bancs des villes.

Mais puis que nostre vsage (i'entens celuy des villes, où la Iustice regne) coloré du profit de l'Eglise, nous a poussé à tolerer les bancs particuliers dans les Eglises, apportons y au moins quelque ordre, afin que contre la parole de Dieu, ceux qui s'exaltent, n'en soient point auantagez, par dessus ceux qui s'humilient.

65. Nul ne peut auoir droict de bancs, sans permission des Marguilliers.

Ie dy donc, que hors le patron & le haut Iusticier, qui seuls sont fondez en droict commun, nul ne peut auoir banc en l'Eglise, sans permission expresse des Marguilliers, Gagers, ou Fabriciers, de laquelle il apparoisse par écrit. Ie dy des Marguiliers, & non pas du Curé, pource qu'il y a du temporel, non du spirituel, & aussi que l'argent qu'on tolere estre tiré de ces permissions, doit estre employé à la fabrique de l'Eglise. Il est vray, que si le banc

66. Permission expresse, & par écrit.

est incommode ou indecent à la celebration du diuin seruice, le Curé, auquel cette police appartient, le peut oster & empescher. Ie dy permission expresse des Gagers, pource qu'en matiere si odieuse la seule taciturnité & patience ne seroit pas suffisante, & si ie dy par écrit, pource que c'est comme vn droict immobilier, dont en France il faut contracter par écrit.

67. Bancs sont imprescriptibles.

Ie conclus partant, que quelque longue possession qu'on ait d'vn banc, elle ne sert de rien sans titre, pource que si pour acquerir vne seruitude, la prescription, mesme immemoriale, ne profite s'il n'y a titre, à plus forte raison ne vaut elle rien où la seruitude ne peut estre imposée.

68. Banc est reuocable, & comment.

Et quand il y a permission par écrit des Gagers ou Marguilliers, encore est-elle reuocable à tousiours, comme vn precaire, pource qu'ils ne peuuent obliger l'Eglise sans le consentement vniuersel des Parroissiens : toutefois si elle est donnée pour argent entré au profit de l'Eglise, il faut rendre l'argent, auant qu'oster le banc. Mais si elle est donnée par les habitans en corps auec le Curé (qui a la premiere voix en toute assemblée generale tenuë pour les affaires de la Parroisse) elle n'est reuocable, qu'en vertu de lettres, & en cas de lesion ; ou bien

69. Concession de banc n'est qu'à vie.

que la place du banc fut necessaire à faire quelque bastiment pour l'Eglise : & principalement quand cette permission a esté concedée pour argent il le faut tousiours rendre.

Or cette concession de banc faite en termes ordinaires, n'est pas vne proprieté (qui ne peut

peut estre d'vne chose sacrée) mais c'est vn simple vsage & habitation, de sorte qu'elle n'est qu'à vie, encore mesme qu'il soit porté par icelle, que c'est à perpetuité, pource que ce mot, selon la condition de la chose signifie souuent ce qui est à vie, *vt cum dicitur dotis causam perpetuam esse, operas perpetuas.*

Mesme pource que l'vsage ne peut estre perceu par autruy, il s'ensuit que celuy auquel le *70. Et personnelle non transmissible du contraire.* banc a esté concedé, n'estant plus demeurant en la Parroisse, son droict est éteint: mesme le banc par luy construit demeure à l'Eglise, comme ayant esté vne fois dedié à Dieu, & il s'obserue ainsi à Paris tout communément: de sorte que ce droict de banc, n'est transferé *71. Exception.* au locataire de la maison, que celuy auquel il a esté concedé, auoit dans la Parroisse, *non enim est prædiales seruitus: imo nudus vsus, qui locari non potest. §. 1. Inst. de vs. & habit.* Si ce n'est *72. Clause des hoirs & ayans cause, comment tolerée.* que la concession soit par exprez faite pour tous les heritiers à perpetuité, comme il se fait quelquefois: auquel cas tant qu'il y a vn des heritiers mediats ou immediats du stipulant, demeurans dans la Parroisse, le banc luy doit demeurer. Mesme il y a de bons ménagers qui stipulent leur banc, non seulement pour eux & leurs heritiers, mais encore pour ceux qui seront à l'aduenir detempteurs de leur maison. Clauses qui sont de soy nulles, pource que la premiere emporte vne proprieté, & l'autre vne seruitude prediale, qui ne peut estre imposée à vn lieu saint: mais elles sont tolerées & soustenuës par le moyen de ce qui a esté donné à l'Eglise sous telles conditions, qui tousiours doit estre rendu, quand l'Eglise ne les veut entretenir: de sorte qu'offrant le rendre, l'Eglise peut tousiours reuoquer ces clauses, qui de soy sont illicites.

Quoy qu'il en soit, vn particulier ne doit d'authorité priuée, oster ou démembrer le banc *73. Banc ne doit estre osté d'authorité priuée.* estant en vne Eglise, mais aux seuls Marguilliers appartient de l'oster, s'il a esté mis sans leur permission, ou des habitans: encore ie croy qu'ils ne le doiuent oster de leur simple autorité, & par voye de fait, mais qu'ils doiuent intenter action contre celuy qui est en legitime quasi possession d'iceluy. Autrement, i'estime que celuy auquel on a osté le banc par voye *74. Moyen de s'en pouruoir.* de fait, s'en peut pouruoir par action d'iniures, soit ciuile ou mesme criminelle, s'il y a de la force, port d'armes, ou autres mauuaises circonstances. Laquelle action ie conseille plutost que la complainte: bien qu'il y ait apparence que ceux qui ont titre & possession legitime puissent intenter la complainte: question qui est amplement traitée par *Pontanus*, & touchée par Bacquet aux lieux cy-dessus alleguez.

Or pour venir par action contre celuy qui iouït d'vn banc, il n'y a que la fabrique de l'E- *75. Particuliers ne peuuent inquieter celuy qui a vn banc.* glise qui le puisse, & le Patron & haut Iusticier, qui peuuent demander que le banc soit reculé, s'il est en la place plus honorable; pource que de droict commun cette place leur appartient: mais quant aux particuliers habitans, i'estime, à faute d'interest legitime, qu'ils ne *76. Pourquoy on entreprend d'auoir bancs sans concession.* seroient pas receuables en cette action: & c'est en passant pourquoy chacun entreprend és petites villes & villages d'auoir des bancs. Si ce n'est que la structure du banc fust apparemment nuisible au commun vsage, ou qu'il fust posé en lieu qui incommodast le seruice diuin, auquel cas il vient d'estre dit que le Curé le peut reculer de son autorité, comme ayant *77. Quand les particuliers peuuent se plaindre du banc.* commandement en son Eglise, pour ce qui concerne le culte de Dieu, s'il n'aime mieux attendre la visitation annuelle de l'Archidiacre pour luy en faire plainte.

Pour conclusion de ce discours des bancs, il me semble qu'il seroit tres-expedient d'obseruer aux villages cette coustume des villes, de vendre des bancs au profit de la Parroisse, *78. Remede pour empescher les querelles touchant les honneurs de l'Eglise.* plutost que de laisser iournellement entrebattre la Noblesse pour cette pomme de discorde, que le Diable iette parmy elle, pour troubler la feste. Car hors le Patron & le Iusticier, la premiere place de l'Eglise n'appartient à aucun, en sorte qu'il la puisse debattre en Iustice: & neantmoins chacun pensant la meriter, & tout Gentilhomme s'estimant aussi noble que le Roy, on est contraint de se battre à qui l'aura pour en estre le premier occupant; nul *79. Des Chappelles.* au surplus ne voulant ceder son honneur à autruy. Mais si on venoit à vendre ces places au plus offrant, ce qui seroit mis à prix, ne seroit plus tant estimé à son honneur, & ne seroit si opiniastrement desiré: ou si on s'en debatoit fermement à coups d'écu, l'Eglise y profiteroit, & celuy qui seroit surmonté par l'argent, ne se tiendroit pas vaincu en l'honneur.

Disons encore vn mot des Chappelles, puis des Sepulchres particuliers, afin d'esbaucher *80. Patronage particulier des Chappelles.* toute la matiere. Quant aux Chappelles, il y faut obseruer, à mon aduis, les mesmes regles qu'aux bancs: si ce n'est qu'elles ayent esté construites & dotées par quelque particulier, qui lors en est Fondateur, & a mesme preéminence en la Chappelle que le Patron en l'Eglise: comme depuis peu il a esté iugé par Arrest du 18. Mars 1601. touchant vne Chappelle de sainct Germain l'Auxerrois, au profit du Seigneur de Leuuille, contre Monsieur Miron, Lieutenant Ciuil au Chastelet de Paris.

Laquelle fondation de Chappelle, i'estime pouuoir estre prouuée non seulement par titre, *81. Possession d'iceluy.* mais aussi par vne possession publique & continuelle, d'empescher les étrangers d'entrer en la Chappelle, principalement si cette possession est assistée de signes visibles de fondation, cōme d'armoiries aux voûtes, au portail, & au maistre Autel de la Chapelle, & autres endroits. *82. Si le fondateur d'v-*

Encore est-ce vne question, si le Fondateur d'vne Chapelle la peut fermer à clef, & empes-

ne Chappelle ne peut tenir fermee. cher l'entrée d'icelle au peuple. En quoy il faut, à mon aduis, distinguer, si la Chappelle est bastie hors l'ancien enclos de l'Eglise, (ce qui est à presumer, quand elle est située dans les aisles d'icelle, & qu'elle a sa voute à part) & lors il est à presumer qu'elle est particuliere au Fondateur, & qu'il la peut fermer. Mais si elle est située sous la grande voute de l'Eglise, elle ne peut estre tout à fait particuliere, ayant esté vne fois publique : aussi qu'elle n'a esté que fermée, & non pas bastie tout à fait par le Fondateur : & partant c'est assez, que luy & ceux de sa famille y ayent les premieres places : mais il semble, qu'ils ne doiuent empescher le peuple d'y entrer, pour se mettre aux places vacantes.

83. Des sepultures. *84. Anciennement nul n'estoit inhumé dans les Eglises.* Quant aux sepulchres, il est bien certain qu'anciennement nul n'estoit inhumé dans les Eglises, au moins qu'on n'y enterroit que les plus signalez Ecclesiastiques, *d. l. Nemo Apostolorum. De sepulchro violato. Cod. Theod. can.* 17. *Concilij Triburiensis & can. Nullus* 13. *quæst.* 2. Mais sous pretexte que le Canon, *Præcipiendum. ead. quæst.* permit d'enterrer les laïcs au porche, à la nef, & aux autres aisles des Eglises (qu'il appelle *exhedras*) on a enfin entrepris de les enterrer iusques dans le Chœur: mesme auiourd'huy ceux qui pensent auoir quelque degré par dessus le commun, y veulent auoir leur sepulture affectée à leur famille Et de vray, *85. Sepulchres particuliers aux familles.* c'est de tout temps, soit pendant le Paganisme, soit en la loy ancienne, soit en celle de grace, qu'il y a eu des sepulchres particuliers aux familles, comme il est bien traité au Canon, *Ebron. & can. seq.* 13. *quæst.* 2.

86. Sepulchres sont particuliers quand il y a voute. C'est pourquoy on obserue à present, que si on a permis à quelqu'vn de faire vn sepulchre, vouté dans l'Eglise, ce sepulchre est reputé particulier pour sa famille, laquelle peut desormais empescher qu'on y en enterre d'autres. Hors lequel cas, & le droit qu'ont le Patron & *87. Autrement sont publics.* le haut-Iusticier, d'auoir particulierement la place plus honorable de l'Eglise pour la sepulture de leur famille, toutes les places des sepultures sont communes, encore mesme qu'il y ait des tombes en aucunes d'icelles Comme la superficie de l'Eglise, aussi les places des sepultures sont à tous quant à l'vsage, & n'appartiennent à aucun en particulier quant à la proprieté. Dautant que ce qui est dedié à Dieu, ne peut appartenir aux hommes : & d'ailleurs les morts ne possedent point la terre, mais plutost sont possedez par la terre, Ce n'est pas eux qui tirent à soy la terre, mais c'est la terre qui les tire à elle.

88. Le droict de banc n'includ droict de sepulchre particulier, ny au contraire. Partant il faut conclure, quoy que la folle fantaisie du vulgaire s'imagine le contraire, que ny la sepulture des morts, qui est au fond de la terre, n'attribuë point droict de banc aux viuans en la superficie d'icelle, ny au contraire le droict de banc n'attribuë point droict de sepulchre particulier : pource qu'en ce qui concerne vn simple vsage, sans proprieté ny seruitude prediale, il y a bien difference entre le sol & la superficie, & bien de la distance aussi entre les viuans & les morts.

SOMMAIRE DV DOVZIESME CHAPITRE.

1 *Droicts profitables consistent au droict du territoire.*
2 Territorium à terrendo.
3 Territorium à terra.
4 *Droict de territoire qu'emporte.*
5 *Trois questions à traiter en ce Chapitre.*
6 *Du territoire de la Iustice, & si tout ce qui est dans le territoire est presumé estre de la Iustice.*
7 *Les lieux amortis, sacrez, & en franc-aleu, ne laissent pas d'estre du territoire de la Iustice.*
8 *Ny la diuersité du relief.*
9 *Distinction commune reprouuée.*
10 *Comment en cette distinction il faut entendre le territoire limité.*
11 *Celuy qui n'a Iustice que sur ses censiers & vassaux, n'a droict de territoire.*
12 *Comment le haut-Iusticier ayant droict de territoire peut maintenir sa Iustice.*
13 *Comment il peut vser d'amendes.*
14 *Cinq cas ausquels la terre peut reconnoistre autre Iustice que celle du territoire.*
15 *De la concession des Iustices.*
16 *Marque de Iustice abusiue & vsurpée.*
17 *Concessions de Iustices reuocables.*
18 *Comment il peut arriuer que la Iustice releue d'vn Seigneur, & ressortit chez vn autre.*
19 *De l'vsurpation des Iustices.*
20 *De l'exemption des terres de Pairie.*
21 *De l'exemption des terres du Domaine.*
22 *Le Roy n'est tenu vuider ses mains pour la Iustice, comme le fief.*
23 *Cause des 4. anciens Bailliages de France.*
24 *De l'exemption des terres d'Eglise.*
25 *Garde gardienne des Eglises de fondation Royale.*
26 *Exemptions, ce que signifient en nos Coustumes.*
27 *Si les exemptions suiuent la Coustume de l'enclaue, ou celle du ressort.*
28 *Question notable.*
29 *Que les exemptions ne suiuent pas la mouuance feodale.*
30 *Les exemptions sont ordinairement pretenduës, & par ceux de l'enclaue, & par ceux du ressort.*
31 *Explication des titres & inscriptions des Coustumes.*
32 *Resolution de la question.*
33 *Réponse aux raisons contraires.*
34 *Comment la Coustume suit la Iustice.*
35 *De mesme.*
36 *Preuue par exemples.*
37 *Pourquoy Sens a beaucoup plus de ressort que d'enclaue.*
38 *Lodunois*, idem.

126 *Du droict de bris.*
127 *Du thresor.*
128 *Quelle part ont les moyens & bas Iusticiers aux biens fiscaux.*
129 *Droicts pretendus des Iustices qui n'ont esté expliquez.*
130 *De colombier.*
131 *De chasse.*
132 *De garenne.*
133 *De moulin.*
134 *De bannalité.*
135 *De chasse au moulin.*

DES DROICTS PROFITABLES DES SIMPLES SEIGNEVRIES.

Chapitre XII.

1. Droicts profitables consistent au droict de territoire. 2. Territorium à terrendo.

RESTE de traiter des droicts profitables des Iustices, que i'ay dit estre compris sous le mot de *détroit* ou *territoire*, pource qu'ils prouiennent tous en consequence de leur territoire.

Le territoire est appellé en Grec χώρα, en Latin *circumsceptum*, & plus communément, *territorium. Est autem territorium vniuersitas agrorum intra fines cuiusque ciuitatis*, dit la loy *Pupillus*. §. *Territorium. De verb. signif.* mot auquel on a donné deux deriuations, l'vne à *terrendo*, comme en ce mesme §. qui adiouste, *ab eo dictum, quòd Magistratus ius ibi terrendi habeat*. Qui est ce que dit aussi *Siculus Flaccus in lib. De condit. agror. Victores terras omnes, ex quibus victos eiecerunt, publicè atque vniuersaliter territorium dixère, in quibus iuris dicundi ius esset*, selon la correction de M. Brisson, *in lib. De verb. signific.*

3 Territorium à terra. *4 Droict de territoire qu'emporte.*

L'autre, & la plus apparente etymologie de *territorium*, est de le dériuer à *terra*: *terram autem à terendo*, selon Varron *lib. 4. De ling. Lat. Terra à terendo dicta, & inde locus, qui propè oppidum relinquitur, territorium appellatur, quòd maximè teratur.* Desquelles deux deriuations, entr'autres (car il y en a encore d'autres) nous auons besoin pour l'explication du droict de territoire appartenant aux hauts Iusticiers, qui emporte & leur attribuë Seigneurie de toutes les terres estans en iceluy, soit publique, soit directe, soit vtile. Car entant qu'il est dériué à *terrendo*, il signifie l'enclaue de leur Iustice ou Seigneurie publique, qui est sa plus propre signification: entant aussi qu'il est dériué à *terra*, il signifie l'enclaue de leur Seigneurie priuée, soit directe & feodale, soit vtile & domaniale.

5. Trois questions à traiter en ce chapitre.

D'où resultent trois grandes questions: L'vne, de sçauoir si le haut-Iusticier, en consequence de ce droict de territoire, est fondé de pretendre la Iustice primitiue de tout ce qui est dans son enclaue & détroit: L'autre, s'il est fondé de pretendre la Seigneurie directe & feodale de tous les heritages situez en iceluy: & la troisiesme, s'il est fondé d'en prendre la Seigneurie vtile & domaniale, au moins de ce qui n'est possedé par aucun. Lesquelles trois questions Masuer au tit. *De iudicibus* § *Item omnia.* comprend & resout en ces mots, *Item, omnia, quæ sunt in territorio seu districtu alicuius Domini censentur esse de suo feudo, dominio, & etiam de sua iurisdictione*: comme pareillement ces trois questions sont comprises au premier article de la Coustume de la Motte sur Inde, locale de Tours, mais elles y sont resoluës tout au contraire, en ces mots, *Domaine, Fief, & Iustice n'ont rien meslé ensemble.* Partant attendu cette contrarieté, il faut les examiner separément toutes trois.

6. Du territoire de la Iustice, & si tout ce qui est dans le territoire est presumé estre de la Iustice.

Quant à la premiere, si le haut Iusticier peut pretendre la Iustice primitiue de tout ce qui est dans son territoire & enclaue, tous nos Autheurs, sans exception (dit Pontanus sur le 33. article de la Coustume de Blois) sont d'accord qu'oüy, & n'y a aucune de nos Coustumes qui y repugne. Aussi cette resolution se verifie assez bien par la Loy, *Qui ex vico. Ad municip.* par le §. *Territorium* cy-dessus allegué par la loy *Forma.* §. *Is verò. D. de censibus.* & plusieurs autres textes alleguez par *Io. Faber* sur la loy 1. *Cod. De summa Trinit.* & par Bodin liure premier de sa Repub. chap. 9.

7. Les lieux amortis, sacrez & en franc aleu ne laissent d'estre du territoire de la Iustice. *8. N'y la diuersité de relief.*

Mesme les terres d'Eglise qui sont amorties, & celles des particuliers, qui sont en franc-aleu demeurent suiettes à la Iustice du territoire, auquel elles sont enclauées: & les Eglises n'en sont exemptes que par priuilege, & pour ce qui les concerne particulierement. Car l'amortissement, la dedication & l'aleu n'exemptent que de la Seigneurie directe ou feodale, & non de la Iustice ordinaire du lieu: *quia omnis anima potestatibus sublimioribus subdita est*: autrement ce seroit admettre l'anarchie à leur égard. Comme aussi les terres qui releuent du fief d'vn Seigneur ayant Iustice hors le territoire, sont neantmoins suiettes à la Iustice du territoire & enclaue, & non pas à la Iustice de leur Seigneur de fief, qui est le cas auquel proprement se verifie cette premiere regle des Coustumes, que *fief & Iustice* n'ont rien de commun.

9. Distinction communément reprouuée.

En quoy i'estime, qu'il ne faut point distinguer si la Iustice est limitée d'ancienneté, ou non, comme il semble que les Autheurs cy-dessus alleguez ayent tenu, & mesme du Molin sur la Coustume. Car cette distinction n'est receuable, que quand l'endroit contentieux est situé au finage & bordage du territoire, & lors par necessité il faut rechercher où sont les limites mais quand il est question d'vn endroit enclos & enuironné de tous costez des terres de la Iustice, & auquel on ne peut aborder de nulle part, sans passer par icelle, c'est folie d'aller rechercher les bornes.

Aussi qui prendra garde de prés aux discours de ces Autheurs, trouuera qu'ils entendent par le territoire limité, vne vniuersité de terres, estans de proche en proche, & vn certain climat & enclaue continu, sur lequel le Seigneur ait Iustice paisible, qui est ce que disent plusieurs de nos Coustumes, que *les Iustices sont naturellement bornées*, c'est à dire qu'elles consistent en vn enclaue certain & continu, sans requerir que cet enclaue soit borné actuellement depuis tel lieu, iusques à tel lieu : autrement il y auroit peu de Seigneurs, qui eussent droict de territoire, s'il falloit qu'ils fissent apparoir, ou de bornes visibles, ou de titres anciens iustificatifs des bornes de leur territoire.

10. Comment en cette distinction il faut entendre le territoire limité.

D'où ie tire vne exception notable à nostre decision, en laquelle se verifie la distinction de ces anciens Autheurs ; à sçauoir, que celuy qui par sa concession n'a iustice que sur ses censiers & vassaux, comme la pluspart des anciennes concessions de Iustices sont faites sous cette clause ; celuy-là, dis-je, encore qu'il ait toute Iustice, & soit haut-Iusticier, n'a pas droict de territoire, dautant qu'il n'a l'vniuersité des terres : & par consequent il ne peut pretendre que ceux qui ne sont pas ses censiers ny vassaux, bien qu'ils soient meslez de tous costez parmy eux, soient ses Iusticiables.

11. Celuy qui n'a iustice que sur les censiers & vassaux, n'a droict de territoire.

Mais le Iuge du Seigneur, qui a territoire vniuersel, s'il est troublé en la Iustice de quelque chose enclauée de toutes parts au dedans de son territoire paisible, s'y peut maintenir de son autorité, & nonobstant la contention de Iustice, mesme nonobstant l'appel d'incompetence, ordonner que sans preiudice d'iceluy, il passera outre en la cause, comme fondé en droict commun, & au territoire vniuersel, afin que pendant cette contention, la Iustice ne manque aux parties : ausquelles, si elles sont demeurantes en son enclaue, il peut faire defenses de proceder en autre Iustice, supposé notamment, qu'autre que luy ne luy ne soit en possession de la Iustice de l'endroit contentieux. Car l'vniuersité du territoire, & la possession estans de son costé, il ne peut faillir d'vser de l'authorité que luy donne la loy, qui permet au Iuge *iurisdictionem suam modica coërcitione tueri. l. 1. D. Si quis ius dicenti non obtemp.* Ce que hors la rencontre de ces deux poincts ensemble, vn Iuge ne doit entreprendre, mais doit plutost laisser à son superieur la decision du debat de iurisdiction, que de faire la cause sienne, en condamnant à l'amende mal à propos les pauures parties qui le plus souuent, estant ainsi condamnées de deux costez, ne sçauent auquel se ranger.

12. Comment le haut Iusticier ayant droict de territoire, peut maintenir sa Iustice.

13. Comment il peut vser d'amendes.

Toutefois il arriue quelquefois, qu'vn hameau, ou vn petit espace de terre répond en vne autre Iustice, que celle où il est enclaué : mesme il se void souuent, que dans l'enclaue d'vne Iustice, il y a vne autre Iustice entée & enclauée, qui mesme ne ressortit pas par appel en celle où elle est enclauée de toutes parts, comme du Molin a remarqué sur le 15. article du 54. chapitre de la Coustume de Neuers, & *Pontanus* au lieu cy-dessus allegué. Ce qui peut arriuer principalement par cinq moyens qui sont cinq exceptions à nostre regle, *Que la Iustice suit le territoire & enclaue.* A sçauoir és cas de concession, d'vsurpation prescrite és terres de Pairie, en celles du Domaine, de la Couronne, & en celles d'Eglise : lesquels cinq cas il faut expliquer particulierement.

14. Cinq cas ausquels la terre peut reconnoistre autre iustice que celle du territoire.

Premierement, cela arriue par la concession du haut-Iusticier, quand il distrait volontairement son territoire, permettant à son voisin d'auoir la Iustice d'vne partie d'iceluy : ce qu'il peut faire irreuocablement, si la Iustice du voisin ressortit en mesme Bailliage que la sienne : autrement il ne le peut faire au preiudice de la Iustice du ressort. Ou bien quand le haut-Iusticier concede & érige vne nouuelle Iustice dans son territoire : ce qu'en tout cas autre que luy ne peut faire, quoy que souuent les Seigneurs ayans des vassaux en la Iustice d'autruy, entreprennent de leur donner iustice : chose apparemment abusiue, de donner ce qu'ils n'ont pas eux-mesmes. Et faut obseruer que toute Iustice enclauée de toutes parts dans le territoire d'vn Seigneur, qui neantmoins releue en chef d'vn autre Seigneur, fors du Roy, & qui ressortit par appel en autre iustice Seigneuriale, est abusiue, fors és quatre autres cas cy-dessus rapportez, & qui seront expliquez incontinent.

15. De la concession des Iustices.

16. Marque de Iustice abusiue & vsurpée.

Mesme le Seigneur qui a toute Iustice, ne peut pas dans son propre territoire conceder irreuocablement des Iustices, sans la permission du Roy, & de tous ses superieurs, comme il a esté prouué cy-deuant Car bien que sa concession tienne à son égard, tandis qu'elle est tolerée par les superieurs, si est ce que quand il leur plaist, ils la peuuent empescher, pource qu'ils ont interest, qu'il ne soit point creé de nouueau degré de iurisdiction, qui recule leur ressort. Mesme si les simples Officiers, ou du Roy, ou des Seigneurs suzerains, veulent auoir le ressort immediat des Iustices accordées de nouueau sans la permission des superieurs, ils s'en peuuent legitimement mettre en possession : ne prenans en cela que ce qui leur appartient de toute ancienneté : ce qui est decidé expressément par la Coustume de Touraine, art. 72. Et par ce moyen il se void quelquefois des Iustices qui tiennent en fief du Seigneur du territoire, & neantmoins ne ressortissent en la Iustice superieure.

17. Concessions de Iustice reuocables.

18. Comment il peut arriuer que la Iustice releue d'vn Seign. & ressortisse chez vn autre.

19. De l'vsurpation des Iustices.

Quant à l'vsurpation prescrite, il arriue souuent qu'vn Iusticier entreprend d'étendre sa Iustice en quelque endroit du territoire de son voisin, ou mesme entreprend de donner Iustice à ses vassaux situez dans iceluy territoire. Et bien que du commencement cela ne vaille rien, & puisse estre empesché, si est-ce qu'il peut estre étably & rendu valable par prescription deuëment acquise & bien verifiée, ainsi qu'il a esté dit cy-deuant au chap. 4.

20. De l'exemption des terres de Pairie.

Au regard des terres de Pairie, si dans le territoire du haut-Iusticier, il y a quelque terre annexée valablement à vne Pairie de France, elle suit la Iustice de la Pairie, attendu ce qui a esté dit au chap. 5. que la Pairie ne peut pas estre de plusieurs pieces, ny reconnoistre autre Iustice que celle du Pair en premiere instance, ny par appel, que ces grands-iours, ou le Parlement, mesme le Roy erigeant des Pairies nouuelles, peut malgré les Seigneurs diminuer leur Iustice & leur fief, en les recompensant neantmoins, comme il a esté fait en l'erection de la Pairie de Sully.

21. De l'exemption des terres du domaine.

22. Le Roy n'est tenu vuider ses mains pour la Iustice, comme pour le fief.

A plus forte raison, si dans le territoire du haut-Iusticier, il y a quelque terre qui soit du Domaine de la Couronne, cette terre doit estre exempte de sa Iustice, attendu que les terres du Roy ne peuuent reconnoistre la Seigneurie publique, c'est à dire la Iustice d'vn autre Seigneur, & que iamais le Roy ne demande iustice à ses vassaux. Partant ie tiens que deslors que le Roy vient à acquerir quelque terre dans le territoire du haut-Iusticier, cette terre deuient exempte incontinent de la Iustice d'iceluy, sans que le Roy soit tenu en vuider ses mains à sa poursuite, comme il seroit pour l'interest du Seigneur feodal ou censier, par l'Ordonnance de Philippes le Bel, à cause de la difference qu'il y a entre la Seigneurie priuée, dont les particuliers sont vrayement capables, & la Seigneurie publique dont ils ne sont capables qu'abusiuement. Et sur cette consideration a esté fondée la grande étenduë des quatre anciens Bailliages de France: à sçauoir, Sens, Vermandois, Mascon, & saint Pierre le Moustier, dont il a esté parlé cy-deuant, dautant que la Iustice des petites terres, que le Roy acqueroit de temps en temps és Prouinces voisines leur estoit attribuée.

23. Cause des quatre anciens Bailliages de France.

24. De l'exemption des terres d'Eglise.

Finalement, il y a aucuns des principaux Ecclesiastiques, comme des Euesques, Abbez, & Chapitres d'Eglises Cathedrales, qui sous pretexte de leurs amortissemens (qu'ils tiroient autrefois mal à propos à l'exemption de la Iustice ordinaire) ne se sont pas contentez d'vsurper toute Iustice en leurs terres, mais encore ont vsurpé vn droict de ressort, s'attribuans vne Iustice superieure, où ils font ressortir par appel toutes les autres Iustices, comme l'Euesque de Chartres fait en sa Chambre Episcopale de Pontgoin, & son Chapitre en sa Mairie de Loin, pareillement il y a d'autres Ecclesiastiques, qui pretendans leurs Eglises estre de fondation Royale, ont obtenu du Roy des gardes gardiennes, & en consequence d'icelles se sont exemptez tout à fait des Iustices ordinaires des Seigneurs, comme on a veu que le Chapitre de Troyes, & toutes les terres à luy appartenantes ne reconnoissoient autre Iustice que le Bailliage de Sens: ce qui auoit esté introduit du temps que le Bailliage de Troyes n'étoit pas Royal comme celuy de Sens; mais appartenoit aux Comtes de Champagne, & a duré iusques aux Estats de Blois, qui en l'article 52. portent, que les gardes gardiennes anciennement obtenuës, sous cause que la Iustice ordinaire n'étoit pas Royale, n'auront lieu à l'aduenir, pour oster la connoissance aux Iuges, qui sont à present Royaux.

25 Gardes gardiennes des Eglises de fondation Royale.

26. Exemptions ce que signifient en nos Coustumes.

Voila les cinq cas esquels vne terre ou vne Iustice entiere peut ressortir hors son territoire, à sçauoir de concession, prescription, terre de Pairie du Roy ou de l'Eglise, dont les trois dernieres sont appellées exemptions, comme quand la Coustume de Neuers est intitulée, *Coustumes du pays & Comté de Niuernois, enclaues & exemptions d'iceluy*: ce mot, *exemptions*, signifie les lieux, qui estans enclauez dans le Comté de Niuernois, sont neantmoins exempts de la Iustice ordinaire d'iceluy, ainsi que le iudicieux Coquille l'a fort bien interpreté.

27. Si les exemptions suiuent la Coustume de l'enclaue, ou celle du ressort.

Car il faut remarquer que le territoire ne regle pas seulement la Iustice, mais aussi la Coustume: mesme on pretend (& cecy est vne autre difficulté fort notable & de grande importance) qu'il la regle, à l'égard mesme des lieux & endroits qui sont exempts de la Iustice d'iceluy, & que i'ay dit estre appellez *Exemptions*. Difficulté qui s'est souuent presentée lors de la redaction des Coustumes. Car plusieurs fois telle Seigneurie s'est trouuée située au territoire d'vn Bailliage, tenir en fief d'vn autre, & ressortir en vn autre: & lors on a demandé si elle deuoit suiure la Coustume, ou de son territoire & enclaue, ou de sa mouuance feodale, ou de son ressort de Iustice.

28. Que les exemptions ne suiuent pas la mouuance feodale.

Il est vray que pour le regard de la mouuance feodale, la difficulté n'a pas esté grande, pource qu'on a tousiours tenu, qu'vn fief situé en la Iustice d'autre Seigneur que celuy dont il releue, doit suiure la Coustume du lieu où il est assis, & non celle du lieu où est assis le fief dominant: mesme il la suit en ce qui est des droits feodaux deubs au fief dominant, comme chacun est d'accord, bien que quelques vns en exceptent les droicts honoraires, ce qui est vray seulement touchant la forme de l'hommage, qui comme tous autres actes doit estre fait selon la forme du lieu où il se fait.

Mais la grande difficulté est de sçauoir s'il faut suiure la Coustume du territoire & enclaue, ou bien celle du ressort de la Iustice. Car comme lors de la redaction des Coustumes, chaque pays a esté curieux d'étendre & amplifier sa Coustume, presque toutes les Coustumes ont esté intitulées, *Coustumes du pays & Bailliage de, &c.* le mot de *pays* signifiant l'enclaue ou territoire, le mot de *Bailliage* le ressort de Iustice : mesme la pluspart des Coustumes, pour encore exprimer cela dauantage, ont adiousté en leur intitulation ces mots, *enclaues & ressorts d'iceluy.* Et neantmoins c'est la verité que les Coustumes ne peuuent pas comprendre les enclaues & ressorts ensemble. Car ce qui est ressort d'vn Bailliage, est enclaue d'vn autre : & partant il faudroit que les terres qui ressortissent hors leur enclaue, eussent deux Coustumes, à sçauoir celle de l'enclaue, & celle du ressort, & puis qu'ils ne les peuuent auoir toutes deux, c'est la question laquelle des deux ils doiuent retenir. 29. *Les exemptions sont ordinairement pretenduës, & par ceux de l'enclaue, & par ceux du ressort.* 31. *Explication des titres & inscriptions des Coustumes.*

Or bien que d'abord il semble qu'il faille suiure la Coustume du ressort, plutost que celle de l'enclaue, pource que c'est vne regle du droict coustumier, que la Coustume doit suiure la Iustice, estant approuuée & authorisée par la Iustice, aussi qu'il est à presumer que les Iuges du ressort accoustument leurs Iusticiables à suiure leur Coustume. Si est-ce que la verité est qu'il faut suiure la Coustume de l'enclaue, dautant que, comme dit Coquille sur le titre de la Coustume de Neuers, *Le Peuple d'vne Prouince de quelque iurisdiction qu'il soit, estant d'ancienneté vne mesme nation, a vsé aussi de semblables loix.* Aussi que les Coustumes estans réelles, doiuent comprendre tout le territoire, & mesme les exemptions enclauées en iceluy, d'autant que l'exemption n'est qu'à l'égard de la Iustice, & non pas de la Coustume : à l'égard de laquelle, ceux en faueur de qui l'exemption a lieu, comme le Roy, les Pairs, & les Ecclesiastiques n'ont aucun interest : aussi que l'exemption estant vne exception de la generalité du territoire, doit estre restrainte plutost qu'amplifiée. 32. *Resolution de la question.*

Et quant à ce qu'on dit que la Coustume suit la Iustice, cela est vray naturellement & originairement, pource que de la premiere antiquité les Prouinces entieres, n'ont eu qu'vn Bailliage, & aussi qu'vne Coustume. Et cela est encore auiourd'huy vray regulierement & ordinairement, c'est à dire, hors les exceptions ou exemptions particulieres & extraordinaires : mesme on peut dire que c'est vne regle perpetuelle, que la Coustume suit la Iustice ordinaire & primitiue : mais non pas la Iustice du ressort ; pource que la Iustice primitiue instruit & iuge les procez suiuant la Coustume du lieu où elle est située ; mais celle du ressort n'a plus qu'à connoistre s'il a esté bien iugé par le premier Iuge, selon la loy de son pays : ainsi que Messieurs de la Cour qui ont le dernier ressort, iugent les procez selon la Coustume de chacune Prouince. 33. *Response aux raisons contraires.* 34. *Comment la Coustume suit la Iustice.*

Et pour le regard de ce qu'on dit estre à presumer, que le Iuge du ressort ait accoustumé ses Iusticiables à la Coustume de son siege, cela est vray quant au style & formalité de la pratique d'iceluy, mais non pas quant au fond de la decision des procez, qui doiuent estre iugez suiuant la Coustume des lieux, dont il est question : estant necessaire que les Iuges s'accommodent aux causes, & les Iustices aux Coustumes, & non au contraire. 35. *De mesme.*

Aussi void-on au procez verbal de la Coustume de Sens, qu'il y a plus de six villes ou villages qui sont auoüez estre du ressort de Sens, & non de la Coustume : ce qui est procedé à cause que Sens est vn des quatre anciens Bailliages où ressortissoient toutes les Iustices Royales qui étoient en toutes les terres Seigneuriales des Prouinces circonuoisines, & il est ainsi arriué qu'il y a eu beaucoup plus de ressorts que d'enclaues. Pareillemẽt la Senéchaussée de Lodunois est l'vne des premieres Senéchaussées de France, où ressortissoient d'ancienneté les Iustices Royales enclauées dans les Senéchaussées voisines, possedées lors par les Seigneurs, ce qui est cause qu'on appelloit autrefois le Senéchal de Lodunois, *le grand Iuge de Lodunois*, comme i'ay leu quelque part. Et neantmoins la Coustume de Lodunois n'est pas intitulée comme les autres, *Coustume du pays & Senéchaussée de Lodunois, enclaues & ressorts d'icelle*, mais simplement, *Coustume du pays & Seigneuries de Lodunois.* 36. *Preuues par exemple.* 37. *Pourquoi Sens a beaucoup plus de ressort que d'enclaue.* 38. *Lodunois, idem.*

Au contraire, au Bailliage de Neuers qui n'a iamais esté Royal, il y a beaucoup d'exemptions, c'est à dire, des terres appartenantes au Roy ou aux Eglises estans en sa garde, qui sont exempts de la Iustice & ressort de Neuers, comme saint Pierre le Moustier, Chastel-Chinon & autres : qui neantmoins estans enclauées dans le pays de Niuernois, sont regies par la Coustume d'iceluy. Mesme il y a des Iustices qui ressortissent au Bailliage de S. Pierre le Moustier, comme celles de la Charité, Cusset & Cerçouins, qui ne sont regies par la mesme Coustume : pource qu'elles sont situées en autres Prouinces, dont elles suiuent la Coustume. De mesme les cinq Baronnies du Perche Goüet ressortissent à Yenuille, siege particulier d'Orleans, & neantmoins suiuent la Coustume de Chartres, où elles sont assises. 39. *Au contraire, Neuers a plus d'enclaue que de ressort.* 40. *Perche Goüet.*

Concluons donc qu'il faut suiure la Coustume de l'enclaue, & non celle du ressort, ny du relief de fief, ce qui est decidé en la Coustume de Lodunois, qui est vne des plus belles Coustumes de France, dont voicy les termes de l'article 3. du titre 5. *Tous lieux situez & assis en Lodunois seront gouuernez selon les Coustumes dudit pays : posé qu'ils soient tenus d'autres terres* 41. *Conclusion qu'il faut suiure la Coustume de l'enclaue.*

& non celle du ressort. *& Seigneurs estans hors les fins & limites dudit pays.* Que si cela doit estre obserué és Iustices qui ressortissent en des Bailliages qui ont leur Coustume, à plus forte raison doit-il estre pratiqué en celles qui ressortissent en des Iustices extrauagantes, comme en ces Iustices de ressort vsurpées par les Ecclesiastiques, lesquels n'ayant point elles-mesmes de territoire, ne peuuent donner à leurs ressorts la Coustume d'vn autre Bailliage.

42. Du territoire du fief. Voila pour ce qui est du territoire de Iustice: quant à celuy du fief, on demande si le Seigneur haut-Iusticier est fondé de se dire Seigneur direct, ou feodal de toutes les terres estans
43. Si le haut-Iusticier est presumé Seigneur direct de tout son territoire. au territoire de sa Iustice, s'il n'appert du contraire. En quoy la commune de nos Coustumes & de nos Escriuains aussi, tient indistinctement la negatiue, & ce pour deux raisons. L'vne, que la Iustice & le fief sont droicts tout differents, dont partant l'vn ne peut inclure & presupposer l'autre, estant toute la premiere regle de nos Coustumes, que *fief & iustice n'ont rien de commun*: L'autre (& qui est la raison que rendent plusieurs Coustumes, notamment
44. Raisons de la negatiue. les locales sous celle de Tours) que les Iustices sont naturellement bornées, c'est à dire, qu'elles sont fondées regulierement en integrité & continuité d'vn certain climat & territoire: ce qui n'est pas és Seigneuries feodales, qui d'ordinaire sont meslées & entrelassées les vnes dans les autres, & ne sont pas tousiours de proche en proche; mais ainsi que les Domaines & Seigneuries vtiles sont communément éparses çà & là.

Et bien que ces authoritez & ces raisons soient de grand poids, si est-ce qu'il y en a d'au-
45. Raisons de l'affirmatiue. tres contraires qui ébranlent cette resolution si courte & si generale. Car d'autre costé on peut dire que par disposition du droict Romain, la directe doit suiure la Iustice, ce qui se prouue par le §. *Is qui.* en la loy *Forma. D. De censibus. Is qui agrum in alia ciuitate habet, in ea profiteri debet, in qua ager est. Agri enim tributum in ea ciuitate leuari debet, in cuius territorio possidetur.* Que si cela auoit lieu à Rome, à plus forte raison doit-il estre obserué en France, où du commencement les Iustices & les Seigneuries directes ont esté concedées à mesmes Seigneurs:
46. Resolution. ce qui estoit fort commode & fort aisé, de n'auoir qu'vn Seigneur en vn territoire, comme il a esté dit au 1. chap. Et bien qu'à succession de temps le commerce s'estant plus étendu aux Seigneuries directes qu'aux Iustices, il est arriué que souuent tel a la Iustice sur vn heritage, qui n'en a pas la directe: neantmoins en consequence de cette primitiue institution, & cette bien-seance aussi, de n'auoir qu'vn Seigneur en vn territoire, il y a grande apparence de tenir, que quand la directe d'vn heritage n'est possedée par aucun autre qui en ait titre, de presumer qu'elle appartient au Seigneur haut-Iusticier du territoire: principalement quand ce Seigneur a non seulement la Iustice, mais aussi la Seigneurie feodale des autres terres de mesme climat & territoire.

47. Response aux raisons contraires. A quoy ne contrarie la maxime des Coustumes, que *fief & Iustice n'ont rien de commun.* Car il faut remarquer que les Coustumes ne disent pas que Iustice & fief, mais que fief & Iustice
48. Comment s'entend, que fief & iustice n'ont rien de commun. n'ont rien de commun, c'est à dire, que la feodalité ou Seigneurie directe ne porte nulle cõsequence à la Iustice, ne pouuant la Iustice qui est plus noble, estre attirée par la directe; qui est ce que nous auons dit cy-deuant, qu'il ne s'ensuit pas que celuy qui est reconnu pour Seigneur, ou censier, ou feodal d'vn heritage, en soit pourtant Seigneur Iusticier. Car tel a le fief, qui n'a pas la Iustice: & posé qu'vn Seigneur ait Iustice, il peut auoir plusieurs fiefs hors le territoire de sa Iustice, que les liures des fiefs appellent *feuda extra curtem*, ainsi que le Baron l'a tres-bien interpreté au 9. chap. du 1. liu. *De Beneficiis.*

Mais la Iustice estant plus digne que la directe, il n'est point inconuenient qu'elle l'attire quelquefois, & neantmoins encore elle ne l'attire, & ne l'includ pas par vne consequence necessaire; mais la Iustice peut estre à l'vn, & la directe à l'autre, qui est l'explication que plusieurs Coustumes adioustent à cette regle. Donc la Iustice attire la directe par vne presomption seulement qui a lieu, quand il ne se void point de preuue au contraire, mais qui n'includ pas la preuue contraire.

49. Conclusion de la question. Partant ie concluds, que si celuy qui debat la directe d'vn heritage contre le haut-Iusticier du territoire, ne fait apparoir d'aucuns adueus, ny d'autres titres verificatifs de son droit ou possession, le haut-Iusticier doit gagner sa cause contre luy, tant à cause de cette presomption dont il est assisté, qu'à cause aussi que tout ce qui est vacant en son territoire luy appartient. Mais si outre cela il est fondé encore en l'enclaue de la Seigneurie directe du climat,
50. L'enclaue est vne forte presomption pour la directe. il faut des titres peremptoires pour l'éuincer. Comme au contraire, si sa partie aduerse est fondée en ce mesme enclaue (de telle sorte qu'il apparoisse que toutes les terres d'vn certain climat ou terroir, sans exception aucune soient de sa directe, encore que ce climat soit dans la Iustice d'autruy) il est mieux fondé que le Iusticier qui n'en a autre preuue que la presomption de sa Iustice. Car la presomption du climat & contour vniforme est reputée bien forte par *Ioan. Fab. l. 1. C. De iure emphyt.* qui allegue le Specule au mesme titre, & ie crois qu'elle surmonte celle du Seigneur Iusticier, *quia in toto iure generi per speciem derogatur*: aussi l'enclaue de la directe porte plutost consequence à la directe de l'heritage qui y est enclaué, que l'enclaue de la Iustice.

Voila quand la directe est contentieuse entre deux Seigneurs; mais quand elle l'est entre le Seigneur Iusticier, & le detempreur qui pretend tenir en franc-aleu, il faut distinguer les pays. Car au pays qu'on appelle de franc-aleu, c'est à dire és Coustumes où le franc-aleu est admis sans titre, comme en Champagne, il faut faire les mesmes resolutions qu'au Seigneur competiteur. Mais és autres Coust. où on tient que nulle terre n'est sans Seigneur (qui est le droict commun de la France, quoy qu'en dise du Molin sur le 46. art. de la Coustume) le detempteur n'estant vendiqué ny pretendu par aucun autre Seigneur, n'est fondé à se pretendre exempt de la directe du haut-Iusticier sans titre d'aleu.

51. S'il l'heritage est presumé allodial.

Et faut noter qu'en consequence de ce droict de territoire qu'ont les hauts Iusticiers, ils peuuent faire vn papier terrier, tant de leur directe, que de leur Iustice vne fois en leur vie. Et à cette fin apres trois publications solemnelles, à ce que les detempteurs d'heritages tenus d'eux à droicts Seigneuriaux, quels qu'ils soient, viennent se faire escrire en iceluy, ils peuuent faire saisir les heritages de ceux qui n'auront obey dans le temps prefix, ou qui n'auront fait apparoir, que leurs heritages soient tenus d'autre Seigneur. I'entens qu'ils peuuent faire saisir leur territoire tout entier, sans qu'ils ayent besoin de s'enquerir, quelles terres tiennent d'eux, & quelles non; pource qu'ils sont fondez en droict vniuersel. Il est vray que ceux qui verifieront leurs terres estre tenuës d'autres, en auront main-leuée, mais ils n'auront dépens, dommages, ny interests contre le haut Iusticier, pourueu qu'apres auoir eu communication de leurs titres, il ne conteste pour le soustenement de la saisie: mesme faisant cette saisie generale d'vn climat, il n'est point necessaire de la signifier, & en bailler exploict à chacun des detempteurs. Il est vray que ceux qui ne l'auront sceuë, ne sont subiets à l'amende de bris de saisie: mais c'est à faire au Commissaire d'estre soigneux de la notifier à ceux qu'il pensera estre necessaire, le tout aux despens de sa commission.

52. Du papier terrier.

53. Saisie generale pour la confection du terrier.

Pour faire ce terrier, ie tiens auec Ragueau, qu'il est necessaire au haut Iusticier d'obtenir commission du Roy, qu'on appelle vulgairement *lettres de terrier*; & s'il en obtient, c'est pour plus grande authorité, & par cautelle surabondante: comme anciennement, quand vn Seigneur feodal apres sa saisie, prenoit des lettres de conforte main. Et telles lettres sont excitatiues, & non pas attributiues de iurisdiction; de sorte que non seulement elles peuuent estre addressées au Iuge du Seigneur, mais mesme on luy feroit tort, si on les addressoit à vn autre qu'à luy, qui est principalement fondé de connoistre des droicts de son Seigneur.

54. Des lettres de terrier.

Mais les simples Seigneurs feodaux ou censiers n'ont droict de proceder par saisie generale de tout vn territoire sans lettres de terrier: encore lors sont-ils tenus aux despens, dommages & interests de ceux qu'ils font saisir à tort, pource qu'ils n'ont pas Iustice & Seigneurie publique sur leurs terres, & partant n'ont aucun pouuoir de saisir. Ce qu'il faut aussi pratiquer à l'égard des hauts-Iusticiers és terres qu'ils saisissent hors le territoire de leur Iustice.

55. Lettres de terrier sont necessaires à ceux qui n'ont haute Iustice.

Comme pareillement les Seigneurs hauts-Iusticiers peuuent faire appeller pardeuant eux tous leurs Iusticiables vne fois en leur vie, pour leur prester le serment de ne reconnoistre autre Iustice que la leur, & de conseruer leurs droicts à leur possible, & les aduertir de ceux qui entreprendront contre iceux: le tout neantmoins sans vexation, & sans qu'il leur en couste rien: ce que Guy Pape decis. 303. dit auoir pratiqué luy-mesme en sa Seigneurie de saint Alban. Mesme anciennement les Iusticiers procedoient par saisie pour faire reconnoistre leur Iustice: *Iustitiarius*, dit Faber au § *Retinendæ. Inst. De interd.*) *posuit ad manum suam aliquam rem sibi subiectam ratione iustitiæ, sicut tota die faciunt iustitiarij regni Franciæ.* Mais ie n'estime pas que ceux qui ne doiuent cens ny rentes au haut-Iusticier, puissent estre astraints à aller chez son Notaire, ou autrement luy passer declaration à part pour sa Iustice: comme semblablement les censiers non Iusticiables, ne sont tenus se lier d'aucun serment vers leur Seigneur direct, quoy qu'au village on leur fasse faire, mesme on leur fait payer la charte, ou grosse de leur declaration: dont neantmoins ils ne sont tenus, pourueu qu'ils la passent deuant le Notaire designé par le Seigneur, pour faire son terrier, tant s'en faut qu'ils soient tenus de la presenter solemnellement en Iustice auec serment, & de payer salaire au Iuge, Procureur Fiscal, & Greffier pour la reception d'icelle, comme on pratique és Iustices de village.

56. Hauts-Iusticiers peuuent prendre serment de leurs subiets.

57. Ne peuuent demander declaration pour la Iustice ny serment pour la directe simplement.

58. Le censier ne doit la charte de sa declaration.

Finalement, & qui est le troisiesme effet du droict de territoire, & de la derniere des trois questions posées cy-dessus, qui concerne la Seigneurie vtile & domaniale, ie dis en vn mot, qu'au Seigneur haut-Iusticier appartiennent tous les biens, soit meubles ou immeubles, vacans au dedans de sa Iustice, c'est à dire, qui n'appartiennent ou ne sont possedez legitimement par aucun: bien que pour le regard des immeubles, les Seigneurs de fief les ayent long-temps debatus, & de fait les ont gagnez en quelques Coustumes, comme en celles de Normandie & de Bretagne, sous cette consideration qu'il y a plus d'apparence de reünir la Seigneurie vtile vacante à la directe, ainsi que l'vsufruict à la proprieté, que non pas la priuée à la publique: question qui est assez amplement disputée par le Speculateur *tit. De feudis.* Neantmoins à la fin les Iusticiers l'ont obtenu par dessus les Seigneurs de fief, en recompen-

59. Du territoire domanial.

60. Tout ce qui est vacant dans le territoire appartient au haut-Iusticier.

61. Les immeubles vacans ont esté autrefois

pretendus par le Sei-gneur direct.

se des charges de la Iustice, comme il sera dit incontinent, & ont particulierement appellé cela *Droict de fisque*.

62. Du droit de fisque.
63 Fiscus quid.

Car fisque n'est autre chose que bourse publique, δημόσιον ταμεῖον, disent Hesychius & Suidas : *i. saccus publicus*, disent Isidore, *lib. 20. Orig. cap. 9.* & saint Augustin sur le Psalme 146. & il est bien vray qu'à Rome il n'appartenoit qu'à l'Empereur, non plus que la Seigneurie publique ; mais en France, comme la Seigneurie publique, c'est à dire la proprieté de la Iustice, a esté communiquée aux particuliers, aussi a esté la bourse publique qui en dépend, & qui est la perception de tous les émolumens prouenans de cette proprieté de Iustice.

64. Pourquoy les hauts-Iusticiers ont le droict de fisque.

Car dautant que le haut-Iusticier est tenu faire rendre la Iustice aux pauures gratuitement, & faire punir à ses dépens les delinquans en son territoire, & pour cet effet auoir des Officiers capables residans sur le lieu, & gagez suffisamment, à bon droict on luy attribuë en recompense toutes les échoites qui arriuent en son territoire, c'est à dire, tous les biens vacans qui s'y trouuent.

65. Diuision des biens fiscaux en cōfiscation, desherence, & biens vacans.
66. Des confiscations.

Ces biens fiscaux peuuent estre reduits à trois sortes, à sçauoir les confiscations, les desherences & les biens vacans. Quant aux confiscations que les Latins appellent *bona publicata, seu fisco addicta* (qui est le premier fruit de la Iurisdiction, dit Faber sur l'Auth. *Bona damnatorum. Cod. de bonis proscript.*) ie comprens sous icelles tout ce qui est osté à l'indigne, *quod enim aufertur indigno, applicatur fisco*, dit le droict Romain, & partant les amendes y sont comprises, qui sont comme confiscations particulieres.

67. Des amendes.
68. Que les loix Romaines des amendes ne sont gardées en France

Car bien qu'à Rome il n'y eust que les Gouuerneurs des Prouinces, & autres grands Magistrats qui peussent condamner à l'amende, *l. Aliud est fraus. §. Inter. De verb. signif.* encore n'y pouuoient-ils condamner que iusques à certaines sommes limitées par le titre *De modo mulctarum. Cod.* si est-ce qu'en France tout Iuge de haut-Iusticier pouuant condamner à la mort, peut à plus forte raison condamner à l'amende, & encore la taxer si haute qu'il luy plaist, dautant que comme les peines, aussi les amendes sont arbitraires en France, bien que les moyens Iusticiers ne puissent iuger plus haute amende que de soixante sols, & le bas, que de sept sols six deniers.

69. Deux sortes d'amendes, arbitraires & ordinaires.
70. Amendes coustumieres.
71. Grande amende.
72. Petite amende, ou amende de la Cour, ou amende de la loy.

Or il y a deux sortes d'amendes, à sçauoir les arbitraires qui sont imposées pour les delits dont en France les peines sont tousiours arbitraires : & les ordinaires, qui sont encouruës pour les quasi delits, & sont taxées par les Ordonnances ou Coustumes. Dont celles des Coustumes sont appellées *amendes coustumieres*, desquelles il y a deux sortes : à sçauoir, la grande amende, qui est de soixante sols, & est souuent appellée *l'amende ordinaire* : & la petite amende, qui est de sept sols six deniers, ou de cinq sols, selon les Coustumes ; & est appellée *amende de loy*, ou *loy d'amende* és Coustumes d'Anjou & du Maine, & comme communément ailleurs *l'amende de la Cour*.

73. De mesme.

La grande amende est imposée pour contestation és causes d'appel, de complainte & autres matieres odieuses pour bris de saisie, entreprises sur les chemins, & ventes recelées, &c. La petite est encouruë, principalement pour trois causes, à sçauoir pour defauts, pour contestation temeraire és matieres ordinaires, & pour reclain, c'est à dire, reclamation & refus de payer le contenu és obligations, & és Sentences en quelques Coustumes, ce qui est cause qu'en iugeant, soit les defauts, soit les procez contradictoires, on prononce ordinairement, *condamné en l'amende de la Cour, & és dépens.*

74. Cause de ces amendes.
75. Qu'elles ne doiuent auoir lieu à present.

Plusieurs des Coustumes traitent amplement de ces amendes, entr'autres celles d'Anjou, Touraine, le Maine, Berry, & celles des pays de Picardie & Flandres : d'où vient le Prouerbe de nos Coustumes, que *la grande amende emporte la petite.* Elles furent toutes introduites lors que les Iuges ne prenans aucuns salaires des parties, se recompensoient sur ces amendes ordinaires qui leur estoient attribuées au lieu, ou bien pour supplément des gages ; mais maintenant que les Iuges se font payer par les parties, & que partant les frais des procez sont grandement augmentez à cause de leurs salaires, c'est à bon droict que les anciennes amendes coustumieres sont abolies presque par tout depuis peu.

76. Contre l'aduis du renouuellement des amendes ordinaires.

D'où paroist l'iniustice de l'aduis donné au Roy, non seulement de renouueller, mais encore de tripler ces amendes ordinaires, pour faire vn fonds nouueau en ses finances. Car l'aduis donné par Isocrate au Roy Nicocles est desia assez executé, de faire que les frais des procez soient grands, pour empescher le peuple de plaider : estant veritable, qu'en plus des deux tiers des procez, les frais passent le principal : & n'y a plus desormais gueres de procez, que ceux qui sont necessaires, ou pour l'obscurité de nostre droict, ou pour la malice des banqueroutiers qui plaident hardiment, pource qu'ils n'ont rien à perdre, & que *inops audacia tuta est*, & cependant ils consomment en frais ceux qui ont dequoy. Et quelle apparence y a-t-il, veu que la Iustice est deuë au peuple gratuitement, de la surcharger encore de ce nouueau tribut ?

77. Des confiscations en particulier.

Quant aux confiscations qui sont les propres fruits de la Iustice, dit Bartole, *in l. vlt. D. Sol. mat.* elles appartiennent au haut-Iusticier aux pays où elles ont lieu : car il y a des païs qui en sont exempts par priuilege special, cessant lequel, c'est le droict commun de France, que, *qui confisque le corps, confisque les biens.* Toutefois, au crime de leze-Majesté, qui est comme vne felonnie qui opere reünion à la souueraineté, la confiscation appartient au Roy seul: & de fait en ce crime les heritages confisquez seroient tous reünis incommutablement à la Couronne, si faire se pouuoit: mais cette reünion ne peut estre qu'en ceux qui en sont mouuans directement; & quant aux autres, pource que le Roy ne peut pas releuer d'autruy, & que le Seigneur direct ne doit perdre sa directe, pour le crime de son vassal, le Roy est contraint en vuider ses mains; mais quoy qu'il en soit, la confiscation prouenant de ce crime ne tombe point en fruict, mais est reputée comme vn accroissement qui se joint à la proprieté. Et de fait, en toutes les alienations du Domaine, mesme aux constitutions d'appanage, elle est tousiours reseruée au Roy.

78 Confiscation en crime de leze Maiesté.

79. La confiscation n'appartient pas au Roy és cas Royaux.

Quant aux simples cas Royaux, il faut remarquer que la confiscation n'en appartient pas au Roy, mais au haut-Iusticier, pource que la confication ne suit pas la Iustice, ainsi que fait l'amende, mais le territoire: de sorte que celuy qui fait le procez, est souuent celuy qui pretend le moins en la confiscation; quoy qu'en dise Faber sur l'Auth. *Bona damnatorum*, mais il se recompense sur l'amende qu'il taxe si haut qu'il luy plaist, & par le moyen de laquelle on absorbe ordinairement la confiscation, quand elle appartient à autre que celuy qui fait le procez. Toutefois au crime de fausse monnoye, pource que c'est comme vne branche de leze-Majesté, y estant le Roy principalement offensé, la confiscation appartient à luy seul: ce qu'il faut entendre pour le regard des faux monnoyeurs, & non de ceux qui l'exposent seulement, qui pechent plus contre le public que contre le Roy, & sont plustost larrons que faux monnoyeurs.

80. Confiscation ne suit pas la iustice comme l'amende.

81. Leze-Maiesté diuine n'est cas Royal.

Pareillement en crime de leze-Majesté diuine, comme heresie, blaspheme, idolatrie, ie n'estime pas que la confiscation appartienne au Roy seul, quoy qu'en disent les articles secrets de la Coustume de Paris, pource que le Roy n'y est point offensé en sa qualité, mais le public & la Iustice, & pour cette cause ie n'estime pas mesme que ce soit vn cas Royal: aussi ne le voyons-nous pas compté és anciennes Ordonnances, qui rapportent les cas Royaux: & de fait, il est notoire, que les hauts-Iusticiers connoissent des blasphemateurs, sorciers & idolatres.

82. Le Roy peut remettre la confiscation au preiudice du Seigneur.

Or bien que la confiscation appartienne au haut Iusticier, toutefois c'est vn des droicts de Souueraineté du Roy, qui la peut remettre, *siue per litteras iustitiæ, siue gratiæ, re tamen integra*, c'est à dire, iusqu'à ce que l'Arrest de condamnation soit prononcé, ou la Sentence, par l'execution faite d'icelle sans appel, soit conuertie en force de chose iugée: sans mesme hors ces cas, que le haut-Iusticier soit receuable à s'opposer, ou autrement empescher l'enterinement de la remission, grace ou abolition: pource que ce droict de Souueraineté ne peut estre retranché au Roy. Mesme apres le droict acquis tout à fait au haut-Iusticier par vn iugement souuerain, encore tient-on que le Roy peut remettre la confiscation, si les biens sont encore en la possession du haut-Iusticier, mais non, s'il en a disposé, principalement à titre onereux, comme resout Bacquer.

83. Desherences.

Quant aux desherences que les Grecs appellent τὰ ἀκληρονόμητα, & les Latins *Caduca*, qui sont les biens des decedez sans heritiers, & sans en auoir disposé, ils appartiennent pareillement au haut-Iusticier du territoire où ils sont trouuez, mais non pas par forme d'heredité ou de succession vniuerselle, comme au droict Romain, mais comme biens vacans. Car nous auons trois sortes de successeurs en France, à sçauoir les vrais heritiers, qui sont *successores iuris*: les successeurs vniuersels, comme les donataires ou legataires vniuersels, les Abbez succedans à leurs Religieux, qui sont *successores bonorum, & non iuris*: & les successeurs particuliers, comme les donataires ou legataires *certorum bonorum*, & les Seigneurs succedans par confiscation ou desherence, qui ne succedent pas à tous les biens de leurs Iusticiables, mais seulement & particulierement à ceux qui sont trouuez dans leur territoire; encore n'y succedent ils pas par voye de translation du droict du defunct en eux: mais par forme de reünion de la Seigneurie priuée vacante à la publique, témoin le titre du Code, *De bonis vacantibus, & eorum incorporatione*, & la loy *Eius, qui. D. De testamentis.*

84 Le haut-Iusticier est successeur particulier en la desherence.

85. Que le droict du Seigneur direct y est conserué.

Ie dis notamment que cette reünion se fait de la Seigneurie priuée à la publique, & non pas de l'vtile à la directe, pource qu'en France les fiefs & cens sont perpetuels & patrimoniaux, & que les biens vacans sont attribuez à la Iustice, pour soustenir les charges d'icelle. Mais aussi il faut prendre garde que cette reünion se fait de telle sorte, que le droict du Seigneur feodal est tousiours conserué, *ne alteri per alterum iniqua conditio inferatur*: tout ainsi qu'en la loy *Cùm ratio* §. 1. *De bonis damnatorum*, il est dit que l'affranchy ayant esté condamné, le Patron est preferable au fisque pour la part qui lui est attribuée de droict en sa succession: de sorte que le Iusticier succedant par confiscation ou desherence, doit reconnoistre le Seigneur direct ainsi qu'vn autre detempteur, mesme luy doit relief des fiefs, ainsi qu'vn successeur collateral. Mais si le Iusticier est aussi Seigneur direct, bien que cette succession opere vne reünion, & partant qu'il fasse de son fief son Domaine, toutefois il ne doit point

86. Qu'il est deu relief à cause de la desherense.

de relief au Seigneur direct superieur, pource que c'est vne regle generale, que pour telles reünions de l'vtile Seigneurie à la directe, il n'est point deu de relief, comme traitent les Interpretes, sur le 51. article de la Coustume de Paris.

87 *Le Roy doit vuider ses mains en confiscation & desherence.*

Que si c'est le Roy, qui par desherence, ou confiscation acquiert les heritages estans en la directe d'vn Seigneur, il faut qu'il en vuide ses mains, ou du moins qu'il luy en paye indemnité, dautant qu'il ne peut pas releuer de ses subiets : & ce suiuant l'Ordonnance de Philippes le Bel, transcrite au vieil style de Parlement, titre *De feudis*, ce qui vuide la grande dispute qu'en fait le Specule au mesme titre.

88. *Si les meubles en confiscation & desherence appartiennent au Iusticier du domicile, ou au lieu où ils sont trouuez.*

I'ay dit cy dessus que la confiscation & desherence suiuent le territoire, où les biens sont trouuez, & non le domicile du condamné ou decedé ; ce qui est tout asseuré pour le regard des immeubles, mais quant aux meubles qui n'ont point de situation asseurée, estans propres à estre tantost en vn lieu, tantost en vn autre, il y a plus de difficulté. Car tous les Docteurs anciens & modernes, sans exception que ie sçache, tiennent vnanimement que les meubles du confisqué ou decedé sans hoirs appartiennent au haut-Iusticier de son domicile, *quia mobilia sequuntur personam, eiusque domicilium.*

89. *Opinion commune.*

90. *Qu'ils appartiennent au Seigneur du lieu, & non du domaine.*

Neantmoins il me semble plus à propos de les attribuer au Seigneur de la Iustice où ils sont trouuez lors du deceds, attendu ce qui vient d'estre dit, que la confiscation & la desherence operent vne reünion de la Seigneurie à la publique, & non pas vne succession vniuerselle : car on ne peut pas dire, que *mobilia sequantur personam*, puis que la personne est morte, & n'a laissé de successeur vniuersel qui la represente, n'étant son heredité abandonnée, mais ses biens tout à fait vacans, desquels partant le Iusticier du lieu, où ils se trouuent, se peut emparer & les appliquer à son fisque, sans que celuy du domicile du defunct puisse venir fureter & faire recherche dans la terre d'autruy. Aussi Bacquet qui a mieux traité cette question que pas vn, au chap. 13. *Des droicts de Iustice*, & au 3. *Du droict de Desherence*, est de cette opinion, dont il rapporte vn Arrest du Parlement, qui a esté suiuie par les articles secrets de la Coustume de Paris, & par la nouuelle Coustume de Reims art. 346.

91. *Mais les debtes actiues appartiennent au Seigneur du domicile.*

Mais à l'égard des debtes actiues, qui sont droicts incorporels, & ἀφανῆ qui n'occupent point le lieu, & n'ont point de situation, en la confiscation & desherence elles doiuent suiure generalement le domicile du creancier, & non le lieu où les obligations, cedules, ou papiers iustificatifs d'icelles sont trouuez, dautant que les papiers ne sont pas la debte, mais la preuue & asseurance d'icelle : ioint qu'il y a des debtes dont il n'y a point de papiers, d'autres dont il peut y auoir des papiers en plusieurs lieux & en diuerses Iustices : mais enfin ces debtes consistent en action personnelle, qui est inherente aux os du Seigneur ou au creancier d'icelle, & non pas à mon aduis du debiteur, quoy qu'en dise au contraire le iudicieux Coquille quest. 237.

92. Idem *és rentes constituées.*

93. *Situation des rentes constituées.*

Ce qui doit pareillement estre dit des rentes volantes ou constituées, dont la situation doit estre attribuée, non au lieu des hypotheques speciales ou assignats d'icelles, comme on tenoit au Palais il n'y a pas long-temps, en consequence de l'Arrest de Partenay mal entendu, ny au lieu destiné pour le payement de la rente, mais au domicile du creancier & Seigneur d'icelle, comme il fut iugé en la cinquiéme Chambre des Enquestes, apres en auoir demandé l'aduis des autres Chambres en l'année 1597.

94. *Les Seigneurs succedans par desherence & confiscation sont tenus des debtes.*

95. *Ce qui n'auoit lieu anciennement en la confiscation.*

Voila pour les debtes actiues : quant aux passiues, c'est chose certaine, que cette reünion n'empéche point qu'on les paye, attendu mesme qu'il a esté iugé que le fief du vassal adiugé pour felonnie au Seigneur feodal, demeure chargé de ses hypotheques, nonobstant la loy *Lex vectig. l. De pignor.* en consequence de laquelle on tenoit autrefois en France à tort & iniustement, que la confiscation n'étoit pas chargée des debtes, comme Guenois a bien prouué en sa Conference des Coustumes, ce que Bouteiller dit aussi de la succession des bastards. Mais maintenant on suit sans doute la regle du titre. *Pœnis fiscalibus creditores anteferri*, & de la loy *non possunt. D. De iure fisci.*

96. *Les Seigneurs payent les debtes* pro rata emolumenti.

Pareillement, c'est chose asseurée que plusieurs Seigneurs venans ensemble à la desherence ou confiscation, doiuent contribuer aux debtes passiues à proportion du profit qu'ils en tirent : mesme on pratique cela à present és Coustumes, où les debtes passiues suiuent les meubles & sont payables entierement par celuy qui prend l'vniuersité des meubles à quelque titre que ce soit : quoy que quelques Coustumes decident erronément le contraire, & tel est l'aduis de Coquille : & ce pour la raison qui vient d'estre dite, que le Seigneur prenant les biens par droict de confiscation, n'est point vn successeur vniuersel, mais particulier des seuls meubles trouuez en sa Iustice, & encore non pas par voye de succession ou translation du droict du defunct à luy, mais par abolition du droict de l'ancien proprietaire & reünion de la Seigneurie priuée vacante à la publique.

97. *Si le creancier se peut pouruoir solidairement contr'eux.*

Mais comment se pouruoira le creancier chirographaire, qui ne sçait ny combien il y a de Seigneurs participans à la confiscation ou desherence, ny pour quelle part chacun d'eux y participe ? Bacquet a traité la question à l'égard des heritiers succedans *diuerso iure*, comme quand il y a vn heritier des meubles & acquests, vn autre des propres paternels, & vn autre

des

des propres maternels : & lors il dit qu'ils peuuent estre conuenus chacun pour vn tiers, ou bien qu'on se peut addresser contre celuy des meubles & acquests, sauf son recours contre les autres : ce qui est bien plus équitable. Car si pour auoir de trois sortes d'heritiers, il falloit diuiser la debte, il la faudroit encore subdiuiser, si de chacune sorte il y auoit plusieurs heritiers, ce qui seroit extrémement incommode.

Mais l'incommodité seroit encore bien plus grande en la poursuite de plusieurs Seigneurs 98. *Inconueniens de n'admettre la poursuitte solidaire.* prenans part à la confiscation, ou des-herence. Car la part qu'on demanderoit aux heritiers, seroit tousiours certaine & liquide, au lieu que celle des Seigneurs est tousiours incertaine & non liquide, requerant vne ventilation prealable, ce qui ordinairement est bien malaisé: comme quand il y a des actions incertaines en la succession, & est tousiours de grands frais & difficulté. D'ailleurs, il y a bien de la difference entre les heritiers & le fisque. Car les heritiers sont tenus d'action pure personnelle, que la loy des douze Tables transfere du deffunt à ses heritiers, de sorte qu'estans condamnez, ils sont contraints en leurs propres biens pour leur portion hereditaire, qui est tousiours certaine : mais le fisque n'estant, ny heritier, ny mesme successeur vniuersel, ne peut estre tenu d'action pure personnelle : partant n'est contraint en ses autres biens, & s'il y a rencontre de plusieurs fisques, leur portion est inegale & incertaine.

C'est pourquoy ie tiens pour certain, que le creancier, encore que simple chirographaire, 99 *Resolution qu'il la faut admettre.* se peut addresser pour sa debte entiere, contre chacune piece du bien deferé au fisque. Ce que le docte Coquille a tenu en son Institution, chap. Des droits de Iustice: mais il n'en allegue aucune raison. 100 *Raison* Or la raison est, que *onus æris alieni vniuersum patrimonium respicit, non certi loci facultates. l. Fideicommissum. §. Tractatum. D. De iudicijs. Et bona dicuntur deducto ære alieno l. Mulier bona. D. De iure dot.* Ce qui est particulierement decidé à l'égard du fisque, *in l. Non possunt. D. De iur. fisci. Non possunt vlla bona ad fiscum pertinere, nisi quæ creditoribus superfutura sunt. Id enim bonorum cuiusque esse intelligitur, quod æri alieno superest.* Qui est la cause pourquoy au dernier chapitre du premier liure. Du deguerpissement, i'ay dit, qu'en ces cas le payement des debtes est vne charge fonciere vniuerselle, & qui s'étend sur tout le bien, & par consequent elle est solidaire, encore qu'il n'y ait point d'hypoteque expresse : pource que c'est la nature des charges foncieres, d'estre solidaires & indiuiduës, comme i'ay prouué au dernier chap. du 2. liure du mesme traité.

Or pour parler particulierement de la des-herence, le cas d'icelle est, que le defunt n'a 101 *Quand a lieu la des-herence.* laissé aucuns heritiers, & bien qu'aucuns ayent voulu restraindre les degrez de succession à sept suiuant la loy, *Non facile. D. De grad. cognat.* & le dire de Paulus 4. *Sent. tit.* 11. autres à dix degrez, suiuant le §. *Hoc loco. Inst. De cogna. success.* Neantmoins c'est vn poinct resolu en France, que la succession a lieu *in infinitum*, tant que ligne se peut montrer: c'est pour- 102 *La succession s'étend tant que la ligne se peut monstrer.* quoy en quelques Coustumes, la des-herence est appellée, *ligne éteinte, & ligne faillie*, ce mot de *ligne* signifiant parenté, & ce que les Grecs appellent ἀγχιστεία, *proximité*: de fait ce que dit Aristophane, ἐν Ὄρνισι, Νόθῳ μὴ εἶ ἀγχιστείαν, Bouteiller le rend en François, que *Bastards n'ont point de ligne, & que sans ligne succession ne se peut apprehender.*

Quand ie dy *ligne faillie*, i'entens tant la paternelle, que la maternelle : estant certain, 103 *Les parents d'vn costé succedent à faute d'autre.* que ce n'est point des-herence, tant qu'il y a parent d'vn costé, ou d'autre ; & que c'est auiourd'huy le droit commun de France, que les maternels excluent le fisque des biens paternels, & au contraire : comme le decide l'article 330. de la Coustume de Paris, & la decision textuelle de la Loy *Vacantia. De bonis vacant. lib.* 10. *Cod.* Bien que les Coustumes d'Anjou & de Bretagne decident le contraire. Mesme la loy des douze Tables preferoit au fisque ceux qui portoient mesme nom, appellez *Gentiles*, encore qu'ils ne peussent prouuer la parenté ; 104 *Gentiles.* dont Ciceron, liure 1. *de Oratore* en rapporte vne belle cause, qu'il plaida entre deux maisons Patriciennes des Claudes & des Marcels. Et Choppin liure premier *de Doman.* chapitre 13. dit qu'en defaut de l'vne & l'autre ligne la femme succede au mary, & le mary à la femme auparauant le fisque, suiuant le titre, *Vnde vir & vxor* : ce qui a esté depuis peu iugé par Arrest 105 *Mesme la femme empesche la des-herence.* solemnel la veille Nostre Dame de Septembre 1600. rapporté par Chenu, contre ce qu'en dit Bacquet au traité Du droict d'Aubaine ch. 33. Mesme c'est vne grande dispute entre Accurse & Faber, sur l'Auth. *Præterea* en ce tit. *Vnde vir & vxor.* si les parens de la femme sont preferables au fisque, à demander les biens du mary mort sans parens de son costé, ce qui pourtant n'est receu en France. Bref, comme dit le Roy Theodoric dans Cassiodore, *lib.* 10. *Variar. In hoc casu Principis persona post omnes est. Hinc optamus non acquirere, dummodo sint, qui relicta valeant possidere.*

Mais il y a deux exceptions notables, esquelles on tient que le Roy oste la des-herence au 106 *Quand le Roy oste la des-herence au haut Iusticier.* haut Iusticier, sçauoir est à l'égard de la succession des étrangers appellez Aubains, *quasi alibi nati*, & celle des bastards. Et bien que du Molin sur le 4. article de la Coustume d'Anjou, dise que *secundum antiquum vsum Francorum, alti Iusticiarij habebant ius occupandi bona quocumque modo vacantia, etiam Albinorum & spuriorum : sed nuper memoria nostra, quæstuarij fiscales iura Dominorum, contra veterem consuetudinem restringere cæperunt, in successionibus peregrinorum,*

107 *Aubainage autrefois appartenoit aux Seigneurs.* 108 *Auiourd'huy non, & pourquoy.*

& habuerunt multos emptitios Iudices propitios : & qu'il en dise autant sur le 88. art. de la Coustume de Bourbonnois : Toutefois pour le regard de l'Aubainage, il y a vne grande raison de l'attribuer au Roy seul : raison, qui n'est aucune de celles rapportées par Bacquet au traité qu'il en a fait ; à sçauoir, qu'il n'y a point de vacance, ny des-herence absoluë en l'étranger, qui ordinairement a des parens, aussi bien que le naturel François : mais ils sont empeschez de luy succeder, non par le droit de nature, ou des gens, mais par la loy particuliere du Royaume, qui priue l'étranger d'estre heritier, & de laisser heritiers en France : loy qui regarde la police generale de l'Estat, & partant apartient au Roy seul, comme faite pour l'augmentation du Royaume, & non pour accroistre & aduantager les Seigneurs particuliers d'iceluy.

109 *Le Roy succede seul à l'estranger, bien que naturalisé.* Partant ie tiens qu'il est tres-iuste d'exclure le haut-Iusticier de la succession de l'estranger, bien mesme que naturalisé, mourant sans enfans regnicoles, tant à raison de la condition apposée de style commun, és lettres de naturalité, *pourueu qu'il ait heritiers regnicoles*, qui defaut en ces cas, que pource que la naturalisation de l'estranger ne profite pas à ses parens estrangers, qui n'estans naturalisez eux-mesmes, sont tousiours excluds de succeder, fust-ce à vn naturel François.

110 *Estrayeres.* Telles successions des estrangers estoient proprement ce qu'autrefois on appelloit *Estrayeres, quasi étrangeres*, mot qu'on a depuis étendu à signifier aussi les successions des bastards, apres que les fiscaux, non contens d'auoir attribué au Roy la succession des étrangers, luy ont aussi fait prendre la succession des bastards à l'exclusion des hauts-Iusticiers, sous pretexte de quelques vieilles pancartes trouuées en la Chambre des Comptes : Bien que les anciennes Coustumes, & les anciens escriuains de France ne fissent difficulté de deferer la succession des bastards aux hauts-Iusticiers, notamment Bouteiller en sa Somme rurale : ce qui me semble plus iuste.

111 *Estendu aux bastards* 112. *Mal à propos.* Car ce que le Roy succede aux estrangers, n'est pas pource qu'il les peut seul naturaliser (pource que si ainsi estoit il auroit seul les confiscations, puis que seul il les peut remettre) mais à cause de la loy particuliere du Royaume, qui exclud les étrangers des successions dans iceluy : au lieu que les bastards sont exclus d'auoir des heritiers, autres que leurs enfans, par la loy de nature, ou du moins, par le droit des gens, qui ne reconnoist autre parenté que celle qui procede d'vn loyal Mariage : de sorte que le bastard, n'estant parent à aucun, tombe de necessité en vraye des-herence & ligne faillie, quand il meurt sans enfans.

113 *Les Seigneurs ne succedent aux bastards, si trois cas ne concourent* 114 *Succession des bastards legitimez à qui appartient.* Toutefois le Roy l'a enfin emporté par dessus les hauts-Iusticiers : de sorte qu'on tient à present pour resolu, que nonobstant tout titre, toute prescription, mesme toute coustume contraire, le Roy seul succede aux étrangers, bien que naturalisez sans exception, & aux bastards non legitimez pareillement, fors qu'en trois cas concurrens ; à sçauoir qu'ils soient nais, demeurans, & decedez en la terre des hauts-Iusticiers, encore en faut il adiouster vn quatriéme, que leurs biens y soient situez & trouuez. Mais à l'égard des bastards legitimez, leur succession n'appartient ny au Roy, ny au haut-Iusticier, mais on tient maintenant à bon droict, qu'elle appartient à leurs parens legitimes, encore qu'ils n'ayent consenty à leur legitimation, & qu'ils n'ayent esté aduoüez par le pere ou mere, du costé desquels ils leur sont parens, pource que toute tache de leur natiuité est ostée par leur legitimation, qui les ente en la famille & parenté dont ils sont issus, & que par icelle le Roy renonce à leur succession purement & sans aucune condition, comme Bacquet a bien prouué.

115 *De la succession des enfans des bastards, mourans sans enfans.* Quant aux enfans des étrangers, soit naturalisez ou non, ils succedent à leur pere, pourueu qu'ils soient nais & demeurans en France, comme aussi les enfans legitimes des bastards leur succedent par droict d'aubaine, ou bastardise, és biens qu'ils ont eû de leur pere, ou le haut Iusticier par des-herence, ou encore les parens qu'ont ces enfans du costé de leur mere, qui n'estoit ny étrangere ny bastarde, par droit de succession legitime. Cette question est agitée par Bacquet au chapitre 4. du traité de des herence, qui semble resoudre, Que les parens de l'autre ligne sont preferables au fisque, soit du Roy ou du haut-Iusticier, & à plus

116 *Quid s'ils n'ont point de parens.* forte raison encore le pere ou mere, non étranger ny bastard, ce qui est tres-equitable. Mais à faute qu'il y en ait, la question demeure entre le Roy, qui pretend que la bastardise & aubainage dure *in infinitum*, & le haut-Iusticier, qui soûtient que ce sont vices personnels & qui ne passent point aux enfans, & partant qu'il doit succeder par des-herence : ce qui me semble plus raisonnable, & est decidé egalement à l'égard du bastard, par Bouteiller au titre *des illegitimes*. Quoy qu'il en soit, quand telles contentions, ou autres semblables naissent entre les Officiers du Roy & ceux du haut-Iusticier, ce qui arriue ordinairement par la concurrence & rencontre des seellez, pource que suiuant l'Edict de Roussillon, l'inuentaire doit estre fait promptement, sans laisser des mangeurs ou Sergens en garnison. La regle qu'il faut tenir est, que l'inuentaire doit estre fait par les Officiers Royaux, si deux choses ne concourent, à sçauoir, que ceux du haut-Iusticier ayent fait le premier seellé, & que la Iustice ne leur soit deniée, ainsi que resout Bacquet au traité Des droicts de Iustice, chap. 21. nomb. 5.

117. *Des biens vacans.* Outre les confiscations & desherences, il reste encore la troisiéme espece de biens deferez au fisque, qu'on appelle particulierement biens vacans, & que les Grecs appellent, τὰ ἀδέσποτα qui comprennent tous biens vacans, autrement que par confiscation ou desherence, dont il y en a de deux sortes : L'vne de ceux qui n'ont iamais eu de maistre comme les terres vaines & vagues des champs, les places vuides des villages, que le haut Iusticier peut appliquer à son profit quand bon luy semble.

118. *Ce qui n'est en commerce, n'appartient au haut iusticier.* Ce que ie n'entends que des choses qui sont en commerce, & qui sont sous la categorie de celles que Iustinian aux Institutes, appelle *res singulorum*, & non pas de celles qu'il appelle *publicas, aut vniuersitatis, aut nullius, id est religiosas, aut sanctas.* Partant ie n'y comprens ny les ruës & places publiques des villes, ny les chemins des champs, ny pareillement les portes & murailles, fossez & maisons communes des villes, desquelles le haut Iusticier a seulement la police, garde & manutention, & les habitans sont tenus de la reparation & entretenement d'icelles, mais la proprieté n'en appartienr à personne : qui est pourtant vne ancienne querelle entre la communauté des habitans & les Seigneurs des villes : mais en vn mot, ce qui est public n'appartient à personne quant à la proprieté, & quant à l'vsage, il appartient à chaque particulier, pourueu que ce soit sans empeschement de l'vsage commun. 119. *Des choses publiques.* Car ie ne suis pas de ces fiscaux qui font accroire que tout ce qui est public appartient au Roy : mais au contraire i'estime par la raison que ie viens de dire, que ny le Roy ny le haut iusticier n'ont droict de prendre tribut des saillies, abauents & autres sortes d'auances des maisons sur les ruës, mais comme i'ay dit au 3. chap. tels tributs ou redeuances deuroient estre laissées aux communautez des villes, comme deniers communs, pour employer à l'entretenement des ruës & pauez d'icelle.

120. *Des communes & vsages.* Pareillement ie ne comprens point entre les biens vacans, les communes & vsages, c'est à dire les prairies ou bois delaissés d'ancienneté à la commune des habitans d'vne ville ou village, *quia sunt propriè vniuersitatis. Nam plerumque olim à diuisoribus agrorum, ager compascuus relictus est ad pascendum communiter vicinis*, dit Isidore, *lib.* 11 *Etym. cap.* 13. *Inde saltus communis dicitur, in quo municipes ius compascendi habent*, dit la loy 20. §. *vlt. D. Si seruit. vendic.*

Quant aux riuieres & riuages d'icelles, bien qu'en droict elles fussent toutes publiques, & la pescherie en icelles permise à vn chacun, §. *Flumina. Inst. De rer. diuis.* si est-ce qu'en France on distingue les nauigables d'auec les non-nauigables : & pour le regard des non-nauigables elles sont *dominij priuati*, & appartiennent aux particuliers, & par consequent au haut Iusticier à faute d'autre maistre. Mais les nauigables estant publiques ainsi que les grands chemins, le Roy s'en est attribué la Seigneurie, & par consequent des isles & aterrissemens estans dedans icelles, de sorte que le §. *Insula*, au mesme titre, & toute la matiere des alluuions du droict Romain, n'est point pratiquée en France, & aussi la pescherie n'est point permise à vn chacun, comme au droict Romain.

121. *Des biens vacans qui ont autrefois eu maistre.* L'autre espece des biens vacans est de ceux qui ont autrefois eu maistre, dont il y en a de plusieurs sortes. Premierement il y a les choses qui sont abandonnées tout à fait : comme les terres déguerpies, les successions repudiées & vacantes, & celles-là, bien que *mero iure*, elles appartiennent au haut Iusticier, ainsi que tous biens vacans : toutefois pour ce qu'il est aisé à comprendre, qu'elles ont esté delaissées à cause des charges & debtes d'icelles, & qu'elles sont plus onereuses que profitables, on ne trouueroit pas bon que le Seigneur s'en emparast pour frustrer les creanciers, mais afin que leur interest soit conserué, on a coustume de les faire regir par vn curateur aux biens vacans : Comme mesme és desherences & confiscations, quand il arriue que pour les debtes d'icelles, il en faut decreter le bien, on a accoustumé par vne bien-seance d'en faire le decret, non sur le Roy, ou le Seigneur qui les possede, mais sur vn curateur aux biens vacans, comme Bacquet nous enseigne.

122. *Des terres laissées en friche.* Toutefois ç'a esté anciennement vne grande dispute entre le Seigneur direct & le haut Iusticier, auquel appartiendroient les terres vacantes : & en cela il y a grande diuersité entre les Coustumes, faute de comprendre les distinctions qui vuident nettement ce differend des terres vacantes, quant à la proprieté & seigneurie, ou quant à l'occupation & culture seulement : difference qui est remarquée par le docte Cujas sur le titre *De omni agro deser.* Car les terres vacantes & abandonnées quant à la proprieté appartiennent sans doute au Seigneur haut iusticier, en quelque Coustume que ce soit, comme a bien traitté Coquille en sa 9. question : mais celle qui sont delaissées, quant à la culture seulement, & qui partant ne sont pas proprement vacantes, mais seulement desertes & en friche, le Seigneur feodal, qui pour sa directe a plus d'interest qu'elles soient labourées, que non pas le haut iusticier, est preferable à luy : & ainsi faut-il entendre les Coustumes qui attribuent les terres vacantes au Seigneur direct : & encore celuy qui a vne grosse rente sur icelles est preferable au Seigneur direct : mesme en concurrence de plusieurs rentes, le Seigneur de la derniere rente est preferable aux autres, à la charge de payer toutes les plus anciennes, comme ayant le plus d'interest à la deperition de l'heritage : bref le codetempteur, c'est à dire celuy

qui tient quelque heritage chargé de partie solidaire de la mesme rente que doit l'heritage desert, est receuable à s'en emparer par auctorité de Iustice, afin de pouruoir à son indemnité : i'ay traitté de cette espece au dernier chap. du dernier liure Du deguerpissement.

123. *Des meubles vacans.* 124. *Des espaues.* Voilà pour les immeubles : & quant aux meubles, il y en a deux sortes de vacans, à sçauoir les espaues & les thresors. Les espaues sont proprement les bestes espouuantées & egarées, & generalement signifient toutes choses perduës, qui apres quelques publications & temps certain attendu pour en trouuer le maistre, ainsi qu'il est prescrit en la plusparτ des Coustumes, sont enfin adiugées au haut-Iusticier : *Hæc domini terram occupant, & vocant espaues*, dit Faber, *in* §. *Examen. De rer. diuis.* ie dis au haut iusticier, non au moyen ny au bas : & non au Roy seul, ny au Seigneur du fief, comme Bacquet a bien prouué au 33. chapitre des droicts de Iustice.

125. *Du varech.* Ce qui est dit *espaue* sur terre, est en mer appellé *varech*, à sçauoir tout ce que la mer iette à bord, en telle sorte qu'vn homme de cheual y puisse toucher du bout de sa lance, dit la Coustume de Normandie, chap. 23. art. 583. & est different des choses peries, qui sont celles qui
126. *Du droit de bris.* ont esté peschées à flot, & tirées du fond de la mer, sur lesquelles se prend droict de bris, *ius naufragij* qui appartient au Roy ou aux Officiers de l'Admirauté : au lieu que le droict de varech appartient au Seigneur.

127. *Du thresor.* Le thresor, *est vetus pecuniæ depositio cuius memoria ignoratur, & cuius propterea nemo se dominum vel possessorem dicere potest*, *l.* 3. §. *Neratius. D. De acquir. possess.* dont il ne se peut rien dire de mieux, que ce qui est dans les articles secrets de la Coustume de Paris, *Thresor caché d'ancienneté & temps immemorial, sera distribué, sçauoir à celuy qui le trouuera en l'heritage sien, la moitié : au Seigneur haut iusticier, l'autre moitié* : (idem en celuy qui l'a trouué en lieu public,) *& celuy qui le trouue en l'heritage d'autruy, en aura vn tiers, le proprietaire vn tiers, & le haut iusticier vn tiers.*

128. *Quelle part ont les moyens & bas iusticiers aux biens fiscaux.* Et faut obseruer qu'en tous ces biens fiscaux, à sçauoir des amendes, confiscations, desherences, espaues, thresors & autres, les moyens & bas Iusticiers y ont leur part, en tant qu'ils ont droict de fisque, estans trouuez dans l'enclaue de leurs Iustices, à sçauoir, le moyen Iusticier de soixante sols, & le bas de sept sols six deniers, comme il est dit en plusieurs Coustumes : ce qu'ils negligent ordinairement pour la rareté de ces escheances, & la petite part qu'ils y ont.

129. *Droicts pretendus des iustices qui n'ont esté expliquez.* Voila tous les profits des Iustices, parmy lesquels ie n'ay point mis le droict de colombier, pource que c'est plustost vn droict de fief, que de Iustice, ny le droict de chasse aux bestes, pource qu'il est commun à tous nobles, pourueu que ce soit en vn droict & à gibier non prohibé (il est vray que le Seigneur haut-Iusticier ne peut estre empesché de chasser en saison
130. *De colombier.* conuenable en tous lieux non clos de son détroit, à cause de la Seigneurie publique qu'il y a)
131 *De chasse.* ny le droict de garenne, pource que tous Nobles en peuuent auoir en leurs terres, posé qu'ils
132. *De garenne.* ayent quantité de terres suffisantes pour nourrir leurs lapins : ny le droict de moulin, pource que quant au moulin à eau, quiconque a riuiere, on peut construire en icelle, prenant jauge
133. *De moulin.* du principal Iuge de police d'icelle riuiere : & quant à celuy à vent, chacun en peut edifier en
134 *De bannalité.* son heritage, ny droict de bannalité, pource qu'il n'appartient à aucun Seigneur quel qu'il soit, sans titre ou coustume particuliere : ny finalement le droict de chasse de moulin, pource
135. *De chasse au moulin.* que c'est vn droict imaginaire, & qui n'est point ; estant permis à tout meusnier d'aller chasser & quester où il voudra, fors és lieux sujets à bannalité.

SOMMAIRE DV TREIZIESME CHAPITRE.

1 *Difference des Iustices Royales & Seigneuriales.*
2 *Toutes Iustices appartiennent au Roy, & comment.*
3 *Que les Iuges Royaux font de grandes entreprises iournellement sur les subalternes.*
4 *Plainte de du Molin sur ce sujet.*
5 *De la preuention.*
6 *Raison des Officiers Royaux touchant la preuention.*
7 *De mesme.*
8 *Raisons au contraire.*
9 *Que la preuention est contraire au droict Romain.*
10 *Correction de la rubrique* De iurisdictione.
11 *Decision formelle touchant la preuention.*
12 *Réponse à la loy* 1. De offic. præf. vrbi.
13 *Réponse à la loy*, Iudicium. D. De iudicijs.
14 *Difference* inter ius dicentem & iudicem.
15 *Réponse à la loy* Quoties. D. De administ. tut.
16 *Que la preuention est contre le droict Canon.*
17 *Preuention du Pape.*
18 *Que la preuention n'a lieu entre les Iuges Royaux.*
19 *Qu'elle y deuroit auoir plustost lieu que sur les subalternes.*
20 *Opinion de* Ioan. Faber.

21 *Raison contre la preuention.*
22 *Réponse aux raisons contraires.*
23 *La Souueraineté qu'a le Roy en la Iustice.*
24 *De mesme.*
25 *Autre raison contre la preuention.*
26 *Ordonnances prohibitiues de la preuention.*
27 *Ordonnance notable.*
28 *Que lors de ces Ordonnances la preuention deuoit plustost auoir lieu qu'à present.*
29 *Preuention non admise par les Coustumes.*
30 *Preuention absoluë en quelques Coustumes, sauf les oppositions.*
31 *Preuention imparfaite.*
32 *Pretexte de la preuention imparfaite.*
33 *Réponse à ce pretexte.*
34 *Preuention imparfaite tournée en droict commun.*
35 *Qu'elle est contre les Ordonnances.*
36 *Qu'elle estoit tolerable anciennement, & pourquoy.*
37 *Qu'elle est iniuste.*
38 *Tromperies qui se font en cette preuention.*
39 *Remede contre cette preuention.*
40 *Si les Iuges subalternes peuuent defendre iurisdiction par condamnation d'amendes.*
41 *Absurdité de cette preuention.*
42 *Conclusion que la preuention ne doit auoir lieu.*
43 *Les Iuges Royaux n'ont iustice sur les iusticiables des Seigneurs, qu'en cas de ressort & és cas Royaux.*
44 *Entreprises faites par les Iuges Royaux au cas de ressort.*
45 *Des exemptions par appel.*
46 *Les exemptions par appel estoient fort vtiles anciennement.*
47 *Elles ne doiuent auoir lieu à present.*
48 *Euocation du principal par le Iuge d'appel.*
49 *Qu'elle est prohibée par les Ordonnances modernes.*
50 *Et les anciennes.*
51 *Les executions des Sentences dont y a eu appel, doiuent reuenir au premier Iuge.*
52 *De mesme.*
53 *Opinion de* Ioan. Faber.
54 *Exception.*
55 *Interpretation de l'Arrest des criées, de l'an 1598.*
56 *Que les Presidiaux n'ont en cela pareil droict que la Cour.*
57 *Que le Iuge du lieu doit estre commis pour les instructions des procez.*
58 *Des nonobstant appel.*
59 *Que les Ordonnances semblent ne les permettre qu'aux Iuges Royaux.*
60 *Qu'ils doiuent estre permis aux subalternes.*
61 *Réponses aux Ordonnances.*
62 *Qu'és matieres requerantes celerité, le Iuge peut passer outre l'appel, quand le grief est reparable.*
63 *Du nonobstant appel des interlocutoires.*
64 *Comment s'entend, que* ab interlocutoria non appellatur.
65 *De mesme.*
66 Præiudicialis mulcta.
67 *Comment en droict Canon on peut appeller de l'interlocutoire.*
68 *Ce qu'en decident nos Ordonnances.*
69 *Practiques de nonobstant l'appel.*
70 *Des non excedens.*

DES DIFFERENDS D'ENTRE LES IVSTICES ROYALES ET SEIGNEVRIALES, TOVCHANT LA PREVENTION ET CAS DE RESSORT.

CHAPITRE XIII.

PVISQVE toute Seigneurie consiste principalement en la Iustice, il s'ensuit que comme il y a deux sortes de Seigneuries, à sçauoir, les souueraines & subalternes, aussi il y a deux sortes de Iustices; à sçauoir, les Royales & les Seigneuriales. Car bien que toutes les Iustices dependent du Roy, tant en ce qu'elles procedent de luy & retournent à luy, ainsi que tous les fleuues ont leur source & leur cheute en la mer, qu'en ce qu'elles luy appartiennent toutes, ou en pleine proprieté, ou du moins en directe Seigneurie, releuans necessairement de luy en fief: si est-ce que les vnes sont exercées en son nom & par ses Officiers, les autres au nom des Seigneurs particuliers, & par Officiers pourueus par eux; c'est pourquoy celles-cy sont appellées *Seigneuriales*, & celles là particulierement *Royales*.

1. Differences des Iustices Royales & Seigneuriales.

2. Toutes Iustices appartiennent au Roy, & comment.

Or comme entre tous les animaux les grands mangent les petits, aussi non seulement entre les hommes, mais encore entre ceux de Iustice, cette mesme iniustice s'exerce de tout temps. Car les Officiers Royaux estans superieurs des subalternes, & d'ailleurs se fortifians de l'authorité & interest du Roy, intentent iournellement tant de nouuelles sortes d'entreprises sur les Iustices Seigneuriales, que si les Parlemens qui sont établis principalement pour tenir en deuoir les Iuges des Prouinces, n'eussent quelquefois pris leur protection, rendant à chacune Iustice ce qui luy appartient, (qui est l'vnique fin, mesme la definition de la Iustice) il y a long temps que les Seigneurs eussent esté frustrez de leurs Iustices.

3. Que les Iuges Royaux font de grandes entreprises sur les subalternes.

Ce n'est pas moy qui fais cette plainte, c'est ce clair-voyant en nostre droict François,

4. Plainte de du Molin à ce sujet.

du Molin disant sur l'apostille de l'art. 81. de la Coust. d'Anjou, que les Officiers Royaux taschent d'attirer tout à eux, sous quelque petit pretexte ou occasion coloreé que ce soit, ainsi que faisoient ceux de la Cour d'Eglise auparauant l'Ordonnance de 1539.

5. *De la preuention.* Leur principale & plus importante entreprise est touchant la preuention, qu'ils pretendent auoir en toutes causes sur les Iustices Seigneuriales. Laquelle ils fondent sur ce qu'ils disent n'estre pas à presumer que le Roy, concedant aux Seigneurs la Iustice de leur territoire, s'en soit voulu dépoüiller tout à fait : au contraire, qu'il est à croire qu'il n'a point concedé tant de puissance à ses vassaux que luy, auquel appartient inseparablement la iustice vniuerselle de son Royaume, ne s'en soit reserué dauantage.

6. *Raison des Officiers Royaux touchant la préuention.* Ils adjoustent que par la disposition du droict Romain, les Iustices superieures & generales ont preuention sur les inferieures & particulieres : ce qu'ils pretendent prouuer par la loy 1. *Cod. De offic. Præf. vrbi*, où l'Empereur reglant le Preuost de la ville auec le Preuost des viures, ordonne qu'ils connoistront concurremment de la police des viures. *Ita vt inferior potestas meritum superioris agnoscat, atque ita superiorſe extrat, vt sciat quid inferiori debeatur.* 7. *De mesme.* Ils alleguent encore la loy *Iudicium. D. De iudiciis. Iudicium soluitur vetante eo, qui maius imperium in eadem iurisdictione habet.* A quoy ils adioustent pour argument *à simili*, la loy *Quoties. D. De administ. tut.* où il est dit que *Tutor tenetur de incremento patrimonij, licet ad illud incrementum datus fuerit specialis curator.* Et voila tous leurs fondemens, auec l'autorité de quelques Docteurs vltramontains, ignorans de l'vsage de France, & residens aux lieux où autre que le Souuerain n'a Iustice.

8. *Raison au contraire.* Mais il est aisé à verifier le contraire, par le droict Romain, par le droict Canon, par la raison par les Ordonnances de nos Rois, & par la decision de toutes nos Coustumes : de sorte que de quelque costé qu'on se tourne, ie n'estime pas qu'il y ait aucun article du droict François plus clair & plus indubitable.

9. *Que la préuention est contraire au droict Romain.* Quant au droict Romain, encore qu'il n'y soit point decidé que les Magistrats eussent préuention sur les Iuges pedanées, si est-ce que quand ainsi seroit, il ne le faudroit trouuer étrange : dautant que les Iuges pedanées n'estoient point Officiers, mais personnes priuées, sur lesquelles les Magistrats (à qui la connoissance des causes legeres appartenoit, aussi bien que des grandes) se déchargeoient des causes legeres : de sorte que la loy dit que *alienam tantùm iurisdictionem exercebant, nec quicquam pro suo imperio agebant.* 10. *Du titre De iurisdictione.* C'est pourquoy les Docteurs modernes ont retranché à la rubrique *De iurisdictione*, où les anciens Interpretes auoient adiousté *omnium Iudicum*, pource que *reuerà iurisdictio non erat Iudicum, sed Magistratuum.*

Neantmoins c'est chose remarquable, qu'aussi tost que Iustinian eut érigé les Iuges pedanées en titre d'office par la Nou. 82. il defendit par la Nou. 15. de plaider deuant les Presidents des Prouinces, de ce qui estoit de leur iurisdiction, *Non valentibus*, dit-il, *nostris subiectis trahere sibi obligatos ad clarissimos Prouinciarum Præsides, si intra summam trecentorum solidorum lis consistat.* Et pource qu'il consideroit, que ces Iuges pedanées ne suffiroient pour maintenir d'eux-mesme leur iustice à l'encontre de leurs superieurs, *adiecit sanctionem, vt qui dolo malo plus petiisset, vt causam ad Præsidem traheret, litem amitteret, reuocata in eo articulo plus petentium veteri pœna*, dit Cujas.

11. *Decision formelle touchant la préuention.* Voila donc la decision toute formelle du droict Romain, qui exclud la préuention. 12. *Réponse à la loy De offic. Præf. vrbi.* Et n'est contraire la loy 1. *De off. Præfid. vrbi.* Car c'est vne attribution particuliere faite à vn Officier de nouuelle erection, à telle condition qu'on ne veut pas du tout priuer l'ancien de son droict, *ne Præfectus vrbi* (dit cette loy) *derogatum sibi aliquid putet, & vicissim ne lateat Officium Præfecti annonæ.* Et par consequent de ce reglement particulier on ne peut tirer de regle generale, de mesme qu'en France : pourtant, s'il y a Ordonnance, que les Iuges Presidiaux connoistront par préuention des cas attribuez aux Preuosts des Maréchaux, & que les Baillifs auront préuention sur les Preuosts Royaux en matiere de complainte, il ne s'ensuit pas que generalement les Iuges Royaux ayent préuention les vns sur les autres.

13. *Réponse à la loy* Iudicium ff. de iudiciis. Et quant à la loy *Iudicium*, il la faut entendre selon ses propres termes, *de eo, qui maius imperium in eadem iurisdictione habet, non in eadem prouincia.* C'est à dire que le Proconsul ou President de Prouince peut defendre à son Lieutenant, ou au mandataire de sa iurisdiction, de passer outre au iugement d'vn procez : retenant tousiours la difference, 14. *Difference inter ius dicentem, & Iudicem.* *inter ius dicentem, & Iudicem, & vicissim inter iurisdictionem & iudicium* : à sçauoir que, *Ius dicens est Magistratus, qui pro tribunali sedet, & præest iurisdictioni, habétque potestatem à publico introductam iuris dicendi & æquitatis statuendæ : Iudex autem est, qui habet potestatem iudicandi, à ius dicente, id est, Magistratu delegatam.*

15. *Réponse à la loy* Quoties ff. De administrat. tut. Finalement pour le regard de la loy *Quoties*, elle n'est nullement à propos de la préuention des Iustices : & la raison de difference est dans son texte, *quia omnis vtilitas pupilli ad tutorem pertinet* : *atqui* toute la Iustice primitiue *non pertinet* au Iuge superieur, mais seulement le cas de ressort.

16. *Que la préuention est contre le* Quant au droict Canon, il est certain que les Archeuesques, Primats, & Patriarches n'ont point de preuention sur les Euesques de leur Prouince, bien qu'ils soient appellez leurs suf-

fragans : c'est la decision expresse du Canon *Nullus Primas* & du Can. *Conquestus. 9. quæst. 3.* *de Metro- pole.* Et bien que l'Archidiacre soit le Vicaire de l'Euesque *cap. 1. extr. De offic. Archid.* & que sa iurisdiction soit démembrée & vsurpée de celle de l'Euesque, n'estant autrefois qu'vn mesme auditoire, comme celuy d'vn Baillif & de son Lieutenant : & encore bien que l'Euesque soit appellé *Ordinarius totius diæcesis* : si est-ce que la glose sur le chapitre *Pastoralis ext. De Off. Ordin.* prouue bien, que l'Euesque n'a point de préuention sur les subjets de l'Archidiacre ayant Iustice. *17. Préuention du Pape.* Et pour le regard du Pape, bien qu'on luy ait en fin passé ce titre *Ordinarius Ordinariorum* tant concerté dans les Conciles, en consequence duquel il ioüit de la préuention sur les Ordinaires, en la collation des Benefices, si est-ce qu'il n'entreprend pas la préuention en la Iurisdiction contentieuse. Car comme dit saint Gregoire Pape, en ses Epistres, *Si sua vnicuique Episcopo iurisdictio non seruatur, quid aliud agitur, nisi vt per nos, per quos Ecclesiasticus ordo custodiri debet, confundatur?*

De mesme nous voyons en la iurisdiction seculiere de France, que les Baillifs, bien qu'ils se qualifient Iuges des Prouinces, n'ont pas toutefois la préuention sur les Preuosts Royaux, *18. Que la préuention n'a lieu entre les Iuges Royaux.* ny le Parlement sur les Iuges des Prouinces : mais, comme disent les Canonistes, *gradatim proceditur in causis* : ce qui ne seroit pas, s'il estoit ainsi, que les Baillifs Royaux fussent Iuges ordinaires de toute la Prouince, & que les superieurs eussent préuention sur les inferieurs.

Toutefois c'est sans doute, qu'il y auoit plus de raison que les Baillifs Royaux eussent préuention sur les Officiers du Roy leurs inferieurs, que non pas sur les Iuges des Seigneurs ausquels les Iustices sont patrimoniales, & qui s'en peuuent dire Seigneurs, tout ainsi que de leur patrimoine & heritage. *19. Qu'elle y deuoit plustost auoir lieu, que sur les subalternes.* C'est ce que dit fort notablement Ioan. Faber *Instit. De Atil. tut. in prin.* traittant cette mesme question de la préuention : où apres auoir resolu absolument, qu'elle ne doit auoir lieu, *Nec obstat*, dit-il, *l. 1. Cod. de Offic. Præf. vrbi, quia loquitur in locis, vbi iurisdictio pertinebat ad vnum solum, puta ad imperatorem, nec erat alterius propria : Hic autem est propria Baronum.* *20. Opinion de Iean Faber.* Et sur cette mesme consideration est fondée la Declaration de l'an 1536. sur l'Edict de Crémieu, qui sera rapporté cy-apres. Ce qui sert de réponse aux opinions des Docteurs vltramontains.

Aussi le Roy ayant concedé aux Seigneurs Iustice à titre de fief, qui est vn titre onereux & obligatoire de part & d'autre, qui mesme a tiré son nom de la foy, il est sans doute dépoüillé tout à fait de la Seigneurie vtile d'icelles Iustices, tout ainsi que d'vn heritage feodal, n'y retenant rien que l'hommage. *21. Raison contre la préuention.* Et comme il ne se peut faire que deux soient Seigneurs solidairement & entierement d'vn heritage : aussi ne se peut-il faire que la Iustice ordinaire & primitiue d'vn territoire soit solidairement à deux.

Il est bien vray (pour répondre à la premiere raison des Officiers Royaux) que le Roy n'aliene pas les Iustices, qu'il ne reserue la superiorité, qui est le ressort d'icelles : & encore qu'il ne retienne la souueraineté & surintendance vniuerselle, qui luy appartient inseparablement, comme Roy par tout son Royaume, & sur toutes les Iustices d'iceluy : *22. Réponse aux raisons contraires.* c'est pourquoy il peut interdire tous Iuges, éuoquer tous procez par sa pleine puissance & authorité Royale, qui estant souueraine, ne reçoit point de bornes : mais cette puissance souueraine & extraordinaire reside en sa seule personne, & n'est communicable à ses Officiers, ausquels il ne communique sinon la puissance ordinaire & reglée ; à sçauoir celle de iurisdiction. *23. La souueraineté qu'a le Roy en la iustice.*

Cette souueraineté ou surintendãce vniuerselle du Roy sur toutes les Iustices de son Royaume, est toute telle que la Seigneurie vniuerselle qu'il a sur tous les biens de ses sujets, de laquelle parlant Seneque, dit, que *Principis omnia sunt imperio, non dominio.* Comme donc en consequence de cette Seigneurie vniuerselle, le Roy ne pretend pas cueillir par préuention les fruits des heritages de ses sujets, aussi en vertu de cette Iustice vniuerselle il n'entend pas exercer la Iustice primitiue de ses sujets, *quæ ipsis est in fructu.*

Finalement, puis que *in toto iure generi per speciem derogatur*, ce qui est particulierement à l'égard des Iustices, *in cap. Pastoralis, in fin. ext. De rescriptis*, il s'ensuit que le Roy ayant concedé vne Iustice, & vn territoire special aux Seigneurs, il a distrait & démembré tout à fait ce territoire de la Iustice primitiue de sa Prouince. *24. Autre raison contre la préuention.*

Mais il ne faut pas hesiter en cette question : car il n'y en eut iamais de decidée par tant d'Ordonnances, y en ayant neuf ou dix faites tout exprés ; à sçauoir, celle de saint Louys, en l'an 1254. de Philippe le Bel en l'an 1302. de Philippe de Valois en l'an 1338. du Roy Iean en l'an 1335. de Charles V. en l'an 1357. de Charles VI. en l'an 1408. de Charles VII. en l'an 1443. de Charles VIII. en l'an 1490. & de François I. en l'an 1538. toutes lesquelles Ordonnances defendent expressément aux Baillifs & Senéchaux d'entreprendre aucune iurisdiction és terres des Barons & Seigneurs hauts-Iusticiers, fors seulement és cas Royaux & de ressort. *25. Ordonnance prohibitiue de la préuention.*

Ie rapporteray seulement le texte de l'Ordonnance de Charles V. *Pource que plusieurs de nos Officiers se sont meslez d'attribuer la iurisdiction des Seigneurs & Iuges ordinaires, dont le peuple est moult greué, nous destrons que chacun vse de son droict, iustice, & iurisdiction, Ordonnons que toutes iustices soient laissées aux Iuges ordinaires, & à chacun singulierement sa iurisdiction : sans* *26. Ordonnance notable.*

que nos Baillifs, Preuosts, & autres nos Iusticiers les puissent traire pardeuant eux, sinon que ce fust es cas de ressort & souueraineté seulement. Ordonnance notable, en ce qu'elle qualifie les Iuges des Seigneurs, Iuges ordinaires, à l'exclusion des Iuges Royaux superieurs, & qu'elle n'excepte pas mesme les cas Royaux.

28. *Que lors de ces Ord. la préuention deuoit plustost auoir lieu qu'à present.* Et neantmoins du temps de ces anciennes Ordonnances, il y auoit bien plus de sujet d'authoriser la préuention Royale, qu'il n'y a maintenant. Car lors les Ducs & les Comtes tenoient la Iustice primitiue presque de toute la France, n'y ayant en tout que quatre Bailliages, & possible autant de Senéchaussées Royales en France: de sorte qu'il y auoit grande apparence d'attribuer préuention aux Officiers du Roy, afin de maintenir son authorité par tout son Royaume, & empescher que les Seigneurs vsurpassent tout à fait la Souueraineté, comme ils ont fait en Italie & en Allemagne, ce qui n'est plus à craindre maintenant.

29. *Préuention non admise par les Coustumes.* Aussi bien qu'en la plus part des Coustumes, lors de la reformation d'icelles, les Officiers Royaux ayent mis en auant la préuention, si est-ce que presque par tout elle leur a esté absolument déniée: & c'est chose notable, qu'il ne se trouuera point, qu'en vne seule Coustume de toute la France elle soit passée sans contredit.

30. *Préuention absoluë passée en quelques Coustumes, sauf oppositions.* Il est bien vray, que comme les Officiers Royaux d'vne Prouince, assistez des Praticiens de leur Siege, dominent volontiers, & font passer tout ce qu'ils veulent en telles assemblées, ils ont obtenu par brigues & menées, en quelques Coustumes, deux sortes de préuention: L'vne absoluë & sans renuoy, qui n'est passée qu'en trois ou quatre Coustumes du costé de Picardie, au plus: & si il y a tousiours eu empeschement, opposition, ou appel des Seigneurs hauts Iusticiers, qui retient encore en ces lieux-là cette preuention indecise, mesme tellement litigieuse, qu'aujourd'huy il se trouue quasi autant de causes au Parlement, au roolle de Picardie touchant cette préuention, que pour les autres affaires.

31. *Préuention imparfaite.* L'autre est la préuention imparfaite, & à la charge du renuoy, qui a lieu és Coustumes d'Anjou, Poictou & le Maine, qui portent que le Iuge Royal superieur peut bien preuenir, pour faire adiourner deuant luy les sujets du haut Iusticier, mais qu'il est tenu de les renuoyer si le Seigneur les aduouë & vendique.

32. *Pretexte de la préuention imparfaite.* Qui est vne subtilité, ou pour mieux dire, vne tromperie des Iuges Royaux, qui ne pouuans obtenir la préuention absoluë, comme contraire directement aux Ordonnances, ont trouué ce moyen indirect, pour empieter tousiours tant qu'ils pourroient sur les Iustices des Seigneurs, sous pretexte qu'ils ont mis en auant, que tous François sont naturellement sujets de la iustice du Roy, & ne s'en peuuent exempter de leur chef, s'ils ne sont vendiquez par leurs Seigneurs, ausquels & en leur seule faueur, disent ils, les Iustices ont esté concedées.

33. [illegible] Discours plus specieux que veritable. Car il est bien vray, que tous François sont sujets de la Iustice vniuerselle du Roy, qui est inseparable de la Souueraineté, comme nous auons dit cy-deuant, & originairement estoient sujets de sa Iustice primitiue, pource que toutes Iustices viennent de luy: mais les ayant alienées, elles ne sont plus à luy, & de dire, que la concession qu'il en a faite, n'est qu'en faueur des Seigneurs: quand cela seroit vray, si est-ce leur faire tort, de leur donner cette trauerse, qu'il faille à chaque cause aller adouër & vendiquer leurs vassaux: & d'ailleurs puis que la Iustice est deuë sur le lieu au peuple, c'est luy faire tort de l'attirer à plaider au loin: & il est à presupposer, que le Roy auroit des Iuges sur le lieu, s'il n'en auoit donné la Iustice aux Seigneurs.

34. *Préuention imparfaite tournée en droict commun.* Neantmoins comme les superieurs ont beaucoup d'auantage sur leurs inferieurs, les Iuges Royaux ont si bien maintenu leur possession de cette préuention imparfaite, qu'elle est tournée en droict commun & vsage ordinaire, presque par toute la France: de sorte qu'on tient encore maintenant, plustost par routine, que par raison, que le Iuge Royal superieur est competent, iusques à ce que le renuoy soit demandé: lequel renuoy est lors octroyé sans dépens: mesme on tient, qu'il doit estre demandé par le Seigneur, & non par son iusticiable; si ce n'est en païs de droict écrit, ou en action reelle, ou en criminel: & encore aucuns

35. *Qu'elle est contre les Ordonnances.* tiennent qu'il le faut demander deuant contestation. Et toutefois cette pratique est directement contraire aux Ordonnances cy-dessus alleguées, qui defendent par mots exprés de *traire*, disent-elles, *les iusticiables des Seigneurs pardeuant les Iuges Royaux, fors és cas Royaux & pur ressort.*

36. *Qu'elle estoit tolerable anciennement.* Neantmoins du temps de ces Ordonnances, cette pratique estoit beaucoup plus plausible & tolerable qu'à present, afin que les François se souuinssent qu'ils estoient vrais & naturels sujets du Roy, & partant tenus de requerir obeïssance, (ainsi est appellé le renuoy en plusieurs Coustumes) & à ses Iuges: mais aujourd'huy qu'il n'y a plus de sujet de craindre que les François reconnoissent leurs Seigneurs pour souuerains, que sert cette vieille routine, sinon d'vn attrape-pratique, si les Seigneurs sont negligens de requerir le renuoy, & vn tire-laisse, s'ils en sont soigneux?

37. *Qu'elle est* [illegible] Quelle chicanerie est-ce, que les Iuges de Prouince, pour courir pratique, promenent ainsi çà & là les pauures plaideurs, comme ioüans d'eux à la pelote, & qu'ils les attirent loin

de leur demeure, en vne cause de neant, pour n'y faire autre chose, sinon de demander congé de s'en retourner? ce qu'ils ne leur peuuent dénier. *An ideo tantùm venerant, vt exirent?* Est-ce pas proprement, *illudere vitas alienas?* comme dit Iustin. en la Nou. 53. parlant de ceux qui *nolunt in partibus eligere Iudices, & ibi litigare.*

38. *Tromperies qui se font en cette préuention.*

Mais encore sur ce suiet il se fait vne infinité de tromperies & friponneries honteuses. Car les Procureurs de ces Royaux, sont si bien faits à ces monopoles de practique, qu'il ne s'en trouuera pas vn seul, qui vueille demander vn renuoy, si le Seigneur n'y est present, encore s'il est present, ils feront qu'on n'appellera point la cause: & si on est forcé de l'appeller le Iuge fera la sourde oreille au renuoy demandé, & le Greffier n'en écrira rien, ou bien on trouuera quelque échappatoire pour differer, ou quelque pretexte pour retenir la cause à tort, ou à droict: & on passera hardiment outre en icelle, nonobstant l'appel d'incompetence, comme par main superieure, & afin (dira le Iuge) que pendant la contestation des deux Iustices, la iustice ne soit differée aux parties; de sorte qu'il faudroit que les Seigneurs entreprissent quasi autant de procez pour cela, comme il y a de causes en leurs Iustices.

39. *Remede contre cette préuention.*

Le meilleur remede qu'ils y puissent apporter, c'est de condamner à l'amende leurs iusticiables, qui attirent les autres. Encore ce remede n'a-t'il lieu que contre leurs iusticiables, à l'égard desquels ie n'y trouue nulle difficulté, puis que la loy vnique *Si quis ius dicenti non obtemp.* dit que *modica coërcione licet iurisdictionem suam tueri.* Que si le vassal d'vn Seigneur adoüant que le Roy confisque son fief, le iusticiable qui est plus proprement appellé *subiet* que le vassal, distrayant la iustice de son Seigneur, ne peut moins, que d'estre condamné en l'amende, qui est bien moindre peine, que la perdition de cause ordonnée en ce cas par la Nou. 15. de Iustinian.

40. *Si les Iuges subalternes peuuent deffendre leur iustice par amende.*

Et toutefois il y a des Iuges Royaux qui pretendent, que les subalternes ne peuuent pas condamner en l'amende ceux qui declinent leur iurisdiction, sous pretexte que cette loy 1. *Si quis ius dicenti non obtemper.* excepte les Duumvirs, qui estoient les Magistrats des villes, & estoient les Iuges subalternes, qui se trouuent dans le droict Romain: mais il faut prendre garde, qu'au droict il n'y auoit que les Iuges ayans parfaite iurisdiction, qui peussent condamner à l'amende, & non ceux qui ne connoissoient que des causes legeres, encore mesme qu'ils fussent Officiers de l'Empereur. *l. 2. & 3. C. De modo mulct.* Or est-il que les Duumvirs & les Magistrats municipaux ne iugeoient que iusques à certaine somme, comme dit Paulus. *lib. 5. Sent. cap. 9.* & la loy *Inter consentientes. Ad municip.* De sorte que de cette loy 1. on peut bien colliger, que les moyens & bas Iusticiers ne peuuent pas defendre leur iurisdiction par amendes: comme aussi à la verité le territoire & la Iustice parfaite n'est pas à eux, mais au haut Iusticier, auquel partant ils se doiuent addresser pour la defense d'icelle.

41 *Absurdité de cette préuention.*

Il y a encore vne autre absurdité & iniustice aux préuentions, qui est de grande consequence: c'est que si elles auoient lieu, vn demandeur auroit cet aduantage de choisir tel Iuge qu'il luy plairoit, & qu'il estimeroit luy estre plus fauorable: & ce au preiudice du pauure defendeur, qui selon la regle de droict doit estre plûtost supporté & fauorisé. Auantage, qui n'est pas moindre en Iustice, que d'auoir le choix des armes en duel, principalement en ce temps, que les Iuges ayans acheté leurs Offices bien cher, recherchent tous moyons de les faire valoir: c'est pourquoy il y en a beaucoup qui sont trop enclins à fauoriser ceux qui leur amenent l'eau, comme on dit, au moulin: & plusieurs mesme qui se rendent, selon les occurrences, ou plus rigoureux, ou plus faciles & accessibles que de raison, afin d'attirer pratique.

42. *Conclusion que la préuention ne doit auoir lieu.*

43. *Le Roy n'a iustice sur les iusticiables des Seigneurs, qu'en cas de ressort & de cas Royaux.*

Conclusion, que le droict Romain, le droict Canon, les Ordonnances de France, les Coustumes des Prouinces, la suitte du droict François, la raison & le poinct de iustice, & finalement le bien public resistent directement aux préuentions. C'est pourquoy il n'en faut plus faire de doute, mais il faut tenir, suiuant tant d'Ordonnances toutes formelles, que les Iuges Royaux ne peuuent auoir iurisdiction sur les iusticiables des Seigneurs, qu'en deux cas, c'est à sçauoir, en cas de ressort, & aux cas Royaux: c'est pourquoy aussi ils ont tasché par quantité d'artifices & de subtilitez, d'étendre ces deux exemptions, presque à toutes causes.

44. *Entreprises faites par es Iuges Royaux au cas de ressort.*

45. *Des exemptions par appel.*

Premierement au cas de ressort, ils se sont fait accroire en quelques lieux, que quiconque auoit vne fois appellé du Iuge subalterne, estoit desormais exempt de sa Iustice pour toute sa vie: & fondoient cette exemption sur le chapitre *Ad hæc*, & le chapitre *Proposuit. ext. De appellat.* où il est dit, que le Iuge dont y a appel, peut estre recusé en autres causes, comme suspect: bien qu'il y ait vne grande difference entre l'exemption de la Iustice, & la recusation du Iuge: & il n'y a aucun texte au droict Canon, qui decide, que celuy qui a appellé de son Euesque, soit desormais exempt de sa Iustice. Mais la decision ciuile tranche, que l'appel ne peut pas seulement produire vne cause de recusation valable contre le Iuge: témoin la rubrique, *Apud eum, à quo quis appellauit, aliam causam agere compellandum*, où la loy premiere en rend la raison, *Nec videtur qui appellauit, hoc prætextu, quasi ad offensum iudicem non debeat experiri, cùm possit denuò prouocare*. Aussi les Iuges Royaux ne pratiquent ces exemptions par appel, sinon à leur profit, & à l'égard des Iustices subalternes seulement mais eux-mesmes ne permettent pas que leurs superieurs les pratiquent à l'encontre d'eux, comme il se void dans Bouteiller, & és Coustumes d'Anjou & du Maine.

46. *Les exemptions par appel estoient fort vtiles anciennement.*

Et certainement ce pretexte estoit non seulement plausible, mais presque necessaire, lors que les bonnes villes estoient possedées par les Ducs & les Comtes, qui taschans d'vsurper la souueraineté de leurs Prouinces, maltraittoient & faisoient des injustices à ceux qui appelloient de leurs Iuges : & partant il estoit tres-expedient que le Roy les prist alors en sa sauuegarde : de fait par telles voyes les grands Seigneurs empeschoient tellement les appellations, que le Parlement, bien que seul lors pour toute la France, & n'ayant qu'vne chambre, ne s'assembloit toutefois que trois, ou quatre fois l'an.

47. *Elles ne doiuent auoir lieu à present.*

Que si en ce temps-là mesme, les exemptions par appel furent trouuées iniustes, témoin les Ordonnances, qui pour les abolir, ne reseruent aux Iuges Royaux, que le cas du pur ressort (mots qui apparemment excluënt l'exemption par appel) qu'en doit on dire aujourd'huy, que les appellations sont venuës en style si commun, qu'on y est tout accoustumé, & n'y a plus ny Seigneur, ny Iuge qui s'en offense ? de sorte qu'il y a sept Parlemens en France, pour vuider les appellations, & en tel Parlement il y a sept Chambres, qui y trauaillent toute l'année. Aussi les exemptions par appel sont-elles maintenant hors d'vsage par toute la France, fors en Anjou & au Maine, & en vne ou deux Coustumes de Picardie, où encore elles ne sont pas practiquées à la rigueur : car ceux-là mesme qui y sont fondez par l'expresse decision de leur Coustume, ont encore honte de les pratiquer, tant l'iniustice y est apparente.

48. *Euocation du principal par le Iuge d'appel.*

Il est vray, que quelques Iuges Royaux voulans retenir vn reste de ces exemptions par appel, font métier ordinaire sur le moindre appel interjetté deuant eux, fusse d'vn appointement en droict, ou d'vne forclusion ou brief delay ; bref vn appel du dernier appointement interjetté seulement pour fuïr, de retenir, mesme d'éuoquer à eux le principal de la matiere, mesme ils pretendent que depuis qu'ils ont oüy parler du moindre incident d'vn procez, iamais le procez ne doit retourner deuant les Iuges ordinaires ; & font pratiquer aux plaideurs, ce que dit le renard d'Horace au lion,

Omnia te aduersum vestigia, nulla retrorsum.

49. *Qu'elle est prohibée par les Ordonnances modernes.*

Qui est entreprendre dauantage que ne fait le Parlement, bien qu'il exerce la Iustice souueraine & vniuerselle du Roy, la Maiesté duquel il represente : & neantmoins il se contente ordinairement de vuider l'article d'appel, sans éuoquer ny retenir le principal, si ce n'est pour le vuider sur le champ au soulagement des parties, ou en autres certains cas, qui par les Ordonnances sont laissez à sa religion : mais quant aux Presidiaux, l'éuocation du principal leur est entierement defenduë sans aucune exception, par l'Ordonnance de Blois, art. 148. & 179. qui leur enjoint de vuider seulement l'article d'appel, & renuoyer le principal au Siege ordinaire. Qui plus est, elle leur enioint par exprés d'y renuoyer l'execution des iugemens, soit que la Sentence soit confirmée, ou infirmée, & sur peine dit l'art. de nullité des procedures, & de tous dépens, dommages & interests des parties.

50. *Et les anciennes.*

Qui est la mesme chose en effet, qui estoit contenuë aux anciennes Ordonnances, qui ne leur laissent que le cas du ressort, c'est à dire le seul article de l'appel : car appel & ressort sont synonymes. D'où il resulte, que les decrets & oppositions formées sur les executions & saisies, & autres semblables differends, suruenans en execution des Sentences, dont il y a appel deuant les Iuges Royaux, doiuent estre vuidez en la Iustice ordinaire. Car ce ne sont pas cas de pur ressort, attendu que le cas de ressort, c'est à dire l'appel, est vuidé : l'appel, dis-ie, auquel residoit l'effet deuolutif & suspensif : c'est à dire qui attribuoit la cause au superieur, & qui suspendoit l'execution de la Sentence du Iuge ordinaire.

51. *Les executions des Sentences, dont y a eu appel, reuiennent au premier Iuge.*

52. *De mesme.*

Aussi la forme de prononcer sur l'appel, n'est pas de condamner de nouueau celuy qui a déja esté condamné par le premier Iuge, mais seulement de dire que la Sentence dont estoit appel, sera executée, & sortira son effet : D'où il s'ensuit, que quand par apres on fait l'execution : c'est cette Sentence-là, non celle du superieur qu'on execute, & neantmoins on se sert volontiers des deux ensemble, pour monstrer que l'obstacle d'appel, qui empeschoit l'execution de la Sentence, est leué & osté. C'est ce qu'on dit en pratique, *Agitur ex confirmato, non ex confirmante*, Et de fait il est indubitable, que l'hypotheque attribuée aux iugemens par l'Ordonnance de Moulins, commence & se compte du iour de la premiere Sentence, & non de la confirmation seulement, comme il est contenu en la declaration du mois de Iuillet 1566. & que les saisies & executions faites auparauant l'appel, reprennent leur force apres le iugement confirmatif.

53. *Opinion de* Io. Faber

54. *Exception.*

Et sans doute, c'est ainsi qu'il faut entendre le dire de *Ioan. Faber, in l. Vt si C. Si contra ius, vel vtil. pub.* que chaque Iuge doit executer sa Sentence. Il est vray, que comme porte l'Ordonnance de Blois, quand il est question de l'interpretation d'vn iugement, il faut plaider deuant le Iuge qui l'a donné, *quia eius est interpretari mentem suam, qui obscurè verba fecit*, dit la regle de droict, quand il s'agit d'vn decret, ou d'vne opposition faite en vertu d'vne Sentence, cela ne regarde plus le differend déja iugé par icelle, mais c'est vn procez tout nouueau, qui partant concerne la iurisdiction ordinaire.

55 Interpretation de l'Arrest des criées.

C'est ainsi pareillement qu'il faut entendre l'Arrest du Parlement de Paris, du 23. Nouembre 1598. contenant le reglement des decrets, en ce qu'il porte, que les criées commencées en vertu des contracts seront poursuiuies deuant le Iuge ordinaire du domicile du debiteur, & que ceux qui se feront en vertu des Sentences, seront poursuiuies deuant le Iuge dont les Sentences sont émanées. Ce qu'il faut entendre, comme i'ay dit, de la Sentence confirmée, non de la confirmante : puis que l'Ordonnance de Blois attribuë expressément aux Iuges ordinaires toutes executions des Sentences de leurs superieurs, soit qu'ils ayent confirmé, ou infirmé la leur.

56 Que les Presidiaux n'ont en cela pareil droict que la Cour.

Et il est inutile de dire, que par ce mesme reglement, la Cour s'est reserué les decrets faits en execution de ses Arrests. Car comme ie viens de dire, elle est souueraine, & en elle reside la Iustice vniuerselle du Roy : *Estque velut ordinariorum.* Comme telle, elle retient, éuoque, & renuoye ce qui luy plaist, ainsi que le Roy qui parle en ses Arrests, qui est vne autorité que n'ont pas les Iuges Presidiaux, lesquels ne se doiuent pas comparer à la Cour. Autrement ce seroit la comparaison du rustique de Virgile.

Vrbem, quam dicunt Romam, Melibœe putaui
Stultus ego huic nostræ similem. - --

57 Que le Iuge du lieu doit estre cõmis pour les instructions des procez.

Mais l'Ordonnance de Blois a passé encore plus auant, ayant pour le soulagement du peuple, retranché le pouuoir des Iuges superieurs, mesme en ce qui est du pur ressort. Car par l'article 168. d'icelle, il leur est enioint de commettre le Iuge du lieu pour l'instruction qu'il faut faire sur le lieu és procez pendans pardeuant eux, sans qu'ils puissent refuser telles commissions. Ce qui est mesme ordonné pour les executions d'Arrests & instruction des procez pendans au Parlement, par l'art. 151. de cette Ordonnance, & l'art. 46. de l'Ordonnance d'Orleans ; lesquelles deux Ordonnances montrent bien, que c'est vn erreur en pratique de dire que la Cour n'adresse iamais ses commissions aux Iuges non Royaux Routine neantmoins qui est si inueterée en la ceruelle des anciens Praticiens du Palais, qui s'attachent à leurs vieux formulaires & protocolles, qu'encore auiourd'huy il y a des Procureurs & des Clercs du Greffe qui en font difficulté, ne sçachant pas ces Ordonnances.

58 Erreur ordinaire des Procureurs du Parlement.

59 Des nonobstant appel.

60 Que les Ordonnances semblent ne les permettre qu'aux Iuges Royaux.

Reste encore vn differend d'entre les Iuges Royaux & ceux des Seigneurs, sur le cas de ressort, à sçauoir touchant les *nonobstant appel.* Car il y a quelques vns des Iuges Royaux, qui veulent tenir cette rigueur à ceux des Seigneurs, de ne les permettre en aucun cas, encore que les matieres soient notoirement prouisoires, & requerant celerité, comme d'alimens, medicamens, seruices, iournées, peril eminent, dation de tutelle, confection d'inuentaire, doüaire, obligations liquides, & cedules reconnuës, sous pretexte qu'à la verité le Roy par ses Ordonnances ne les permet qu'à ses Iuges. De sorte qu'és lieux, où il y a trois & quatre degrez de Iustice Seigneuriale, auant que venir à la Royale, ceux qui plaident contre leur cedule ont bon temps : au contraire les pauures blessez, les seruiteurs, les mercenaires, les mineurs, & les veufues ont tout loisir de ieusner, mesme de mourir de faim à la poursuite de tant d'appellations.

61 Qu'ils doiuent estre permis aux subalternes.

Et toutesfois le sens commun nous dicte, que le *nonobstant appel* ne doit pas estre reglé ny mesuré par la qualité du Iuge, mais de la matiere : & que celle qui requiert celerité, la requiert autant deuant le Iuge subalterne, que le Royal ; mesme pource qu'on est d'autant plus éloigné du dernier ressort, Car quelle apparence y a-t'il, que pendant l'appel vn pauure blessé meure sans secours, vn seruiteur ou vn mercenaire meurt de faim, vn mineur soit sans tuteur, vne succession soit dissipée ? Est-ce la faute des parties, si le Iuge n'est que subalterne ? & seroit-il raisonnable, que pour auantager les Iuges Royaux, elles fussent si fort incommodées ?

62 Réponse aux Ordonnances.

Car ce que le Roy n'authorise nommément que ses Iuges, de iuger nonobstant appel, n'estant, à mon aduis, qu'à l'exclusion de tant de Iuges de village & sous l'orme, dont les Iustices sont vsurpées & abusiues, qui tout au plus ne deuroient estre que basses Iustices, comme i'ay dit cy-deuant, & non pas des Iuges des villes, ayant notoirement plein & ample territoire, & parfaite iurisdiction : ou bien on peut dire que le Roy n'a pas fait ces Ordonnances pour exprimer les droicts des Iustices Seigneuriales, mais seulement des siennes : or comme les Ordonnances du Roy n'attribuent point de nouueau droict aux Iuges des Seigneurs, aussi ne leur ostent elles pas leur droict ancien, & n'abrogent pas le droict commun.

63 Qu'és matieres requerantes celerité, tout Iuge peut passer outre l'appel, quãd le grief est reparable.

Or le droict commun, c'est la maxime contenuë en la loy derniere, *D. De appellat. recip. Si res dilationem non capiat, non appellare*, & d'obseruer en cette matiere le dire de ce Romain, qui interrogé ce qu'il estoit permis de faire aux iours de feste, répondit, *quod prætermissum nocere* : aussi faut-il tenir, que quand il y a peril en la demeure, on peut passer outre l'appel, principalement s'il n'y a aucun danger à passer outre, comme quand le grief est reparable, ou qu'il y a caution. Car c'est prendre la voye la plus seure, & faire en sorte qu'aucun ne soit lesé en Iustice, & que chacun ait promptement le sien, qui est la fin de la Iustice.

64 Des nonobstant appel des interlocutoires. Mesme il se trouue des Iuges Royaux si affamez de pratique, qu'ils ne veulent pas permettre que les subalternes passent par dessus l'appel des simples appointemens ou Sentences interlocutoires, encore qu'elles ne portent point de preiudice au principal, Et partant aux lieux où cela s'obserue celuy qui a mauuaise cause, & qui n'a rien à perdre, à beau moyen de promener sa partie aduerse, en appellant de chaque appointement: de sorte qu'auant que de paruenir à la Sentence diffinitiue, il faut vuider cinq ou six appellations l'vne apres l'autre, & chacune quelquefois en trois ou quatre Sieges, quand il se trouue autant de degrez de Iustices subalternes: & ainsi les procez sont immortels, qui est vn abus, lequel merite bien estre refuté à loisir.

65. Cõment s'entend que ab interlocutoria non appellatur. Or c'est vne regle vulgaire de droict que *ab interlocutoria non appellatur*, qui signifie, que l'appel de l'interlocutoire est nul de soy, partant qu'il n'a aucun effet, ny deuolutif, ny suspensif. Ce que le docte Cujas *lib. 12. Obseruat. cap. 12.* nous aprend estre decidé par vne belle loy Grecque de Iustinian, qui marque en son Code, ainsi que les autres écrites seulement en Grec, laquelle Cujas rapporte toute entiere, & qui rend cette mesme raison, que nous venons de dire, sçauoir est, de peur qu'en permettant d'appeller de chaque appointement les *66. De mesme.* procez soient immortels.

67. Præiudicialis mulcta. Ce qui est aussi decidé par les loix 1. 2. 3. 5. 11. 15. 17. 18. 23. 24 25. 29. & 30. du titre *Quorum appellat non recip. C. Th.* qui defendent d'appeller *ante sententiam, ab articulo, à præiudicio, seu ab interlocutione*, que les Grecs disent πρὸ διαλαλίας, & ce à peine de l'amende de cinquante marcs d'argent, qui pour cette cause en aucunes de ces loix, est appellée *præiudicialis mulcta*. Amende qui ne pouuoit este imposée par le Iuge *à quo*, dit la loy 23. car à son égard *satis pœna est non audiri ab articulo pronocantem*. Et qui n'auoit lieu que quand par modestie le Iuge *à quo* auoit deferé à l'appel de l'interlocutoire, dit la loy 5. *eod. tit. Cod. Iust.* Ce qu'il pouuoit faire sans en estre repris, dit la loy 42. *De appellat. Cod.* qui est ce que dit *Symmachus in epist. Verecundè potius, quàm iure, suscepi prouocationem, non extante sententia.* Quoy qu'il en soit, telles appellations d'interlocutoire sont appellées en cette loy, *Frustratoriæ, non tam appellationes quam ludificationes. Ante sententiam enim* (dit saint Bernard, *lib. 3. De Consid. cap. 2.*) *improba omninò, nisi ob manifestum grauamen præsumitur appellatio, quæ suffugium est, non refugium.*

68 Cõment en droict Canon on peut appeller de l'interlocutoire. Voila pour le droict Ciuil: & quant au droict Canon, il defend aussi les appellations d'interlocutoire, *nisi ex rationabili causa coram primo iudice exposita, & coram iudice appellationis probanda cap. Vt debitus. De appell. apud Greg.* dont la raison est renduë au chapitre suiuant, que le premier Iuge ayant entendu le grief de l'appellant, le peut reparer luy-mesme.

69 Ce qu'en decident nos Ordonnances. Et comme en France, en ce qui est des procedures iudiciaires, nous suiuons plutost le droict Canon que le Ciuil, les Ordonnances de nos Rois permettent non seulement de passer outre l'appel des interlocutoires, pourueu qu'elles ne portent grief irreparable, mais encore elles veulent que les appellans d'interlocutoires, *declarent & specifient particulierement, & par le menu, & non en termes generaux, leurs griefs, tant en l'acte, ou instrument appellatoire, qu'ils representeront au Iuge, qu'en leur relief d'appel.* Ce sont les propres termes de l'Ordonnance du Roy Louys XII. de l'an 1512. article 7. à quoy est conforme celle du Roy François de l'an 1535. chapitre 16. article 11. qui adjouste, *Qu'ils ne seront receuables à deduire en cause d'appel, autres griefs, que ceux qu'ils auront proposez par leur acte appellatoire*, ce qui est tiré de la Loy 24. *Quorum appellat. non recip. C. Theod. Si quis post susceptam, super præscriptionibus peremptoriis, appellationem ab articulo, aliam peremptoriam præscriptionem opposuerit, non audiatur.*

70 Pratique des nonobstant appel. Et de fait, presque en aucun lieu on ne fait plus de difficulté auiourd'huy, que les Iuges subalternes ne puissent passer outre l'appel des interlocutoires, ny pareillement és matieres prouisoires, en baillant caution. Mais en matiere des non excedans, les Iuges subalternes ne *71 Des non excedans.* pratiquent gueres de passer outre l'appel, bien que par l'Ordonnance de l'an 1563. article 22. ceux qui ressortissent au Parlement, puissent iuger iusqu'à 25. liures, nonobstant & sans preiudice de l'appel, & les petits Auditeurs du Chastelet, comme aussi le Preuost des Marchands, & Escheuins de Paris, iusques à vingt liures, & les Preuosts & Chastelains Royaux iusques à dix liures en matiere pure personnelle: ce qui deuroit estre permis à tous Iuges Chastelains, à la charge d'obseruer l'article 153. de l'Ordonnance de Blois, qui est de vuider toutes ces causes sommairement. Car il n'y a cause d'appel, qui se puisse poursuiure à moins de dix liures, & c'est vne grande honte, que les dépens passent le principal.

Reste de parler des cas Royaux, où sont encore les plus frequentes entreprises: mais ce Chapitre est desia assez long, ioint aussi qu'ils rempliront bien vn Chapitre entier.

SOMMAIRE

SOMMAIRE DV QVATORZIESME CHAPITRE.

1 *Difference entre les droicts & les cas Royaux.*
2 *Entreprises des Iuges Royaux, és cas Royaux.*
3 *Origine, cause, & marque des cas Royaux.*
4 *Enumeration des cas Royaux.*
5 *Difference de l'interest du Roy, & du public.*
6 *Ordonnances, ou Reglemens, contenans les cas Royaux.*
7 *Que ces reglemens ne sont pas generaux.*
8 *Cas Royaux deuoient anciennement estre plus étendus qu'à present.*
9 Missi, siue Missi Dominici.
10 *Pourquoy és liures anciens les cas Royaux sont plus étendus.*
11 *Cas Royaux dans Bouteiller.*
12 *Toutes matieres prouisoires, anciennement cas Royaux.*
13 *Seel Royal, estoit autrefois cas Royal.*
14 *Notamment quand il y auoit soubmission à la Iustice Royale.*
15 *Prorogation de iurisdiction n'a lieu en France.*
16 *Des Bourgeois du Roy.*
17 *Citoyens Romains ne plaidoient qu'à Rome.*
18 *Non plus que ceux de Paris.*
19 *Lettres de Bourgeoisie ne peuuent estre données que par le Roy.*
20 *Bourgeoisie n'a lieu proprement qu'és Republiques populaires.*
21 *Bourgeois, qui sont en France.*
22 *Priuileges des Citoyens Romains abolis en la Monarchie.*
23 *Absurdité des Bourgeoisies.*
24 *Reglement notable des Bourgeoisies.*
25 *Si les Nobles doiuent plaider és Bailliages Royaux en premiere instance.*
26 *Qu'il y a Ordonnance expresse pour la negatiue. Matieres possessoires.*
27 *Comment les Iuges Royaux en ont vsurpé la preuention.*
28 *Possessoire des Benefices est à present cas Royal.*
29 *Du port d'armes.*
30 *Comment le port d'armes est cas Royal.*
31 *Trois choses requises à ce qu'il soit cas Royal.*
32 Turba, quid.
33 Turba, & rixa.
34 *Assemblée illicite.*
35 *Conclusion par l'opinion de Coquille.*
36 *Pourquoy port d'armes est cas Royal.*
37 *Fondement de la iurisdiction des Preuosts des Mareschaux.*
38 *Leur origine.*
39 *Tous guetteurs de chemins ne sont pas de leur gibier.*
40 *Des crimes commis és grands chemins, de la Police, Voirie, Métiers, & Mesures,* remissiuè.
41 *Certification de criées, où peut estre faite.*
42 *Non és Iustices de village, ny par emprunt de Praticiens.*
43 *Mais bien és Iustices subalternes des villes.*
44 *Raison.*
45 *Pannonceaux doiuent par tout estre aux armes du Roy.*
46 *Tous commandemens & publications deuroient estre faites au nom du Roy.*
47 *Des Decrets.*
48 *Decrets ne deuroient estre faits qu'aux villes.*
49 *Decrets faits au Parlement.*
50 *Des lettres Royaux.*
51 *Lettres Royaux sont de grace, ou de Iustice.*
52 *Lettres de grace sont cas Royal, non celles de Iustice.*
53 *Lettres de Iustice, ou sont excitatiues, ou attributiues de iurisdiction.*
54 *Lettres excitatiues sont inutiles.*
55 *Lettres excitatiues doiuent estre addressées aux Iuges des lieux.*
56 *Pratique ancienne touchant les lettres excitatiues.*
57 *Fondement de cette pratique.*
58 *Absurdité de cette pratique.*
59 *De l'addresse des lettres excitatiues.*
60 *Lettres excitatiues doiuent estre addressées au Iuge ordinaire, bien que non Royal.*
61 *De mesme.*
62 *Diuision des lettres attributiues de iurisdiction.*
63 *Celles de la grande Chancellerie sont cas Royal.*
64 *Encore falloit-il anciennement, qu'il y eut clause dérogatoire aux Ordonnances faites en faueur des Seigneurs de France.*
65 *Notamment quand elles estoient generales.*
66 *Exemple.*
67 *Erection des Iuges Consuls.*
68 *Iuges Consuls ne connoissent des Iusticiables des Seigneurs, notamment qui sont hors le ressort du Bailliage, où ils sont établis.*
69 *Eslections, Greniers à sel, Eaux & Forests ne connoissent que des cas Royaux.*
70 *Comme aussi les Preuosts des Maréchaux.*
71 *Des* Committimus, *gardes gardiennes, & protections.*
72 *Lettres attributiues émanées de la petite Chancellerie, sont abusiues.*
73 *Comment doiuent estre conceuës les lettres de la petite Chancellerie.*
74 *Lettres qui anciennement priuoient les Seigneurs des Iustices.*
75 Debitis.
76 *Conforte-main.*
77 *Lettres de complainte.*
78 *Respits.*
79 *Sauue-gardes.*
80 *Que les Iuges ne peuuent deliurer telles lettres.*
81 *Commissions pour saisir & adiourner hors le détroit.*
82 *Remede à ces commissions.*
83 *Clause abusiue és lettres de Garde gardienne & de Protection.*
84 *Que le Sergent ne peut renuoyer, qu'en vertu du* Committimus.
85 *Que le Sergent doit monstrer sa commission au Iuge du lieu.*

DES DIFFERENDS TOVCHANT LES CAS ROYAVX.

CHAPITRE XIV.

1. *Difference entre les droicts & les cas Royaux.*

OMME il y a difference entre les droicts des Seigneurs, & les cas ou pouuoirs de leurs Iustices : aussi y a-t-il difference entre les droicts Royaux, qui sont les actes de Souueraineté expliquez au Chapitre troisiesme, & les cas Royaux, qui sont les cas des Iustices Royales, qu'il faut icy expliquer. Car les droicts Royaux concernent la Seigneurie souueraine du Roy, & partant sont inseparables de sa personne, ainsi que la Royauté mesme, & comme sont generalement les droicts des Seigneurs, concernans l'honneur, ou le pouuoir de leurs Seigneuries, & il a esté traité de ceux-là au troisiesme Chapitre: mais les cas Royaux, dont il faut traiter icy, se referent non à la Seigneurie, mais à la Iustice, & sont ainsi appellez, par vn racourcissement de langage, au lieu qu'il faudroit dire *cas des Iustices Royales*, & partant conuiennent directement aux Iuges Royaux, & non pas à la personne du Roy.

2. *Entreprises des Iuges Royaux, és cas Royaux.* Or comme le Roy a les mains longues, & qu'il n'est point de telle couuerture que le manteau Royal, les Officiers Royaux, pour augmenter leur pouuoir, ont extrémement estendu & multiplié les cas Royaux, en faisant comme des Idées de Platon, propres à receuoir toutes formes, & comme vn passe-par tout de pratique, sous pretexte qu'ils n'ont iamais esté bien specifiez, ny nettement arrestez par aucune Ordonnance. Car bien que les Escriuains du droict François, tant anciens, que modernes, en ayent assez amplement parlé, si est-ce qu'ils sont pleins d'obscurité & d'incertitude, tant pour auoir tous confondu les droits auec les cas Royaux, que pour n'auoir aucun d'iceux rapporté ny leur cause & fondement, ny leur marque specifique, qui estoit neantmoins par où il falloit commencer à les expliquer.

3. *Origine, cause & marques des cas Royaux.* Donc à le bien prendre, les cas Royaux sont ceux seulement, esquels le Roy a interest comme Roy, & pour la conseruation de ses droicts, ou la manutention de son authorité: & dautant qu'il n'est pas raisonnable que sa Majesté déduise cet interest deuant les Iuges de ses subiets, & qu'il leur demande iustice, à bon droict on obserue, que tels cas soient seulement traitez aux Iustices Royales: & voila sans doute la vraye marque & la cause formelle des cas Royaux. Qui est en effet ce que répondit le Roy Louys Hutin aux habitans de Chãpagne, l'an 1315. lors qu'ils furent reduits à la Couronne. Car les Seigneurs du pays se plaignans que les Iuges Royaux entreprenoient la connoissance de toutes causes, supplierent le Roy, qu'il luy pleust specifier les cas Royaux. A quoy il fit réponse, qu'ils s'entendent des cas, qui de droict & d'ancienne coustume peuuent competer & appartenir à vn souuerain Prince, & à nul autre, comme il est écrit en l'ancien Coustumier de Champagne.

4. *Enumeration des cas Royaux.* Voicy maintenant les vrais cas Royaux. Le crime de leze Majesté humaine en tous chefs, & auec toutes ses branches & dépendances mais non de la diuine, comme il a esté prouué au Chap. 12. L'infraction de sauue garde, passe-port, ou sauf-conduit du Roy, & des Officiers de la Couronne, chacun au fait de sa charge. Le tort fait aux Officiers de la Maison du Roy, ou de sa Gendarmerie, & à tous allans & venans, pour le seruice de sa Majesté, mesme à tous Officiers Royaux faisans leur charge : La connoissance de tous droicts, biens & deniers Royaux, & tout ce qui en dépend: & sur cet article sont fondées toutes les Iustices extraordinaires, comme des Elections, Eaux & Forests, & Greniers à sel dans les terres des hauts-Iusticiers. La violence, ou excez faits en assemblée illicite & port d'armes. La fabrication de la monnoye, soit bonne, ou mauuaise, contre les forgeurs seulement, & non contre les simples expositeurs, qui sont plutost larrons, que faux monnoyeurs: les causes concernantes les Offices Royaux, & les delits commis par les Officiers Royaux au fait de leurs Offices : Les causes des Eglises Cathedrales, & autres estans de fondation Royale, où par exprez priuilegiées: Celle des commensaux du Roy, & Princes priuilegiez, & autres personnes, qui ont leurs causes commises aux Requestes du Palais par ancien priuilege, posé qu'ils en vueillent vser: L'execution des mandemens & commissions du grand Seau, portans dons, Remissions, Dispenses, Priuileges, & autres dispositions qui dépendent simplement de la pleine puissance & authorité Royale, bref, tout ce qui dépend des six droicts Royaux, & de souueraineté, expliquez au 3. Chapitre.

5. *Difference de l'interest du Roy, & du public.*

En quoy il faut bien prendre garde, de ne confondre pas l'interest du Roy, qui est le fondement des cas Royaux, auec l'interest public, ou de Iustice, qui de necessité dépend, & est annexé à la haute Iustice, & duquel la poursuite appartient au Procureur d'office, ou Fiscal, c'est à dire public, qui à bien entendre a deux charges. L'vne, de poursuiure les droicts du Seigneur: l'autre, & la principale, de veiller à l'interest public, ou de Iustice: soit en la punition des crimes, soit en la police, soit en toutes autres occurrences.

6. *Ordonnance, ou reglement, contenant les cas Royaux.*

I'ay dit, que les cas Royaux ne sont point nettement specifiez par aucune Ordonnance generale: il est bien vray que les lettres du premier appanage d'Anjou & du Maine, lors qu'il fut concedé par le Roy S. Louis à Charles son frere, donnée à Arras, l'an 1449. contiennent reseruation & expression speciale des cas Royaux, ainsi qu'il se void par l'extraict d'icelles, rapporté par M. Choppin, *lib. 1. De Domanio cap. 6.* Pareillement ils sont exprimez és lettres de l'échange de Montpellier, fait par le Roy Charles V. auec le Roy de Nauarre, en l'an 1371. rapportées par Bacquet, liu. 3. chap. 7. Comme aussi au reglement fait l'année suiuante 1372. par le mesme Roy, entre le Bailly Royal de Touraine, Iuge des exempts & cas Royaux, & le Seneschal de Touraine, Iuge ordinaire pour Louis Comte d'Anjou & de Touraine son fils, auquel peu auparauant il auoit baillé lesdits Comtez en appanage: reglement qui est rapporté au liure 1. chap. 3. du grand Coustumier. Finalement les cas Royaux sont specifiez en l'Arrest donné en l'an 1574. entre le Duc de Montpensier, & les Officiers Royaux d'Auuergne, rapporté par M. Choppin sur la Coustume d'Anjou, liure premier, chapitre 65.

7. *Que ces reglemens ne sont pas generaux.*

Mais ces reglemens ne sont pas generaux, dautant que les premiers portent la reserue faite par le Roy en sa Iustice ancienne, de tous les cas qu'il luy a pleu retenir, en concedant les appanages, *vt in traditione rei suæ potest quo Iuis pactum apponi*, & le dernier est fondé sur plusieurs particularitez resultantes de la Coustume d'Auuergne, & des anciennes & inueterées possessions des Officiers Royaux du mesme pays.

8. *Cas Royaux deuoient anciennement estre plus estendus qu'à present.*

Aussi qu'il faut considerer qu'anciennement & lors qu'on a craint que les grands Seigneurs vsurpassent ce qui restoit au Roy de la souueraineté en leurs Prouinces, qui lors consistoit seulement en la connoissance de la Iustice Royale, outre le simple hommage qu'ils ne faisoient qu'vne fois en leur vie, on estendoit tant qu'on pouuoit les cas Royaux, pour maintenir le Roy en possession plus ample de cette connoissance de sa Iustice. Pourquoy faire, les Rois enuoyoient des Iuges, ou Commissaires dans les terres des Seigneurs, pour iuger les cas Royaux des exempts, qui s'appelloient anciennement *Missi*, ou *Missi Dominici*, & depuis ont esté appellez *Iuges des exempts, & cas Royaux*, qui estoient autres que les Baillifs Royaux, comme i'ay traité au 1. liure des Offices. C'est pourquoy dans les liures des anciens Praticiens, presque toutes matieres sont attribuées à la Iustice Royale, comprenant lors sous les cas Royaux toutes les causes où le Roy pouuoit auoir quelque pretexte d'interest, pour esloigné qu'il fust. Ce qu'ayant esté inuenté plutost par necessité, que par raison, est de soy-mesme tourné en vn non vsage aux siecles suiuans, à mesure que ces anciens Duchez & Comtez ont esté reünis à la Couronne, & que partant la necessité a cessé.

9. *Missi, & Missi Dominici.*

10. *Pourquoi és liures anciens les cas Royaux sont plus estendus.*

11. *Cas Royaux dans Bouteiller.*

Comme par exemple, vous trouuerez dans Bouteiller, que les Iuges Royaux connoissoient par préuention des causes des veufues, pupilles, estrangers, & autres telles personnes, dignes de commiseration. *Item*, des matieres de dots, doüaires, testamens, & autres telles causes fauorables & prouisoires: ce qui notoirement ne s'obserue plus à present.

12. *Toutes matieres prouisoires iadis cas Royaux.*

13. *Seel Royal estoit autrefois cas Royal.*

Il s'y void aussi qu'ils connoissoient de tous contracts passez sous seel Royal, encore qu'il n'y ait nulle consequence des contracts à la iurisdiction, & que le mesme Bouteiller remarque ce que nous gardons encore auiourd'huy, Qu'il n'y a en France que trois seaux attributifs de iurisdiction, à sçauoir, celuy du Chastelet de Paris, celuy de Montpellier, & celuy des foires de Champagne.

14. *Notamment quand il y auoit soumission à la Iustice Royale.*

Sur tout on a fort long-temps obserué, que quand outre le seel Royal il y auoit soumission expresse à la Iustice Royale, soit que la soumission fust generale ou particuliere, alors la connoissance appartenoit au Iuge Royal: comme il se void aux reglemens cy-dessus alleguez. En quoy il y a bien apparence, quand ce cas est reserué expressément par la concession de l'appanage, ou par la Coustume particuliere de la Prouince, comme au fait particulier de ces reglemens: mais il n'y a nul propos de vouloir conclure, qu'és autres lieux la soumission du iusticiable puisse frustrer la Iustice du Seigneur, qui est patrimoniale, & qui est plus concedée en sa faueur, que de ses subiets.

15. *Prorogation de iurisdiction n'a lieu en France.*

Mesme on obserue auiourd'huy en plus forts termes, que les subiets de la Iustice primitiue du Roy, ne peuuent proroger iurisdiction en vne autre Cour Royale, que la leur, non pas mesme par vne élection de domicile contractuel, qui n'a effet que pour les exploits & significations, & non pas pour transferer la iurisdiction: encore que par telle prorogation le Roy ne puisse rien perdre: mais c'est dautant que les iurisdictions sont reglées & limitées par vn droict public, auquel partant les particuliers ne peuuent déroger. Ainsi on garde en France la decision Canonique du chap. *Si diligenti. Ext. de foro compet.* & non pas la ciuile des loix *Si quis in conscribendo. C. De Episc. & cler. & C. pact.* comme Bacquet a bien remarqué au 5. chap. du 3. liure.

16. Des Bourgeois du Roy. Pareillement en quelques endroits de la Champagne, & non ailleurs, les Iuges Royaux ont introduit en vsage les bourgeoisies Royales, dont l'origine est tres-bien expliquée par *17. Citoyens Romains ne plaidoient qu'à Rome.* M. Pasquier, liu. 4. de ses Recherches chap. 5. qui est en vn mot, que comme les Citoyens Romains n'estoient tenus de plaider ailleurs qu'à Rome, ainsi qu'il se lit de Saint Paul aux Actes des Apostres, & s'en void vn exemple dans Pline, *lib. 10. Epist. 4.* à l'imitation dequoy *18. Non plus que ceux de Paris.* a esté introduit le priuilege des Bourgeois de Paris, de n'estre contraints de plaider en defendant en matiere ciuile, hors les murs de Paris, à eux concedé par le Roy Louis XI. en l'an 1465. inseré au 112. article de la Coustume de Paris: aussi à cet exemple quelques Iuges Royaux de Champagne se sont depuis long-temps aduisez de faire de leur propre authorité Bourgeois du Roy les Iusticiables des Seigneurs, pour les attirer à leur Iustice, par le moyen d'vne lettre de Bourgeoisie, qu'eux-mesmes leur bailloient, ou d'vne simple declaration, qu'ils receuoient d'eux, par laquelle ils s'aduoüoient Bourgeois du Roy.

19. Lettres de Bourgeoisie ne peuuent estre données que par le Roy. Or outre que cette Bourgeoisie, entant que c'est vn priuilege contraire au droict commun, ne peut estre donnée que par le Roy seul, & sous le grand Seau de France, il y a encore deux autres absurditez en cette pratique: L'vne, que la Bourgeoisie n'a lieu proprement qu'és Republiques populaires, comme l'a dit expressément Aristote, liure 3. des Politiques, *20. Bourgeoisie n'a lieu proprement qu'és Republiques populaires.* chapitre 1. & Plut. *in Solone*, disans que la Bourgeoisie est d'auoir part à l'Estat, ou aux droicts & priuileges d'vne Cité: ce qui se pratique à Venise, en Suisse, à Geneue, & autres Republiques populaires; & en France à la verité on appelle *Bourgeois*, quoy qu'improprement, ceux qui resident actuellement és villes priuilegiées, comme Paris, Orleans, & autres: mais c'est du tout mal parlé que dire *Bourgeois*, ou *Citoyens du Roy*, dautant que ces mots portent vne *21 Bourgeois qui sont en France.* relation necessaire à vne ville, ou Cité. Aussi les Romains ne s'appelloient pas Citoyens de l'Empereur, mais Citoyens de Rome, & leurs priuileges furent introduits en l'Estat popu- *22. Priuilege des Citoyens Romains, abolis en la Monarchie.* laire, apres qu'ils eurent chassé les Rois par les loix appellées *Sacrées*, dit Tite-Liue, liure 2. mais si tost que la Monarchie de Rome fut establie, Auguste tascha de les abolir, reconnoissant que c'estoit vn reste de Democratie, repugnant à l'Empire, mesme il ne voulut pas donner le droict de Cité, ou de Bourgeoisie Romaine, à sa femme Liuia qui le demandoit pour vn Gaulois. Finalement l'Empereur *Antonius Pius* le supprima adroitement, en l'octroyant par vn Edict general à tous les subjets de l'Empire, par la loy *In orbe. Cod. de statu hominum*, & ainsi reduisant le priuilege en droict commun, il osta en effet le priuilege.

23. Absurdité de la Bourgeoisie. L'autre absurdité (qui est aussi la raison de diuersité du droict Romain au nostre) est que les Romains demeurans Maistres de toute la Iustice de leur Estat & Empire, pouuoient distribuer icelle ainsi que bon leur sembloit, & priuilegier ceux qu'ils vouloient en cela gratifier: mais en France, où les Rois ont alієné partie des Iustices primitiues & ordinaires, ils ne peuuent par puissance reglée (car ie ne parle point de l'absoluë) entreprendre sur les Iustices d'autruy: principalement ils ne peuuent pas introduire vne inuention pour entierement oster & aneantir, comme seroit celle cy: estant facile que tous Iusticiables d'vn Seigneur complottent ensemble, pour s'aduoüer Bourgeois du Roy.

Aussi Philippe le Bel voyant que de son temps ces Bourgeoisies tiroient à trop grand *24. Qu'il y a Ord. expresse pour la negatiue.* abus, y pourueut par vn tres-beau reglement inseré dans le style du Parlement, à sçauoir, que celuy qui s'aduoüeroit Bourgeois du Roy, bailleroit caution d'acheter dans l'an vne maison en la Iustice Royale, où seroit tenu d'y demeurer actuellement, du moins depuis la Toussaints iusques à la Saint Iean d'Esté, & le surplus de l'année se trouuer en la ville Royale és bonnes Festes: ce qu'estant gardé, il ne seroit pas fait grand preiudice aux Seigneurs.

25. Si les Nobles doiuent plaider és Baillinges Royaux en premiere instance. A l'exemple des Bourgeois du Roy, aucuns des plus opiniastres Presidiaux se sont voulu faire accroire en quelques endroits, qu'ils sont seuls Iuges des Nobles en premiere instance, soit en demandant, ou defendant; & soient les Nobles parties principales, ou iointes ou interuenantes en vn procez: ce qui seroit de tres-grande consequence aux Seigneurs: car comme il n'y a que trois Ordres en France, les Ecclesiastiques sont desia exempts de leur Iustice, & partant, si on en ostoit les Nobles, il ne demeureroit plus que les roturiers en la Iustice des Seigneurs: encore l'interuention des Nobles, en osteroit la plus grande part de leurs causes, comme on void que le petit nombre, qu'il y a en France d'Indultaires, attire neantmoins la plus part des causes Beneficiaires au grand Conseil.

26. Qu'il y a Ordonn. expresse pour la negatiue. Aussi est-ce vne pretention réueillée seulement depuis l'Edict de Cremieu de l'an 1536. sous pretexte que le Roy reglant les Preuosts auec les Baillifs Royaux, attribuë aux Baillifs les causes des Nobles à l'exclusion des Preuosts Royaux: mais incontinent apres, & en la mesme année, auant mesme que l'Edict de Cremieu fust verifié en la Cour, de peur que les Baillifs Royaux ne se preualussent de cet article au preiudice des Iustices Seigneuriales, les Seigneurs de France obtinrent vne declaration du Roy, donnée à

Compiegne au mois de Feurier 1536. qui fut deslors verifiée au Parlement, par laquelle sa Majesté declara que par l'Edict de Cremieu, elle n'auoit entendu faire preiudice aux Iustices des Seigneurs, qu'elle reconnoissoit patrimoniales : partant ordonna que les Seigneurs hauts-Iusticiers connoistroient des causes des Nobles residans en leurs Iustices, tout ainsi qu'ils faisoient auparauant, & est notable la raison portée par cette declaration, qui au surplus est tellement obseruée auiourd'huy, qu'il n'y a année, qu'il ne se donne, suiuant icelle, des Arrests contre les Iuges Royaux : dont les liures modernes sont pleins, de sorte que cette querelle est desormais vuidée : aussi n'y a-t-il nulle consequence de dire que la cause d'vn Noble soit vn cas Royal, autrement il faudroit reputer tous les Gentilshommes, comme Rois en France.

Dauantage, les Iuges Royaux pretendent auoir par concurrence & preuention la con- *27 Matieres possessoires.* noissance des complaintes & matieres possessoires, disans que c'est au Roy & à ses Officiers de reprimer tous troubles & violences, & à conseruer vn chacun en ses possessions, & qu'il est plus seant de se plaindre au Roy, qu'aux Seigneurs subalternes, qui est confondre *vim priuatam cum vi publica* : & encore confondre l'interest Royal auec l'interest de Iustice, dont la poursuite appartient à tous hauts-Iusticiers, comme il a esté dit cy deuant.

Mais pour empieter les matieres de complainte, les Iuges Royaux inuenterent ancienne- *28. Comme les Iuges Royaux ont vsurpé la preuention.* ment vn moyen assez subtil, qui fut d'obtenir lettres en Chancellerie, pour ramener à effet (ainsi qu'ils parloient) la complainte sur le lieu contentieux par lesquelles ils faisoient mander au premier Sergent Royal d'adiourner deuant luy mesme les parties sur le lieu, & maintenir veritablement l'impetrant en ses possessions & saisines, & en cas d'opposition, enuoyer le procez deuant le Iuge Royal, comme il se void dans les Institutions Forenses d'Imbert. Et bien que cette inutile formalité de pratique soit maintenant hors d'vsage, si est-ce qu'en consequence d'icelle les Iuges Royaux sont demeurez en possession de la preuention ès matieres possessoires.

Encore ont-ils gardé à eux seuls, comme vn pur cas Royal, la connoissance du possessoire *29. Possessoire des Benefices est à present cas Royal.* des Benefices, en consequence de la Bulle du Pape Martin, rapportée au style du Parlement qui confirme ce droict au Roy de France, comme en estant deslors en possession immemoriale : & bien qu'à la suite de cette Bulle, il se voye dans le style du Parlement, que lors les Seigneurs de France en connoissoient aussi bien que le Roy : si est-ce que par l'Ordonnance de Louis XI. de l'an 1464. il leur a esté interdit, comme aussi par plusieurs Ordonnances on leur a osté le pouuoir de faire saisir le temporel des Benefices, soit à faute de residence, de reparations, ou autres causes.

Sur ce mesme poinct du trouble, ou de la force, & sous pretexte que celle qui est notable *30. Du port d'armes.* & inuasible, c'est à dire faite auec port d'armes en assemblée illicite, est cas Royal, les Iuges Royaux se font accroire en quelques endroits, que tous delits faits auec armes sont de leur iurisdiction, dautant que Iustinian aux Institutes appelle *force publique*, celle qui est faite auec armes, & *priuée*, celle qui est faite sans armes. Bien que Cujas aux Paratitles des Digestes, monstre bien que ce n'est pas la vraye distinction de la force publique, & de la priuée.

Mais il faut prendre garde qu'en l'enumeration des cas Royaux, port d'armes est tousiours *31. Comment le port d'armes est cas Royal.* ioint auec assemblée illicite, comme en l'Arrest de Monpensier, & par tout ailleurs : qui est ce que dit la loy 5. *D. Ad leg. Iul. de vi publica, qui cœtu, concursu, turba, seditione quid per violentiam admiserit*, & la loy penultiesme du mesme titre, *qui ædes alienas expilauerit, effregerit, expugnauerit in turba, cum telo*. Donc à bien entendre, trois choses sont requises pour faire ce cas *32. Trois choses requises à ce qu'il soit cas Royal.* Royal, à sçauoir qu'il y ait port d'armes, & que ce soit en assemblée, & que cette assemblée soit illicite, c'est à dire qu'elle ait intention de mal-faire.

Pour le port d'armes, chacun sçait ce que c'est : & quant à l'assemblée, voicy ce qu'en dit *33. Turba quid.* la loy 4. *De vi bonorum raptorum, & de turba, Turbam appellatam Labeo ait, ex genere tumultum, idque verbum è Græco tractum*, ἀπὸ τῆς τύρβης (ainsi faut-il lire auec Haloander) *id est, à tumultu. Turbam autem ex quo numero admittimus? Si tres aut quatuor, turba vtique non erit. Si plures fuerint, nimirum decem, aut quindecim homines, turba dicetur. Et rectissimè Labeo, inter turbam & rixam, multum interesse ait. Namque turbam multitudinis hominum esse turbationem & cœtum, rixam etiam duorum.*

Mais encore on dit assemblée illicite, c'est pourquoy il faut qu'ils soient assemblez pour *34. Turba & rixa. Assemblée illicite.* mal-faire, autrement (comme dit Imbert au troisiesme liure de ses Instit. Forenses) *ce n'est pas cas priuilegié. Comme si des Escoliers, pour euiter la peste estant en vne Vniuersité, vont en vne autre par bande, portans picques & autres bastons longs, comme ils ont accoustumé, & suruient noise entr'eux autres, & s'y commet quelque delit, ce ne sera cas priuilegié. Et ainsi a esté dit par Arrest entre le Procureur du Roy & l'Euesque de Paris.*

Concluons donc auec le iudicieux Coquille, en son institution chap *Du droict de Royauté*. *35. Conclusion par l'opinion de Coquille.* *Que le port d'armes n'est pour estre garny d'harquebuzes, hallebardes, cuirasses, ou autres armes offensiues & defensiues : mais quand aucuns s'assemblent au nombre de dix, ou plus, estans armez auec propos*

36. Pourquoi port d'armes est cas Royal.

deliberé pour faire insulte & outrage à autruy. Aussi le crime de port d'armes, estant cas Royal, implique en soy l'assemblée illicite d'hommes en armes. Donc ces trois rencontres concurrentes, qu'il y ait port d'armes en assemblée, qui soit illicite, c'est sans doute vn cas Royal, pource que c'est au Roy à maintenir le repos public, & la liberté de son peuple, qui est violée par tels actes, comme dit Ciceron, *Pro Aruspicum responsis.*

37. Fondement de la iurisdiction des Preuosts des Mareschaux.
38. Leur origine.
39. Tous guetteurs de chemins ne sont pas de leur gibier.
40. Des crimes commis és grands chemins, de la police, voirie, mestiers, poids & mesures, remissiuè.

Sur cette mesme consideration, que le Roy est conseruateur de la liberté publique, est fondée la iurisdiction des Preuosts des Maréchaux, qui furent instituez premierement par l'Empereur Auguste, pour exterminer les voleurs, qui apres les guerres ciuiles courroient par l'Italie : ce que Tibere continua, dit Suetone en leurs vies. D'où il s'ensuit que leur vraye iurisdiction est contre les voleurs, & guetteurs de chemins pour voler : *& inde dicti sunt Latrunculatores : Græcè,* λῃστοδιῶκται : comme Cujas prouue bien, liure 19. des Obseruations, chapitre 11. mais non pas qu'ils ayent iurisdiction, comme ils pretendent, sur ceux qui guettent dans vn chemin celuy lequel ils ont querellé. Car mesme le meurtre, c'est à dire l'homicide fait de guet à pens, est l'vn des quatre grands crimes reseruez aux Chastelains, à l'exclusion des hauts-Iusticiers : mesme en plusieurs Coustumes il est attribué aux simples hauts-Iusticiers. Moins encore appartiennent aux Preuosts, ny autres Iuges Royaux, les autres crimes commis és grands chemins, comme i'ay prouué cy-deuant au neufiesme chapitre. Ainsi qu'au 10. chapitre i'ay prouué que la police, & notamment la voirie, & les mestiers, & les poids & mesures n'estoient cas Royaux : bien que les Officiers du Roy se les veulent attribuer en aucuns lieux, faute de distinguer l'interest public & de iustice d'auec celuy du Roy.

41. Certification des criées, où sont estre faite.
42. Non és Iustices de village, ny par emprunt de Praticiens.

Pareillement, faute de distinguer les simples Iustices d'auec les Chastellenies, plusieurs tiennent que les criées ne peuuent estre certifiées sinon pardeuant les Iuges Royaux, sous pretexte de quelques Arrests de la Cour, par lesquels des certifications de criées faites deuant les Iuges de village, par emprunt de Praticiens, ont esté cassées : & ce à iuste cause, tant pource que c'est la foule des parties de mener ainsi des Praticiens au loin, pour vne simple certification de criées, que pour autant que ceux-là estans estrangers du Siege, ne sont pas capables de répondre du style particulier d'iceluy.

43. Mais bien és Iustices subalternes des villes.

Mais au contraire, il a esté iugé par plusieurs Arrests, que les certifications de criées faites aux sieges notables des Iustices Seigneuriales, où il y a nombre suffisant de Praticiens residens sans en emprunter d'ailleurs, estoient bonnes & valables : comme il a esté iugé par Arrest du trentiesme Ianuier 1578 & par autre Arrest du 16. Ianuier 1587. pour le Comte de Rochefort, & autre du 11. Feurier 1559. pour le Seigneur de Coulomiers. I'ay veu aussi vn autre Arrest pour le Seigneur de Rambouïllet, par lequel fut infirmée la Sentence du Bailly de Montfort l'Amaury, qui luy auoit fait defenses de certifier criées : i'ay esté aduerty depuis peu, qu'en l'année derniere 1607. il en fut donné vn Arrest en la 5. Chambre, apres en auoir demandé aduis aux autres, touchant des criées certifiées à Chasteaudun.

44. Raison.

Aussi quelle raison y auroit-il de soustenir le contraire, puis que l'Ordonnance des criées de l'an 1551. dit par exprez, que *les criées doiuent estre certifiées pardeuant le Iuge des lieux*, mots qui comprennent infailliblement les Iuges subalternes, aussi bien que les Royaux. Car quand l'Ordonnance entend exclure les Iuges des Seigneurs, elle vse de ce mot, *nos Iuges*, & ne dit pas, *les Iuges des lieux.* Et de dire, que certifier criées ce soit vn cas Royal, il n'y a notoirement aucune coherence : de dire aussi que les criées ne peuuent estre certifiées, qu'au siege principal de la Coustume, les termes de l'Ordonnance y resistent, & l'vsage pareillement, attendu que notoirement les certifications des criées se font aux Preuostez, & autres Iustices Royales inferieures, mesme plus souuent qu'aux Bailliages & Seneschaussées.

45. Pannonceaux doiuent par tout estre aux armes du Roy.

Toutefois cette mesme Ordonnance des criées veut que les Pannonceaux apposez aux maisons saisies, soient notamment aux armes du Roy, & la Cour a tousiours trouué mauuais qu'on y apposast les armes des Seigneurs Iusticiers. Mais c'est vne dépendance de Souueraineté, & vn acte de Iustice vniuerselle, qui ne déroge point, & qui ne fait point de preiudice à la Iustice particuliere des Seigneurs : & cela se fait à cause de la decision du droict, *Vt nemo priuatus titulos prædiis imponat, vel vela Regia suspendat* : estant vn droict qui n'appartient qu'au Souuerain, de poser affiches, ou autres marques de sauuegarde publique, comme il est bien decidé en la Nouelle 17. chapitre 15. *Titulos imponere prædiis, & domibus superscribere nomina præsumentibus, periculosum esse scias, quia hoc agentes propriam substantiam applicabunt fisco. Si enim rem soli Imperio concessam tentauerit quis vsurpare, in suis agnoscat periculum, & suis rebus, publicis titulis impositis, fiat aliis exemplum abstinentiæ.*

46. Tous commandemens & publications deuroient estre faites au nom du Roy.

Et à cet exemple, quand on trouueroit bon d'ordonner que tous commandemens de Iustice se fissent au nom du Roy, comme ils se font és Iustices appartenántes aux villes, ou pour le moins conjointement au nom du Roy & du Seigneur, ce seroit faire esclatter plus souuent l'authorité & la Majesté du Roy aux oreilles de ses subiets, & si on ne feroit point de tort aux Seigneurs Iusticiers, attendu qu'outre la Souueraineté, & la Iustice vniuerselle, le Roy a tousiours la Seigneurie directe de toute Iustice Seigneuriale, qui necessairement releue mediatement, ou immediatement en fief de luy : & à cet égard, il est vray de dire, que les Officiers des Iustices Seigneuriales, au moins de celles qui ressortissent directement en la Royale, sont aucunement ses Officiers, pourueu toutesfois qu'on distinguast soigneusement ce qui est de la Seigneurie directe d'auec la proprieté & Seigneurie vtile de ces Iustices, & en ce faisant, qu'on n'ostast rien aux Seigneurs, de ce qui est des droits & émolumens patrimoniaux de leurs Iustices.

47. *Des decrets.* Mais i'entens qu'entre les Iuges Royaux des Prouinces, il y en a auiourd'huy de si auantageux, que sous pretexte qu'il y a beaucoup de sieges des Seigneurs, où les criées ne peuuent estre certifiées, & que par tout il faut des Pannonceaux Royaux (bien que les Pannonceaux se mettans sans connoissance de cause, n'attribuënt iurisdiction, & que la certification se fasse le plus souuent en autre siege, que celuy où se fait le decret) ils se font accroire que tous les decrets se doiuent faire pardeuant eux : chose qui iusques à present n'a iamais esté mise en auant, non pas mesme du temps qu'il estoit necessaire d'abaisser le pouuoir des grands Seigneurs de France, & qu'il y auoit des Iuges des exempts & cas Royaux, en toutes les Iustices des appanagez, & autres grands Seigneurs : & qui est d'ailleurs si absurde, que plusieurs Coustumes attribuënt expressément les decrets non seulement aux hauts, mais mesme aux moyens Iusticiers. Comme aussi tous les Docteurs de Droict tiennent sur la *l. Imperium D. De iurisd.* que *interpositio decreti est actus, non meri, sed mixti imperij* : & c'est la verité, que le decret est vn acte qui participe autant de la iurisdiction volontaire, que de la contentieuse.

48. *Decrets ne deuroient estre faits qu'aux villes.* Il est vray que pour les grands differends & difficultez qui se rencontrent ordinairement aux decrets qui sont les vrais chefs d'œuure de pratique, & dautant aussi qu'és Auditoires des villages les encherisseurs ne se trouuent pas si communément & en si grand nombre qu'és villes closes, aussi que les Iustices des villages sont la pluspart vsurpées, il ne seroit possible hors d'apparence, de laisser tous les decrets aux Iuges des villes : mais ce seroit non seulement contre Iustice, mais aussi contre le bien public, de les oster indistinctement à tous les Iuges des villes Seigneuriales, & les attribuer au siege capital de la Prouince, qui estant bien souuent esloigné des heritages saisis, il ne s'y trouueroit pas tant d'encherisseurs, que si l'adiudication se faisoit en la prochaine ville, & au siege ordinaire, où hantent plus communément ceux du détroit.

49. *Decrets faits au Parlement.* Cela ne sert de rien de dire que les adiudications se font bien au Greffe de la Cour : car elles ne s'y font pas en premiere instance, mais seulement quand les decrets se font en vertu de ses sacrez Arrests, dont l'execution luy demeure : ce qui n'arriue gueres qu'aux decrets des grandes terres, encore voit-on qu'à cause de l'esloignement, elles y sont le plus souuent venduës à fort vil prix, au grand dommage du saisi, & des derniers creanciers.

50. *Des lettres Royaux.* Mais la plus grande & frequente entreprise des Iuges Royaux sur les subalternes en l'extension des cas Royaux, est par le moyen de lettres Royaux. Car presque en toutes matieres on prend suiet d'en obtenir : de-sorte que si on obseruoit indistinctement l'opinion vulgaire, que les seuls Iuges Royaux sont competens d'en connoistre, les subalternes seroient presque entierement priuez de leur Iustice.

51. *Lettres Royaux sont de grace, ou de Iustice.* Pour examiner ce poinct, il faut commencer par la distinction generale des écrits, & lettres Royaux, dont les vnes sont de grace, & les autres de Iustice : i'appelle les lettres de grace, celles qui dépendent de la pure grace, liberalité, ou bonté du Prince, & lesquelles il peut refuser, sans violer le droict commun : comme les graces, remissions, dons, octrois, dispenses, priuileges, lettres d'Offices, toutes lettres de finance : & les lettres de Iustice sont celles qui sont fondées sur le droict commun, ou qui portent mandement de rendre la Iustice.

52. *Lettres de grace sont cas Royal, non celles de Iustice.* Cette diuision presupposée, ie tranche en vn mot, que toutes lettres de grace doiuent estre enterinées & executées par les Officiers Royaux, & non autres, pource qu'il n'appartient qu'à eux seuls d'executer la volonté pure de leur Maistre : mais quant aux lettres de Iustice, ie dy que regulierement tout Seigneur ayant Iustice, en peut & doit connoistre en son détroit (qui est l'opinion de Du Molin cy-apres rapportée) sauf toutefois quelques exceptions.

53. *Lettres de Iustice sont ou excitatiues ou attributiues de Iurisdiction.* Pour lesquelles comprendre, il faut subdiuiser les lettres de Iustice en celles qui sont excitatiues, & celles qui sont attributiues de iurisdiction. Sous les excitatiues, ie comprens les rescisions & restitutions en entier, qui sont sans doute fondées en droict cõmun. Et ce qu'on est contraint s'en addresser au Roy (ainsi qu'en l'ancien droict Romain, on s'addressoit au Preteur, ou au Magistrat, pour mander à celuy qu'il commettoit pour iuger, qu'il ne s'arrestast point à la rigueur du droict étroit) a esté inuenté du commencement à bonne fin : 54. *Lettres excitatiues sont inutiles.* sçauoir pour faire reconnoistre dauantage le Roy, lors que toutes les Iustices appartenoient aux grands Seigneurs : mais à present c'est vne formalité de pratique, qui ne sert plus que pour l'entretien des Officiers des Chancelleries : enfin, ce n'est plus qu'vn impost que le Roy

prend sur les procez, dautant que si la cause de l'impetrant n'est bonne selon le droict commun, ses lettres ne luy seruent de rien. C'est pourquoy à bon droict les trois Estats d'Orleans firent requeste au Roy, pour abolir cette formalité de lettres de Iustice, qui n'a iamais esté connuë par les Grecs ny par les Romains, comme Bodin remarque fort bien liure 3. de sa Republique chap. 4.

55. *Lettres excitatiues doiuent estre addressées aux Iuges des lieux.* I'y comprens aussi les lettres de benefice d'inuentaire, qui sont pareillement fondées en droict commun, *l. Scimus, C. de iur. delib.* mesme qu'on n'est point tenu d'en obtenir au païs de droict escrit. Et encore les lettres de benefice d'aage, pource que c'est maintenant vn droict commun en France de n'en point refuser à ceux qui se disent auoir atteint l'aage de vingt ans: aussi qu'elles ne sont enterinées que par l'aduis des parens, qu'il cousteroit beaucoup à vn pauure mineur, de faire comparoistre au loin deuant le Iuge Royal: en quoy il semble qu'il n'y a plus de doute depuis l'Ordonnance de Blois, qui veut que toutes instructions de procez, & mesme les executions d'Arrests qu'il faut faire sur le lieu, en vertu des lettres de Chancellerie, soient addressées aux Iuges des lieux pour le soulagement des parties, comme il a esté touché au chap. precedent.

56. *Pratique ancienne touchant les lettres excitatiues.* Toutefois auparauant cette Ordonnance on pratiquoit, & encore à present plusieurs Praticiens tiennent, que si les lettres de rescision, ou autres semblables estoient obtenuës principalement, & pour commencer le procez par l'action rescindante, ou rescisoire, l'addresse en deuroit estre faite au Iuge Royal: mais si elles estoient obtenuës incidemment, sur vn procez desia pendant deuant le Iuge subalterne sur le rescisoire, elles luy deuroient estre addressées à cause de la connexité, *& ne causæ continentia diuidatur.*

57. *Fondement de cette pratique.* L'origine de cette pratique vient d'vne vieille maxime de Chancellerie, que le Roy n'addresse ses lettres qu'à ses Officiers, comme si toutes Iustices ne tenoient pas de luy, du moins en directe Seigneurie: & d'ailleurs comme si les Iuges des Seigneurs n'estoient pas subiets, & tenus d'executer ses mandemens, & s'ils n'estoient pas aussi dignes de les receuoir, comme de simples Sergens: enfin comme si cette formalité estoit si importante à l'authorité du Roy, que sous pretexte, qu'il voudroit addresser ses mandemens aux Iuges subalternes, il leur deust oster ce qui dépend de leurs Offices.

58. *Absurdité de cette pratique.* Mais sur tout est-ce pas vn vray abus, mesme vne pure illusion en Iustice, qu'vn vil Sergent fasse commandement à vn Iuge notable, estant en son siege & en pleine audience, de faire ce qui est de sa charge, comme il est mandé par le style des Chancelleries, lors que les lettres Royaux doiuent estre presentées au Iuge subalterne. Aussi on auroit honte de pratiquer à la lettre ce style & formulaire ridicule, & faire qu'vn Sergent commandast à vn Iuge, estant mesme au lieu, & en l'acte de Iustice: mais on fait presenter les lettres par vn Procureur, tout ainsi qu'és Iustices Royales.

59. *De l'addresse des lettres excitatiues.* Et notamment depuis l'Ordonnance de Blois qui a enjoint faire l'addresse des commissions aux Iuges des lieux, les bons Praticiens n'ont plus fait de difficulté d'addresser directement les lettres de Chancellerie aux Iuges subalternes, mesme à present on void les Edicts & les lettres du grand Seau, dont l'execution se doit faire dans les villes non Royales, contenir cette addresse: *A nos Baillifs, Preuosts, &c. & autres Iuges & Officiers qu'il appartiendra.* Et n'y a tantost plus que les anciens Praticiens, qui ne peuuent démordre la routine de leur ieunesse, ou les Clercs ignorans qui composent leurs lettres sur les vieux protocolles de Chancellerie, qui gardent cet ancien scrupule.

60. *Lettres excitatiues doiuent estre addressées au Iuge ordinaire, bien que non Royal.* Mesme la Cour a pratiqué de tout temps, que si pour attirer vn procez deuant le Iuge Royal, on obtenoit des lettres Royaux, sans qu'il en fust besoin (comme rarement és petites Chancelleries on refuse de la cire pour de l'argent) le Seigneur haut-Iusticier est bien fondé à demander le renuoy de la cause. Témoin l'Arrest du Duc d'Alençon, pour sa Vicomté de Chasteauneuf en Timerais de l'an 1518. par lequel la Cour infirma la Sentence du Bailly de Chartres qui l'auoit debouté du renuoy en vne cause de vendication, où le demandeur auoit obtenu lettres pour estre releué de la prescription. Arrest qui est inseré au style du Parlement *Parte* 7. au droict duquel Du Molin note en apostille, que les lettres excitatiues de iurisdiction doiuent estre presentées & enterinées deuant le Iuge du lieu, encore qu'il ne soit pas Royal. Et le mesme Du Molin sur l'article 83. de la Coustume d'Anjou, qui porte, *Qu'és lettres, qu'autre que le Roy ne peut octroyer, il n'y a lieu de renuoy*, a dit ces mots, *Scilicet de iis, quæ sunt meræ gratiæ, secus de iis, quæ sunt iustitiæ, id est iuris communis, licet fiscales Regij conentur omnia ad suum forum trahere, quauis colorata tantùm occasione.*

61. *De mesme.* Ie leur demanderois volontiers, pourquoy les lettres de rescision attribuënt plutost iurisdiction aux Iuges Royaux, que celles de desertion, d'anticipation, de conuersion d'appel en opposition, qui notoirement sont presentées tousiours & sans distinction aux Iuges non Royaux, en ce qui est de leur iurisdiction? ce qui monstre bien que toutes lettres Royaux ne doiuent pas estre addressées aux Officiers du Roy, mais seulement les lettres de grace, & les lettres attributiues de iurisdiction.

62. *Diuision des lettres* Voila pour les excitatiues, & quant aux attributiues de iurisdiction, il faut derechef les

subdiuiser, en celles de la grande, & celles de la petite Chancellerie.

attributiues de iurisdiction.

63. Celles de la grande Chancellerie sont cas Royaux.

Quant à celles de la grande Chancellerie, & qui ne peuuent estre expediées en la petite, il n'y a nulle difficulté, que celles-là ne puissent distraire la Iustice ordinaire des Seigneurs, & renuoyer la matiere au Iuge, auquel elles sont addressées. Car c'est le Roy qui vse de son authorité & de la Iustice vniuerselle, soit de son particulier mouuement, soit auec connoissance de cause. Qui doute qu'il ne puisse interdire, éuoquer commettre & renuoyer les causes ainsi qu'il luy plaist? Et toutesfois voicy ce ce qu'en dit l'Ordonnance de Philippe VI. de l'an 1338. *Prohibemus ne aliquis Seneschallus, aut alius Officiarius noster, subditos iustitiariorum merum Imperium habentium, prætextu litterarum nostrarum coram se trahat ciuiliter vel criminaliter, nisi in dictis litteris mentio fieret, quòd subditi essent aliorum iustitiariorum, cum clausula* NONOBSTANTE, *&c. & continerent causam nos rationabiliter mouentem. Alias illas ex nunc subreptitias reputamus, nec eas volumus executioni mandari.* Car c'est vn acte de puissance absoluë, & d'authorité souueraine, dont le Prince n'a pas accoustumé d'vser sans grande cause.

64. Encore falloit-il anciennement qu'il y eust clause dérogatoire aux Ordonnances faites en faueur des Seigneurs de France.

Ce qui doit estre principalement obserué quand les lettres attributiues de iurisdiction concernent non vne simple affaire, mais vne vniuersité de cause. Car alors les Seigneurs, dont par ce moyen la Iustice seroit affoiblie, ont suiet de se pouruoir, soit par remonstrance, ou par requeste, ou par opposition, & autres voyes de droict; pource qu'il n'est pas à presumer que le Roy vueille oster aux Seigneurs en tout, ou en partie les Iustices, qu'il leur a concedées en fief, & qu'ils racheptent de sa Majesté.

65. Notamment quand elles estoient generales.

66. Exemple.

Par exemple, quand le Roy fit son Edict de Cremieu, par lequel il sembloit vouloir attribuer aux Baillifs & Senéchaux les causes des Nobles, les Seigneurs de France formerent opposition à la verification d'iceluy, qui l'arresta prés d'vn an, & fut leur opposition trouuée si iuste, que suiuant icelle le Roy fit sa declaration, qu'il n'entendoit preiudicier à leurs Iustices.

67. Erection des Iuges Consuls.

68. Iuges Consuls ne connoissent des Iusticiables des Seigneurs, notamment qui sont hors du ressort des Bailliages où ils sont establis.

Mais quand les Iuges Consuls furent érigez en l'an 1563. & és années suiuantes, ce ne fut du commencement qu'és bonnes villes, comme Paris, Roüen, & autres, où le Roy seul y a notoirement la police, sous laquelle on comprit les causes de marchand à marchand & pour fait de marchandise: & encore ces érections furent faites par Edicts particuliers, & l'vne apres l'autre: de sorte que les Seigneurs de France n'auoient pas grand moyen, ny grand suiet aussi de s'y opposer en corps: ioint qu'ils y eussent profité, pource que feu Monsieur le Chancelier de l'Hospital inuenteur de ces Iustices (aussi bien que de celles des Presidiaux) les affectionnoit infiniment. Neantmoins les Seigneurs ont tousiours soustenu que les Consuls n'auoient que voir sur leurs Iusticiables: dont la Cour n'a point fait de difficulté à l'égard de ceux dont les Iustices sont hors le ressort des Bailliages, où il y a des Iuges Consuls establis: comme elle a iugé par plusieurs Arrests, dont i'en ay vn notable chez moy, donné au profit de Madame de Longueville, Comtesse de Dunois, le septiéme May 1577. par lequel deffenses ont esté faites aux Iuges Consuls de Chartres, d'entreprendre iurisdiction sur les habitans du Comté de Dunois, dautant qu'il est assis dans le Bailliage de Blois, où il n'y a aucuns Consuls, bien que ceux de Chartres en soient les plus proches: & mesme il est ordonné par cet Arrest, ce requerant feu Monsieur Brisson, lors Aduocat general du Roy, qu'il sera publié en l'Auditoire desdits Consuls.

69. Elections, Greniers à sel, Eaux & Forests, ne connoissent que des cas Royaux.

70. Comme aussi les Preuosts des Maréchaux.

Et quant aux Iustices des Elections, Greniers à sel, Eaux & Forests, elles ne connoissent que des cas vrayement Royaux, & partant elles ne peuuent rien entreprendre sur la Iustice ordinaire des Seigneurs. Et pour le regard de celles des Preuosts des Maréchaux, elles sont approuuées pour leur apparente vtilité: ioint qu'elles n'ont connoissance que des voleries faites en grand chemin, fausse monnoye, delit des soldats, & des vagabonds, qui sont tous cas dont les Officiers Royaux ont tousiours pretendu la preuention.

71. Des Cōmittimus, Gardes gardiennes, & protections.

Comme aussi au regard des *Committimus* des Requestes du Palais, & de l'Hostel du Roy, des Gardes gardiennes, & des protections des Vniuersitez, les Seigneurs y acquiescent, en tant qu'il n'y a point de fraude, comme estans tels priuileges dépendans des cas Royaux, & qui sont presumez plus anciens que leurs Iustices: mais quoy qu'il en soit, toutes ces Iustices extrauagantes & extraordinaires, & aussi ces priuileges sont moins fauorables & extensibles entre les Iusticiables des Seigneurs, qu'entre les subiets primitifs du Roy, attendu que le Roy peut tronquer ses Iustices, ainsi qu'il luy plaist, mais il n'entend pas affoiblir celles qui sont patrimoniales aux Seigneurs.

72. Lettres attributiues émanées de la petite Chancellerie sont abusiues.

Finalement pour le regard des lettres attributiues de iurisdiction, émanées de la petite Chancellerie, ie dy, sauf correction, qu'elles sont toutes abusiues, si ce n'est qu'elles soient fondées en Edict, ou en Arrest. Car les petites Chancelleries ne sont instituées que pour les dépesches ordinaires & du style commun, & non pas pour expedier ce qui requiert connoissance de cause, & moins encore pour attribuer à vne Iustice ce qui appartient à vne autre, & pour commettre des Iuges estrangers à la poste des parties, au preiudice des Iuges ordinaires & naturels, comme il est decidé expressément par l'Ordonnance de 1539. art. 170. & 171.

73. Cōment doiuent estre

Aussi à bien entendre, ne doiuent-elles vser du mot *commettons*, mais seulement dire *man-*

conceiles les lettres de la petite Chancellerie. dons : car comme remarque fort bien le grand Coustumier liure second, chapitre 19. le Roy mande aux Iuges ordinaires, mesme les bons Formulaires de Chancellerie vsent de ces mots, *Et pource que la connoissance de la matiere vous appartient, mandons, &c.* Et tout ainsi que telles lettres seroient iugées inciuiles, si elles attribuoient au Baillif Royal ce qui appartient au Preuost : à plus forte raison les faut-il iuger telles, quand elles attribuënt au Iuge Royal ce qui appartient au subalterne, qui a Iustice patrimoniale, & à laquelle de droict commun le Roy ne peut preiudicier.

74. Lettres qui iadis priuoient les Seigneurs de leurs Iustices. Neantmoins au temps passé, cela estoit si commun, que rien plus, & par le moyen de telles lettres, on ostoit aux Iuges subalternes la plus part de leurs causes.

75. Debitis. 76. Confortemain. 77. Lettres de complainte. 78. Respits. 79 Sauuegarde. Car on leur ostoit la connoissance des executions, saisies, & decrets, par le moyen des lettres de *Debitis* : on leur ostoit les matieres feodales, par les lettres de conforte-main : on leur ostoit les matieres possessoires, par le moyen des lettres de complainte ; on leur ostoit les matieres d'attermoyement, par les répits & les lettres de cinq ans : on leur ostoit les causes des veufues, pupilles, estrangers, par le moyen des lettres de sauue garde, & ainsi d'infinies autres, dont l'abus par succession de temps s'est trouué si manifeste, qu'auiourd'huy toutes ces sortes de lettres dont les noms mesmes sont rudes & sauuages, se sont d'elles-mesmes aneanties.

80 Que les Iuges ne peuuent deliurer telles lettres. 81. Commission pour faire & adiourner hors le distroit. Mais voicy encore vn plus grand abus, c'est que les Iuges Royaux, n'attendans pas qu'on aille iusques à Paris, pour leuer telles lettres, les deliurent eux-mesmes en leurs Greffes : comme des commissions generales pour saisir & executer, soit pour droits Seigneuriaux, soit mesme pour debtes personnelles, & ce sur les subiets des hauts Iusticiers, & dans leur Iustice primitiue, mesme bien souuent hors leur ressort, & dans la Iustice de leurs voisins. Et tout autant de commissions qu'on demande, pour adiourner pardeuant eux en premiere instance les Iusticiables des Seigneurs, ils n'en refusent point : mesme quand il est question d'adiourner ceux d'vne autre Prouince, tout leur est indifferent, disans qu'en matiere de Iustice, il n'est que d'entreprendre. Auquel dernier cas les Iuges des lieux font tres bien de

82. Remede à ces commissions. faire arrester & de condamner en bonnes amendes les Sergens executans telles commissions : car ils doiuent sçauoir leur Prouince & ressort : ioint que si on n'en vsoit ainsi, le Iuge, qui entreprendroit sur le territoire d'autruy, auroit tousiours cet auantage, d'estre Iuge de son entreprise.

83 Clause abusiue és lettres de Garde gardienne, & protection. 84. Que le Sergent ne peut renuoyer qu'en vertu du Committimus. Sur ce propos est à remarquer vn abus qui se commet ordinairement és lettres de garde gardienne, & és protections des Escoliers & Supposts des Vniuersitez, en ce que par icelles il est mandé aux Sergens, de faire commandement aux Iuges, de renuoyer les causes deuant les Baillifs, ou Conseruateurs, & au refus des Iuges, les renuoyer eux-mesmes. Clause qui est notoirement abusiue à l'égard des Iuges, qui ne ressortissent pardeuant eux, n'y ayant que le Roy & la Cour, qui puissent faire telles iniontions indistinctement à tous Iuges, estant seul superieur de tous. C'est pourquoy cette clause n'est pas abusiue és *Committimus* des Requestes, esquels le Roy parle : aussi que Messieurs des Requestes, & de l'Hostel, & du Palais sont du Corps de la Cour : lesquels exceptez, c'est à tout Iuge, pardeuant lequel est pendant le procez. *æstimare an sua sit iurisdictio, necne, l. Si quis ex aliena. ff. De iudiciis*, & s'il refuse le renuoy, il n'y a voye que par appel, & c'est au superieur à vuider desormais la contention de iurisdiction. Comme Bacquet a bien traité au 8. chap. du 3. liure, & Chenu en rapporte vn Arrest du 26. Auril 1606.

85. Que le Sergent doit monstrer sa commission au Iuge du lieu. Mesme il est indubitable, que le Sergent ne doit pas, en vertu de telles lettres, adiourner les subjets d'vne Prouince en vne autre, sans exhiber & presenter sa commission au Iuge du lieu, autrement il peut estre arresté. Car si cela estoit toleré, on attireroit tous les iours les pauures gens à plaider hors de connoissance, & n'y auroit nul autre moyen d'empescher que le Iuge estranger fust Iuge en sa cause, & de sa propre entreprise.

86. Comment s'entend de ne demander Placet, Visa, ne Pareatis. Ce qui n'est point contraire aux Ordonnances, qui defendent de demander *Placet, Visa*, & *Pareatis* : car elles s'entendent des mandemens Royaux de Chancellerie, ensemble des obligations sous seel Royal, qui s'executent par toute la France : & des Sentences des Iuges Royaux dedans leur ressort, & és lieux où s'estend leur puissance, mais non pas de commissions, qu'ils baillent hors leur ressort, *quia extra territorium Iudex priuati loco est, eique impunè non paretur*. Que si les Iuges venans d'vn pays en autre pour executer vne commission extraordinaire du Roy ou de la Cour, sont tenus publier leur *Committimus* (comme on dit communément) c'est à dire notifier leur pouuoir aux Iuges des lieux, pour éuiter aux inconueniens qui en pourroient autrement arriuer, pourquoy trouuera-t-on estrange, qu'vn simple Sergent, porteur d'vn mandement d'vn Iuge hors son territoire, demande permission au Iuge du lieu de l'executer ? qui est la matiere des Commissions rogatoires, dont la pratique est si ancienne, qu'elle est rapportée dans le grand Coustumier, liu. 2. chap. 19.

87. Difference en l'estenduë des Committimus. Surquoy faut aussi remarquer qu'il y a vne difference notable en l'estenduë des *Committimus* des Requestes, des Protections, des Conseruateurs, & des gardes gardiennes des Baillifs & Seneschaux. Car les *Committimus* des Requestes s'estendent & attirent de tout le Parle-

Gardes gardiennes & protections. *88. Estenduë des Committimus.*

ment dont ils sont émanez, mais non pas des autres Parlemens, si ce ne sont ceux des Officiers commensaux du Roy, & des Cheualiers du S. Esprit, lesquels pour cet effect doiuent estre seellez du grand Seau, attendu que celuy de la petite Chancellerie, n'a pouuoir que dans son Parlement.

89. Estenduë des Protections.

Et quant aux protections des Escoliers & Supposts des Vniuersitez, elles n'attirent pas non plus des autres Parlemens: mais encore elles ont cela de particulier, selon quelques-vns, qu'elles ne peuuent attirer de plus loin que quatre iournées, comme il est porté par l'Ordonnance de Louis XII. de l'an 1448 que neantmoins plusieurs entendent des Conseruateurs Apostoliques seulement, & non des Royaux.

90 Estenduë des gardes gardiennes.

Finalement les gardes gardiennes attribuées aux Baillifs & Seneschaux (car il y en a d'autres attribuées aux Requestes du Palais, qui se reglent tout ainsi que les *Committimus*) ne s'étendent regulierement hors le ressort & limites des Bailliages. Toutefois pour ce regard se faut regler suiuant la teneur du priuilege & verification d'iceluy faite en la Cour, sans laquelle nulle garde gardienne ne doit auoir lieu, comme porte l'Ordonnance de l'an 1556. art. 4 & a esté iugé par plusieurs Arrests. Ce qui a lieu principalement à l'égard des Iustices Seigneuriales, pource que par l'Ordonnance de Philippes VI. de l'an 1338. il est dit, qu'il ne sera point donné de lettres de garde gardienne, au preiudice des hauts Iusticiers, *nisi causa cognitione legitima praecedente*. Mais quand la verification estendroit la garde gardienne hors le ressort du Baillif, auquel elle est attribuée, les Iuges voisins en peuuent pretendre iuste cause d'ignorance, iusques à ce qu'elle soit publiée & notifiée en leur Prouince.

91. Que toutes ces entreprises doiuent estre retranchées.

Voila beaucoup de diuerses sortes d'entreprises, & on peut dire, qu'on ne sçauroit imaginer aucune espece de cause, quelle qu'elle soit, que les Iuges Royaux n'ayent quelque pretexte pour en attirer la connoissance, & il y a telle cause dont ils trouueront cinq ou six diuers pretextes pour en connoistre: de sorte que si on les vouloit croire, les subalternes n'auroient aucune cause en leurs Sieges: & par ainsi les Seigneurs notables de France demeureroient du tout priuez de leurs Iustices qu'ils racheterent du Roy, & qu'ils possedent de si long-temps en vertu du plus signalé contract qui fut iamais fait en France, & lequel a esté le principal moyen d'establissement de la famille Royale, & de la conseruation continuelle de cette Couronne iusques à present.

92. De mesme.

Que s'il plaist au Roy, qui est autheur & garand des Iustices Seigneuriales, & à la Cour de Parlement, qui est superieure des vnes & des autres, conseruer chacune en ce qui luy appartient selon droict & raison, il arriuera ce que dit Iustinian en sa Nou. 15. que, *erit vtrimque congruentia vtilis: Sic enim minores Iudices, iudicum faciunt officium, Prouinciarum Praesides Iudices Iudicum erunt, & proinde honestiores: quia quantò praeest quilibet praestantioribus, tantò se maior & honestior est.*

SOMMAIRE DV QVINZIESME CHAPITRE.

1 *Les deux puissances de ce monde.*
2 *En quoy l'vne passe l'autre.*
3 *Leur accord ensemble.*
4 *Qu'elles se controllent l'vne l'autre.*
5 *Leur distinction generale,*
6 *Leur distinction materielle.*
7 *Les Princes temporels doiuent obeyr aux Ecclesiastiques en matiere de Religion.*
8 *Les Ecclesiastiques doiuent obeyr au Magistrat seculier en ce qui est de la police ciuile.*
9 *Les diuers noms de ces deux puissances.*
10 *Nom de Seigneur prohibé à l'Ecclesiastique.*
11 *Puissance Ecclesiastique n'est possedée par droict de Seigneurie.*
12 *Excuse de l'Autheur.*
13 *Preuue de cette distinction.*
14 *Conclusions resultantes de cette distinction des deux puissances.*
15 *Comment ces deux puissances peuuent resider ensemble.*
16 *Erreur d'Angleterre.*
17 *Comment les deux puissances estoient autrefois aux chefs du peuple de Dieu.*
18 *Pourquoy aux Rois Payens.*
19 *La puissance temporelle peut estre accessoire à la spirituelle.*
20 *Mais non pas comme procedant d'icelle.*
21 *Contre l'extrauagante,* Vnam sanctam.
22 *Opinion mauuaise de Pierre des Vignes.*
23 *Puissance subalterne temporelle peut estre iointe à la spirituelle.*
24 *Qu'il n'y a point d'inconuenient que les Ecclesiastiques ayent des Iustices.*
25 *Seigneuries appartenantes aux benefices se gouuernent tout ainsi que les autres.*
26 *Hors France les appels des Iustices temporelles de l'Eglise ressortissent au superieur Ecclesiastique.*
27 *Quelques decisions Canoniques non gardées en France.*
28 *Causes des Iustices temporelles des Eglises ne doiuent estre iugées selon le droict Canon.*
29 *Des Iustices purement Ecclesiastiques.*
30 *Intention de l'Autheur en ce discours.*
31 An iurisdictio Ecclesiastica sit à iure diuino, an vero à concessione Principum.
32 *Qu'emporte la tradition des clefs faite aux Apostres.*

DES SEIGNEVRIES ET IVSTICES ECCLESIASTIQVES.

CHAPITRE XV.

1. Les deux puissances de ce monde. IL y a deux puissances en ce monde, par lesquelles il est gouuerné, la spirituelle & la temporelle, dit la Nou. 6. le Canon *Duo sunt. 96. distinct.* & le §. *Item cùm Dauid. quæst. 7.* La spirituelle est le Sacerdoce, Hierarchie, ou Estat Ecclesiastique, qui administre les choses diuines & sacrées : la temporelle est l'Empire, la Monarchie ou l'Estat Politique, qui gouuerne les choses humaines & prophanes. Chacune d'elles a son obiet separé, *vt Reges præsunt in causis sæculi, ita sacerdotes in causis Dei.* Chacune a son pouuoir distinct, *Regum est corporalem erogare pœnam, sacerdotum spiritualem inferre vindictam.* Bref, chacune a son pouuoir à part, *vt non sine causa Magistratus gladium portat, ita non sine ratione claues regni cælorum sacerdotes accipiunt,* dit ce §. *Item cùm Dauid.*

2. En quoy l'vne passe l'autre. D'où il s'ensuit que le Sacerdoce est d'autant plus haut & plus noble que l'Empire, que les choses diuines sont par dessus les humaines, & que l'ame est plus noble que le corps & les biens. Mais aussi l'Empire, auquel Dieu a donné le glaiue, pour agir sur les choses mondaines, est plus fort chez soy, c'est à dire en ce monde, que le Sacerdoce, auquel Dieu a prohibé l'vsage du glaiue materiel, & lequel a pour objet les choses spirituelles, qui n'en sont aucunement susceptibles : mais le principal effet de sa force est reserué au Ciel, témoin le dire de nostre Redempteur, que son Royaume n'estoit pas de ce monde, & que s'il en estoit, ses gens combattroient pour luy.

3. Leur accord ensemble. Ces deux puissances procedantes d'vn mesme principe, qui est Dieu, *à quo omnis potestas,* & tendantes à mesme fin, qui est la beatitude vraye fin de l'homme, doiuent auoir vne correspondance ensemble, & comme parle la Nou. 42. vne symphonie (c'est à dire vne harmonie

nie & accord composé de trois differens) & se communiquer mutuellement leur vertu & energie : de sorte que si l'Empire preste main-forte au Sacerdoce, pour maintenir l'honneur de Dieu ; & le Sacerdoce reciproquement relie & vnit l'affection du peuple, à l'obeyssance du Prince, tout l'Estat est heureux & florissant : au contraire si ces deux puissances taschent d'empieter l'vne sur l'autre, comme si le Sacerdoce abusant de la deuotion du peuple, vient à entreprendre sur l'Empire ou gouuernement politique & temporel : ou bien si l'Empire, tournant contre Dieu la force qu'il luy a mise en main, attente sur le Sacerdoce, tout va en desordre, en confusion & en ruine.

4. Qu'elles se controllent l'vne l'autre.

Il est bien vray, que Dieu a mis presque par tout ces deux puissances en diuerses mains, & les a faites toutes deux souueraines en leur espece, afin que l'vne seruist de controlle ou contrepoids à l'autre, de peur que leur souueraineté infinie ne tournât en dereglement ou tyrannie. Ainsi voit-on, que quand la souueraineté temporelle se veut émanciper contre les loix de Dieu, la spirituelle s'y oppose incontinent, & de mesme la temporelle à la spirituelle ce qui est tres-iuste & tres-agreable à Dieu, quand il se fait par voyes legitimes, & sur tout qu'il se fait directement & purement pour son seruice, & pour le bien public, & non pas pour l'interest particulier, & pour entreprendre l'vne sur l'autre.

5. Leur distinction generale.

Et dautant que ces deux puissances se rencontrent par necessité ensemble en tous lieux, & en tout temps, & ordinairement en diuerses personnes, & d'ailleurs que toutes deux sont souueraines en leur espece, ne dependant nullement l'vne de l'autre, nostre bon Dieu pour éuiter le desordre extréme, qui naist ineuitablement de leur discord, a planté des bornes si fermes, & mis des separations si euidentes entr'elles, que quiconque voudra donner tant soit peu de place à la raison, ne se pourra tromper en la distinction de leurs appartenances.

6. Leur distinction materielle.

Car qu'y a-t-il plus à distinguer que les choses sacrées d'auec les prophanes, & le spirituel d'auec le temporel ? Il ne faut donc que pratiquer ce beau reglement que nostre Redempteur a prononcé de sa propre bouche, *Reddite, quæ sunt Cæsaris, Cæsari : & quæ sunt Dei, Deo.* Reglement bien court, mais qui certes est bien net & bien clair. Car puis que le soin des ames & des choses sacrées appartient au Sacerdoce, il faut que le Monarque mesme s'y soûmette, en ce qui concerne directement la Religion & le culte de Dieu, s'il confesse qu'il a vne ame, & s'il veut estre des enfans de Dieu & de l'Eglise. can. *Si Imperator. 96. dist.* témoin l'exemple de l'Empereur Theodose, qui endura la censure d'vn simple Archeuesque, & accomplit la penitence publique qu'il luy auoit enjointe : témoin aussi l'exemple de Dauid, *qui etsi regali vnctione Sacerdotibus & Prophetis præerat in causis sæculi, tamen suberat eis in causa Dei*, dit ce §. *Item cùm Dauid. 2. quæst. 7.*

7. Les Princes temporels doiuét obeir aux Ecclesiastiques en matiere de Religion.

8. Les Ecclesiastiques doiuét obeir aux Magistrats en ce qui est de la police ciuile.

Reciproquement aussi, puisque la domination des choses temporelles appartient aux Princes, & que l'Eglise est en la Republique, comme dit Optatus, & non pas la Republique en l'Eglise, il faut que tous les Ecclesiastiques, & mesme les Prelats de l'Eglise, obeïssent au Magistrat seculier, en ce qui est de la police ciuile, *Cùm ad verum ventum est. ead. distinct. Si omnis anima Potestatibus subdita est, ergo & vestra* (dit S. Bernard à Henry Archeuesque de Sens, en son Epistre 42) *quis vos excepit ab vniuersitate ? Certè qui tentat excipere, tantat decipere.* Et S. Iean Chrysostome, exposant ce passage de S. Paul *ad Rom. 13. Omnis anima Potestatibus sublimioribus subdita est*, dit, *Etiamsi fueris Apostolus, Euangelista, Propheta, Sacerdos, Monachus, hoc enim pietatem non lædit.* Bref le Pape S. Gregoire le Grand, *epist. 94. lib. 2. Agnosco, inquit, Imperatorem à Deo concessum, non militibus solum, sed & sacerdotibus etiam dominari.*

9. Les diuers noms de ces deux puissances.

10. Nom de Seigneur prohibé à l'Ecclesiastique.

Puis donc que la distinction de ces deux puissances est si importante, il a esté bien besoin de leur attribuer des noms differens, à sçauoir que ceux qui ont la puissance Ecclesiastique, sont appellez *Pasteurs* ou *Prelats*, & ceux qui ont la temporelle, sont particulierement nommez *Seigneurs*, ou *Dominateurs*. Appellation qui est interdite aux Ecclesiastiques, par la propre bouche de Nostre Seigneur, lequel en deux diuers temps ; sçauoir est, lors de la demande des fils de Zebedée, & encore lors de la contention de preseance suruenuë entre ses Apostres peu auparauant sa sainte Passion, leur reïtera cette leçon, *Principes gentium dominantur eorum, vos autem non sic, &c.* Leçon que S. Pierre a bien recueillie en sa premiere Epistre, disant aux Euesques, *Pascite, qui in vobis est gregem Dei, non vt dominantes in clericis, sed forma facti gregis*, c'est à dire, establie en forme de troupeau, dont le berger n'est pas le Seigneur & proprietaire, mais le ministre & gouuerneur seulement. Aussi Dieu luy auoit-il dit, *Pasce oues meas*, & non pas *tuas*.

11. Puissance Ecclesiastique n'est possedée par droict de Seigneurie.

Et de verité, la puissance Ecclesiastique estant dirigée sur les choses spirituelles & diuines, qui ne sont pas proprement de ce monde, ne peut appartenir aux hommes en proprieté, ny par droict de Seigneurie, comme les choses mondaines, mais seulement par exercice & administration, entant que Dieu (qui seul est le Maistre & Seigneur de nos ames) leur commet cette puissance surnaturelle, pour l'exercer visiblement en ce monde sous son nom & authorité, comme ses Vicaires & Lieutenans, chacun neantmoins selon son degré Hierarchique, ainsi qu'en la police ciuile, plusieurs Officiers estans les vns sous les autres, exercent la puissance du souuerain Seigneur.

12. Excuse de l'Autheur.

Ce que ie dis pour expliquer la proprieté des termes de ma matiere, & non pas pour diminuer en rien la puissance Ecclesiastique, qui au contraire estant referée directemēt à Dieu doit estre estimée bien plus auguste que celle des Princes de la terre, lesquels (comme i'ay dit au 2. chap. de ce liure) n'auoient aussi du commencement la leur que par office & administration, laissant la souueraineté, ou pour mieux dire, la liberté parfaite, pardeuers l'Estat en corps. Aussi de ce temps-là estoient ils appellez *Pasteurs des peuples*, comme les qualifie Homere. Mais l'objet de leur puissance, qui sont les choses terriennes, estant propre à admettre la Seigneurie ou puissance en proprieté, ils l'ont de long-temps gagnée & obtenuë en tous les païs du monde : mesme il y en a plusieurs, où ils ont obtenu non seulement la Seigneurie publique, mais encore la priuée, reduisant leur peuple en esclauage.

13. *Preuue de cette distinction.* Il ne se peut pas trouuer de plus notable preuue de la distinction de ces deux manieres de puissances, ny de plus solemnel exemple du changement de la puissance par office & exercice, en celle qui est en proprieté & par droict de Seigneurie, que celuy qui arriua parmy le peuple de Dieu : quand ennuyé d'estre commandé par les Iuges, qui exerçoient sur luy la souueraineté par office & administration seulement, il voulut auoir vn Roy, qui desormais eût cette souueraineté par droict de Seigneurie. Ce qui déplcust fort à Dieu, lequel dit à Samuel dernier des Iuges, *Ils ne t'ont pas rebuté, mais moy, afin que ie ne regne plus sur eux :* & peu apres, *Tel sera le droict du Roy, &c.* Ce qui signifie, que Dieu mesme estoit le Roy de ce peuple, & auoit sur luy la proprieté de puissance, lors qu'il estoit gouuerné par de simples Iuges, ou Officiers; mais que cela ne seroit plus, lors qu'il auroit vn Roy, lequel osteroit & abuseroit de cette puissance en proprieté. Belle instruction aux Ecclesiastiques de laisser à Dieu la proprieté de la puissance spirituelle, & se contenter de l'exercice d'icelle, comme ses Vicaires & ses Lieutenans, qualité la plus haute & la plus noble, qui puisse estre sur la terre.

14. *Conclusions resultantes de cette distinction des deux puissances.* Voila la distinction de la puissance spirituelle & de la temporelle, qui infere bien que l'vne n'includ & ne produit pas l'autre, mesme n'est pas superieure de l'autre ; mais que toutes deux sont ou souueraines, ou subalternes endroit soy & en leur espece. Mais pourtant cette distinction n'empesche pas que toutes deux ne puissent resider en vne mesme personne, sur vne mesme chose, & encore qui plus est, à cause d'vne mesme dignité. Toutefois il faut prendre garde, que quand elles resident en mesme dignité, il faut que ce soit vne dignité Ecclesiastique, & non pas vne Seigneurie ou Office temporel, pource que la puissance spirituelle, estant plus noble que la temporelle, ne peut dépendre, ny estre accessoire à icelle : aussi qu'elle ne peut appartenir aux hommes laïques, ausquels appartiennent ordinairement les puissances temporelles : & sur tout, la puissance spirituelle ne peut pas estre tenuë par droict de Seigneurie, ny partant deferée par succession, ny possedée hereditairement, ainsi que les Seigneuries temporelles.

15. *Comment ces deux puissances peuuent resider ensemble.*

16. *Erreur d'Angleterre* D'où il s'ensuit, que c'est vn erreur contre le sens commun, d'auoir en Angleterre voulu attribuer au Roy ou à la Reyne la souueraineté de l'Eglise Anglicane, tout ainsi que de la temporalité de son Royaume, & comme dépendante d'icelle : aussi cela fut commencé par vne colere, & pour la querelle particuliere de Henry VIII. contre le Pape, qui n'auoit pas voulu approuuer son diuorce : dont il fut tellement irrité, qu'il refusa du depuis de plus payer au Pape le tribut, qui long-temps auparauant luy estoit payé en Angleterre, & qui plus est, se declara chef de l'Eglise Anglicane immediatement apres Iesus-Christ, & contraignit son peuple de iurer, qu'il le reconnoissoit Seigneur autant souuerain és choses spirituelles, qu'és temporelles. Erreur qui parut visiblement, quand sa fille la feuë Reyne Elizabeth vint à regner : car on vid alors vn chef de femelle en l'Eglise Anglicane, & la souueraineté spirituelle tombée en quenoüille.

17. *Comment les deux puissances estoient autrefois chefs du peuple de Dieu.* Or bien que par quelque temps ces deux puissances ayent esté en mesmes personnes parmy le peuple de Dieu, si est-ce que c'estoit en telle sorte, que la temporelle estoit accessoire au Sacerdoce : mais depuis que le peuple voulut auoir des Rois, ces Rois n'eurent pas la puissance spirituelle : au contraire quand ils la voulurent empieter, ils en furent punis de Dieu, témoin l'histoire d'Osias. 2. *Paralipomenon.* Et quant aux Payens, il est bien vray qu'en plusieurs nations les Rois ont esté Prestres, pource qu'ils faisoient seruir la Religion à l'Estat, & ne s'en seruoient qu'en tant qu'elle estoit necessaire à l'Estat, mais nous, instruits en meilleure école, nous auons appris de preferer la Religion, qui a son respect à Dieu, & concerne la vie eternelle, à l'Estat, qui ne regarde que les hommes & le repos de ce monde.

18. *Pourquoy aux Roys Payens.*

19. *La puissance temporelle peut estre necessaire à la spirituelle.* Mais il n'y a aucun inconuenient ny repugnance que la puissance temporelle soit annexée & renduë accessoire & dépendante du Sacerdoce, & ainsi que notoirement à present le Pape est Seigneur souuerain en la temporalité dans Rome, & plusieurs autres villes d'Italie : dont la souueraineté temporelle luy a esté donnée, soit par Constantin, ou par la soubmission des peuples, ou finalement (comme il y a plus d'apparence) par la concession des Princes François, qui les auoient acquises sur les Lombards, par le mesme droict de guerre, par lequel les Lombards les auoient conquises auparauant sur les Empereurs d'Orient. Quoy qu'il en soit, on ne peut pas douter, que les Papes n'ayent aujourd'huy prescript legitimement cette souueraineté temporelle : de sorte que la rencontre de ces deux anciens vers est fort veritable;

Roma tibi suberant olim Domini Dominorum,
Seruorum serui nunc tibi sunt Domini.

20 Mais n'est pas comme procedant d'icelle.
21 Contre l'extrauag. Vnam sanctam.

Car il faut prendre garde, que cette souueraineté temporelle est venuë par acquisition apres coup, & n'a pas esté produite de la souueraineté spirituelle, ny établie en mesme tẽps qu'icelle, comme vne de ses appartenances & dependances necessaires : ainsi que Boniface VIII. (imitant mal nostre Seigneur, qui apres le miracle des cinq pains & deux poissons, s'enfuyt & se cacha, voyant que le peuple le vouloit faire Roy, en S. Iean 6) voulut dire par sa Constitution vrayement extrauagante *Vnam sanctam*. fondée seulement sur le passage de l'Euangile, qui fait mention des deux glaiues, passage qui est interpreté tout autrement par le canon 1. 23. *quæst.* 8. Aussi cette extrauagante fut-elle reuoquée par son successeur Clement V. au moins à l'égard de ce Royaume, *Clementina Meruit. De priuilegijs.*

22 Opinion mauuaise de Pierre des Vignes.

Mais comme il y a peu d'apparence en l'extrauagante de Boniface VIII. aussi n'y en a-t-il point du tout en la proposition de Pierre des Vignes, qui soustint du temps d'Innocent IV. que la puissance spirituelle dépendoit de la temporelle, qui est vne heresie méchãte & damnable, contre laquelle ce docte Pape écriuit vn liure intitulé *Apologetique*, comme nous apprend Volateran, liu. 12. Disons donc auec le Pape III. *In cap. per venerabilem. Qui fil. sint legit.* que *in patrimonio beati Petri, Apostolica Sedes, & summi Pontificis auctoritatem exercet, & summi Principis exequitur potestatem.* Et voila la rencontre de ces deux puissances en souueraineté.

23 Puissance subalterne temporelle peut estre ioincte à la spirituelle.

Quant à celle des degrez subalternes, il se void que plusieurs Euesques, mesme Abbez & Prieurs, sont Seigneurs temporels des villes, villages, & lieux, où leurs Benefices sont situez : & lors on les qualifie vulgairement Seigneurs temporels & spirituels d'iceux, non que la spiritualité puisse appartenir par droict de Seigneurie, mais à faute d'autre nom qui puisse comprendre ces deux qualitez : & de fait en cette dénomination, on met le temporel deuant le spirituel, pour le ioindre au mot de *Seigneur*, auquel seul il s'accorde. Et en ces lieux, dont les Ecclesiastiques sont Seigneurs temporels, ils font exercer en leur nom & sous leur authorité toute iustice ciuile & criminelle, tout ainsi que les Seigneurs laïques.

24 Qu'il n'y a point d'inconuenient que les Ecclesiastiques ayent des iustices.

En quoy il n'y a point d'inconuenient, encore que les Ecclesiastiques ne puissent exercer par eux-mesme la Iustice criminelle : car ils la font exercer par leurs Officiers, qui par les Ordonnances de France doiuent estre laïques. Tout ainsi que les Ecclesiastiques ne doiuent faire la guerre par eux-mesmes, neantmoins le Pape la peut faire par ses subjets, ses vassaux, & à l'ayde de ses amis quand la guerre est iuste. Car S. Pierre auoit vn glaiue auparauant qu'il fust Apostre, & ne fut pas repris d'en auoir, mais de l'auoir tiré luy-mesme, bien que pour vne tres-juste querelle, comme dit à peu prés ce can. 1. 23. *quæst.* 8.

25 Seigneuries appartenantes aux benefices se gouuernent tout ainsi que les autres.

Donc ces Seigneuries & Iustices temporelles annexées aux Benefices, se gouuernent entierement par les mesmes regles que les autres, qui sont en main seculiere : & ne s'y peut rien cotter de particulier, fors seulement qu'estant entre les biens Ecclesiastiques, elles ne sont, ny alienables, ny hereditaires mais demeurent perpetuellement attachées aux Benefices, non toutefois vnies & confuses auec la puissance Ecclesiastique, qui tousiours est specifiquement distincte de la temporelle, *quia semper iure humano possidetur, can. Quo iure.* 8. *dist.* &c.

26 Hors France les appels des iustices temporelles de l'Eglise ressortissent au superieur Ecclesiastique.

C'est pourquoy on a tousiours retenu en France cette liberté, s'il faut ainsi parler, que les appellations de ces Iustices temporelles, appartenantes à l'Eglise, vont deuant les Iuges Royaux, & non deuant les superieurs Ecclesiastiques, bien que regulierement le contraire soit obserué és autres païs de la Chrestienté, ainsi qu'il est expressement decidé *in cap. Romana.* §. *Debet autem. De appellat. in* 6. Chapitre qui n'est gardé en France, comme il est noté en la glose d'iceluy, & Specule l'a remarqué *tit. De appellat.* §. *Nunc tractemus.* encore qu'il soit fait principalement pour la France, estant addressé à l'Euesque de Reims. Mais nous gardons la tres-iuste decision du chap. *Si duobus* §. *vlt. de appellat. apud Greg.* dont Benedict. *in verb. & vxorem. decis.* 1. *num.* 26. rapporte vne Ordonnance expresse du Roy Philippe le Bel, de l'an 1303.

27 Quelques decisions canoniques non gardées en France.
28 Causes des iustices temporelles des Eglises, ne doiuent estre iugées selon le droit Canon.

Pareillement nous ne gardons pas le chap. *Quod clericis. ext. De foro compet.* où il est dit, que les causes des Iurisdictions temporelles de l'Eglise, doiuent estre decidées selon le droict Canon, & non selon les Coustumes des lieux : au contraire nous obseruons notoirement, que les Iuges temporels des Ecclesiastiques doiuent iuger suiuant les Ordonnances du Roy & la Coustume du lieu, mesme auiourd'huy on astraint à cela les Officiaux & autres Iuges de Cour d'Eglise : autrement on appelle d'eux comme d'abus, ce qui meriteroit vn discours à part.

29 Des Iustices purement Ecclesiastiques.

Reste donc de parler de ces Cours d'Eglise, c'est à dire des Iustices Ecclesiastiques, qui selon le droict Canon appartiennent regulierement & de droict commun aux Euesques en tout leur Diocese, aux Archidiacres au territoire de leur Archidiaconé, par priuilege, ou coustume prescrite seulement, *cap.* 5. *iuncta gl. ext. De officio Archidiac.* & ce pour la primitiue : & quant à celles de ressort, elles appartiennent aux Archeuesques, puis aux Primats, & finalement au Pape, *cap. Romana. De appellat in* 6. Il est vray, que quand les parties sont éloignées de deux iournées de leur Siege, ils sont tenus en France de bailler des Cõmissaires, ou Iuges deleguez ſur les lieux, ſuiuant le decret *De cauſis.* au Concordat: qui eſt vn bon expedient qu'on a troué, pour conſeruer le droict de reſſort aux ſuperieurs Eccleſiaſtiques, ſans incommodité du peuple.

30 Intention de l'Autheur en ce diſcours. Or ces Iuſtices ne ſont pas temporelles, comme celles qui dépendent des Seigneuries appartenantes à l'Egliſe, mais celles-cy dependent, & ſont iointes inſeparablement à la Hierarchie, ou puiſſance Eccleſiaſtique. Et l'Egliſe en iouït paiſiblement par toute la Chreſtienté depuis tant de ſiecles, que ce ſeroit impieté de luy diſputer auiourd'huy. Ce que ie n'entend auſſi nullement faire, n'eſtant pas de ceux qui tendent à priuer l'Egliſe noſtre mere de ſes droicts, plutoſt qu'à reformer par moyens legitimes les maluerſations & abus, auſquels la fragilité humaine s'eſt pû relaſcher à la longue. Mais puis que c'eſt le ſujet de ce chapitre de traitter des Iuſtices Eccleſiaſtiques, il me ſera permis de rechercher leur origine, & de traitter en peu de mots de leur accroiſſement & decroiſſement, auec vne franchiſe Chreſtienne, non pour les choquer, mais plutoſt pour montrer qu'elles ſont à preſent au iuſte poinct où elles doiuent eſtre.

31 An iuriſdictio Eccleſiaſtica ſit a iure diuino, an vero a conceſſione Principum. Ie diray donc, ſauf correction de meilleur aduis, auec Ioan. Galli en ſa queſt. 176. que la Iuſtice contentieuſe de l'Egliſe, en la forme & au pouuoir qu'elle eſt à preſent ſans controuerſe en toute la Chreſtienté, *non eſt à clauibus*, c'eſt à dire qu'elle n'eſt pas proprement de droict diuin, mais plutoſt de droict humain & poſitif: prouenant principalement de la conceſſion ou permiſſion des Princes temporels. Car il y a grande difference entre le glaiue & les clefs: & encore entre les clefs du Ciel & les chicaneries des Officialitez: auſſi les Theologiens ſont d'accord, que la tradition des clefs & puiſſance de lier & délier, donnée par noſtre Seigneur à ſes Apoſtres, importe ſeulement la collation des ſaints Sacremens, & en outre l'effet tres-important de l'excommunication, qui eſt la ſeule peine, qu'encore

32 Qu'importe la tradition des clefs faite aux Apoſtres. auiourd'huy les Eccleſiaſtiques peuuent impoſer aux laïques, outre l'iniončtion de penitence, *cap. Cùm non ab homine. ext. De iudiciis.* Mais tout cela dépend plutoſt de la iuſtice penitentiale, s'il la faut ainſi appeller, que de la pure contentieuſe: ou bien plutoſt de la cenſure, correction ou iuſtice ſommaire, dont il ſera parlé tout incontinent, que de la iuſtice de partie à partie, ou parfaite iuriſdiction.

33 La iuriſdiction dépend de la puiſſance temporelle. Mais la parfaite iuriſdiction importe vne contrainte preciſe & formelle, qui dépend proprement de la puiſſance temporelle des Princes de la terre, qui portent le glaiue pour la vengeance des méchans, & l'aſſeurance des bons, dit S. Paul. Et de fait nos ames (ſur leſquelles s'étend proprement la puiſſance Eccleſiaſtique) ne ſont ſuſceptibles de la contrainte preciſe, mais ſeulement de la contrainte excitatiue, qui s'appelle proprement perſuaſion.

C'eſt pourquoy le can. *Principes* 23. *quæſt.* 5. dit qu'il eſt neceſſaire, que meſme dans les Egliſes, les Princes du monde exercent leur puiſſance, *vt quod non præualent ſacerdotes efficere per doctrinæ ſermonem, hoc ſæculi poteſtas imperet per diſciplinæ terrorem: ſicque per regnum terrenum cæleſte regnum proficiat. Sancta enim Eccleſia gladium non habet niſi ſpiritualem, qui non occidit, ſed viuificat, can. Inter. 33. quæſt* 2.

34 Iuriſdiction n'eſt attribuée de Dieu qu'aux Seigneurs temporels. Auſſi eſt-ce aux Princes de la terre, que Dieu a baillé la Iuſtice, & à qui il la commandée, *Deus iudicium ſuum Regi dedit*, dit le Pſalmiſte. Et le peuple d'Iſraël demandant vn Roy à Dieu, luy dit, *Conſtitue nobis Regem, qui iudicet nos, ſicut cæteræ nationes habent.* Puis quand Dieu donna au Roy Salomon le choix de ce qu'il voudroit, il demanda *Cor intelligens, vt populum ſuum iudicare poſſet*: demande qui fut agreable à Dieu. C'eſt pourquoy S. Hieroſme dit au can. *Regum* 23. *quæſt.* 5. que *Regum proprium officium eſt facere iudicium atque iuſtitiam.* Bref en toute la ſainte Eſcriture la iuſtice eſt touſiours attribuée & commandée aux Roys, & iamais aux Preſtres, au moins en qualité de Preſtres. Car noſtre Seigneur meſme eſtant prié par quelqu'vn de luy faire faire partage par ſon frere, luy fit reſponſe, *Homo, quis me conſtituit Iudicem, aut diuiſorem ſuper vos? Lucæ* 12. Et quant aux Apoſtres, voicy ce qu'en dit S. Bernard *ad Eugen. Stetiſſe Apoſtolos lego iudicandos, iudicantes ſediſſe non lego.*

35 L'Egliſe a ſubſiſté long temps ſans auoir iuſtice contentieuſe. De fait il eſt certain que l'Egliſe a de long-temps ſubſiſté ſans auoir cette ample iuſtice contentieuſe qu'elle a maintenant: ce qui n'euſt eſté, ſi elle eſtoit purement de droit diuin. Meſme chacun ſera d'acord, qu'il y auoit plus de pieté & de pureté en la primitiue Egliſe, lors qu'elle ne l'auoit point, qu'à preſent, non que de là il faille inferer que la iuſtice Eccleſiaſtique en ſoit cauſe, ny qu'elle ſoit ou abuſiue, ou inutile: mais cela procede auiourd'huy de la corruption de nos mœurs, qui vont touſiours en empirant: de ſorte qu'il faut confeſſer, que maintenant il eſt bien plus beſoin de cette iuſtice, qu'en la primitiue Egliſe.

36 Quelle eſtoit ſa iuſtice. Toutefois il eſt vray de dire, que meſme en la primitiue Egliſe, les Eccleſiaſtiques n'eſtoient pas du tout ſans quelque forme ou commencement de iuſtice, mais il eſt aiſé à prouuer qu'ils connoiſſoient de trois ſortes de cauſes.

37 Qu'elle connoiſſoit les differens de la Religion. Premierement la connoiſſance des differens de la Religion, ne leur a iamais eſté deniée, non plus qu'aux Preſtres du Paganiſme, *Quando vnquam auditum eſt in cauſa fidei laicos de Epiſcopo iudicaſſe?* dit S. Ambroiſe à l'Empereur Theodoſe en ſon Epiſtre 32. Auſſi eſtoit-ce le droict cõmun de Rome & de Grece, que toute cõmunauté licite connoiſſoit de ſes propres negoces, & en faisoit des reglemens, *l. vlt. De colleg. illustr.* où la loy de Solon est rapportée.

Secondement c'estoit vne chose ordinaire entre les Chrestiens, de se rapporter de leurs differends au iugement de l'Eglise, afin de ne plaider deuant les Payens, selon le precepte de S. Paul en la 1. aux Corinth. chap. 6. Tellement qu'il se void dans Tertullien, Clement Alexandrin, & autres Autheurs de ce temps là, que ceux qui ne s'y voulans rapporter, faisoient plaider les Chrestiens deuant les Magistrats seculiers, pendant qu'ils estoient Payens, estoient tenus pour infideles; ou du moins pour mauuais Chrestiens. Et S. Augustin, liure sixiéme, *Confess. cap.* 8 dit que S. Ambroise estoit si occupé en ces iugemens, qu'il n'auoit pas le loisir de reposer: & sur le Psalm. 119. il dit de luy-mesme, qu'il estoit ordinairement employé *litibus dirimendis*. Quoy qu'il en soit, ces iugemens des Euesques n'estoient lors que des Sentences arbitrales, & mesme ne lioient les parties que par honneur, ainsi que quand quelques personnes notables s'entremettent d'appointer des differends. Et de fait, la loy 7. *De Episc. aud.* dit que *Si qui, ex consensu apud Antistitem litigare voluerint, experientur, more arbitri, sponte reddentis iudicium.* 38 Et des differends d'entre les Chrestiens par voye d'arbitrage.

En troisiéme lieu, les Ecclesiastiques entreprirent fort à propos dés la primitiue Eglise, la censure & correction des mœurs parmy les Chrestiens, suiuant ce passage de l'Euangile, *Si peccauerit in te, id est coram te* (comme l'interprete Genebrard sur le *Miserere*, alleguant l'authorité de S. Hierosme) *frater tuus, vade, & corripe eum inter te & ipsum solum, &c.* & par apres, *dic Ecclesiæ. Quod si Ecclesiam non audierit, sibi sit tanquam Ethnicus & publicanus*, laquelle correction des mœurs, pendant l'estat populaire de Rome, residoit pardeuers les Censeurs, appellez pour cette cause *Magistri morum*, qui auoient pouuoir de reprendre, mesme de noter d'ignominie toutes sortes de personnes, pour les cas dont la Iustice ordinaire n'auoit coustume de faire recherche, comme Bodin traite fort bien & amplement au 1. chap. du 6 liu. Police certes tres-belle, qui estant décheuë sous les Empereurs, fut releuée par les premiers Chrestiens, lesquels, au moyen d'icelles, se maintenoient en vne particuliere pureté de mœurs, comme témoigne Pline en son Epistre 49 du 10. liu. C'est ce que nous dit Tertullien en son Apologetique parlant des assemblées de l'Eglise, *Ibidem*, dit-il, *exhortationes, castigationes, & censura diuina.* C'est pourquoy, à mon aduis, ils appellerent le Chef de chacune Eglise Ἐπίσκοπον, comme qui diroit inspecteur des mœurs de son Eglise: c'est pourquoy aussi les excommunications & autres peines de l'Eglise sont appellées encore auiourd'huy *Censures Ecclesiastiques*: ce qui meriteroit vn plus long discours, mais celuy de Bodin y suppléera. 39 Auoit la censure des mœurs.

Voila donc trois diuerses occurrences, dont l'Eglise dés son commencement prenoit connoissance, à sçauoir, les negoces de la foy & de la Religion, dont elle iugeoit par forme de Police: les differends d'entre les Chrestiens se rapportans à elle, dont elle decidoit par forme d'arbitrage: & finalement les scandales & menus delits, dont elle connoissoit par voye de censure, correction, & iustice sommaire: car mesme les Censeurs de Rome n'auoient point d'autre Iustice, comme Bodin prouue au mesme lieu, & ie l'ay dit ailleurs. 40. De mesme.

D'où il s'ensuit que les Ecclesiastiques n'auoient pas la Iustice parfaite, que le droict appelle *iurisdictionem*, mais il appelle leur Iustice *notionem, iudicium, iudicationem, audientiam*, & iamais *iurisdictionem*. Or il y a bien de la difference, *inter ius dicentem, iurisdictionem, & iudicium*, comme i'ay dit ailleurs: & la loy 5 *D. De re iudic.* dit que *notionis nomen etiam ad eos pertinet, qui iurisdictionem non habent, sed habent de re aliqua causæ notionem*: c'est pourquoy le titre traitant de la Iustice Ecclesiastique, est intitulé *De Episcopali audientia*, au Code de Iustinian, & *De Episcopali iudicio* au Code Theodosien, & en la Nou. de Valentinian, & non pas *De Episcopali iurisdictione*, comme Cujas a remarqué, pource que les Iuges Ecclesiastiques ont seulement pouuoir d'oüir les parties, & de decider leurs differends: mais non pas de leur faire droict absolument, en reduisant les iugemens à effet. 41. L'Eglise primitiue n'auoit point de parfaite iurisdiction.

Car encore qu'ils puissent prononcer ce qu'il faut faire, si ne le peuuent-ils executer de leur autorité, mais comme les Iuges deleguez & les arbitres ne peuuent pas mettre à execution leurs Sentences, mais faut qu'elles soient executées par le commandement du Magistrat & Iuge ordinaire, ainsi a-t-il esté de tout temps des Euesques & autres Iuges Ecclesiastiques, dit la loy 8. *De Episc. aud.* & la loy *De Episc. iud. C. Th.* & la Nou. 123. chap. 21. Sozomene liure 1. dit, εἰς ἔργον, τὰ κρινόμενα παρὰ τῶν ἐπισκόπων, ἄγειν τοὺς ἄρχοντας, τοὺς διακονουμένους αὐτοῖς στρατιώτας. Ce qui se garde encore à present, & quelque augmentation qui ait iamais esté és Iustices Ecclesiastiques, si est-ce que tousiours les Iuges d'Eglise ont esté contraints d'implorer le bras seculier: c'est à dire la Iustice temporelle, pour faire executer leurs Sentences: pource que (disons-nous communément) l'Eglise n'a point de territoire, c'est à dire en effet, qu'elle n'a pas la parfaite iurisdiction, & que les Iuges d'Eglise ne sont pas Magistrats qui puissent prononcer ces trois mots seulement, *Do, dico, & addico.* 42. L'Eglise n'execute encore ses iugemens.

C'est pourquoy on a tousiours obserué, & on garde encore à present, qu'ils ne peuuent de leur authorité faire emprisonner les personnes Ecclesiastiques, sans implorer l'aide du bras seculier: dont *Ioan. Gall.* rapporte plusieurs Arrests aux quest. 103. 246. & 276. où il en fait vn long discours, & M. le Maistre pareillement au traité *Des appellations comme d'abus*, chap. 5. 43. L'Eglise ne peut emprisonner.

où neantmoins il cotte cette exception, que le Iuge d'Eglise peut faire emprisonner ceux qui se trouuent dans son auditoire : qui est pourquoy Boniface VIII. au chap. *Episcopus. De offic. ordin. in 6.* dit que l'Euesque peut poser son auditoire par tout où il voudra, pour en consequence y faire ses captures, ce qui n'est point gardé en France, dit ledit sieur le Maistre, mesme Volateran, liure 22. nous apprend, que les Ecclesiastiques n'auoient point de prisons, iusques au temps d'Eugene premier.

Pareillement il est bien certain, qu'anciennement les Iuges d'Eglise ne pouuoient condamner à l'amende, *cap. 1. De dolo & contum. & cap. Licet. De pœnis, & cap. Irrefragabili. §. vlt. De offic. ordin.* bien que la gl. sur le chap. *Licet.* dise le contraire, s'accommodant à ce qui s'obseruoit de son temps : mais elle ne le peut prouuer par aucun texte. Car le chap. *in Archiepiscopatu. De raptorib.* qu'elle allegue, fait contr'elle : attendu qu'il permet à l'Archeuesque de Panorme, de condamner les Sarrazins en amendes pecuniaires & au foüet, en consequence seulement de la commission qui luy auoit esté donnée par le Roy de Sicile. Or la raison pourquoy les Ecclesiastiques ne pouuoient autrefois condamner en l'amende, dépend de ce qui a esté dit au chap. 12. que par le droict Romain il n'y auoit que les Magistrats ayans plein territoire, qui le peussent faire, *l. Aliud est fraus. §. Inter pœnam. D. De verb. signif. l. 1. Si quis ius dic. non obtemp. & toto tit. de mod. mulct.*

44. Ne pouuoit cõdamner à l'amende.

45. Comment elle condamne à present à l'amende.

Toutefois en France ces loix n'estans obseruées és Iustices temporelles des Seigneurs, à succession de temps les Ecclesiastiques s'en sont aussi affranchis, & ont entrepris de condamner à l'amende. En quoy neantmoins ils ont esté contraints de garder cette restriction particuliere, que bien que les Iuges des Seigneurs condamnent à l'amende enuers eux, & appliquable à leur fisque, c'est à dire à leur profit, si est-ce que l'Eglise, qui n'a ny territoire ny fisque, ne peut pas condamner à l'amende indeterminément, & sans assigner l'amende par exprés à quelque pieux vsage, afin que l'Euesque ou l'Archidiacre ne l'emboursent, comme Ioan. Faber a noté sur la loy *Mulctarum. C. De modo mulctarum* : qui est la cautele que Iean André donne en sa petite addition sur la glose du chap. *Licet.* afin d'euiter la prohibition du chap. *Irrefragabili.* Mesme on obserue à present, que ce n'est encore assez, que le Iuge d'Eglise declare par sa Sentence l'amende appliquable generalemẽt *in pios vsus* (& encore moins, *in pios vsus domini Episcopi*, comme ils prononcent ordinairement, ce qui est abusif) mais faut que ces pieux vsages soient specifiez particulierement, & qu'ils prononcent l'amende applicable aux Cordeliers, aux prisonniers, à la fabrique de telle Eglise, &c. comme M. Bourdin a remarqué sur l'Ordonnance de 1539.

46. L'Eglise n'a point de territoire.

Voila comment l'Eglise n'a iamais eu, & n'a point encore à present de territoire (*id est, ius terrendi, l. Pupillus. §. Territorium. De verb. signif.*) ny par consequent de parfaite iurisdiction, *quæ adhæret territorio*, ainsi qu'il a esté dit cy-deuant. Car sa Iustice n'a point esté amplifiée, quant à la forme & au pouuoir interieur, mais quant à la matiere & au pouuoir exterieur, c'est à dire, quant à son étenduë, elle a esté grandement augmentée, soit par la concession des Princes, soit par la soubmission volontaire des peuples : ce qui ne sera point hors de propos de specifier de temps en temps, comme pas forme d'histoire.

47. Ordonnance notable de Constantin, touchant la iustice Ecclesiastique.

Constantin le Grand, qui fut le premier Empereur Chrestien, fut aussi le premier qui authorisa la Iustice contentieuse de l'Eglise, & luy donna force & authorité publique, enioignant à ses Magistrats de faire mettre à execution sans contredit les Sentences des Euesques. Mais si la constitution est telle qu'on la void auiourd'huy à la fin du Code Theodosien, c'est bien la plus auantageuse, qui iamais ait esté faite pour la Iustice Ecclesiastique. Car elle porte, qu'en toutes matieres, & encore en toutes les parties de la cause, soit le demandeur ou le defendeur, en peut demander le renuoy deuant l'Euesque, qui ne luy peut estre refusé, encore que l'autre partie l'empesche, & veut que par apres la Sentence de l'Euesque soit executée par le Magistrat ordinaire, sans contredit ou empeschement quelconque : ce qu'ayant lieu, la iurisdiction temporelle seroit quasi aneantie, au moins ne seruiroit presque plus, que pour executer les mandemens Ecclesiastiques.

48. Qu'elle est vn peu douteuse.

C'est pourquoy, encore que cette Constitution soit estimée par tous les Autheurs de l'histoire Ecclesiastique, à sçauoir, Sozomene liu. 1. chap. 9. Nicephore liure 7. chap. 46. Sabellic liure 7. chap. 8. & se trouue renouuellée par Charlemagne en ses Capitulaires liu. 6. chap. 281. & que Gratian n'ait pas oublié de la canoniser, 11. *quæst. 1. can. Quicunque.* Toutefois il y en a qui ont opinion qu'elle ait esté supposée, aussi bien que la donation du mesme Constantin : tant pource qu'elle se void estre adioustée au Code Theodosien en lieu suspect, à sçauoir tout à la fin d'iceluy, intitulée de ces termes, *Hic titulus deerrabat à Codice Theodosiano*, & encore y est rapportée sans Consul, ou date de l'année : aussi que Gratian & le chapitre *Nouit. De iudiciis.* l'attribuënt à Theodose, duquel neantmoins la vraye loy se void dans le nouueau Code Theodosien, à la suite de celle-cy, mais toute contraire à icelle. Car elle porte que les Euesques n'auront Iustice, que des matieres de Religion, & que les autres procez des Ecclesiastiques seront terminez par le Iuge ordinaire. Or il n'y a pas apparence que Theodose eût mis en son Code vne loy toute contraire à la sienne. Aussi les loix des Empereurs suiuans, cy-apres rapportées, bien que faites en faueur de l'Eglise, ne luy attribuënt à beaucoup prés telle Iustice, notamment en la Nou. de Valentinian *De Episc. iudicio*, y contrarie formellement disant que par les loix des Empereurs, l'Eglise n'a point de Iurisdiction, & que suiuant le Code Theodosien, elle ne peut connoistre que des matieres de Religion.

Quoy qu'il en soit, il y a apparence, que cette Constitution de Constantin, bien que peut-estre faite dans Constantinople en la nouuelle ferueur du Christianisme de ce pieux Empereur, n'a iamais esté obseruée, ny possible publiée en l'Empire d'Occident, comme aussi elle n'est point inserée au Code de Iustinian, qui neantmoins a aduantagé l'Eglise tant qu'il a pû. Car outre la loy de Theodose cy-dessus rapportée, il se void par la loy 7. *De Episcopali aud.* qui est d'Arcadius & Honorius, que de leur temps l'Eglise n'auoit que sa primitiue notion, de connoistre par forme d'arbitrage, encore la luy debattoit-on: c'est pourquoy ils firent leur loy, pour l'y maintenir, dont voicy les mots, *Si qui ex consensu apud sacræ legis antistitem litigare voluerint, non vetabuntur, sed experientur illius, in ciuili dumtaxat negotio, more arbitri sponte reddentis iudicium.* Il est veritable qu'en la loy suiuante ils donnent ce priuilege aux Euesques, qu'on ne puisse appeller de leurs Sentences, *Episcopale iudicium ratum sit omnibus, qui se audiri à sacerdotibus elegerunt: eamque illorum iudicationi adhiberi reuerentiam iubemus, quam præfectis Prætorio, à quibus non licet prouocare: per Iudicum autem Officia executioni mandetur.* 49. *Autres loix des Empereurs touchant la iurisdiction Ecclesiastique.*

Sur tout est notable la Nou. 11. de Valentinian, dont voicy les principaux termes: *Quoniam constat Episcopos forum legibus non habere, nec de alijs causis quàm de religione posse cognoscere, vt Theodosianum corpus ostendit, aliter eos iudices esse non patimur, nisi voluntas iurgantium sub vinculo compromissi procedat. Quod si alteruter nolit, siue laïcus, siue clericus sit, agent publicis legibus, & iure communi.* Adioustant que les clercs peuuent estre adiournez deuant le Iuge seculier: qui est sans doute le droict d'auparauant Iustinian, comme il se void en la loy *Cùm clericus.* & en la loy *Omnes vbicumque. C. de Episc. & cler.* où toutefois ce priuilege est baillé aux gens d'Eglise, de ne plaider hors leur demeure, ny encore deuant autre Iuge que le Recteur de la Prouince és Prouinces, & deuant le *Præfectus Prætorio*, à Constantinople. 50. *De mesme.*

Mais Iustinian, comme il estoit pieux & religieux, augmenta fort la connoissance des Euesques par ses Nou. 83. & 123. ordonnant qu'és actions ciuiles, les Moines & les Clercs seroient premierement conuenus pardeuant l'Euesque, qui vuideroit leur differend promptement, & sans écrire, ou du moins sans aucuns frais: à condition toutefois, que si l'vne des parties declaroit dans dix iours ne vouloir acquiescer à son iugement, le Iuge ordinaire prendroit connoissance de la cause, non pas par forme d'appel (comme aucuns pensent) & comme superieur en cela de l'Euesque, mais tout de nouueau: & s'il iugeoit comme l'Euesque, il n'y auroit point d'appel de luy: si autrement, il y auroit appel. Et quant aux causes criminelles, il estoit permis de s'addresser contre le Clerc, ou à l'Euesque, ou au Iuge ordinaire, sauf és delicts Ecclesiastiques, comme sacrilege, simonie, desobeïssance à l'Euesque, heresie, blaspheme, & tous autres concernans leur qualité, dont la connoissance est attribuée à l'Euesque seul: comme pareillement des differends concernans la Religion & la police Ecclesiastique, mesme contre les laïques à ce regard. Que si en criminel, le Clerc estoit condamné par le Iuge laïque, sa Sentence ne pouuoit estre executée, qu'elle ne fût approuuée par l'Euesque, & qu'il n'eust degradé le Prestre. Que s'il ne le vouloit faire, il se falloit pouruoir pardeuers l'Empereur. Et quant aux Euesques il leur donna particulierement ce priuilege de ne plaider aucunement pardeuant les Iuges laïques. Lequel priuilege il donna aussi aux Religieuses par sa Nou. 79. que les Interpretes ont mal à propos étendu aux Religieux. Et ce reglement de Iustinian, contenu en la Nou. 123. est quasi entierement reïteré par les Constitutions de l'Empereur Constantin III. fils d'Heraclius, & par Alexius Comnenus, rapportées par Balsamo, *tit. 6. Nomocanonis.* 51. *Amplement reglement de Iustinian, touchant la iustice Ecclesiastique.*

Mais en l'Empire d'Occident & de France, l'Empereur Charlemagne ordonna indistinctement, que tous les Clercs & Moines ne seroient conuenus deuant le Iuge laïque, par son Capitulaire 225. du liu. 5. *Nemo audeat Clericum aut Monachum vel sanctimonialem fœminam ad ciuile iudicium accusare, sed ad Episcopum.* Et ce qu'il ne parle que du criminel, est possible à cause que par le Capitulaire 281. du 6. liure cy-dessus mentionné, il auoit ordonné qu'au ciuil les clercs & les laïques pouuoient demander le renuoy de toute cause deuant l'Euesque, suiuant la pretenduë constitution de Constantin. Mais quoy qu'il en soit, l'Empereur Frederic leur donna ce mesme priuilege generalement, & en matiere ciuile & en criminelle, & son Ordonnance a esté incorporée dans le Code, *Statuimus vt nullus Ecclesiasticam personam in criminali quæstione, vel ciuili trahere ad iudicium seculare præsumat. Auth. Statuimus. C. De Episc. & cler.* Ce qui de long temps a esté obserué en France: c'est pourquoy *Io. Galli. quæst.* 363. dit que, *Duo sunt genera hominum, clericorum scilicet & laïcorum: laïci subditi sunt iurisdictioni temporali, clerici Ecclesiasticæ.* 52. *Ordonnance de Charlemagne.* 53. *Celle de l'Empereur Frederic.*

Toutefois il y a grande apparence, que ce Capitulaire 281. renouuellant la Constitution de Constantin, n'a pas esté long-temps obserué en France, non plus que la loy de Constan-

54. Celle de Louys le Debonnaire.

tin en l'Empire, au moins à l'égard des causes des laïques. Car nous trouuons en la *Chronique S. Denis*, que Louys le Debonnaire son fils, sur le murmure du peuple, à l'occasion des entreprises des Ecclesiastiques, reduisit leur Iurisdiction à l'ancienne Coustume.

55 Pourquoy la Iustice Ecclesiastique s'est tant accruë en France.

Neantmoins c'est la verité qu'à succession de temps la Iustice Ecclesiastique s'est merueilleusement accruë en France, dont on peut rendre plusieurs raisons. Premierement la deuotion & pieté des François, qui a excedé tousiours celle de toutes les autres nations. *Item*, pource qu'il est à croire, qu'on auoit meilleure Iustice des Iuges d'Eglise, tant à cause de leur sainteté, qu'aussi de leur suffisance, n'y ayant presque anciennement en France qu'eux qui fussent lettrez : d'où vient que nous appellons encore *Clerc*, celuy qui est lettré. Aussi que l'Eglise ne pouuant condamner à peine de sang, ny pareillement à l'amende, comme il vient

56. On ne payoit autrefois point de dépens en Cour laye.

d'estre dit, chacun, pour estre plus doucement traité, desiroit de l'auoir pour Iuge. Et sur tout pource qu'en Cour laye on ne condamnoit point aux despens, iusques au temps de Charles le Bel, qui abolit cette coustume en l'an 1324. encore son Ordonnance n'ayant esté obseruée, il la fallut renouueller par Philippe de Valois, & par Charles V. Mais la condamnation de dépens fut receuë és Cours d'Eglise de France, suiuant le droict Romain, & ainsi qu'és autres pays, dés le Concile de Tours, tenu sous Alexandre III. enuiron l'an 1258. ioint que les Roys & Seigneurs temporels de France & leurs Iuges ne se souciant gueres alors de maintenir leurs Iustices, qui n'estoient pas questueuses, ny de grand reuenu pour eux, ainsi qu'à present : mais plûtost leur estoient à charge & à dépense, pource qu'elles estoient exercées gratuitement, qui estoit la cause pourquoy on n'y adiugeoit point de dépens, comme i'ay dit au 1. liu. *Des Offices*. Et quand ils entroient en contention de iurisdiction auec les Ecclesiastiques, les excommunications ne leur manquoient point dont il nous reste encore ce vestige que tous les Dimanches és prosnes des Messes Parrochiales, on excommunie ceux qui empeschent la iurisdiction de l'Eglise.

57. Chacun desiroit autrefois estre de la Iustice Ecclesiastique.

Tant y a que pour ces raisons chacun vouloit estre de la Iustice Ecclesiastique, & tenoit cela pour vn grand priuilege : témoin ce que nous trouuons au grand Coustumier, liure 4. chapitre 4. qu'vn homme ayant épousé la veufue d'vn impuissant, qui estoit encore pucelle, auant que coucher auec elle, la fit visiter par matrones conuenuës par le Procureur general du Parlement & le Promoteur de l'Officialité de Paris, afin de ne perdre par bigamie son priuilege clerical : & nous lisons en la Chronique S. Denis, que du temps du Roy S. Louys la Preuosté de Paris estant mal administrée, pource qu'elle estoit baillée à ferme, les plus honnestes habitans se retiroient dans le territoire des hauts-Iusticiers Ecclesiastiques, & *demeuroit*, dit cette Chronique, *la terre du Roy presque deserte* : iusques à tant que ce bon Roy y eût mis l'ordre, que i'ay rapporté ailleurs.

58 Entreprises de la Iustice Ecclesiastique.

Or voicy les principales entreprises des Iuges Ecclesiastiques. Premierement, supposé qu'ils tenoient les Clercs pour exempts totalement de la Iustice seculiere, ils mettoient au nombre des Clercs tous ceux qui auoient eu tonsure, encore qu'ils fussent mariez, & qu'ils eussent autre vacation que l'Ecclesiastique, & ainsi presque tous les hommes estoient

59. Le priuilege de clericature ne se perdoit autrefois par mariage.

de leur iurisdiction : car chacun prenoit tonsure pour s'exempter de la Iustice du Roy ou de son Seigneur, plûtost que pour seruir à l'Eglise. Et bien que cet abus ait esté corrigé à l'égard de l'exemption des tailles, dés l'an 1274. par Philippe le Hardy, qui voulut que les Clercs mariez fussent taillables, ainsi que les purs laïques, leur ostant seulement l'immunité des Clercs à l'égard des tailles, le priuilege clerical ne laissa pas de leur demeurer à l'égard de la Iustice, iusques à l'Ordonnance de Roussillon, qui l'a conserué seulement aux Clercs constituez aux Ordres sacrez. Encore à la verification d'icelle, le Parlement l'a conserué en outre aux Beneficiers.

60. Mais il falloit estre in habitu & tonsura.

Il est bien vray qu'auparauant cette Ordonnance, & lors que les Clercs mariez iouyssoient du priuilege, il falloit qu'ils fussent vestus clericalement, & qu'ils eussent la tonsure ou couronne apparente en leurs cheueux, qu'on dit vulgairement *esse in habitu & tonsura*, à quoy ils ne manquoient point alors. Et quand pour bigamie, ou autre sujet, quelqu'vn auoit perdu son priuilege clerical, le Magistrat seculier le faisoit raser, ou tondre, comme il se void dans le grand Coustumier en plusieurs endroits : d'où peut bien venir la prouerbe *Estre tondu*, qui signifie estre décheu de quelque pretension, auquel neantmoins i'assigneray vne autre origine au liure *Des Ordres*.

61. Meubles des Clercs estoient attribuez à la Iustice Ecclesiastique.

Mesme on estendoit sur les meubles des Clercs, cette exemption de Iustice seculiere attribuée à leurs personnes, en consequence de la maxime vulgaire mal-entenduë, que *mobilia sequuntur personam* : de sorte que tous les meubles des gens d'Eglise mariez ou non mariez, ne pouuoient estre pris par execution, ny en estre autrement ordonné par le Iuge laïque, comme il se void dans tous les anciens Praticiens de France, notamment dans *Benedict. in verb. & vxorem*, *num.* 40. & dans *Ioan. Galli.* en plusieurs endroits Et du Molin mesme, bien que d'ailleurs trop contraire aux Ecclesiastiques, aduouë neantmoins, que leurs meubles sont exempts de la Iustice seculiere, sur l'article 1. de la Coust. gl. 1. nomb. 36. mesme que *Ian*

Carnotensis, grand defenseur des priuileges de l'Eglise, soustient fermement qu'on en doit vser de mesme aux immeubles, en son epistre 79. ce que toutesfois il n'a pû gagner, à cause du Can. *Quo iure* 8. *distinct.* Mais quant aux meubles, la raison pourquoy on les attribuoit à la Iustice Ecclesiastique, estoit captieuse & sophistique. Car il est bien vray que *mobilia sequuntur personam, quoad situm sed non quoad qualitatem*: attendu qu'on a esté contraint de regler, ou plutost feindre & imaginer la situation des meubles qui n'ont point de situation certaine, & arrestée au domicile de la personne, mais ayans leur qualité à part, constante & certaine, il n'est pas besoin de leur imputer celle de la personne. C'est pourquoy maintenant on les regle par leur propre qualité ; à sçauoir, que s'ils sont sacrez, ou destinez au seruice diuin, c'est au Iuge d'Eglise d'en connoistre : si profanes, c'est au Magistrat seculier: & outre cela les Ecclesiastiques ont ce priuilege par l'Ordonnance d'Orleans, que leurs meubles & vstensiles necessaires, & dont ils ne se peuuent passer, ne peuuent estre pris par execution. Et voila ce qui est de la premiere entreprise des Ecclesiastiques.

62 Pourquoy le contraire est à present obserué.

Secondement ils soustenoient que toute cause où il y auoit mauuaise foy, & par consequent peché, estoit de leur iurisdiction, cõme y allant du suiet de l'ame dont ils sont moderateurs: & ainsi entendoient & étendoient-ils ce passage de l'Euangile, *Si peccauerit frater tuus, dic Ecclesiæ*: principalement quand on leur en faisoit plainte, laquelle plainte pour cette cause ils appelloient *denonciation Euangelique*: comme il est traitté amplement au chap. *Nouit. De iudicijs*. où le Pape veut prendre connoissance du different d'entre les Rois de France & d'Angleterre, touchant la commise pretenduë par le Roy de France des fiefs & Seigneuries, que le Roy d'Angleterre tenoit de cette Couronne, à cause de sa felonnie. Et ainsi ils se pretendoient competans presque de toute action pure personnelle, mesme entre les laïques, disans que rarement elle estoit exempte de mauuaise foy, & de peché de part ou d'autre. Principalement s'il s'agissoit de l'execution des contracts, ils ne faisoient aucun doute qu'elle ne fût de leur connoissance, à cause du serment, qui par le style commun des Notaires y est inseré, *cap. 3. De foro compet. in 6.* confondans mal à propos la censure des mœurs auec la iurisdiction de partie à partie, & la correction penitentiale auec la iustice contentieuse : sans prendre garde à ce qui est dit en ce §. *Item cum Dauid. 2. quæst. 7. Nathan cùm Dauid redarguit suum est executus officium, in quo erat Rege superior, non vsurpauit Regis officium, in quo erat Rege inferior. Monuit eum vt per pœnitentiam peccata sua expiaret, non autem tulit in eum sententiam, quâ, tanquam adulter & homicida, morti adiudicaretur.*

63 Pechés ou mauuaise foy attiroit les causes à l'Eglise.

En troisiéme lieu, ils maintenoient par semblable raison, que la connoissance des testamens leur appartenoit, comme estant vne matiere de conscience, disans mesme qu'ils estoient les naturels executeurs d'iceux, pource que le corps du defunt testateur estant laissé à l'Eglise pour la sepulture, l'Eglise aussi estoit saisie de ses meubles, pour acquitter sa conscience, & executer son testament. Ce qui s'obserue encore à present en Angleterre, où l'Euesque, ou gens preposez de sa part, se saisissent des meubles de celuy qui est decedé *intestat*, & les gardent pendant sept ans, si les heritiers ne composent auec luy. Mesme nous trouuons qu'anciennement en France les Ecclesiastiques ne vouloient enterrer les morts si on ne leur mettoit leur testament en main, ou si à faute de testament on n'en obtenoit vn mandement special de l'Euesque : dont il se trouue dans les Registres du Parlement, vn Arrest de l'an 1407. contre l'Euesque d'Amiens. & les Curez d'Abbeville, que les intestats seroient inhumez sans contredit, & sans mandement particulier de l'Euesque. *Et Ioan. Galli*, en sa quest. 102. remarque, que souuent les heritiers, pour sauuer l'honneur du defunt decedé sans tester, demandoient permission de tester pour luy *ad pias causas* : & i'ay leu ailleurs, qu'il y auoit des Ecclesiastiques, qui contraignoient les heritiers des intestats de conuenir de preud-hommes pour arbitrer combien le defunt auoit deu leguer à l'Eglise. Bref de cette entreprise des Ecclesiastiques est encore demeuré iusques à ce temps, que par nos Coustumes les Curez & Vicaires sont capables de receuoir les testamens, ainsi que les Notaires.

64 Testamens estoient attribuez à la Iustice ecclesiastique.

65 Anciens abus touchant les testamens.

En quatriéme lieu, par le moyen de la connexité, si de plusieurs codetempteurs, coheritiers, ou codebiteurs, il y en auoit vn qui fût Clerc, ou garant, ou ioint des autres, ils disoient que ce priuilegié attiroit deuant eux toutes les autres parties.

66 Connexité.

Aussi en cinquiéme lieu, pratiquans la reconuention, suiuant le titre *De mutuis petitionibus*, ceux qui vouloient attirer deuant eux leur aduersaire, forgeoient contre luy quelque legere demande (*dicis causa*, & pour attacher l'escarmouche) dont ils estoient competans, & par apres entroient sur icelle tous leurs autres differens, soûtenans que tous incidens suruenus és procés commencez deuant eux, s'y deuoient terminer.

67 Reconuention.

En sixiéme lieu, ils soustenoient que toutes les causes bien difficiles, notamment en poinct de droict, leur appartenoient, principalement quand il y auoit diuersité d'opinions entre les Iurisconsultes, ou Iuges, à cause de ce passage du Deuteronome, *Si difficile & ambiguum apud te iudicium esse perspexeris, & iudicum intra portas videris variari, venies ad Sacerdotes Leuitici generis, & ad Iudicem qui fuerit illo tempore, qui indicabunt tibi veritatem: & facies quacunque di-*

68 Difficulté en poinct de droict.

xerint, qui præsunt in loco quem elegerit Dominus : comme il est rapporté au chap. *Per venerabilem. ext. Qui filij sunt legitimi :* bien qu'il y ait de la difference entre les loix Romaines, & la police du vieil & du nouueau Testament : & ainsi voit on en plusieurs endroits des Decretales des causes difficiles decidées, qui n'estoient nullement de la Iustice Ecclesiastique, comme entr'autres en cette fameuse Decretale *Raynutius. ext. De testam.*

69 *Defaut de la Iustice seculiere.* *Item*, en septiéme lieu, ils disoient que c'estoit à eux à suppléer le defaut, negligence, ou suspicion du Iuge laïque, *cap. Licet. ext. De foro compet.* & sous ce pretexte, si vn bon procez duroit long-temps à leur gré en la Iustice seculiere, ils l'attiroient à eux.

70 *Personnes miserables.* En huictiéme lieu, sous couleur que dans les anciens Canons ils trouuoient, que l'Euesque estoit protecteur des persõnes miserables, cõme des veufues, pupilles, étrangers & pauures, ils vouloient connoistre de toutes leurs causes, *cap. Ex parte. De for. compet. cap. Nuper. De donat. inter vir. & vxor.* encore qu'il y ait bien de la difference entre proteger, ou procurer la iustice, & estre Iuge.

71 *Crimes Ecclesiastiques.* Finalement, il y a plusieurs crimes, qu'ils appelloient Ecclesiastiques, desquels ils vouloient seuls connoistre, mesme contre les laïques, comme d'heresie, sacrilege, simonie, concubinage, vsure, parjure, bien que veritablement les crimes Ecclesiastiques soient, ou ceux qui concernent la police Ecclesiastique, comme il est dit en la Nou. 83. ou bien les menus delits, dont la Iustice ordinaire neglige la recherche, & dont partant la primitiue Eglise entreprenoit la censure & correctionpour conseruer vne pureté particuliere de mœurs parmy les Chrestiens, mais cette correction se faisoit sommairement, & sans entreprendre sur la Iustice contentieuse, comme il a esté dit cy-dessus.

72 *Sommaire des cas ausquels les laïques plaidoient en Cour d'Eglise.* Voila les principaux cas esquels les laïques estoient autrefois contraints de plaider deuant les Iuges d'Eglise. Car il y en a encore d'autres, que j'obmets pour éuiter prolixité, & qui sont ramassez en ces vers d'Hostiense, qui sentent bien leur Latin d'Officialité :

Hæreticus, Simon, fœnus, periurus, adulter,
Pax, priuilegium, violentus, sacrilegusque,
Si vacat Imperium, si negligit, ambigit, aut sit
Suspectus Iudex, sit subdita terra, vel vsus,
Rusticus, & seruus, peregrinus, feuda, viator,
Si quis pœniteat, miser omnis, causaque mixta,
Si denunciat Ecclesia quis, iudicat ipsa.

73 *Entreprise dont M. Pierre de Cuignieres fit plainte.* Toutes ces entreprises ont duré iusques à l'Ord. de 1539. & on y estoit tellement accoustumé, qu'elles estoient passées en droit commun. Car ce ne sont pas encore celles, dont se plaignoit principalement deuant le Roy Philippes de Valois, Maistre Pierre de Cuignieres, son Aduocat general au Parlement de Paris, mais c'estoient encore d'autres entreprises plus exorbitantes, comme il se void dans l'extraict de sa harangue, rapporté aux Annales de Belle-Forest, & au 5. volume de la Bibliotheque sacrée. A sçauoir entr'autres, qu'ils entreprenoient de connoistre des matieres réelles, & des hypothequaires, mesme du possessoire des choses prophanes, & iusques au Domaine du Roy : faisoient les seelez & inuentaires des sujets du Roy decedez, empeschoient les Notaires Royaux & des Seigneurs d'instrumenter, faisoient payer aux laïques accusez les dépens des procez criminels, encore qu'ils fussent trouuez innocens, & excommunioient les debiteurs insoluables. Et encore à tout moment ils excommunioient les Iuges Royaux, quand ils vouloient defendre la iurisdiction du Roy : bien qu'ils ayent ce priuilege des Papes, de ne pouuoir estre excommuniez pour cét effet, comme il se void au vieil style du Parlement *in tract. De Priuilegijs regni Franciæ.* Bref, ils faisoient plusieurs autres telles escapades contre toute raison, mesme contre le sens commun, comme il n'y a point de fin aux vsurpations, depuis qu'vne fois les bornes de la raison sont franchies, & outre-passées.

74 *Pourquoy sa plainte fut sans effet.* Toutefois ce bon Roy Philippes de Valois, estant nouuellement étably en son Royaume, à l'exclusion de l'Anglois, qui l'auoit pretendu, craignant d'y exciter de nouueaux troubles, à cause de l'authorité que le Clergé auoit lors en France, n'osa y mettre la main, au moyen de ce que les Ecclesiastiques firent artificieusement courir le bruit, que sous pretexte de retrancher les entreprises de leur Iustice, on leur vouloit quand & quand oster leur bien, encore que les propositions de cét Aduocat du Roy n'y tendissent nullement. Tant y a que sa plainte ayant esté sans effet, a depuis causé plusieurs injures à sa memoire, le faisant encore auiourd'huy seruir de marmouset en l'Eglise nostre-Dame de Paris, sous le sobriquet de Maistre Piere du Cuignet : bien que l'histoire du temps nous témoigne que c'estoit vn grand personnage, qui auoit beaucoup de creance enuers le Roy.

75 *Comment ces entreprises ont esté retranchées.* Mais enfin toutes ces entreprises de la Iustice Ecclesiastique, ont esté retranchées fort bien, & à petit bruit, par l'Ordonnance de 1539. qui en six lignes l'a remise & reduite au iuste poinct de la raison : laissant à l'Eglise la connoissance des Sacremens entre toutes personnes, & des causes personnelles des Ecclesiastiques. Qui est en effet reuenir à cette ancienne distinction des deux puissances : attendu que les personnes & les choses spirituelles

sont laissées à la Iustice Ecclesiastique, & les temporelles à la temporelle : & partant c'est le vray reglement de nostre Seigneur, *Quæ Cæsaris Cæsari : & quæ Dei, Deo* : d'où il s'ensuit qu'il y a grande apparence qu'il durera tousiours.

Tant y a que ce reglement a tellement diminué la Iustice Ecclesiastique, & augmenté la temporelle au prix de ce qu'elles estoient lors l'vne & l'autre, qu'estant à Sens en ma ieunesse i'ouy dire à deux anciens Procureurs d'Eglise, qui auoient veu le temps d'auparauant cette Ordonnance, qu'il y auoit lors plus de trente Procureurs en l'Officialité de Sens, tous bien employez, & n'y en auoit que cinq ou six au Bailliage, bien que ce soit vn des quatre grands Bailliages de France, ainsi que i'ay dit ailleurs : & maintenant tout au contraire, il n'y a que cinq ou six Procureurs morfondus en l'Officialité, & il y en a plus de trente au Bailliage. *79. Effet de l'Ordonnance.*

Aussi la chance est tournée tout à fait. Car les Canonistes disoient anciennement, que le laïque pouuoit proroger iurisdiction en Cour d'Eglise, & non le Clerc en Cour seculiere : & disoient aussi, que c'estoit au Iuge d'Eglise à suppleer le defaut, ou negligence du Iuge laïque, & non au contraire. Et quand on en demandoit la raison, ils disoient, que c'estoit à cause qu'anciennement les Ecclesiastiques estoient Iuges des laïques, aussi bien que des Clercs, & qu'il n'y auoit point d'inconuenient, que les choses retournassent en leur premiere nature, ainsi que le Cardinal d'Hostie traitte en sa Somme, *tit. D. foro competenti*. Mais auiourd'huy on pratique tout le contraire, & on se sert contr'eux à meilleure occasion de cette mesme raison : estant certain, comme il vient d'estre prouué, que la Iustice Ecclesiastique, en ce qu'elle est contentieuse, a esté concedée par les Princes temporels, & demembrée de la Iustice temporelle & ordinaire : aussi dit-on encore à present que c'est le priuilege clerical, & les Canonistes l'appellent *priuilegium fori*, pour monstrer qu'il est contre le droict commun. *77. Que la chance est tournée du tout.*

Et neantmoins c'est la verité, que comme les entreprises des Ecclesiastiques pardessus les concessions des Princes, ont esté iustement retranchées, aussi d'oster à present, ou diminuer à l'Eglise la Iustice, dont elle iouït à iuste titre depuis tant de siecles : ce seroit faire iniure à Dieu mesme, s'il est permis d'ainsi parler. Et ie diray franchement, que toutes les entreprises sont grandement dangereuses entre le Sacerdoce & l'Estat, mais celles de l'Estat sur le Sacerdoce sont plus à craindre, tant pource qu'elles peuuent plustost arriuer, à cause de la force de l'Estat, que pource qu'elles touchent l'ame, qui est plus precieuse que le corps & les biens. *78. Conclusion de ce discours.*

Ie concluray donc ce Chapitre par vn tres-beau Canon, qui est le 42. du Concile de Latran, tenu sous ce docte Pape Innocent III. *Sicut volumus vt iura clericorum non vsurpent laici: Ita velle debemus ne clerici iura sibi vendicent laicorum. Quocirca vniuersis clericis interdicimus, ne quis prætextu Ecclesiasticæ libertatis suam de cætero iurisdictionem extendat in præiudicium Iustitiæ sæcularis : sed contentus existat constitutionibus, scriptis, & consuetudinibus hactenus approbatis : vt quæ sunt Cæsaris reddantur Cæsari, & quæ sunt Dei, Deo recta distributione reddantur.*

SOMMAIRE DV SEIZIESME CHAPITRE.

1 *Les Iustices des villes ne sont Seigneuriales.*
2 *Ny Royales.*
3 *Pourquoy le commandement s'en fait au nom du Roy.*
4 *A qui en appartient le sceau.*
5 *Iustices des villes venuës des Romains.*
6 *Droict de Iustices des villes Romaines.*
7 *Il y en auoit de trois sortes.*
8 *Iustice des villes appellées* Municipia.
9 *Iustices de celles appellées* Coloniæ.
10 *Pouuoirs des* Duumvirs.
11 Municipia & Coloniæ *confondus ensemble.*
12 *Iustice des villes appellées* Præfecturæ.
13 Præfecti.
14 Ædiles vrbium.
15 *Deux sortes d'*Ædiles *à Rome.*
16 Ædiles plebis.
17 Ædiles Curriles.
18 Ædilitium Edictum.
19 Ἀγορανόμος, Ἀστυνόμος.
20 *Pouuoir des Ediles des villes.*
21 *Correction consiste en execution sans sentence.*
22 *Difference entre la correction, iustice sommaire & iustice entiere.*
23 *Ce que c'est que correction.*
24 *Correction a lieu en fait de police.*
25 *Conciliation de plusieurs loix.*
26 *Correction des Magistrats de Rome & villes Romaines.*
27 *De mesme.*
28 *Interpretation de la loy* Ictus. D. De his qui not. infam.
29 *Correction auoit lieu en la police.*
30 *Correction du Chef des communautez.*
31 *De la Iustice sommaire.*
32 *Iustice sommaire de France.*
33 *Iustice des villes des prouinces Romaines.*
34 De Defensoribus ciuitatum.
35 *Leur origine.*
36 *Leur charge.*
37 *De mesme.*
38 *Qu'ils curent enfin la Iustice des causes legeres.*

39 *Censeurs n'auoient iurisdiction, mais correction.*
40 *La iurisdiction des defenseurs accruë par Iustinian.*
41 *Sommaire des Iustices des villes Romaines.*
42 *Difference entre les* Duumvirs *& les defenseurs des Citez.*
43 *Difference entre les defenseurs des Citez, & les Iuges pedanées.*
44 *Ces Iustices des villes de France.*
45 *Iustices des villes de la Gaule Belgique.*
46 *De mesme.*
47 Loy *signifie iustice en nos Coustumes.*
48 *Gens de loy sont les Escheuins des villes ayans iustice.*
49 *Records de la loy.*
50 *Que plusieurs villes de France ont iustice.*
51 Scabinei, *sont les Iuges des villes aux Capit. de Charlemagne.*
52 *Escheuin* vnde.
53 *Retranchement des Iustices des villes.*
54 *Comtes mis és villes pour estre Iuges.*
55 Comes est Iudex fiscalis.
56 *Il y a peu de Iustices attribuées aux villes de la Gaule Celtique & Aquitanique.*
57 *Iustices attribuées par forme de priuilege.*
58 *De mesme.*
59 *Iustices des villes sont ordinairement basses iustices.*
60 *Mairie signifie* basse iustice, *aussi bien que Preuosté.*
61 *Maires des villes ressemblent aux Defenseurs des Citez.*
62 *Escheuins en quelques villes ont entrepris la police.*
63 *La police a deux parties.*
64 *Preuost des Marchands à Paris d'où est dit.*
65 *Deux sortes de iustices attribuées aux villes par le Chancelier de l'Hospital.*
66 *Des Iuges Consuls.*
67 *Des Bourgeois policiers.*
68 *Que ces deux Iustices n'appartiennent proprement aux villes.*
69 *Iustice des Eslections estoit autrefois vne iustice populaire.*
70 *Esleus d'où sont prouenus.*
71 *Generaux des Aydes, ou iustice d'iceux.*
72 *Esleus generaux faits perpetuels.*
73 *Toutes ces iustices doiuent estre sommaires.*
74 *Et exercées gratuitement.*
75 *Esleus ne deuroient rien prendre des parties.*
76 *Retranchement des Iustices des villes par l'Ord. de Moulins.*
77 *Interpretation d'icelle.*
78 *Comment les policiers sont reglez auec le Iuge ordinaire.*
79 *Quand les Escheuins ont la police, il n'y a point de Bourgeois policiers.*
80 *Iustice criminelle ne deuroit estre laissée aux villes.*
81 *Interpretation d'vn passage de la Passion.*
82 *Oppositions formées par les villes à l'execution de cette Ordonnances de Moulins.*
83 *Oppositions des Boulonois.*
84 *Et de ceux d'Angoulesme.*
85 *Iustice appartenant aux villes par capitulation, ne doit estre ostée.*
86 *Plainte des Rochelois, touchant leurs franchises & libertez.*
87 *Des priuileges des villes.*
88 *Priuileges concedez à titre onereux.*
89 *Pourquoy nonobstant l'Ordonnance de Moulins plusieurs villes ont retenu leurs Iustices.*
90 *Comment les priuileges onereux peuuent estre reuoquez.*
91 *Des priuileges gratuits.*
92 *Confirmation de chaque Roy accessoire aux priuileges gratuits.*
93 *Priuileges gratuits ne peuuent estre perpetuels.*

DES IVSTICES APPARTENANTES AVX VILLES.

CHAPITRE XVI.

IL y a encore vne troisiéme espece de Iustice, qui n'est ny Seigneuriale, ny Royale, à sçauoir celle qui appartient aux villes : qui ne peut estre dicte Seigneuriale, pource qu'elle n'emporte aucune Seigneurie aux villes sur elles-mesmes, aussi qu'elle n'est annexée à aucun fief : mesme elle n'est tenuë en fief, ny du Roy ny d'autre Seigneur, mais a esté concedée à vne main-morte, sans charge de feodalité, mais en pleine proprieté par forme de priuilege.

1 Les iustices des villes ne sont Seigneuriales. 2. Ny Royales.

D'où il s'ensuit aussi qu'elle est encore moins Royale, que ne sont les Iustices des Seigneurs, desquelles le Roy, par le moyen de la feodalité, demeure tousiours le premier Seigneur direct, au lieu qu'en celles-cy il n'a retenu aucune directe, mais les a données *optimo iure* au peuple, lequel partant y met des Officiers par eslection, en perçoit les émolumens proprietaires, comme les amendes & reuenu du Greffe, mais le commandement s'en fait neantmoins au nom du Roy, & non de la ville, pource qu'en l'Estat Monarchique de France, on trouueroit mauuais de le faire au nom du peuple : & d'ailleurs, il ne se peut faire au nom des Officiers de ville, pource qu'il ne se fait iamais en France au nom des Iuges. Pareillement le Sceau de ces Iustices deuroit estre, & auoit tousiours esté au coing & armes des villes, & à elles appartenant, mais en l'an 1568. lors que le Roy Charles IX. érigea en titre d'Office les Gardes des Sceaux, il en voulut mettre és iurisdictions des villes, ainsi qu'en celles des Consuls, ce qui a encore esté executé en fort peu de villes.

3. Pourquoy le commandement s'en fait au nom du Roy. 4 A qui en appartient el seau.

Or bien

Or bien que les Romains n'ayent iamais eu, ny de Seigneuries, ny de Iuſtices Seigneu- 5 *Iuſtices de villes venuës des Romains.*
riales, ſi eſt-ce que les Iuſtices populaires ſont venuës d'eux, pendant leur Republique po-
pulaire: mais depuis que leur Eſtat eſt deuenu Monarchique, elles ont eſté fort retranchées,
& enfin du tout abolies par l'Empereur Leon en ſa Conſtit. 47. ſous cette conſideration,
certes bien pertinente, *cùm aliàs*, dit le texte, *olim Reipubl. ſtatus eſſet, rerum ordo ſimiliter altius*
erat: Nunc autem cùm omnia à Principali cura dependeant, hunc vſum, cum alijs, qui de Republ. electi ſunt,
eijciendum quoque putauimus.

Partant pour comprendre parfaitement l'vſage des Iuſtices de nos villes, il faut repreſen- 6 *Droict des Iuſtices des villes Romaines.*
ter l'eſtat de celles des villes Romaines, entant que les liures nous en ont conſerué la me-
moire. Et faut remarquer que les villes Romaines, ſelon leur diuerſité, auoient trois diuerſes
ſortes de Iuſtices, ſçauoir eſt celle des Duumvirs ou Magiſtrats municipaux *in Municipiis, aut* 7 *Il y en auoit de trois ſortes.*
Coloniis: celle des Ediles *in præfecturis*: & celle des Defenſeurs des Citez *in Prouinciis*.

Municipia, comme l'explique fort bien A. Gelle, *lib.* 16. *cap.* 13. eſtoient originairement les 8 *Iuſtice des villes appellées Municipia.*
villes libres, qui par leurs capitulations s'eſtoient renduës & adiointes volontairement à la
Republique Romaine, quant à la ſouueraineté ſeulement, gardans neantmoins leur liberté,
& à l'égard de la Seigneurie priuée, *quia nempe eorum fundus nunquam Populi Rom. factus fuerat*:
& encore à l'égard de la Seigneurie publique ſubalterne, *quia ſub ſuis legibus, & ſub ſuis Magiſtra-*
tibus vtebant: d'où il s'enſuit qu'en ce commencement-là, ils auoient toute Iuſtice, les Officiers de laquelle auoient diuers noms ſelon leur ancienne inſtitution, faite du temps de
leur parfaite liberté: c'eſt pourquoy au droict ils ſont appellez du mot general, *Magiſtratus*
Municipales.

Coloniæ verò erant ciuitates, in quas populus Rom. ciues ſuos ad incolendum deduxerat, & partant 9 *Iuſtice de celles appellées Coloniæ.*
elles eſtoient ordonnées *à l'inſtar* de la ville de Rome, *cuius effigies paruæ, ſimulachráque erant*,
dit A. Gelle: il eſt vray que par reſpect les Magiſtrats d'icelles auoient d'autres noms que
ceux de Rome: partant leur Senat eſtoit appellé *Curia*, leurs Senateurs *Decurions*, & leurs
Conſuls, ou Preteurs (qui eſtoient leurs Iuges, comme à Rome anciennement) eſtoient
appellez *Duumvirs*. Comme auſſi ces Officiers n'auoient pas tant de puiſſance que ceux de
Rome, principalement les *Duumvirs*, qui enfin n'eurent iuriſdiction que iuſqu'à certaine
ſomme, dit Paulus, 5. *lib. Sentent. cap.* 5. & la loy *Inter conſentientes. D. Ad Municip.* ce que Cujas a remarqué ſur la loy *Duumvirios. D. Decur. lib.* 10. *Cod.* c'eſt pourquoy il ne leur eſtoit pas
permis (comme à ceux qui ont toute Iuſtice) *iuriſdictionem ſuam defendere pœnali iudicio. l.* 1. *D.*
Si quis ius dicenti non obtemper.

Mais enfin *Municipia & Coloniæ* furent confondus enſemble, pource que dit A. Gelle, *Colo-* 10 *Pouuoir des Duumvirs & explication de la loy* Si quis ius dic. &c.
niarum conditio, licet magis obnoxia, minuſque libera; potior tamen & præſtabilior exiſtimata eſt, pro-
pter amplitudinem & maieſtatem Pop. Rom. & ſimul, quia obſcura obliteratáque ſunt municipiorum iura,
quibus vti iam per ignorantiam non poſſunt. Ainſi les *Municipies*, qui auoient laiſſé perdre leurs
droicts, vſerent de ceux des Colonies, neantmoins elles prirent le nom de *Municipies*, qui en
fin deuint general pour ſignifier toutes les bonnes villes ayans Republique, c'eſt à dire corps 11 Municipia & Coloniæ *confondus enſéble.*
de ville & Officiers, dit la loy premiere *D. Ad Municipal.* c'eſt pourquoy ie n'ay fait qu'vn ar-
ticle de la Iuſtice des Colonies & des Municipies.

Quant aux Prefectures, c'eſtoient les villes d'Italie qui auoient eſté rebelles & perfides 12 *Iuſtices des villes appellées* Præfecturæ.
au peuple Romain, & celles-là n'auoient point de vrayes Iuſtices à elles, mais on y enuoyoit
de Rome des Magiſtrats appellez *Præfecti*. Mais elles auoient ordinairement des Officiers de
leurs corps, pour auoir ſoin ſeulement de leurs affaires communes, appellez *Ædiles*, *à l'in-* 13 Præfecti.
ſtar des Ediles de Rome, appellez, ainſi dit Varro, *quod curam haberent ædium*, c'eſt à dire des
baſtimens publics. 14 Ædiles vrbium.

Car à Rome il y auoit deux ſortes d'Ediles ordinaires (outre les extraordinaires, appellez 15 *Deux ſortes d'Ædiles à Rome.*
Æediles Cereales, qui eſtoient les Commiſſaires des viures, deputez pendant la cherté ſeule-
ment) à ſçauoir *Æediles plebis, & Ædiles Curules.* Ceux-là furent les premiers inſtituez, &
auoient l'execution de la menuë police, comme des ruës, des tauernes, des bordels, ain- 16 Ædiles plebis.
ſi qu'ont auiourd'huy les Commiſſaires du Chaſtelet de Paris, comme il ſe collige de la loy
vnique. *D. De via publica.* & eſt bien prouué par Roſinus, *lib.* 7. *cap.* 24.

Et quant aux Ediles Curules, ils eſtoient tirez du nombre des Senateurs, qui du com- 17 Ædiles Curules.
mencement ayans eſté mis ſeulement, pour donner au peuple des jeux publics, entreprirent par apres la principale police de Rome, comme d'auoir ſoin des baſtimens publics, de
mettre taux aux viures, de policer les marchez, pour raiſon dequoy à la fin ils vſurperent
vne maniere de Iuſtice, differente de la iuriſdiction du Preteur, qui eſtoit la Iuſtice ordinaire de Rome, & comme tous les ans le Preteur propoſoit ſon Edict, c'eſt à dire le regle- 18 Ædilitium Edictum.
ment, ſuiuant lequel il vouloit qu'on ſe gouuernaſt en ſon année, auſſi les grands Ediles
propoſoient le leur, appellé *Ædilitium edictum*: & comme le Preteur rendant la Iuſtice
eſtoit aſſis au tribunal, eux eſtoient aſſis *in ſella Curuli*, & pour cette cauſe eſtoient appellez Ediles Curules, & ainſi eſtoient diſtinguez des Iuges pedanées, qui *plano pede iudica-*
bant.

19. Ἀγορανόμοι. Ἀστυνόμοι.

Partant les Ediles plebéiens des Romains sont à comparer aux Ἀστυνόμοι des Grecs, & les Curules aux Ἀγορανόμοι Ἐπὶ μὲ Ἀγορανόμος ὁ ἐπόπτης τῶν ὠνίων τῆς ἀγορᾶς. Ἀστυνόμος δὲ ἐπὶ τοῦ τὴν καθαιρεῖν τὴν πόλιν ἀκολουθούμενος, dit Vlpian sur l'Oraison de Demost. εἰς Τιμοκράτ. Lesquelles deux charges sont nettement distinguées par Aristote, liure 6. des Polit. chap. 3. où il dit que la charge des Officiers des villes a deux principales parties : l'vne d'auoir soin du marché & des marchandises, l'autre d'auoir charge des Edifices des ruës, & autres negoces de Police.

20 Pouuoir des Ediles des villes. 21 Correction consiste en execution sans Sentence.

I'estime neantmoins que les Ediles des Préfectures Romaines, & des autres villes, où il y en eut à succession de temps, n'ont eu de leur vray droict & premiere institution, que l'Astynomie & menuë Police : qui n'attribuë aucune vraye Iustice, mais vne correction simple, qui gist en execution seulement, & non pas en connoissance de cause, comme il sera tantost dit. Et de fait on void que les Autheurs qui en parlent, ne font pas mention qu'ils eussent Iustice : comme Perse en sa Satyre 1.

Sese aliquem credens, Italo quod honore supinus
Fregerit heminas Areti Ædilis iniquas.

Et Iuuenal.

Et de mensura vis dicere (car ainsi faut-il lire, & non pas *ius dicere*) *vasa minora.*
Frangere, pannosus vacuit Ædilis Vlubris.

Et Plaute, *in Sticho.*

-----Si qua sunt improba,
Merces, iactat omnes : Ædilitatem gerit.

Et le Iurisconsulte en la loy *De peric. & com. rei vend. Lectos, quia in vita erant, Ædilis concidit.* Et en la loy *Itemque. §. Si quis mensuras. D. Locati. Mensuras Magistratus frangi iussit.* Et en la loy, *Eos qui. D. Decur. Qui vtensilia vendunt ab Ædilibus cæsi sunt.*

22 Differences entre la correction, Iustice sommaire, & Iustice entiere.

Car il y a bien de la difference entre la correction, la Iustice sommaire, & la Iustice entiere : ce qui merite bien d'estre expliqué en passant. La correction se fait & execute sans forme & figure de procez *sine figura iudicij*, & sans écrire, ἀγραμμάτως, comme celle qu'a l'Abbé sur son Religieux, le pedagogue, ou maistre de mestier sur ses disciples ou apprentifs, le Capitaine sur ses soldats le pere de famille sur sa femme, enfans & seruiteurs : aussi ne peut-elle tendre qu'à vne legere punition. Telle est la coërcion, ou correction de la police, comme il se collige de la conciliation de deux loix, à sçauoir cette mesme loy *Eos*, qui dit que, *qui ab Ædilibus cæsi sunt, infames non fiunt*, & la loy *Cognitionum. §. Minuitur. D. De extraord. cogn.* qui dit indistinctement, que *fustibus cæsus infamis efficitur* : mais cette derniere loy parle nommément de celuy, qui est fustigé en vertu de Sentence donnée auec connoissance de cause, & l'autre de celuy qui est fustigé sans connoissance de cause par voye de correction : mesme encore qu'vn homme fust accusé par deuant vn Iuge ordinaire, si auant sa Sentence definitiue il le faisoit fustiger, ou flageller, il n'estoit pas pourtant infame, *Nullam existimationis infamiam auunculus tuus pertimescat, ictibus fustium subiectus ob crimen quæstione habita, si sententia non præcessit, ignominiæ maculam irrogans.*

23 Ce que c'est que correction. 24 Correction a lieu en fait de police. 25 Conciliation de plusieurs loix.

26 Correction des Magistrats de Rome, & villes Romaines.

Car les Magistrats Romains faisoient tousiours marcher leurs Bedeaux, ou Massiers deuant eux, qui portoient des haches, ausquelles il y auoit des verges attachées, dont sans figure de procez, il faisoient battre celuy du menu peuple, qu'ils trouuoient faisant quelque insolence : & à cet exemple les Magistrats des villes faisoient porter deuant eux *fustes, seu bacillos*, que nous appellons des *verges*, desquelles ils faisoient fustiger & battre ceux qu'ils trouuoient en faute, dont il est fait mention en la loy 8. *de Decur. l. 10. Cod.* & en la 1. Agraire de Ciceron. Et pource que cela se faisoit sans connoissance de cause, il ne portoit point d'infamie.

27 De mesme.

Mesme les Magistrats ordinaires en instruisant les procez criminels, par colere ou autrement, faisoient fustiger les accusez, comme il se void en l'histoire de la Passion de nostre Redempteur, où Pilate dit, *Emendatum eum vobis dimittam* : Voila la correction. Et és Actes des Apostres, il se void que saint Paul a esté ainsi fustigé plusieurs fois. C'est pourquoy Vlpian dit, que *quantum ad infamiam pertinet, multùm interest causa cognita aliquid pronunciatum sit, an quædam sint extrinsecus elocuta. Nam ex his infamia non irrogatur. l. Quid ergo §. quantum. De his qui not. infam.* qui est la decision de la loy *Verbum*, & de la loy *Interlocutio. C. eod.*

28 Interpretation de la loy Ictus De his qui not. infam.

Et c'est ainsi, à mon aduis, qu'il faut entendre la loy *Ictus fustium. C. De eod.* qui dit que, *Ictus fustium non infamat, sed causa id est præcedens conuictio sententia iudicis solemniter declarata : vt in l. fustibus. C. eod. tit. quando Præco pronunciare iussus est*, ἐσυκοφάντησας.

29 Correction auoit lieu en la Police. 30 Correction du chef des communautez.

Voila ce que c'estoit que la correction, qui auoit lieu principalement en matiere de menuë police, laquelle participe plus du gouuernement que de la Iustice, & partant doit estre vuidée sans figure de procez, ainsi que la discipline militaire : & aussi sans qu'il y ait voye d'appel, sauf à se plaindre au Iuge ordinaire de l'excez d'icelle. Elle a lieu aussi en matiere de communautez priuilegiées, aux chefs desquelles on donne ordinairement cette puissance de correction, sur les particuliers de la communauté, comme Bodin a tres-bien remarqué au dernier chapitre du troisiéme liure de sa Republique. En quoy plusieurs se trompent, pensant que ce soit vne Iustice, & ce qui monstre bien que ce n'en est pas vne, c'est qu'ils n'ont point de Greffier, & qu'ordinairement les Chefs, qui ont cette correction, n'ont point de serment à Iustice, au moins ne l'ont-ils pas en qualité de Iuges.

Quant à la Iustice sommaire, c'est celle des Iuges pedanées du droict, & des bas Iusticiers de France, qui ne peuuent connoistre que des causes legeres, lesquelles la Nou. 82. chap. 5. dit qu'ils deuoient vuider *ἐν σχήματι ὑποσημειώσεως, sub figura annotationis*, c'est à dire en forme sommaire. Car il y a deux formes ou figures de procez, l'ordinaire appellée *σημείωσις, id est, solemnis & plena cognitio*, & la sommaire appellée *ὑποσημείωσις, hoc est per annotationem, breuitatis & celeritatis causa*, & comme disent les Interpretes Grecs, τουτέστι μὴ γίνεσθαι σημειώματα πλατικὰ ἐπὶ ταῖς διαγνώσεσι, καὶ ὑπογεγραμμένας ἔχοντα πάσας τὰς μερῶν δικαιολογίας, ou bien, τουτέστι τὰ κυριώτερα τῶν λαλουμένων περιλαμβάνουσα, καὶ γράφουσα ταῦτα, ὡς ἐν συντόμῳ, καὶ δι' ὀλίγων. 31. De la iustice sommaire.

Qui est en effet ce qui est contenu en l'art. 153. des Estats de Blois, que tous Iuges sont tenus expedier sommairement & sur le champ les causes personnelles non excedantes la valeur de trois écus vn tiers, sans appointer les parties à écrire ny informer: ce qui est aussi ordonné par plusieurs Edicts és causes attribuées aux Iustices des villes, comme il sera dit incontinent. 32. Iustice sommaire de France.

Finalement és villes des Prouinces, c'est à dire, des pays éloignez de Rome, qui auoient esté reduits en forme de Prouinces, il n'y auoit point au commencement de Iustice populaire non plus qu'és Prefectures d'Italie. Car comme disent Sigonius & Rosinus, les villes des Prouinces estoient gouuernées presque tout ainsi que les Prefectures d'Italie, ce que i'entends des villes gouuernées à *l'instar* des Prouinces: car dans les Prouinces il y auoit quelques villes, qui estoient de meilleure condition que les autres, qu'on appelloit *citez libres*, & celles-là estoient comme les Municipes ou Colonies, dont il vient d'estre parlé. 33. Iustice des villes des prouinces Romaines.

Mais les villes non libres, ny priuilegiées des Prouinces auoient vn Officier particulier qui n'estoit point aux villes d'Italie, qu'on appelloit *Defensorem ciuitatis, aut plebis, Græcè* Ἔκδικον, *id est vindicem, seu assertorem, l. Sancimus. C. de Episc. & cler.* dont la principale charge estoit de tenir la main à l'égale distribution, & au recouuremēt des tributs, qui n'estoient point leuez en Italie: mais outre cela il representoit le Censeur de Rome, ou pour mieux dire, le *Magister Census*, qui fut étably à Rome en la place du Censeur, apres que les Empereurs se furent faits Censeurs perpetuels: aussi l'Office de Defenseur duroit cinq ans, comme celuy des Censeurs, *l. 4. C. De Defens. ciuit.* Partant il auoit charge de garder les registres publics, d'enregistrer les nouueaux habitans, receuoir les insinuations, les actes des natiuitez & deceds, à raison dequoy en Grece il estoit appellé ὑπομνηματογράφος, comme celuy d'Alexandrie *in l. 59. De Decurio.* Pareillement c'estoit luy qui élisoit les Decurions ou Conseillers de ville, és citez où il y en auoit, ainsi que les Censeurs Romains *legebant Senatores.* 34. Defensores ciuitatum. 35. Leur origine. 36. Leur charge.

Sur tout c'estoit sa principale charge, comme son nom le portoit, de defendre le menu peuple de la vexation des plus grands, & de moyenner que chacun vécût en repos. Pour cét effet il auoit soin de soliciter la punition des crimes, & auoit entrée en tout temps chez le President de la Prouince, lequel ne faisant pas son deuoir, il estoit tenu d'en auertir le *Præfectus Prætorio*, ou l'Empereur, comme il est dit au titre du Code *De Defensoribus ciuit.* 37. De mesme.

Et dautant qu'en chacune Prouince de l'Empire Romain, quelque grande & spacieuse qu'elle fust, il n'y auoit qu'vn seul Magistrat, tant pour le gouuernement, que pour l'exercice de la Iustice, & que par consequent c'estoit vne incommodité insupportable au peuple, que pour ses menus differens il l'allast chercher où il estoit: cela fut cause, que comme les Censeurs Romains entreprenoient sur le suiet de la reformation des mœurs, de connoistre des petites querelles, & de corriger les fautes legeres, qui n'estoient pas recherchées en la Iustice contentieuse, bien qu'ils n'eussent point de iurisdiction, mais vne simple correction seulement: comme Bodin a fort bien remarqué au liure 3. chapitre 3. & au liure 6. chap. 1. De mesme les Defenseurs des citez s'authoriserent peu à peu par respect & bien-seance, & pour le bien de leur patrie, de connoistre, en l'absence des Presidens des Prouinces, ces causes legeres, *maximè inter volentes.* Ce qu'ayant esté trouué vtile, mesme necessaire au repos du peuple, enfin les Empereurs leur attribuerent iurisdiction contentieuse *vsque ad quinquaginta solidos*, dit la loy 1. *De Defens. ciuit.* 38. Qu'ils eurent enfin la iustice des causes legeres. 39. Censeurs n'auoient iurisdiction, mais correction.

Mesme estant arriué du temps de Iustinian, que les Gouuerneurs des Prouinces auoient fait en sorte, pour diminuer l'authorité de ces Defenseurs des Citez, qu'on n'y élisoit plus que des gens de peu, qui dépendoient totalement d'eux, & mesmes en aucuns lieux ils entreprenoient de mettre en leur place des Iuges pedanées, qu'ils appelloient τοποτηρητάς, *loci seruatores*, cét Empereur ordonna par sa Nou. 15. que tous les plus apparens des villes, sans 40. La iurisdiction des defenseurs accruë par Iustinian.

exemption, fussent faits tour à tour defenseurs d'icelles, sans que les Gouuerneurs y peussent plus mettre gens de leur part. Et afin de rendre cette charge plus honorable, il augmenta leur iurisdiction, *vsque ad trecentos solidos*, & encore ordonna qu'au dessous de cette somme on ne se peût aucunement addresser aux Gouuerneurs, à peine de perdition de cause: bien qu'auparauant ils ne iugeassent que concurremment auec eux: mesme leur attribua l'execution de leurs Sentences, qu'ils n'auoient point auparauant, non plus que les Iuges pedanées: mais aussi il retrancha le temps de leur Office, voulant qu'il ne fût que de deux ans, au lieu de cinq ans.

41 *Sommaire des Iustices des villes Romaines.* Bref de tout ce discours, que les Magistrats Municipaux, soit qu'ils fussent appellez *Duumvirs*, ou *Preteurs*, auoient du commencement toute Iustice, mais en fin ils n'eurent que celle des causes legeres, que nous appellons *basse Iustice*: les Ediles n'auoient connoissance que de la police & marchandise par voye de correction seulement, & les defenseurs des Citez auoient la basse Iustice.

42. *Difference entre les Duumvirs, & Defenseurs des Citez.* D'où il resulte, qu'il n'y eut en fin autre difference entre les Duumvirs, & les defenseurs des Citez, sinon que les Duumvirs estoient seulement és citez priuilegiées, qui auoient droict de Republique & conseil de ville, & estoient pris du nombre & Ordre des Conseillers d'icelles, *l. 1. C. De Magistr. Municip.* & les defenseurs estoient indistinctement en toutes les villes des Prouinces, où il n'y auoit point d'autres Officiers de Iustice populaire, & estoient pris indifferemment de tout le peuple, *l. 2. C. Defens. ciuit. & d. Nou.* 15.

43. *Difference entre les defenseurs des Citez, & Iuges pedanées.* Pareillement, il n'y auoit point d'autre difference entre le Defenseur de la Cité, & le Iuge pedanée, sinon que le Defenseur estoit esleu par le peuple, & le Iuge pedanée, par le Proconsul, ou autre Magistrat: Celuy-là estoit vray Officier pendant son temps, & celuy-cy n'estoit qu'vn Commissaire & Iuge delegué, iusques à tant que Iustinian en érigea sept en titre d'Office dans Constantinople: aussi que le Magistrat pouuoit retenir telles causes qu'il vouloit, & les oster au Iuge pedanée, & que le pedanée n'auoit l'execution de ses Sentences, bien que le Defenseur de la cité l'eût par la Nou. 15. de Iustinian.

44. *Des Iustices des villes de France.* Tout ce qui vient d'estre dit de la Iustice des villes Romaines, conuient assez bien à nostre vsage. Aussi Cesar nous apprend en son 6. liu. & Strabon au 4. que les Gaulois & les Alemans viuoient plus communément en Estats populaires ou Aristocratiques, & qu'ils s'assembloient tous les ans, afin d'élire les principaux des villes, pour y rendre la Iustice.

45. *Iustices des villes de la Gaule Belgique.* Et faut remarquer qu'en la Gaule Belgique (qui fut le premier endroit, où la Monarchie Françoise commença à s'établir, & qui fut aussi presque la borne des conquestes Romaines) plusieurs villes demeurerent libres par les capitulations qu'elles firent auec eux, comme Pline liu. 4. chap. 17. nous témoigne, & Suetone *in Iulio*, nous dit, que quand il reduisit les Gaules en forme de Prouince, il excepta quelques citez alliées, & quelques autres bien meritées des Romains, ausquelles il laissa leur premiere liberté, c'est à dire leur permit d'auoir leurs loix & leurs Magistrats comme auparauant.

46. *De mesme.* Et de fait, plusieurs villes de la Gaule Belgique ont tousiours gardé la Iustice ordinaire, iusques au temps de nos peres quand l'Ordonnance de Moulins fut faite, qui encore n'a pû estre executée en toutes. Et ces villes sont appellées dans les Coustumes *villes de Loy*: comme en la Coustume de Boulonnois, article 13. *Au Comté de Boulonois il y a cinq villes de Loy, ayans Majeurs & Escheuins, qui ont connoissance du fait politique, & de toutes matieres suruenantes aux Bourgeois*, & en l'art. 99. il est encore parlé des villes de Loy & Escheuinage.

47. *Loy signifie Iustice en nos Coustumes.* Car és Coustumes de Picardie, & communément dans Bouteiller, qui estoit du fonds de cette Prouince, le mot de *Loy* signifie Iustice, *opinor, quia tibi nulla lege scripta, arbitria Magistratuum pro legibus erant. Inde*, venir à loy, *est iudicio sisti*: Main de Loy, c'est la main de Iustice: *Present de Loy*, c'est à dire en iugement, *œuure de Loy*: *legis actio*: Ordonnance de Loy, c'est à dire du Iuge: *Ramener complainte à Loy*, c'est à dire en iugement & non sur le lieu Et en la Coustume d'Artois, il est dit, que *les Huissiers doiuent demander assistance aux Loix des lieux*; c'est à dire aux Iuges des lieux, ou pour mieux dire, aux Escheuins des villes, qui estoient les Iuges.

48. *Gens de Loy sont les Escheuins des villes ayans Iustices.* Car en cette mesme Coustume tout à la fin, & en celle de Hainaut, chap 85. de Mons, chap. 8. & 12. dans Froissart. liu. 4. chap. 112. dans Commines liu. 2. chap. 4. *Gens de Loy, ou hommes de Loy*, ce sont les Escheuins des villes. Et encore à present en toute l'Angleterre, & en quelques villes d'Allemagne les Officiers des villes ont le premier degré de Iurisdiction: & dautant qu'ils sont ordinairement marchands, ou non lettrez, i'ay oüy dire qu'en

49. *Records de la Loy* Angleterre ils ont vn Officier lettré, nommé *Ricoder*, pour faire l'instruction des procez, ainsi qu'il semble, qu'il y ait eu anciennement és villes Belgiques vn Officier, qui en quelques Coustumes est appellé *Records de la Loy*, dont Ragueau fait mention.

50 *Que plusieurs villes de France ont Iustice.* Aussi au chap. *ex parte. ext. De alienat. iud. mut. cau. fac.* il est fait mention de la Iustice de la ville d'Ypre en Flandres, & le chap. 1. *De immunit. Eccles. in 6.* dit que, *in Regno Franciæ Scabini, seu Consules iurisdictionem temporalem in quibusdam ciuitatibus exercent.*

Ce qui se void encore plus clairement és Capitulaires de Charlemagne, & de Louys le

Debonnaire, où il y a plus de dix passages, ausquels *Scabinei seu Scabini*, sont qualifiez Iuges, notamment au 3. liure, qui est celuy qui traite plus particulierement du fait de la Iustice, comme en l'article 7. *Iudicio Scabineorum acquiescere*: en l'art. 31. *A scabinis qui causam iudicarunt*, en l'art. 47. *Inter Scabineos ad legem iudicandam*, en l'art. 48. *Post iudicium Scabineorum*, en l'art. 53. *Nullus iudex aut Scabineus iustitiam differre præsumat.* Aussi i'ay appris, que *Scabin* en Allemand signifie Iuge, bien que Chopin dise, que c'est vn mot Hebreu: & quant au mot *Escheuin*, on le peut fort à propos tirer du verbe *Escheuer*, qui signifie *cauere, aut præcauere*, comme il a esté dit au 5. liure des Offices, au chap. traitant des Offices des villes.

51. *Scabinei sont les Iuges des villes au Capitulaire de Charlemagne.*

52. *Escheuins vnde.*

Mais tout ainsi que l'Empereur Leon, pour oster de son Empire d'Orient toute marque de gouuernement populaire, abolit tout à fait les Iustices des villes par sa constitution 47. Aussi ont elles esté retranchées en France de temps en temps le plus qu'on a pû. Et premierement, nous trouuons que sous Charlemagne & ses successeurs, soit les Rois, soit les Ducs & Gouuerneurs des Prouinces, mirent des Comtes presque en toutes les villes qui en auoient la Iustice entiere & ordinaire, & mesme és villes, dont les Escheuins auoient accoustumé d'auoir la Iustice, les Comtes y presidoient & iugeoient auec eux, comme il se void au 4. liure des Capitulaires, article 5. *Comes ad maritimam custodiam deputatus, si secum suos Scabinos habeat, ibi Placitum teneat, & iustitiam faciat. Et Beat. Rhenan. in lib. rerum Germanic.* parlant de l'Estat des Gaules & d'Allemagne, sous la domination des François, dit ces mots, *vnicuique ferè ciuitati Comes præsidebat, qui nominatur aliquando Iudex fiscalis, Scabinos sub se habens*: ce qui a esté prouué au chap. 4.

53. *Retranchement des Iustices des villes.*

54. *Comtes mis és villes pour estre Iuges.*

La raison, à mon aduis, pourquoy le Comte estoit appellé *Iudex fiscalis* (comme il a esté ainsi appellé dans les loix Ripuaires en ce passage vulgaire, *Si quis Iudicem fiscalem occiderit, quem Comitem vocant*) estoit pource qu'il estoit étably non par le peuple, mais par le Roy, *cuius propriè est fiscus.* Aussi void-on qu'en la pluspart des villes où les Maires ont Iustice, il n'y a point de Preuost ou Chastelain, pour exercer la Iustice ordinaire, mais y a seulement vn Baillif ou Senéchal, pour la Iustice superieure.

55. Comes est Iudex fiscalis.

Voila pour la Gaule Belgique, mais en la Celtique & l'Aquitanique, qui furent entierement assujeties aux Romains, & reduites en forme de Prouinces, les Iustices des villes n'y ont pas esté si authorisées, mais comme ie croy, elles sont toutes venuës de priuilege & concession particuliere, faite de temps en temps par Rois, aussi bien que celles qu'auoient les villes des Prouinces Romaines, comme il se void dans Spartian de la ville d'Alexandrie, *cui Seuerus Imperator ius Buleutarum dedit, cùm antea sine publico consilio, vtpotè sub Regibus, viueret, vno Iudice contenta*: & dans Pline, epist. 57. du 10. liure, l'Empereur Trajan luy mande, qu'il veut qu'on entretienne le priuilege des Apameans, cité de Bithynie, *vt arbitrio suo Rempubl. suam administrent.*

56. *Il y a en peu de Iustices attribuées aux villes de la Gaule Celtique, & Aquitanique.*

57. *Iustices attribuées par forme de priuilege.*

De mesme en France, au moins en ces Prouinces-là, les Iustices des villes ne subsistent que par les priuileges & concessions de nos Rois, ainsi que les Seigneuriales subsistent par la feodalité: & ces priuileges aussi bien à l'égard de la Iustice qu'és autres poincts, sont diuers, selon que nos Rois ont voulu diuersement gratifier les villes.

58. *De mesme.*

Peu d'icelles ont eu la Iustice entiere, horsmis celles de la Gaule Belgique, qui l'auoient de tout temps: mais plusieurs ont obtenu la basse Iustice, dont M. Choppin en son premier Tome de la Coustume d'Anjou, rapporte les Chartes de Mante & de la Ferté sur-Aube, contenantes ces mots, *Qu'elles auront droict de Mairie & Preuosté*; *c'est à dire basse Iustice.* Aussi par la Coustume du Liege, art. 7. 22. & 23. les Majeurs & Escheuins ont basse Iustice. Et veritablement, en nos anciens liures de practique, & és vieilles Coustumes, *Mairie* signifie *basse Iustice*, & le Iuge du bas Iusticier est appellé *Maire*, comme encore és articles secrets de la Coustume de Paris, & en celle de Rebets, locale de Meaux, ainsi qu'il a esté dit cy-deuant du mot de *Preuosté*, qui est ordinairement ioint à celuy de *Mairie*, comme synonyme. De sorte qu'il y a grande apparence de dire, que les Maires de France, és villes où ils ont Iustice, se raportent aux Defenseurs des citez du Droict: quoy qu'il en soit, nos Maires des villes n'ont que la basse Iustice, & ce en consequence de ce qui vient d'estre dit, que tous les Officiers des villes de l'Empire Romain n'auoient Iustice que des causes legeres, *& vsque ad quinquaginta solidos*: ce que nous auons pris en France pour nostre basse Iustice, comme il a esté dit cy-deuant.

59. *Iustices des villes sont ordinairement basses Iustices.*

60. *Mairie signifie basse Iustice, aussi bien que Preuosté.*

61. *Maires des villes ressemblent aux Defenseurs des citez.*

Et és villes où il n'y a point de Iustice, ny de Mairie, mais où il y a seulement des Escheuins qui representent les Ediles des villes Romaines, la creance & support qu'ils ont du peuple, qui les fauorise tousiours, comme ses propres Officiers, a fait qu'en plusieurs d'icelles ils ont vsurpé la connoissance du fait de police, ainsi que les Ediles, tant de Rome, que des autres villes de l'Empire Romain, s'estoient attribué la police, comme en effet le mot de *Police* signifie la Iustice de la cité.

62. *Escheuins en quelques villes ont entrepris police.*

Comme donc il vient d'estre dit, que cette Police, dont les Officiers des villes ont entrepris de connoistre, a deux parties; à sçauoir l'Agoranomie, qui est le reglement des marchandises, & l'Astynomie, qui est l'execution de la menuë police, qu'on appelle propre-

63. *La Police a deux parties.*

ment *le fait de police* : auſſi y a-t'il quelques villes en France, dont les Officiers, ſoit par conceſſion, ou par vſurpation, ont pris connoiſſance de l'vne & de l'autre : comme entr'autres ceux de la ville de Paris faiſoient auparauant que leur iuriſdiction euſt eſté retranchée par le
64. *Preuoſt des Marchands à Paris d'où eſt dit.* Roy Charles V. Et de là vient que le premier Officier d'icelle eſt appellé *Preuoſt des Marchands*, dautant qu'il connoiſſoit anciennement auec les Eſcheuins, du fait de marchandiſe, lors qu'il tenoit ſa Iuſtice au parloir des Bourgeois, dont il retient encore la connoiſſance de la marchandiſe amenée dans Paris, ſur la riuiere entre les quatre tours.

65. *Deux ſortes de Iuſtices attribuées aux villes par le Chancelier de l'Hoſpital.* De cette antiquité ce docte Chancelier de l'Hoſpital recueillit & fit renouueller de ſon temps en France, deux ſortes de Iuſtices, qui ſont encore exercées és villes par les habitans d'icelles, eſleus par le peuple. L'vne, pour l'Agoranomie, qui eſt la Iuſtice des Iuges Conſuls des Marchands, qui premierement fut inſtituée à Paris, en l'an 1563. puis en d'autres villes par conceſſion particuliere, & finalement par Edict general de l'an 1566. cette Iuſtice fut établie en toutes les bonnes villes de ce Royaume, où il y a affluence de Marchands,
66. *Des Iuges Conſuls.* pour vuider les procez de marchand à marchand, & pour fait de marchandiſe : ce que Bodin nous apprend eſtre pratiqué de long-temps en la pluſpart des villes d'Italie.

67. *Des Bourgeois policiers.* L'autre pour l'Aſtynomie & menuë police des villes, inſtituée tant par l'Ordonnance de Moulins art. 72. que par Edict de l'an 1572. qui veut qu'en chacune ville Royale il ſoit éleu, en l'aſſemblée generale d'icelle, de ſix en ſix mois, ſix perſonnages notables ; ſçauoir deux
68. *Que ces deux iuſtices n'appartiennẽt proprement aux villes.* Officiers, & quatre Bourgeois, pour connoiſtre la police, qui peuuent iuger ſans appel, iuſques à quarante ſols, & executer nonobſtant l'appel iuſques à dix liures. Et faut obſeruer neantmoins, qu'à bien entendre ces Iuſtices des Conſuls, & des Policiers, elles n'appartiennent pas aux villes, mais au Roy, qui ſeulement remet & concede aux villes l'élection des Officiers d'icelles, mais les émolumens luy appartiennent, comme les amendes & reuenu des Greffes, & du Seau pareillement qui doit eſtre aux armes du Roy, & non des villes.

69. *Iuſtice des élections eſtoit iadis vne iuſtice populaire.* Il y auoit anciennement vne autre Iuſtice de meſme ſorte ; ſçauoir eſt celle des Eſleus ſur le fait des Aydes & ſubſides du Roy. Car cõme en l'Empire Romain les Officiers des villes auoient la charge de moyenner la leuée des tributs, dont meſme ils eſtoient reſponſables : auſſi anciennement en France c'eſtoient les Eſcheuins des villes, qui connoiſſoient des aydes & tailles accordées aux Roy par le peuple, comme il ſe void par Lettres patentes du Roy Iean de l'an 1350. par leſquelles il attribuë au Preuoſt des Marchands & Eſcheuins de Paris, la connoiſſance des differends ſuruenans à raiſon de la leuée des ſix deniers pour liure des menuës denrées venduës au marché : d'où vient poſſible que la ville de Paris retient encore la Iuriſdiction des aydes, qui luy ſont engagées pour le payement des rentes, dont elle s'eſt chargée pour le Roy enuers les particuliers.

70. *Eſleus d'où ſont prouenus.* Mais à ſucceſſion de temps les Eſcheuins des villes ne voulans prendre la peine de vuider ces differends, il fut eſleu par le peuple d'autres perſonnes pour cét effet, qui pour cette cauſe furent appellez *Eſleus* : & ceux qui furent eſleus par les Eſtats de toute la France, pour auoir les ſurintendance de ces leuées, & auſſi des procez, qui en prouiendroient, & furent
71. *Generaux des Aydes ou iuſtice d'icelle.* appellez *Generaux*, ſoit des Aydes, ſoit de la Iuſtice d'iceux : ainſi qu'au dernier temps de l'Empire Romain le *Magiſter Cenſus* de Conſtantinople, eſtant le Surintendant des Defenſeurs des citez, quant au fait des cens ou tributs, fut appellé Γενικὸς : comme il ſe void en la Nou. 44. de Leon, dans Suidas *In Artemio*.

72. *Eſleus & generaux faits perpetuels.* Toutefois en fin les aydes & ſubſides, qui du commencement n'eſtoient leuez, que du conſentement du peuple, & n'auoient cours, que pendant les guerres, ayant eſté continuez à perpetuité, & ſe leuans ſans le conſentement du peuple, les Officiers, qui en auoient la charge, ont auſſi par conſequent eſté faits perpetuels, & n'ont plus eſté mis par le peuple, mais par le Roy. Ce que Monſieur Paſquier a traité élegamment en ſon 2. liure Des recherches, chap. 7.

73. *Toutes ces iuſtices doiuent eſtre ſommaires.* Et faut remarquer que toutes ces Iuſtices populaires ont eſté de tout temps, & doiuent eſtre encore ſommaires, ainſi que la baſſe Iuſtice de France, & qu'eſtoient en l'Empire Romain les Iuſtices des Defenſeurs des citez, & des Iuges pedanées : c'eſt à dire, que les cauſes y doiuent eſtre vuidées ſommairement & ſur le champ, ſans miniſtere d'Aduocat & procureur, & ſans appointer les parties à produire, ny à faire enqueſte : comme pour le regard de la Iuſtice des Conſuls, il eſt porté par l'Edict de l'an 1563. & quant à celles des Bourgeois policiers par l'Ordonnance de l'an 1577. & quant à celle des villes, il y en a Edict pour Paris de l'an 1563.

74. *Et exercées gratuitement.* D'où il s'enſuit par conſequent, que ces Iuſtices doiuent eſtre exercées gratuitement, & ſans rien prendre des parties : pource qu'il n'échet aucun ſalaire de ce qui ſe vuide en l'audience, comme il a eſté dit au 8. chap. du 1. liu. *Des Offices*. Auſſi eſt-ce vn ſecours mutuel, que chaque honneſte habitant doit en ſon rang à ſa patrie, ainſi qu'à Rome *munus iudicandi* eſtoit mis entre les redeuances & ſubiections perſonnelles, dont chacun eſtoit tenu, *l. 6. §. 8. ff. De excuſat. tut. & l. vltima §. Iudicandi. ff. De Muner. & Honor. vbi Budaeus latè.*

75 Esleus ne deuroient rien prendre des parties.

Ce qui deuroit estre aussi gardé és Iustices des Esleus, & l'estoit sans doute, lors qu'ils estoient vrayement éleus par le peuple : mais depuis qu'ils ont esté faits Officiers du Roy, ils se sont licentiez d'appointer les procez, & de prendre des épices & autres salaires sur le peuple, bien qu'ils ayent beaucoup plus de gages que les Iuges ordinaires: gages que le peuple paye; & partant estant payez en gros par le peuple, ils ne se deuroient encore faire payer en détail: ioint qu'en leur iurisdiction il est tousiours question de deniers du Roy, és affaires duquel on ne doit point adiuger de dépens.

76 Retranchement des Iustices des villes par l'Ordonnance de Moulins.

Reuenans donc à nostre propos, hors les Iustices des Consuls & des Bourgeois policiers, qui encore ne sont pas exercées par les Escheuins, & n'appartiennent pas proprement aux villes, les villes n'ont à present aucune Iustice en France par droict commun, mais seulement quelques-vnes en ont par priuilege, encore par l'Ordonnance de Moulins, art. 71. nonobstant les priuileges particuliers des villes, la Iustice ciuile leur a esté interdite & ostee, & a seulement esté laissée la connoissance de la police & du criminel aux villes qui l'auoient auparauant.

77 Interpretation d'icelle.

Or quand cette Ordonnance dit que la police est laissée aux villes, cela ne s'entend pas de cette nouuelle inuention des Bourgeois policiers, qui n'ont pas vrayement la Iustice de la police, mais seulement l'administration & intendance non contentieuse d'icelle, pour la taxe des viures & autres petits reglemens, & la simple correction en ce qui est contentieux,

78 Comment les policiers sont reglez auec le Iuge ordinaire.

Car nonobstant leur établissement, le Iuge ordinaire de la ville, comme vray Iuge de police, a toute connoissance d'icelle par préuention & concurrence, & outre a tout seul la reception & reglement des métiers, la visitation du fait de police contentieux, & la connoissance des procez criminels tendans à punition exemplaire, comme porte l'Ordonnance de l'an 1577. ce qui se rapporte presque à la decision de la loy 1. C. *De offic. Praefecti annonae* : mais quand les villes ont par priuilege la connoissance de la police, ce sont les Escheuins qui en connoissent, & n'y a point lors en icelles de Bourgeois policiers, comme il est dit en l'Ordonnance de Moulins art. 71.

79 Quand les Escheuins ont la police, n'y a point de Bourgeois policiers.

80 Iustice criminelle ne doit estre laissée aux villes.

Et de vray, il y a bien quelque apparence que la police, où le peuple a le total interest, soit administrée par Officiers populaires: mais ie ne sçay pas surquoy sont fondées les concessions attribuées à aucunes villes de France, d'auoir la Iustice criminelle, & pourquoy cette Ordonnance de Moulins leur a plûtost laissée que la ciuile. Car la Iustice criminelle est le droict de glaiue, qui ne doit point estre baillé au furieux, c'est le *merum imperium*, qui en vn Estat Monarchique, ne doit point estre communiqué au peuple. Aussi au droict Romain, la Iustice criminelle estoit tellement interdite aux Officiers des villes, que mesme ils n'auoient pas puissance de condamner à vne simple amende, comme il a esté cy-deuant prouué. Et sans doute c'est ainsi qu'il faut entendre le passage de l'Euangile, où les Iuifs disent à Pilate, *Non licet nobis interficere quemquam*: pource qu'ils n'auoient point de Iustice criminelle, puis qu'ils eurent esté assuiettis aux Romains, bien que nos Theologiens l'expliquent autrement.

81 Interpretation d'vn passage de la Passion.

82 Oppositions formées par les villes à l'execution de cette Ordonnance de Moulins.

Or quand on voulut executer cette Ordonnance de Moulins, & oster en effet aux villes la Iustice ciuile, plusieurs villes y formerent opposition, les vnes disans, que cette Iustice leur appartenoit de toute ancienneté, mesme auant l'établissement de cette Monarchie; les autres, qu'elle leur auoit esté concedée à titre onereux : d'autres, que leurs priuileges ayans esté deuëment renouuellez & confirmez par le Roy lors regnant, ils ne deuoient estre abolis: & sur ces oppositions on dispute fermement la question, si, & quand les priuileges concedez par les Rois peuuent estre reuoquez.

83 Opposition des Boulonnois.

84 Et de ceux d'Angoulesme.

Les habitans de Bologne soustinrent hautement contre Monsieur le Procureur general, qu'ils auoient leur Iustice de toute ancienneté, qu'ils s'estoient donnez & ioints à cette Monarchie, à condition que cette Iustice leur demeureroit, & en auoient tousiours joüy depuis. Leur fait fut receu, & neantmoins faute d'en faire apparoir promptement, & par titres, il fut dit par Arrest du mois de Ianuier 1571. que par prouision l'Ordonnance seroit executée. Autant en fut ordonné en la cause de ceux d'Angoulesme, l'an 1572.

85 Iustice appartenant aux villes par capitulation, ne leur doit estre ostée.

Mais il est bien mal aisé de faire preuue de choses si anciennes & comme dit A. Gelle au lieu sus-allegué, *antiquitate, obscura obliterataque sunt Municipiorum iura, quibus vti iam per ignorantiam non queunt.* Et n'y a nul doute que ces villes n'eussent gagné leur cause, si elles eussent pû prouuer leur dire. Car estant ainsi, qu'elles se fussent iointes à ce Royaume à cette condition, que leur Iustice demeureroit, il seroit vray, qu'elle leur appartiendroit de leur propre droict, & que ce ne seroit pas vn priuilege, mais plûtost vne franchise & liberté, vne loy & condition imposée *in traditione sui*, qui doit estre inuiolable, *l. Sancimus. C. De reb. al. non alien.* Bref vne capitulation qui oblige la foy publique, & qui ne peut estre reuoquée sans violer le droict des gens.

86 Plainte des Rochelois touchant

C'est la plainte que faisoient les Rochelois, pendant les troubles de la Religion, disans qu'apres auoir esté contre leur volonté abandonnez à l'Anglois par le traité de Bretigny, & depuis l'ayant chassé & s'estans mis en pleine liberté, ils s'estoient eux mesme remis & re-

leurs franchises & libertez. joints à ce Royaume, à condition expresse de iouïr de certaines franchises & libertez, qui ne leur peuuent estre iustement ostées, si leur dire est veritable, & si de leur costé ils n'ont contreuenu à ce traité.

87 Des priuileges des villes. Voila pour les libertez & franchises, mais quant aux simples priuileges des villes, il faut distinguer s'ils ont esté concedez, ou à titre onereux, ou gratuitement. Car ceux qui ont *88 Priuileges concedez à titre onereux.* esté baillez à titre onereux, ne sont point suiets à estre confirmez & renouuellez de Roy en Roy, pource que la cause en subsiste tousiours, & que les contracts ont trait à perpetuité. Pareillement ils n'ont pas accoustumé en ce cas d'estre reuoquez, principalement quand ils ont esté verifiez au Parlement, pource qu'il y va lors de la foy publique, & que les Rois sont tenus de leurs contracts legitimement faits, aussi bien que les particuliers. C'est pour- *89 Pourquoy, nonobstant l'Ordonnance de Moulins, plusieurs villes ont gardé leurs iustices.* quoy les habitans de Chauny furent maintenus en leur Iustice, nonobstant l'Ordonnance de Moulins, par Arrest prouisionnal, du 11. Iuin 1570. ayant fait apparoir qu'ils la tenoient à titre onereux: Et c'est la cause pourquoy on laisse les Iustices aux Seigneurs de France, pource qu'elles leur ont esté concedées par les Rois à titre de fief, qui est reputé titre onereux, qui de tout temps a esté licite iusques à l'Ordonnance du Domaine, qui a prohibé pour l'aduenir seulement, les concessions en fief du Domaine, ou droicts de la Couronne. Et partant il n'est pas besoin de confirmation & renouuellement des Iustices Signeuriales aux changemens des Rois, mais seulement en faut réïterer la foy, comme des autres fiefs.

90 Cõment les priuilege onereux peuuent estre reuoquez. Non que pourtant le Roy ne puisse sans iniustice reuoquer les priuileges concedez à titre onereux par son predecesseur, lequel le peut encore moins lier que le predecesseur peut lier vn Beneficier, en attribuant nouueaux droicts aux vassaux du Benefice. Car en outre, le Roy a pour luy la consideration du bien public, qui est tousiours plus forte que l'interest des particuliers: de sorte que par vn reglement public, & vne bonne reformation, il peut toûjours reuoquer les priuileges concedez à titre onereux, & fust-ce par luy-mesme. Mais toutefois il faut en tout cas qu'il indemnise ceux à qui il les oste, & qu'il leur restituë prealablement tout ce qui est entré du leur au profit de la Couronne.

91 Des priuileges gratuits. Finalement, quant aux priuileges concedez gratuitement, dautant qu'ils sont contraires au droict commun, & partant odieux, ils ne lient iamais le successeur du Prince qui les a concedez: témoin Bartole sur la Constitution, *Ad reprimendam, in verb. Reges. num.* 21. où il *92 Confirmation de chaque Roy necessaire aux priuileges gratuits.* rapporte, qu'estant enuoyé vers l'Empereur Charles IV. comme deputé de la ville de Peruse, pour obtenir la confirmation des priuileges d'icelle, il ne la pût auoir que sous cette clause, *iusques à ce qu'ils soient reuoquez par nos successeurs.* Ce que l'Empereur Tibere mit le premier en vsage, ordonnant, ainsi que dit Suetone *in Tito*, que *indulta à Principibus defuncti beneficia non aliter rata habentur, quam si ipse firmasset: cùm antea Principis beneficium, nisi ad tempus datum esset, Principum beneficia vno confirmauit edicto, nec à se peti passus est;* ce qui est aussi rapporté par Dion en sa vie. Γράμματα ἐξέθηκε, βεβαιῶν πάντα τὰ ὑπὸ τῶν προτέρων Αὐτοκρατόρων βεβαιωθέντα τισὶν, ὥστε μὴ καθ' ἑκάστους σφῶν αἰτοῦντας αὐτὸν ψηφίσματα ἔχειν. *Aurel. Victor in Domitiano, Cùm donata, inquit, concessave à prioribus Principibus firmare insequentes solerent, simul imperium cœpit, talia possidentibus Edicto sponte cauit.*

93 Priuileges gratuits ne peuuent estre perpetuels. Qui fut la cause, dit Bodin, pourquoy le Chancelier de l'Hospital refusa de seeller la confirmation des priuileges de S. Maur des Fossez, prés Paris, quelque commandement qu'il en eust du Roy, pource qu'ils portoient perpetuel affranchissement des Tailles. Ce que Bodin trouue étrange, disant que le mot, *perpetuel*, apposé aux priuileges, doit estre entendu selon la nature d'iceux: & partant ne lie point les Princes successeurs. Mais quoy qu'il en dise, c'estoit, à mon aduis, plus religieusement fait de refuser à seeller ces Lettres, que d'y passer vne clause, qui à succession de temps eût esté iugée nulle.

TABLE ALPHABETIQVE DES MATIERES PRINCIPALES CONTENVES EN CE TRAITTE' DES SEIGNEVRIES.

A

B

Table

C

F

G

L

M

T

V

Table des Matieres.

FIN.